Informationsmanagement und Computer Aided Team

Herausgegeben von
H. Krcmar, München, Deutschland

Die Schriftenreihe präsentiert Ergebnisse der betriebswirtschaftlichen Forschung im Themenfeld der Wirtschaftsinformatik. Das Zusammenwirken von Informations- und Kommunikationstechnologien mit Wettbewerb, Organisation und Menschen wird von umfassenden Änderungen gekennzeichnet. Die Schriftenreihe greift diese Fragen auf und stellt neue Erkenntnisse aus Theorie und Praxis sowie anwendungsorientierte Konzepte und Modelle zur Diskussion.

Herausgegeben von
Professor Dr. Helmut Krcmar
Technische Universität München,
Deutschland

Ivo Blohm

Open Innovation Communities

Absorptive Capacity und kollektive Ideenbewertung

Mit einem Geleitwort von Prof. Dr. Helmut Krcmar

Ivo Blohm
München, Deutschland

Dissertation Technische Universität München, 2013

ISBN 978-3-658-00815-4   ISBN 978-3-658-00816-1 (eBook)
DOI 10.1007/978-3-658-00816-1

Die Deutsche Nationalbibliothek verzeichnet diese Publikation in der Deutschen Nationalbibliografie; detaillierte bibliografische Daten sind im Internet über http://dnb.d-nb.de abrufbar.

Springer Gabler
© Springer Fachmedien Wiesbaden 2013
Das Werk einschließlich aller seiner Teile ist urheberrechtlich geschützt. Jede Verwertung, die nicht ausdrücklich vom Urheberrechtsgesetz zugelassen ist, bedarf der vorherigen Zustimmung des Verlags. Das gilt insbesondere für Vervielfältigungen, Bearbeitungen, Übersetzungen, Mikroverfilmungen und die Einspeicherung und Verarbeitung in elektronischen Systemen.

Die Wiedergabe von Gebrauchsnamen, Handelsnamen, Warenbezeichnungen usw. in diesem Werk berechtigt auch ohne besondere Kennzeichnung nicht zu der Annahme, dass solche Namen im Sinne der Warenzeichen- und Markenschutz-Gesetzgebung als frei zu betrachten wären und daher von jedermann benutzt werden dürften.

Gedruckt auf säurefreiem und chlorfrei gebleichtem Papier

Springer Gabler ist eine Marke von Springer DE. Springer DE ist Teil der Fachverlagsgruppe Springer Science+Business Media.
www.springer-gabler.de

Für Alexandra

Geleitwort

In den vergangenen Jahren hat das Internet und der Aufstieg des so genannten Web 2.0 die Art und Weise verändert, wie Menschen miteinander kommunizieren, interagieren und arbeiten. Diese Veränderungen erlauben es Unternehmen, die Arbeitskraft, die Kreativität und die kollektive Intelligenz von Millionen Menschen weit über die eigenen Unternehmensgrenzen hinaus nutzbar zu machen. Im selben Atemzug ergeben sich in diesem dynamischen Umfeld aber auch große Herausforderungen. Das betriebliche Informationsmanagement ist von diesen Umwälzungen in einem besonderen Maße betroffen, da Unternehmen mit einem stark wachsenden Informationsangebot konfrontiert werden und schnell einem "information overload" zum Opfer fallen können. Daher werden Selektion und unternehmensinterne Verarbeitung von im Internet generierten Informationen zu zentralen Erfolgsfaktoren bei der Erschließung der kollektiven Intelligenz von Internetnutzern.

Am konkreten Anwendungsfall von Open Innovation Communities stellt sich Herr Blohm daher die Frage, wie Unternehmen bei solchen Selektions- und Verarbeitungsprozessen unterstützt werden können. Die vorliegende Arbeit beantwortet damit sowohl aus wissenschaftlicher als auch aus praktischer Sicht eine hochrelevante Fragestellung. Aufbauend auf einem aus der Absorptive Capacity Literatur abgeleiteten, theoretischen Modell untersucht Herr Blohm durch äußerst umfangreiche, qualitative Fallstudien, wie nutzergenerierte Ideen aus Open Innovation Communities von Unternehmen selektiert, weiterverarbeitet und schließlich am Markt kommerzialisiert werden. In einem zweiten Schritt fokussiert er auf den Prozessschritt der Ideenselektion. Herr Blohm führt hier drei Experimente durch, in denen er die Eignung von unterschiedlichen Instrumenten – Bewertungsskalen und Informationsmärkte – zur Bewertung der in Open Innovation Communities generierten Ideen durch die Community-Mitglieder untersucht, um Unternehmen bei der Ideenselektion zu unterstützen und ihre Absorptive Capacity für nutzergenerierte Innovationsideen zu vergrößern.

Die Arbeit zeichnet sich insbesondere durch eine breite wissenschaftliche Fundierung, einen hohen methodischen Anspruch und äußerst detaillierte Analysen aus. Herr Blohm entwickelt äußerst treffende Handlungs- und Gestaltungsempfehlungen für Unternehmen, die diesen helfen sollten, die kollektive Intelligenz ihrer Kunden und Produktnutzer nutzbar zu machen. Damit gibt er Unternehmen eine wichtige Hilfestellung an die Hand, sich in dem dynamischen Umfeld des Internets zu behaupten und ihre Absorptive Capacity zu vergrößern. Aus wissenschaftlicher Sicht entwickelt er wichtige Teilbausteine zur Weiterentwicklung der Absorptive Capacity und Open Innovation Literatur sowie des aufkommenden Forschungsfeldes der kollektiven Intelligenz. Daher wünsche ich der Arbeit die ihr gebührende Verbreitung in Wissenschaft und Praxis.

München, im Januar 2013   Helmut Krcmar

Vorwort

Die vorliegende Arbeit ist während meiner dreieinhalbjährigen Zeit als wissenschaftlicher Mitarbeiter am Lehrstuhl für Wirtschaftsinformatik (I17) der Technischen Universität München entstanden. Rückblickend betrachte ich die Zeit als große Bereicherung, in der ich mich nicht nur fachlich und persönlich stark weiterentwickeln konnte, sondern auch viele neue Freundschaften geschlossen habe. An dieser Stelle möchte ich daher den vielen Beteiligten danken, die diese Zeit für mich prägten und die einen wesentlichen Beitrag zum Gelingen dieser Dissertation geleistet haben.

Dank gebührt zuallererst meinem Doktorvater Prof. Dr. Helmut Krcmar für die Betreuung dieser Arbeit sowie die außerordentlichen Möglichkeiten, die er mir während meiner Promotion einräumte. Durch seine kritischen Anmerkungen und Ratschläge leistete er einen unverzichtbaren Beitrag zum Entstehen dieser Arbeit. Prof. Dr. Jan Marco Leimeister danke ich für die Tätigkeit als Zweitgutachter und die Betreuung in seiner Forschungsgruppe. Durch die vielen, manchmal auch schmerzhaften, Diskussionen fand ich mit ihm einen verlässlichen Ansprechpartner für die Beantwortung der vielen Fragen, die sich in der Entstehungsgeschichte dieser Arbeit auftaten. Prof. Dr. Joachim Henkel danke ich für die Übernahme des Prüfungsvorsitzes.

Einen großen Beitrag leistete das gesamte Team des Forschungsprojektes GENIE. Besonders verbunden bin ich hier Dr. Ulrich Bretschneider, der mich insbesondere in meiner Anfangszeit am Lehrstuhl äußerst tatkräftig unterstützte, und Michael Huber. Prof. Dr. Johann Füller und Markus Rieger möchte ich hier stellvertretend für die Hyve AG danken, ohne deren Unterstützung eine Umsetzung meiner Ideen nicht möglich gewesen wäre. Außerordentlicher Dank gebührt zudem Dr. Christoph Riedl. Ohne seine inspirierende Motivation, seine unzähligen Verbesserungsvorschläge und die gemeinsame, äußerst intensive Zusammenarbeit wäre diese Dissertation nicht entstanden. Harald Kienegger, Jörg Schmidl, Marcus Homann, Christos Konstadinidis, Sonja Hecht und dem restlichen UCC-Team danke ich für die Unterstützung im Rahmen der Experimente. Auch „meinen" Studierenden und Hiwis, die ich während meiner Zeit am Lehrstuhl betreuen durfte, bin ich zu Dank verpflichtet. Ohne das Engagement und die Unterstützung von Christoph Berwing, Andreas Haas, Rayna Dimitrova, Daniel Fouquet, Vincent Kahl, Orhan Köroglu, Nadiem von Heydebrand und Christine Wang hätten die Forschungsfragen der Dissertation nicht in derselben Tiefe und Breite beantwortet werden können. Wolfgang Palka und Dr. Michael Schermann danke ich zudem für das kritische Gegenlesen von Teilen dieser Arbeit. Dem Bundesministerium für Bildung und Forschung sowie der Europäischen Union danke ich für die finanzielle Förderung dieses Forschungsvorhabens.

Aber auch meinen Kollegen und Freunden, die ich während der Zeit am Lehrstuhl gewonnen habe, möchte ich an dieser Stelle danken. Sie sorgten für eine Menge Spaß bei der Arbeit und dafür, dass ich stets sehr gerne Zeit am Lehrstuhl verbrachte. Wolfgang Palka, Sebastian Dünnebeil, Marlen Jurisch, Markus Böhm, Sebastian Esch, Dr. Christian Mauro, Felix Köbler, Philip Koene und Jens Fähling danke ich für die vielen kritischen Diskussionen und Ideen zur Weiterentwicklung meiner Arbeit, sinnfreie philosophische Diskurse über den Sinn des Lebens, das gemeinsame Überwinden der Lethargiefalle sowie die kreative Zerstreuung am Kicker-Tisch, ohne die diese Arbeit wahrscheinlich unvollendet geblieben wäre.

Zu danken habe ich auch meinen Freunden, die mich seit meiner Jugendzeit begleiten. Besonderer Dank gilt hier insbesondere Andreas Neumeier, Jan Michels, Thomas Salcher und Quirin Zangl. Großer Dank gilt an dieser Stelle auch meiner Mutter, meinen Großeltern und Jogi für die umfassende Förderung, niemals endende Unterstützung und liebevolle Fürsorge während Schulzeit, Studium und Promotion. Dr. Karlheinz, Dr. Stephan und Renate Böhm danke ich für die fortwährende Unterstützung in den vergangenen Jahren.

Zu guter Letzt danke ich meiner Verlobten Alexandra für ihre Geduld bei der Erstellung dieser Arbeit, ihr Vertrauen und ihre Liebe. Sie half mir während der vergangenen Jahre, die Höhen und Tiefen des Lebens zu meistern und war mir eine unermessliche Stütze, ohne die ich jetzt nicht an diesen Zeilen sitzen würde. Daher widme ich ihr diese Dissertation aus ganzem Herzen.

München, im Januar 2013   Ivo Blohm

Zusammenfassung

Motivation: Im Rahmen von offenen Innovationsprozessen stellen Open Innovation (OI)-Communities für Unternehmen ein nahezu unerschöpfliches Potenzial an Kundenwissen dar. Jedoch ist die Absorptionsfähigkeit bzw. die Absorptive Capacity (AC) dieser Unternehmen aufgrund limitierter finanzieller, zeitlicher, organisatorischer und kognitiver Ressourcen begrenzt, so dass nur ein kleiner Bruchteil der von OI-Community-Mitgliedern generierten Ideen tatsächlich in der Innovationsentwicklung berücksichtigt werden kann. Die Ideenselektion erwächst damit zur zentralen Herausforderung bei der Nutzung von OI-Communities. Dieses Spannungsfeld wird in dieser Arbeit aus zwei sich gegenseitig ergänzenden Perspektiven betrachtet. Auf einer Makroebene wird die Ideenselektion in den weiteren Kontext der Absorptionsprozesse und -kompetenzen der Betreiber von OI-Communities gesetzt. Auf einer Mikroebene werden Klassifikationsgüte und Akzeptanz von Mechanismen der kollektiven Ideenbewertung untersucht, mit denen Community-Mitglieder die in OI-Communities eingereichten Ideen bewerten können. Diese Mechanismen können Betreiber von OI-Communities bei der Selektion von Ideen unterstützen und so deren AC steigern.

Methodik: Im Rahmen der AC-Betrachtung wird ausgehend vom aktuellen Forschungsstand zu OI-Communities ein systematischer Review der AC-Literatur erstellt, ein Ideenabsorptionsmodell für OI-Communities entwickelt sowie IT-basierte Absorptionskompetenzen abgeleitet, die es Community-Betreibern ermöglichen, ihre AC zu steigern. Darauf aufbauend werden das Ideenabsorptionsmodell und die IT-basierten Absorptionskompetenzen in vier qualitativen Fallstudien validiert und verfeinert. Zur Untersuchung der Mechanismen der kollektiven Ideenbewertung werden drei Web-Experimente (n = 219, n = 313 und n = 120) durchgeführt, bei denen die Ideenbewertungen der Teilnehmer mit einer Umfrage zur Akzeptanz der Mechanismen sowie Experteneinschätzungen zur Bestimmung ihrer Klassifikationsgüte trianguliert werden, um Methodeneffekte zu vermeiden. In Forschung und Praxis wurden mit Bewertungsskalen und Informationsmärkten zwei unterschiedliche Konzepte zur kollektiven Ideenbewertung eingesetzt. In den Experimenten werden daher (1) die Gestaltung von Bewertungsskalen, (2) die Gestaltung von Informationsmärkten und (3) die relative Leistungsfähigkeit der beiden Mechanismen untersucht. Um verzerrende Industrieeffekte zu vermeiden, erfolgen alle Untersuchungen ausschließlich im Kontext der Softwareindustrie, bei der das AC-Konzept aufgrund der hohen Innovationsdynamik eine besondere Bedeutung besitzt.

Ergebnisse: Aufbauend auf dem entwickelten Ideenabsorptionsmodell können die Absorptionsprozesse der Community-Betreiber freigelegt, IT-basierte Absorptionskompetenzen abgeleitet und Mechanismen zu deren Umsetzung in der Praxis identifiziert werden. Die Fallstudien zeigen, dass unterschiedliche Absorptionspfade – im Detail ein zentraler und ein peripherer Absorptionspfad – für die Ideen der Community-Mitglieder existieren und IT-basierte Systematisierungs-, Koordinations- und Sozialisierungskompetenzen die Konfiguration dieser Prozesse ermöglichen. Zudem kann in den Fallstudien die große Bedeutung von Mechanismen zur kollektiven Ideenbewertung im Rahmen von Absorptionsprozessen herausgestellt werden. Die Experimente implizieren, dass die getestete, mehrdimensionale Bewertungsskala, bei der Ideenqualität in mehreren Teildimensionen, wie z.B. Umsetzbarkeit oder Neuartigkeit, bewertet wird, die höchste Klassifikationsgüte und Akzeptanz bei den Teilnehmern besitzt.

Dieser Vergleich wurde auf Basis zweier vorhergehender Experimente durchgeführt, bei denen von zwei unterschiedlichen Bewertungsskalen (Variation des Faktors „*Kriteriengranularität*") und sechs unterschiedlichen Informationsmärkten (Variation der Faktoren „*Marktdesign*" und „*Preiselastizität*") jeweils valide Konfigurationen ermittelt wurden.

Implikationen: Aus einer theoretischen Sicht können drei Implikationen abgeleitet werden. (1) AC und OI werden in ein gemeinsames, theoretisches Modell integriert. Damit kann die AC-Forschung durch ein bisher fehlendes, qualitatives Verständnis von AC-Prozessen sowie IT-basierte Absorptionskompetenzen erweitert werden. Aus einer OI-Perspektive wird die Fragestellung der Wertaneignung in OI-Communities adressiert. (2) Die drei Experimente helfen Wirkungsweise und Akzeptanz von Mechanismen der kollektiven Ideenbewertung zu verstehen und tragen damit dazu bei, eine umfassende Theorie der kollektiven Intelligenz aufzubauen. (3) Ein weiterer Beitrag kann für die Kreativitätsforschung gemacht werden, in dem bestehende Übereinstimmungsmaße für die Messung der Übereinstimmung von Laien und Experten durch die Berücksichtigung von Klassifikationsfehlern erweitert werden. Für die Praxis werden Handlungsempfehlungen für die Ideenabsorption und die Gestaltungsempfehlungen für Mechanismen der kollektiven Ideenbewertung angeboten, die helfen sollten, die AC von Betreibern von OI-Communities zu verbessern.

Limitationen: Das Ideenabsorptionsmodell und die IT-basierten Absorptionskompetenzen unterliegen den Einschränkungen qualitativer Forschung. Bezüglich der Experimente wurde auf Studenten als Teilnehmer zurückgegriffen und Experteneinschätzungen als wahres Qualitätsmaß für die Ideen herangezogen. Fallstudien und Experimente wurden ausschließlich im Kontext der Softwareindustrie durchgeführt, wodurch sie prinzipiell in anderen Kontexten repliziert werden müssen.

Inhaltsverzeichnis

Geleitwort VII
Vorwort IX
Zusammenfassung XI
Inhaltsverzeichnis XIII
Abbildungsverzeichnis XVII
Tabellenverzeichnis XIX
Formelverzeichnis XXI
Abkürzungsverzeichnis XXIII
Symbolverzeichnis XXV

1 Einleitung 1
   1.1   Motivation und Relevanz des Themas 1
   1.2   Ziele, Forschungsfragen und Methodologie 6
   1.3   Aufbau der Arbeit 7

2 Konzeptionelle Grundlagen 11
   2.1   Software und Softwareunternehmen 11
       2.1.1   Software 11
       2.1.2   Softwareunternehmen 13
   2.2   Innovation und Innovationsprozesse 13
       2.2.1   Innovation 13
       2.2.2   Innovationsprozesse 14
       2.2.3   Bedeutung der Ideenselektion 15
   2.3   Öffnung von Innovationsprozessen 16
       2.3.1   Open Innovation 16
       2.3.2   Kundenintegration 17
       2.3.3   Kundenwissen 18
            2.3.3.1   Arten von Kundenwissen 18
            2.3.3.2   Innovationsrelevantes Wissen des Kunden 20
   2.4   Methoden der Open Innovation 22
       2.4.1   Lead User Workshops 22
       2.4.2   Toolkits 24
       2.4.3   Ideenwettbewerbe 25
       2.4.4   Open Innovation Communities 27
            2.4.4.1   Arten von Open Innovation Communities 27
            2.4.4.2   Definition und Kennzeichen von Open Innovation Communities 30
   2.5   Kollektive Intelligenz 31
       2.5.1   Überblick kollektive Intelligenz 31
       2.5.2   Voraussetzungen kollektiver Intelligenz 36
       2.5.3   Anwendungen kollektiver Intelligenz 39
   2.6   Kollektive Ideenbewertung als Unterstützungssystem bei der Ideenselektion 41

2.6.1	Aggregationsmechanismen	41
2.6.2	Aktueller Forschungsstand	42
2.6.3	Potenziale und Limitationen	44
2.7	Zusammenfassung und Zwischenfazit	46

3 Theoretische Grundlagen der Ideenabsorption in Open Innovation Communities. 47

3.1	Methodik des Literaturreviews	47
3.2	Überblick Absorptive Capacity	49
3.3	Ideenabsorptionsmodell für Open Innovation Communities	54
3.3.1	Ideenabsorptionsprozesse	54
3.3.1.1	Inputs der Ideenabsorption: Kundenwissen und Wissensbasis	56
3.3.1.2	Outputs der Ideenabsorption: Strategische Wettbewerbsvorteile	59
3.3.1.3	Kontingenzfaktoren der Ideenabsorption	61
3.3.2	IT-basierte Absorptionskompetenzen	65
3.4	Schlussfolgerung und Implikationen der Ergebnisse	70
3.4.1	Zusammenfassung der Ergebnisse	70
3.4.2	Theoretische Implikationen	71
3.4.3	Praktische Implikationen	72

4 Empirische Analyse der Ideenabsorption in Open Innovation Communities......... 73

4.1	Methodische Grundlagen	73
4.1.1	Fallstudienforschung	73
4.1.2	Prozessforschung	75
4.1.3	Qualitative Inhaltsanalyse	77
4.2	Datenerhebung und -analyse	78
4.2.1	Fallstudienauswahl	78
4.2.2	Datenquellen	80
4.2.3	Datenanalyse	84
4.3	Ergebnisse der Einzelfallstudien	86
4.3.1	Fall A: „OSS Brainstorm"	87
4.3.1.1	Ziele und Auslösetrigger von OSS Brainstorm	87
4.3.1.2	Ideenabsorption bei OSS Brainstorm	88
4.3.1.3	IT-basierte Absorptionskompetenzen bei OSS Brainstorm	94
4.3.2	Fall B: „ERP IdeaZone"	99
4.3.2.1	Ziele und Auslösetrigger von ERP IdeaZone	99
4.3.2.2	Ideenabsorption bei ERP IdeaZone	102
4.3.2.3	IT-basierte Absorptionskompetenzen bei ERP IdeaZone	107
4.3.3	Fall C: „ERP Steampunk"	111
4.3.3.1	Ziele und Auslösetrigger von ERP Steampunk	111
4.3.3.2	Ideenabsorption bei ERP Steampunk	113
4.3.3.3	IT-basierte Absorptionskompetenzen bei ERP Steampunk	118
4.3.4	Fall D: „Planet Lifecycle"	122
4.3.4.1	Ziele und Auslösetrigger von Planet Lifecycle	122
4.3.4.2	Ideenabsorption bei Planet Lifecycle	123
4.3.4.3	IT-basierte Absorptionskompetenzen bei Planet Lifecycle	128
4.4	Diskussion der Ergebnisse: Fallstudiensynthese	130
4.4.1	Synthese des Ideenabsorptionsmodells	131
4.4.1.1	Ziele und Auslösetrigger	131
4.4.1.2	Absorptionsprozesse	131

4.4.2		IT-basierte Absorptionskompetenzen	138
4.5		Schlussfolgerung und Implikationen der Ergebnisse	144
4.5.1		Zusammenfassung der Ergebnisse	144
4.5.2		Theoretische Implikationen	146
4.5.3		Praktische Implikationen und Handlungsempfehlungen	147

5 Unterstützung der Ideenabsorption in Open Innovation Communities durch kollektive Ideenbewertung ... 151

5.1	Methodische Grundlagen		153
5.1.1	Experimentalforschung und Web-Experimente		153
5.1.2	Messung von Ideenqualität		155
	5.1.2.1	Ideenqualität als doppelt komplexes Konstrukt	155
	5.1.2.2	Methoden der Ideenbewertung	157
5.1.3	Grundlagen der verwendeten Analysemethoden		160
	5.1.3.1	Konstruktvalidierung und Reliabilitätssicherung	160
	5.1.3.2	Lineare Regressionsanalyse	164
	5.1.3.3	Dummykodierung kategorialer Daten	166
	5.1.3.4	Moderations- und Mediationsanalyse	166
	5.1.3.5	Prognosefehler	170
5.2	Theoretische und konzeptionelle Grundlagen		170
5.2.1	Methoden der kollektiven Ideenbewertung		170
	5.2.1.1	Bewertungsskalen zur Ideenbewertung	170
	5.2.1.2	Informationsmärkte zur Ideenbewertung	171
	5.2.1.3	Konzeptioneller Vergleich: Bewertungsskalen und Informationsmärkte	173
5.2.2	Theorie kognitiver Belastung		174
5.2.3	Ideenbewertungsprozess		175
5.2.4	Nutzereinstellungen und -zufriedenheit		177
5.3	Experiment I: Bewertungsgüte von Bewertungsskalen		177
5.3.1	Hypothesen und Forschungsmodell		178
	5.3.1.1	Klassifikationsgüte	179
	5.3.1.2	Einstellung gegenüber der Bewertungsskala und dem Innovationsportal	180
	5.3.1.3	Kundenwissen	182
5.3.2	Forschungsdesign		185
	5.3.2.1	Aufgabe und Experimentalgruppen	185
	5.3.2.2	Teilnehmer	187
	5.3.2.3	Vorgehensweise	188
	5.3.2.4	Ideenauswahl	188
5.3.3	Datenquellen und Variablen		189
	5.3.3.1	Klassifikationsgüte: Experten- und Teilnehmerbewertung	189
	5.3.3.2	Teilnehmerbefragung und Konstruktvalidierung	191
	5.3.3.3	Dummykodierung von Kriteriengranularität	194
5.3.4	Analyse und Ergebnisse		194
	5.3.4.1	Aggregierte Ebene: Klassifikationsgüte auf Skalenebene	195
	5.3.4.2	Nutzerebene: Hypothesentest	196
5.3.5	Diskussion der Ergebnisse		200
5.4	Experiment II: Gestaltung von Informationsmärkten		201
5.4.1	Hypothesen und Forschungsmodell		202
	5.4.1.1	Klassifikationsgüte	202
	5.4.1.2	Preiselastizität	204

5.4.2	Forschungsdesign	205
5.4.2.1	Aufgabe und Experimentalgruppen	205
5.4.2.2	Vorgehensweise	208
5.4.2.3	Teilnehmer	208
5.4.2.4	Ideenauswahl	209
5.4.3	Datenquellen und Variablen	209
5.4.3.1	Klassifikationsgüte: Experten- und Teilnehmerbewertung	209
5.4.3.2	Dummykodierung von Marktdesign und Preiselastizität	210
5.4.4	Analyse und Ergebnisse	211
5.4.4.1	Aggregierte Ebene: Klassifikationsgüte auf Marktebene	211
5.4.4.2	Nutzerebene: Hypothesentest	213
5.4.5	Diskussion der Ergebnisse	215
5.5	Experiment III: Bewertungsskala vs. Informationsmarkt	216
5.5.1	Hypothesen und Modellentwicklung	217
5.5.1.1	Klassifikationsgüte	217
5.5.1.2	Bewertungszufriedenheit	218
5.5.2	Forschungsdesign	219
5.5.2.1	Aufgabe und Experimentalgruppen	219
5.5.2.2	Vorgehensweise, Teilnehmer und Ideenauswahl	220
5.5.3	Datenquellen und Variablen	221
5.5.3.1	Klassifikationsgüte: Experten- und Teilnehmerbewertung	221
5.5.3.2	Teilnehmerbefragung und Konstruktvalidierung	222
5.5.3.3	Dummykodierung von Bewertungsmechanismus	223
5.5.4	Analyse und Ergebnisse	223
5.5.4.1	Aggregierte Ebene: Klassifikationsgüte auf Mechanismenebene	223
5.5.4.2	Nutzerebene: Hypothesentest	224
5.5.5	Diskussion der Ergebnisse	226
5.6	Schlussfolgerung und Implikationen der Ergebnisse	228
5.6.1	Zusammenfassung der Ergebnisse	228
5.6.2	Theoretische Implikationen	229
5.6.3	Praktische Implikationen und Gestaltungsempfehlungen	231

6 Zusammenfassung und Ausblick ... 233

6.1	Zusammenfassung der Ergebnisse	233
6.2	Theoretische Implikationen	235
6.3	Praktische Implikationen	237
6.4	Limitationen und zukünftiger Forschungsbedarf	239
6.4.1	Absorptionsprozesse und IT-basierte Absorptionskompetenzen	239
6.4.2	Mechanismen zur kollektiven Ideenbewertung	240

Literaturverzeichnis ... 243

Anhang A: Qualitative Inhaltsanalyse ... 277

Anhang B: Beispielidee ... 297

Tabellenverzeichnis

Tabelle 2-1:	Kennzeichen von Open Innovation Communities	31
Tabelle 2-2:	Voraussetzungen kollektiver Intelligenz	37
Tabelle 2-3:	Anwendungen kollektiver Intelligenz	41
Tabelle 2-4:	Gestaltungskriterien kollektiver Ideenbewertungsmechanismen	44
Tabelle 3-1:	Ergebnisse des Literaturreviews	49
Tabelle 3-2:	Definitionsbausteine und Analyseebenen von Absorptive Capacity	53
Tabelle 4-1:	Vergleich der Fallstudien	80
Tabelle 4-2:	Interviewpartner	81
Tabelle 4-3:	Validität und Reliabilität der Fallstudienanalyse	86
Tabelle 4-4:	Vergleich der Auslösetrigger	131
Tabelle 4-5:	Vergleich der Inputs	132
Tabelle 4-6:	Vergleich der Outputs	135
Tabelle 4-7:	Überblick IT-basierte Absorptionskompetenzen	142
Tabelle 5-1:	Experimenttypen im Vergleich	155
Tabelle 5-2:	Dimensionen von Ideenqualität	156
Tabelle 5-3:	Anwendungsvoraussetzungen der Consensual Assessment Technique	159
Tabelle 5-4:	Gütekriterien zur Überprüfung der lokalen Modellpassung	162
Tabelle 5-5:	Gütekriterien zur Überprüfung der globalen Modellpassung	163
Tabelle 5-6:	Anwendungsvoraussetzungen und -empfehlungen von OLS-Regressionen	166
Tabelle 5-7:	Forschungsdesign und Teilnehmer von Experiment I	185
Tabelle 5-8:	Soziodemographie der Teilnehmer von Experiment I	188
Tabelle 5-9:	Operationalisierung von Kundenwissen	191
Tabelle 5-10:	Operationalisierung der Konstrukte Einstellung ggü. der Bewertungsskala und ggü. dem Innovationsportal	192
Tabelle 5-11:	Faktoranalyse der in Experiment I verwendeten Konstrukte	193
Tabelle 5-12:	Diskriminanzvalidität der Konstrukte Kundenwissen, Einstellung ggü. der Bewertungsskala und ggü. dem Innovationsportal	194
Tabelle 5-13:	Gütekriterien zur globalen Modellanpassung in Experiment I	194
Tabelle 5-14:	Korrelationen und MAPE von Experten- und Teilnehmerbewertung in Experiment I	196
Tabelle 5-15:	Regressionsergebnisse für Klassifikationsgüte in Experiment I	198
Tabelle 5-16:	Regressionsergebnisse für Einstellung ggü. der Bewertungsskala in Experiment I	198
Tabelle 5-17:	Mediation von Einstellung ggü. der Bewertungsskala in Experiment I	199
Tabelle 5-18:	Überblick über die in Experiment I getesteten Hypothesen	200

Tabelle 5-19:	Forschungsdesign und Teilnehmer von Experiment II	205
Tabelle 5-20:	Soziodemographie der Teilnehmer von Experiment II	208
Tabelle 5-21:	Kodierschema für Preiselastizität	211
Tabelle 5-22:	Korrelationen und MAPE auf Marktebene in Experiment II	212
Tabelle 5-23:	Regressionsergebnisse für Klassifikationsgüte in Experiment II	214
Tabelle 5-24:	Überblick über die in Experiment II getesteten Hypothesen	215
Tabelle 5-25:	Forschungsdesign und Teilnehmer von Experiment III	220
Tabelle 5-26:	Soziodemographie der Teilnehmer von Experiment III	220
Tabelle 5-27:	Operationalisierung von Bewertungszufriedenheit	222
Tabelle 5-28:	Faktoranalyse der in Experiment III verwendeten Konstrukte	223
Tabelle 5-29:	Gütekriterien zur globalen Modellpassung in Experiment III	223
Tabelle 5-30:	Korrelationen und MAPE auf Mechanismenebene in Experiment III	224
Tabelle 5-31:	Regressionsergebnisse für Klassifikationsgüte in Experiment III	225
Tabelle 5-32:	Regressionsergebnisse für Bewertungszufriedenheit in Experiment III	226
Tabelle 5-33:	Überblick über die in Experiment III getesteten Hypothesen	226

Formelverzeichnis

Formel 5-1:	Faktorreliabilität und Durchschnittlich erfasste Varianz	162
Formel 5-2:	Omnibus F-Test	168
Formel 5-3:	Mean Absolute Percentage Error (MAPE)	170
Formel 5-4:	Regressionsfunktion Experiment I	197
Formel 5-5:	Regressionsfunktion Experiment II	213
Formel 5-6:	Regressionsfunktion Experiment III	225

Abkürzungsverzeichnis

ABWL	Allgemeine Betriebswirtschaftslehre
AC	Absorptive Capacity
AGFI	Adjusted Goodness of Fit Index
ANOVA	Varianzanalyse (Analysis of Variance)
BM	Bewertungsmechanismus
bspw.	Beispielsweise
bzgl.	Bezüglich
ca.	Circa
CAD	Computer Aided Design
CAT	Consensual Assessment Technique
CPSS	Creative Product Semantic Scale
CFI	Comparative Fit Index
$DeV(\xi_i)$	Durchschnittlich erfasste Varianz (des latenten Faktors ξ_i)
df	Freiheitsgrade
EBS	Einstellung gegenüber Bewertungsskala
EFA	Explorative Faktorenanalyse
EIP	Einstellung gegenüber Innovationsportal
ERP	Enterprise Resource Planning
EXP_{CAT}	CAT-basierte Expertenbewertung
EXP_{IM}	Marktbasierte Expertenbewertung
FAQ	Frequently Asked Questions
F&E	Forschung und Entwicklung
$FR(\xi_i)$	Faktorreliabilität (des latenten Faktors ξ_i)
ggü.	Gegenüber
GFI	Goodness of Fit Index
ICC	Intra-Class-Correlation
IM	Informationsmarkt
IT	Informationstechnologie
IRC	Internet Relay Chat
JD	Joint Development
KFA	Konfirmatorische Faktanalyse
KI	Kollektive Intelligenz
KW	Kundenwissen
LMSR	Logarithmic Market Scoring Rules
MANOVA	Multivariate Analysis of Variance
MAPE	Mean Absolute Percentage Error

MIT	Massachusetts Institute of Technology
ML	Maximum Likelihood
MSA	Measure of Sampling Adequacy
NFI	Normed Fit Index
OI	Open Innovation
OIC	Open Innovation Communities
OLS	Ordinary Least Square
PC	Personal Computer
PLM	Product Lifecycle Management
PLS	Partial Least Square
SAT	Zufriedenheit
SRMR	Standardized Root Mean Square Residual
TIM	Technologie- und Innovationsmanagement
ULS	Unweighted Least Squares
URL	Uniform Resource Locator
WI	Wirtschaftsinformatik
vgl.	Vergleiche
z.B.	Zum Beispiel

Symbolverzeichnis

α	Cronbach Alpha
β	Standardisierter Regressionskoeffizient
B	Unstandardisierter Regressionskoeffizient
χ^2	Chi-Quadrat
δ_i	Messfehler der Variable i
Δ	Delta
λ^2_{ij}	Geschätzte Faktorladung des latenten Faktors ξ_j
f^2	Effektstärke
M	Mediatorvariable
n	Anzahl
Φ	Geschätzte Varianz des latenten Faktors ξ_j
P	Wahrscheinlichkeit
r	Korrelationskoeffizient
R	Spannweite
R^2	Bestimmtheitsmaß
Σ	Standardabweichung
θ_{ii}	Geschätzte Varianz des Messfehlers δ_i
X	Prädikatorvariable
ξ_j	Latenter Faktor j
Y	Kriteriumsvariable
Z	Moderatorvariable

1 Einleitung

1.1 Motivation und Relevanz des Themas

Die kontinuierliche Entwicklung von Innovationen ist eine der größten Herausforderungen für den langfristigen Erfolg eines Unternehmens. Neue Produkte werden heute jedoch nicht mehr ausschließlich in geschlossenen Innovationsprozessen entwickelt. Seit Ende des 20. Jahrhunderts öffnen immer mehr Unternehmen aller Branchen ihren Forschungs- und Entwicklungsprozess für externe Einflüsse, um die eigene Innovationskraft zu stärken (Gassmann/Enkel/ Chesbrough 2010, 1). Dabei wird insbesondere der aktiven Integration von Kunden ein großes Potenzial zugesprochen, die oftmals als eine der größten Ressourcen zur Entwicklung von Innovationen angesehen werden (Reichwald/Piller 2009; Von Hippel 2005; Bogers/Afuah/ Bastian 2010; Enkel/Perez-Freije/Gassmann 2005).

In der Praxis hat die zunehmende Beliebtheit dieses Open Innovation (OI) Ansatzes zu einer weiten Verbreitung von unterschiedlichsten Open Innovation Communities (OI-Communities) im Internet geführt. Erfolgsbeispiele wie z.B. *„Dell IdeaStorm"* oder *„My Starbucks Idea"* konnten jeweils zehntausende Kunden und Kundenideen akquirieren und veranschaulichen das enorme Potenzial dieses Ansatzes zur Integration von Kunden in Innovationsprozesse (Bretschneider 2011, 204-207). Bisherige Forschung untersuchte OI-Communities als ein Phänomen der unternehmerischen Praxis und konzentrierte sich dabei in erster Linie auf die Community als Instrument zur Öffnung von Innovationsprozessen (vgl. z.B. Füller/Matzler 2007; Ebner/Leimeister/Krcmar 2009), deren Gestaltung (vgl. z.B. Von Hippel/Katz 2002; Jeppesen 2005; Kohler et al. 2011; Leimeister et al. 2009; Piller/Walcher 2006), Motivation, Verhalten und Charakteristiken der Community-Mitglieder (vgl. z.B. Franke/Shah 2003; Von Hippel 2005; Lakhani/von Hippel 2003; Jeppesen/Frederiksen 2006) sowie die Ideengenerierung in diesen (vgl. z.B. Bretschneider 2011; Jeppesen/Lakhani 2010). Zusammenfassend untersuchen diese Arbeiten im weitesten Sinne, wie mit OI-Communities im betriebswirtschaftlichen Sinne ein Wert für Unternehmen geschaffen werden kann. Im Gegensatz dazu ist die zentrale Fragestellung dieser Arbeit, wie Unternehmen die Informationen aus OI-Communities aufnehmen und in die Innovationsentwicklung integrieren, um sich den in den OI-Communities geschaffenen Wert anzueignen. Eine Frage, der in bisheriger OI-Forschung noch nicht ausreichend Rechnung getragen wurde (Di Gangi/Wasko 2009, 303f.; Lichtenthaler 2011, 87).

In diesem Kontext ist *„Absorptive Capacity (AC)"* einer der zentralen Erfolgsfaktoren für OI (Spithoven/Clarysse/Knockaert 2011, 11; Lichtenthaler/Lichtenthaler 2009, 1316; Hughes/ Wareham 2010, 333). Unternehmen müssen geeignete, organisationale Strukturen, Kompetenzen und Mechanismen entwickeln, um Ideen aus OI-Communities absorbieren zu können. In diesem Sinne stellt die Öffnung von Innovationsprozessen einen weitreichenden, organisatorischen Wandel dar. Jedoch fehlt es trotz der Komplementarität der Konzepte *"Open Innovation"* und *"Absorptive Capacity"* an Arbeiten, welche die beiden Ansätze systematisch auf einer konzeptionellen Ebene verbinden und einen ersten Ansatzpunkt für diesen Wandel geben (Dahlander/Gann 2010, 702; Huizingh 2011, 7; Lichtenthaler/Lichtenthaler 2009, 1315f.). In diesem Zusammenhang sind weder die zugrundeliegenden Absorptionsprozesse (Lane/Koka/Pathak 2006, 858; Easterby-Smith et al. 2008, 484f.; Zahra/George 2002b, 199;

Lichtenthaler 2009b, 822) noch die notwendigen Absorptionskompetenzen (Lewin/Massini/ Peeters 2011, 81f.; Jansen/Van den Bosch/Volberda 2005, 999f.) für die Absorption von Kundenwissen aus OI-Communities ausreichend erforscht. Weiterhin wurde AC nahezu ausschließlich einer quantitativ-empirischen Betrachtungsweise unterzogen, so dass zahlreiche Autoren qualitative Forschungsanstrengungen zur Weiterentwicklung des AC-Konzepts einfordern, um dessen schrittweiser Reifikation entgegenzuwirken (Lane/Koka/ Pathak 2006, 942f.; Easterby-Smith et al. 2008, 484f.).

Das Potenzial von OI-Communities für die Entwicklung von Innovationen basiert auf der IT-basierten Aggregation, Kombination und Transformation des Wissens und der Fähigkeiten einer Vielzahl von Community-Mitgliedern – der kollektiven Intelligenz der Community-Mitglieder (Malone/Laubacher/Dellarocas 2010, 23; Vergados/Lykourentzou/Kapetanios 2010, 184). Gestaltung und Management von OI-Communities als sozio-technische Systeme sowie deren Integration in bereits existierende, organisationale und technische Strukturen sind daher aus Sicht eines Community-Betreibers erfolgskritisch für die Hebung dieses Potenziales im Rahmen von offenen Innovationsprozessen. Der Aufbau solcher IT-Kompetenzen ermöglicht aus Sicht der Betreiber die Entwicklung neuer sowie die Rekonfiguration bestehender Absorptionsprozesse für das externe Wissen der Community-Mitglieder (Pavlou/El Sawy 2006, 207f.; Zahra/George 2002a, 148), so dass die Absorptionsfähigkeit für dieses gesteigert werden kann. Die hierfür von einen Community-Betreiber benötigten IT-basierten Absorptionskompetenzen sowie die Rolle von IT im Allgemeinen sind aber noch weitgehend unerforscht (Joshi et al. 2010, 473; Ye/Kankanhalli 2011, 2-3).

Dies gilt insbesondere im Rahmen der Ideenselektion, die aus Betreibersicht einen der ersten Schritte der Ideenabsorption darstellt. Aufgrund der großen Anzahl an eingereichten Ideen gleicht dieser Selektionsprozess bei OI-Communities aber oftmals der Suche nach einer Nadel im Heuhaufen (Wahren 2003, 157). Identifikation und Selektion der vielversprechendsten Ansätze sind daher für viele Unternehmen eine der zentralen Herausforderungen in offenen Innovationsprozessen (Hilgers/Piller 2009, 8; Hoyer et al. 2010, 290). In diesem Zusammenhang konnten Blohm et al. (2011d, 51) zeigen, dass die Ideenselektion insbesondere für große Unternehmen die größte Herausforderung bei der Integration von Kunden in den Innovationsprozess darstellt. So waren bei IBM nach einem *"Innovation Jam"*, bei dem 150.000 IBM-Mitarbeiter 46.000 Ideen generierten, mehr als 50 Führungskräfte wochenlang mit der Bewertung und Auswahl der eingereichten Ideen beschäftigt (Bjelland/Wood 2008, 33-37). Bei Google wurden mehr als 3.000 Mitarbeiter eingesetzt, um die 150.000 Ideen des *„Projekt 10^{100}"* zu bewerten – einem Projekt bei dem Internutzer wohltätige Projekte vorschlagen sollten, in die Google anlässlich seines zehnjährigen Bestehens zehn Millionen USD investieren wollte (o.V. 2009). Die Öffnung der Innovationsentwicklung vergrößert dabei aber nicht nur die Anzahl der zur Auswahl stehenden Alternativen im Rahmen der Innovationsentwicklung, sondern auch die technologische und marktseitige Unsicherheit bei der Selektionsentscheidung (Chiaroni/Chiesa/Frattini 2010, 225f.). Dieser gesteigerter Informationsverarbeitungsbedarf deckt sich aufgrund der hohen Dynamik von OI-Communities aber nicht mit den zeitlichen, finanziellen und kognitiven Ressourcen der Community-Betreiber, so dass deren Absorptionsfähigkeit im Vergleich zu dem nahezu unbegrenzten Innovationspotenzial von OI-Communities begrenzt ist (Di Gangi/Wasko 2009, 310f.; Cohen/Levinthal 1990, 132f.).

Daher bedarf es der Entwicklung neuer Selektionsverfahren und -instrumente für offene Innovationsprozesse (Chiaroni/Chiesa/Frattini 2010, 225f.; Piller/Walcher 2006, 315).

Die Bewertung von externem Wissen stellt einen zentralen Bestandteile der AC eines Unternehmens dar (Todorova/Durisin 2007, 777). Mechanismen zur kollektiven Ideenbewertung, bei denen die Community-Mitglieder gemeinschaftlich die eingereichten Ideen in einer OI-Community bewerten, können Community-Betreiber daher dabei unterstützen, die besten Ideen zu identifizieren und so ihre AC zu vergrößern (Berg-Jensen/Hienerth/Lettl 2010, 1-3). Aus der Betrachtungsweise von Shannons (1948) Informationstheorie können Mechanismen der kollektiven Ideenbewertung die Qualität der Informationsübertragung zwischen den Community bzw. den Community-Mitglieder als Sender und dem Community-Betreiber als Empfänger verbessern. Aus Sicht des Community-Betreibers fungieren diese Mechanismen als Informationsfilter, der hilft unerwünschte Störgeräusche, d.h. ungeeignete und schlechte Ideen, zu entfernen. Dadurch müssen nur noch weniger Ideen innerhalb der Grenzen des Community-Betreibers analysiert werden, so dass dessen AC gesteigert werden kann. Dieser Zusammenhang wird in Abbildung 1-1 dargestellt (Kreisgröße entspricht Ideenqualität).

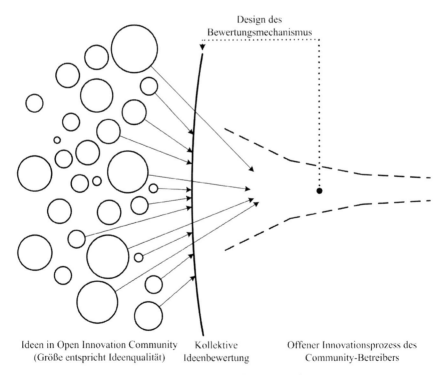

Abbildung 1-1: Kollektive Ideenbewertung als Filtermechanismus
Quelle: In Anlehnung an Blohm (2011)

Auch wenn solche Ansätze zur Nutzung der kollektiven Intelligenz der Community-Mitglieder effektive Entscheidungsunterstützungssysteme für Community-Betreiber darstellen können (Berg/Rietz 2003), besteht weitgehend Unklarheit darüber, wie diese im Detail gestaltet werden müssen (Bonabeau 2009, 51), um in OI-Communities eingesetzt werden zu können. In Wissenschaft und Praxis werden hierzu derzeit mit Bewertungsskalen (vgl. z.B. Di Gangi/Wasko 2009; Franke/Hienerth 2006; Riedl et al. 2009; Möslein/Haller/Bullinger 2010) und Informationsmärkten (vgl. z.b. Dahan/Soukhoroukova/Spann 2010; Soukhoroukova/Spann/Skiera 2012; LaComb/Barnett/Qimei 2007) zwei unterschiedliche Mechanismen zur Durchführung kollektiver Ideenbewertungen eingesetzt. Es fehlen jedoch Untersuchungen bezüglich der relativen Leistungsfähigkeit dieser Mechanismen im Rahmen einer kollektiven Ideenbewertung (Chen et al. 2005, 2; Graefe 2009, 7f.; Goel et al. 2010, 2; Soukhoroukova/Spann/Skiera 2012, 111) sowie theoretische Erklärungsansätze, die zeigen „*wie*" und „*warum*" diese Mechanismen funktionieren (vgl. z.b. Lorenz et al. 2011; Williams Wolley et al. 2010). Bestehende Arbeiten im Forschungsfeld der kollektiven Intelligenz beruhen oftmals auf Einzelberichten (vgl. z.b. Surowiecki 2005; Howe 2008) oder besitzen einen rein empirischen (vgl. z.b. Soukhoroukova/Spann/Skiera 2012; Cosley et al. 2003) bzw. rein technischen Fokus (vgl. z.b. Kapetanios 2008; Bonabeau/Dorigo/Theraulaz 2000) und sind daher in diesem Zusammenhang mit einigen Limitationen verbunden. In anderen Forschungsbereichen wurden kognitionspsychologische Ansätze, wie z.b. die Theorie der kognitiven Belastung (Sweller 1988), entwickelt, die diese Lücke füllen könnten und im Kontext einer kollektiven Ideenbewertung ein nützliches Werkzeug zur Erklärung der Genauigkeit solcher Mechanismen darstellen könnten. Da die Partizipation von Mitgliedern in allen virtuellen Communities einer hohen Dynamik unterliegt (vgl. z.B. Whittaker et al. 1998; Preece/Shneiderman 2009), muss bei der Gestaltung von kollektiven Ideenbewertungsmechanismen aber nicht nur deren funktionale Eignung im Sinne einer hohen Klassifikationsgüte, d.h. die Fähigkeit die Qualität von Ideen richtig klassifizieren zu können (Franke/Hienerth 2006, 56), sondern auch deren Akzeptanz bei den Bewertenden betrachtet werden. Nur wenn diese Mechanismen eine positive Interaktionserfahrung stiften, werden diese in OI-Communities eine hohe Nutzung erfahren und ein effektives Entscheidungsunterstützungssystem darstellen. Fragestellungen der Akzeptanz und Wahrnehmung solcher Mechanismen sind aber weitgehend unbeantwortet (Graefe 2009, 14f.).

Zusammenfassend umfasst die Ausgangsproblematik der vorliegenden Arbeit das Spannungsfeld zwischen einer Informationsüberflutung durch die in OI-Communities generierten Inhalte auf der einen Seite und einer begrenzten AC der Betreiber von OI-Communities sowie den damit einhergehenden Herausforderungen für die Ideenselektion auf der anderen Seite. In Abbildung 1-2 werden die auf diesem Spannungsfeld aufbauenden Forschungslücken dargestellt. Während Forschungslücke eins ein fehlendes Verständnis von Absorptionsprozessen im Kontext von OI-Communities sowie IT-basierter Absorptionskompetenzen zu Aufbau und Unterstützung dieser thematisiert, adressiert Forschungsfrage zwei die Gestaltung von IT-basierten Mechanismen zur kollektiven Ideenbewertung als Unterstützungssystem für die Selektionsentscheidungen von Community-Betreibern. Forschungslücke eins betrachtet das Problem der Ideenselektion daher aus einer Makroebene und setzt es in den weiteren Kontext der Absorption von Innovationsideen.

Im Gegensatz dazu wird das Problem in Forschungslücke zwei aus einer Mikroebene betrachtet, indem aufgezeigt wird, wie die Ideenselektion durch den Einsatz von Informationstechnologie unterstützt werden kann.

Forschungslücke 1: Absorptionsprozesse und IT-basierte Absorptionskompetenzen
- Absorptive Capacity und Open Innovation nicht umfassend auf konzeptioneller Ebene verbunden
  (Lichtenthaler/Lichtenthaler 2009, Vanhaverbeke/Cloodt/Van den Vrance 2007)
- Reifizierung von Absorptive Capacity durch Mangel an qualitativer Forschung
  (Lane/Koka/Pathak 2006; Easterby-Smith et al. 2008)
- Absorptionsprozesse und organisationale Absorptionskompetenzen unzureichend erforscht
  (Lane/Koka/Pathak 2006; Easterby-Smith et al. 2008; Lichtenthaler 2009a; Jansen/Van den Bosch/Volberda 2005; Lewin/Massini/Peters 2011)
- Unklarheit bzgl. zur Absorption von Ideen benötigter IT-Kompetenzen
  (Joshi et al. 2010, Zahra/George 2002b, Ye/Kankanhalli 2010)

Makroebene
Mikroebene

Problemstellung
- Spannungsfeld zwischen Informationsüberflutung und begrenzter Absorptive Capacity bei Betreibern von Open Innovation Communities
  (DiGango/Wasko 2009; Berg-Jensen/Hienerth/Lettl 2010)
- Ideenselektion große Herausforderung bestehender Open Innovation Ansätze
  (Chiaroni/Chiesa/Frattini 2010; Hilgers/Piller 2009; Hoyer et al. 2010, Blohm et al. 2011d)

Forschungslücke 2: Kollektive Ideenbewertung
- Wissen über Mechanismen zur Nutzung der kollektiven Intelligenz in Bezug auf Bewertungsaufgaben begrenzt
  (Bonabeau 2009; Piller/Walcher 2006; Chiaroni/Chiesa/Frattini 2010)
- Unzureichende theoretische Fundierung bestehender Mechanismen
  (Lorenz et al. 2011; Williams Wolley 2010)
- Mangelnde Kenntnisse über relative Genauigkeit und Nutzerakzeptanz bestehender Mechanismen
  (Soukhoroukova/Spann/Skiera 2012; Chen et al. 2005; Graefe 2009, Goel et al. 2010)

Abbildung 1-2: Forschungslücken der vorliegenden Arbeit
Quelle: Eigene Darstellung

Um potenzielle Verzerrungen zu vermeiden und die Aussagekraft der Ergebnisse zu erhöhen, fokussiert diese Arbeit auf OI-Communities aus der Softwareindustrie. Diese ist durch eine hohe Wissensintensität und kurze Innovationszyklen geprägt, so dass das AC-Konzept in dieser eine besonders hohe Bedeutung besitzt (Matusik/Heeley 2005, 556). Zudem sind OI-Communities in dieser Branche bereits relativ stark verbreitet (Bretschneider 2011, 204). Aus diesen Gründen stellt die Softwareindustrie einen idealen Untersuchungskontext für die vorliegende Arbeit dar.

1.2 Ziele, Forschungsfragen und Methodologie

Aufbauend auf den beiden identifizierten Forschungslücken kann für diese Arbeit folgendes, übergeordnetes Ziel definiert werden:

> *Ziel dieser Arbeit ist es zu untersuchen, wie die kollektive Intelligenz der Mitglieder von Open Innovation Communities genutzt werden kann, um durch eine kollektive Ideenbewertung die limitierte Absorptive Capacity von Community-Betreibern zu vergrößern.*

Aufbauend auf den in Kapitel 1.1 identifizierten Forschungslücken kann das übergeordnete Ziel dieser Arbeit in drei Forschungsfragen operationalisiert werden:

> *Forschungsfrage 1:* *Was sind die theoretischen Grundlagen der Ideenabsorption in Open Innovation Communities?*
>
> *Forschungsfrage 2:* *Wie absorbieren Softwareunternehmen Innovationsideen aus Open Innovation Communities und durch welche IT-basierten Kompetenzen kann die Absorptive Capacity dieser Unternehmen gesteigert werden?*
>
> *Forschungsfrage 3:* *Wie müssen Mechanismen zur kollektiven Ideenbewertung gestaltet werden, um die Absorptive Capacity von Softwareunternehmen vergrößern zu können?*

Aus theoretischer Sicht können damit zwei Ziele identifiziert werden:

- **Theorieintegration** *"Absorptive Capacity"* und *"Open Innovation"*: Ziel von Forschungsfrage eins und zwei ist die systematische Kombination von AC und OI am Beispiel von OI-Communities im Rahmen eines gemeinsamen Ideenabsorptionsmodells. Aufbauend auf bestehender Forschung zu OI-Communities wird dieses Modell im Rahmen eines Literaturreviews der AC-Forschung entwickelt und mittels qualitativer Fallstudien empirisch verfeinert, so dass die Ideenabsorptionsprozesse von Softwareunternehmen sowie deren IT-basierte Absorptionskompetenzen freigelegt werden können.

- **Theorieaufbau** *„Kollektive Intelligenz"*: Ziel von Forschungsfrage drei ist das Erarbeiten von Erklärungsansätzen, *„wie"* und *„warum"* Mechanismen zur kollektiven Ideenbewertung funktionieren. Zu diesem Zweck werden insgesamt drei Experimente durchgeführt, welche (1) die Gestaltung von Bewertungsskalen, (2) die Gestaltung von Informationsmärkten und (3) die relative Leistungsfähigkeit der beiden Mechanismen untersuchen. Zur Erklärung der Effekte im Hinblick auf ihre funktionale Eignung (Klassifikationsgüte) und Akzeptanz (Zufriedenheit und Einstellung) wird dabei auf kognitionspsychologische Ansätze zurückgegriffen, die auf den Kontext der kollektiven Ideenbewertung übertragen werden.

Aus einer praktischen Perspektive sollen die Ergebnisse dieser Arbeit zu Handlungsempfehlungen für die Ideenabsorption sowie Gestaltungsempfehlungen für Mechanismen zur kollektiven Ideenbewertung verdichtet werden. Die Arbeit kann damit einen Beitrag leisten, die limitierte AC von Betreibern von OI-Communities zu vergrößern.

Die Arbeit besitzt aufgrund der beiden inhaltlich und methodisch weitgehend getrennten Teilbereiche einen kumulativen Charakter. Während sich der Teil „*Absorptive Capacity*" qualitativer Verfahren bedient, umfasst der Teil „*kollektive Ideenbewertung*" eine quantitativ-empirische Ausrichtung. In Anlehnung an die Arbeiten von Bretschneider (2011, 7-9) und Leimeister (2009b, 8-12) werden damit qualitative und quantitative Ansätze zur Untersuchung eines Untersuchungsgegenstandes – in vorliegenden Fall die Selektion von Ideen aus OI-Communities – kombiniert, um diesen aus unterschiedlichen Perspektiven betrachten zu können.

1.3 Aufbau der Arbeit

In den vorhergehenden Kapiteln dieser Arbeit wurden Motivation und Relevanz des Themas erörtert, die entsprechenden Forschungslücken abgeleitet sowie Forschungsfragen und Ziele der Arbeit definiert.

Kapitel zwei legt die konzeptionellen Grundlagen der vorliegenden Arbeit. Es werden die spezifischen Eigenschaften von Software dargestellt und Softwareunternehmen als erweiterter Forschungskontext abgegrenzt. Auf Basis einer Darstellung des Innovationsprozess von Unternehmen wird aufgezeigt, wie klassische Ansätze der Forschung und Entwicklung (F&E) durch OI ergänzt werden können, um die eigene Innovationskraft durch den Zugang zu Kundenwissen zu stärken. Als engerer Forschungskontext werden OI-Communities von anderen Methoden der OI abgegrenzt und das Konzept „*kollektiver Intelligenz*" beleuchtet. Dadurch soll aufgezeigt werden, inwiefern Mechanismen der kollektiven Ideenbewertung ein komplementäres Gegenstück für bestehende OI-Methoden darstellen können.

Kapitel drei erarbeitet die theoretischen Grundlagen der Ideenabsorption aus Perspektive der AC-Forschung (Forschungsfrage eins). Aufbauend auf einer kurzen Schilderung des Vorgehens des angefertigten Literaturreviews, werden die wichtigsten Arbeiten aus der AC-Forschung überblicksartig dargestellt und die beiden Konzepte AC und OI-Communities systematisch verbunden. Im Detail wird ein domänenspezifisches Ideenabsorptionsmodell für OI-Communities entwickelt sowie IT-basierte Absorptionskompetenzen abgeleitet, mit denen die AC von Community-Betreibern gesteigert werden kann. Eine Diskussion der theoretischen und praktischen Implikationen dieser beiden Teilergebnisse rundet Kapitel drei ab.

Kapitel vier untersucht das entwickelte Ideenabsorptionsmodell und die IT-basierte Absorptionskompetenzen bei vier Betreibern von OI-Communities in der Softwareindustrie im Rahmen von qualitativen Fallstudien (Forschungsfrage zwei). Zunächst werden die methodischen Grundlagen der Fallstudien- und Prozessforschung sowie der Inhaltsanalyse nach Mayring (2002) beschrieben und das genaue Vorgehen bei der Erhebung und Analyse der Daten für die Fallstudien eingegangen. Auf dieser Basis werden die vier Fallstudien getrennt analysiert und deren Ergebnisse anschließend in einer umfassenden Synthese verglichen, kontrastiert und verdichtet. Damit können die theoretischen Implikationen aus Kapitel drei verfeinert sowie praktische Handlungsempfehlungen für die Ideenabsorption in OI-Communities erarbeitet werden.

Kapitel fünf evaluiert unterschiedliche Alternativen zur Gestaltung von Mechanismen zur kollektiven Ideenbewertung in OI-Communities im Rahmen von drei Experimenten (Forschungsfrage drei). Zunächst werden die methodischen Grundlagen der Experimentalforschung, der Messung von Ideenqualität sowie der verwendeten Analysemethoden dargestellt. Zudem wird ein eigener theoretischer bzw. konzeptioneller Bezugsrahmen aufgespannt, der notwendig ist, um Effekte und Wirkungsweise dieser Mechanismen erklären zu können. Darauf aufbauend werden für die einzelnen Experimente jeweils eigene Hypothesen aufgestellt, getestet und diskutiert. Zum Abschluss werden auch hier die Forschungsbeiträge für das Feld der kollektiven Intelligenz erarbeitet sowie Empfehlungen für die Gestaltung von Mechanismen zur kollektiven Ideenbewertung entwickelt.

Kapitel sechs fasst die zentralen Ergebnisse dieser Arbeit zusammen und stellt die theoretischen und praktischen Beiträge in einer Gesamtbetrachtung dar. Des Weiteren werden Limitationen der Ergebnisse und zukünftiger Forschungsbedarf diskutiert.

Der Aufbau der vorliegenden Arbeit wird in Abbildung 1-3 zusammenfassend dargestellt.

Aufbau der Arbeit

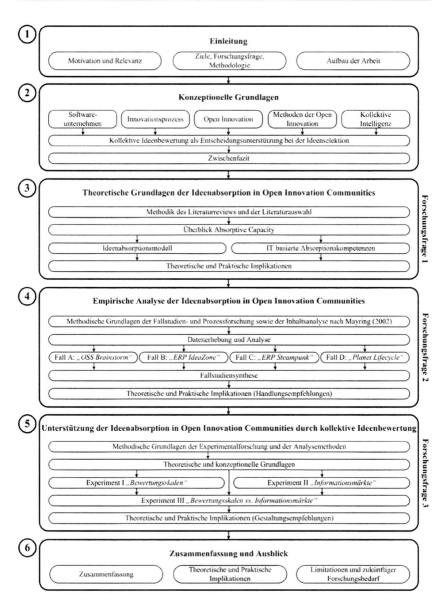

Abbildung 1-3: Aufbau der Arbeit
Quelle: Eigene Darstellung

2 Konzeptionelle Grundlagen

Ziel des folgenden Kapitels ist die Erarbeitung eines konzeptionellen Fundaments für die vorliegende Arbeit. Dabei wird auf die Eigenschaften von Software und Softwareunternehmen sowie von geschlossen und offenen Innovationsprozessen eingegangen. Es werden die Eigenschaften und Bestandteile von Kundenwissen aufgezeigt sowie Methoden der OI beschrieben, mit denen dieses auf effektive Weise gehoben werden kann. Um aufzuzeigen, wie diese Methoden mit Mechanismen der kollektiven Ideenbewertung ergänzt werden können, wird das Konzept der kollektiven Intelligenz beschrieben und dessen Potenziale und Anforderungen beleuchtet.

2.1 Software und Softwareunternehmen

2.1.1 Software

Software ist ein immaterielles Produkt bzw. Wirtschaftsgut, das sowohl von Computern auch als Menschen gelesen werden kann (Heinrich/Heinzl/Roithmayr 2004, 603). Sie ist ein, in einer bestimmten Programmiersprache geschriebenes, Programm, das bestimmte Verarbeitungsvorschriften bzw. Algorithmen zur Verarbeitung von Daten mittels eines Computers darstellt (Abts/Mülder 2009, 57; Laudon/Laudon/Schoder 2010, 21; Hansen/Neumann 2009, 10). Die Eigenschaften von Software können auf Basis unterschiedlicher Klassifikationen aufgezeigt werden:

- **Anwendernähe:** Software kann in „*Systemsoftware*" „*systemnahe Software*" und „*Anwendungssoftware*" unterschieden werden. Systemsoftware ist zur Steuerung von Hardware erforderlich und kann z.B. Betriebssysteme umfassen. Anwendersoftware umfasst alle Programme, die direkt vom Anwender genutzt werden können, wie z.B. Textverarbeitungsprogramme (Abts/Mülder 2009, 58f.). Systemnahe Software (z.B. "*Middleware*") ermöglicht die Kommunikation zwischen System- und Anwendungssoftware (Hansen/Neumann 2009, 34-36; Buxmann/Diefenbach/Hess 2011, 5).

- **Branchennähe:** Anwendungssoftware kann in „*Branchensoftware*", die sich an den Anforderungen bestimmter Branchen orientiert (z.B. Handelsunternehmen), oder „*Querschnittsoftware*", die in allen betrieblichen Arbeitsplätzen in einer Vielzahl von unterschiedlichen Industrien eingesetzt werden kann, unterteilt werden (Abts/Mülder 2009, 58f.).

- **Bereitstellung:** Anwendungssoftware kann je nach Grad ihrer Individualisierung in „*Standard-*" und „*Individualsoftware*" unterschieden werden. Standardsoftware sind vorgefertigte Programmpakete, die ein genau spezifiziertes, betriebliches Aufgabengebiet, wie z.b. Finanzbuchhaltung, abdecken (Schwarzer/Krcmar 2010, 126). Sie wird als Produkt über den Markt bezogen. Individualsoftware hingegen wird für die spezifischen Anforderungen eines Unternehmens erstellt (Abts/Mülder 2009, 59-61; Schwarzer/Krcmar 2010, 129). Die Grenzen zwischen Individual- und Standardsoftware sind fließend, da standardisierte Softwarelösungen im Rahmen eines sogenannten *"Customizing"* an die Anforderungen eines Unternehmens angepasst werden können (Buxmann/Diefenbach/ Hess 2011, 9).

- **Lizenzmodell:** Je nach Geschäftsmodell des Softwareherstellers kann zwischen „*lizenzpflichtiger*" und „*quelloffener Software*" unterschieden werden. Bei lizenzpflichtiger muss für den Erwerb von Nutzungsrechten an der Software eine Lizenzgebühr an den Hersteller entrichtet werden. Sonderfälle lizenzpflichtiger Software sind *"Shareware"* (Lizenzgebühren werden nach gebührenfreier Testphase fällig) oder *"Freeware"* (vollständig lizenzgebührenfreie Nutzung der Software) (Abts/Mülder 2009, 61f.; Schwarzer/ Krcmar 2010, 127). Im Gegensatz dazu wird bei quelloffener Software (*"Open Source Software (OSS)"*) der Quellcode der Software veröffentlicht, der durch Dritte kostenlos eingesehen, verwendet und weiterentwickelt werden darf. Im Vergleich zu Freeware ist die Nutzung der Software zwar in der Regel auch lizenzgebührenfrei, jedoch ist bei ersterer der Quellcode nicht frei einsehbar (Abts/Mülder 2009, 62f.).

- **Eigenständigkeit:** Software kann als „*eingebettete ("embedded") Software*" einen festen Bestandteil eines technischen Produkts darstellen, wie z.B. Steuerungsprogramme in Maschinen. Auf der anderen Seiten kann sie als „*eigenständige Software*" aber auch relativ unabhängig von einer bestimmten Hardware funktionsfähig sein (Abts/Mülder 2009, 63f.).

- **Lebensdauer:** Software kann für einen einmaligen („*Wegwerf-Software*"), mittelfristigen („*statische Software*") oder langfristigen Einsatz („*evolutionäre Software*") konzipiert sein (Abts/Mülder 2009, 64f.).

- **Entwicklungsstadium:** Je nach Entwicklungsstand kann Software in „*Alpha-Versionen*", „*Beta-Versionen*", *"Release Candidates"* oder *"Releases"* eingeteilt werden (Abts/ Mülder 2009, 65f.; Schwarzer/Krcmar 2010, 127f.).

2.1.2 Softwareunternehmen

Buxmann/Diefenbach/Hess (2011, 5-9) unterscheiden zwischen „*Softwareunternehmen im engeren*" und „*weiteren Sinne*". Als Softwareunternehmen im engeren Sinne bezeichnen sie Softwareunternehmen, die selbstständig Individual- oder Standardsoftware erstellen und diese als ein Produkt vertreiben. Softwareunternehmen im weiteren Sinne sind dahingegen Unternehmen, die sich auf das Angebot von Dienstleistungen für die Implementierung von komplexen und erklärungsbedürftigen Softwarelösungen, z.B. die Anpassung von standardisierter Branchensoftware an die Anforderungen eines Unternehmens, spezialisiert haben. Darunter fallen z.b. IT-Beratungen oder Systemintegratoren (Buxmann/Diefenbach/Hess 2011, 9).

Im Jahr 2008 waren in Deutschland ca. 57.000 Softwareunternehmen tätig, die ca. 450.000 Mitarbeiter beschäftigten und 38,9 Mrd. Euro bzw. 1,7 % zur Bruttowertschöpfung[1] in Deutschland beitrugen (o.V. 2011, 121 und 638). Softwaremärkte sind aufgrund der Immaterialität von Software durch eine sehr hohe Dynamik und Internationalisierung geprägt (Buxmann/Diefenbach/Hess 2011, 3). Durch eine hohe Entwicklungsgeschwindigkeit der zugrundeliegenden Hardware ist die Softwarebranche sehr schnelllebig, so dass neue Innovationen in kurzen Innovationszyklen auf den Markt geworfen werden (Matusik/Heeley 2005, 556). Hohe Netzwerkeffekte führen dazu, dass sich sehr häufig *"Winner-Takes-All"*-Märkte entstehen, in denen ein einzelnes Unternehmen den Markt mit seiner Lösung dominiert (Buxmann/Diefenbach/Hess 2011, 3).

2.2 Innovation und Innovationsprozesse

2.2.1 Innovation

Aus betriebswirtschaftlicher Sicht ist eine Innovation eine am Markt oder unternehmensintern eingeführte qualitative Änderung von bereits vorhandenen Denkinhalten, Verhaltensweisen oder Produkten, um den wirtschaftlichen Erfolg des Unternehmens zu verbessern (Schachtner 2001, 34; Hauschildt/Salomo 2011, 4). Ausschlaggebend ist dabei das Vorliegen einer neuartigen Zweck-Mittel-Kombination als Ergebnis eines Problemlösungsprozesses (Hauschildt/Salomo 2011, 4f.; Reichwald/Piller 2009, 119f.). Nach Hauschildt/Salomo (2011, 5) umfassen Innovation fünf Dimensionen:

(1) Inhalt: Das Objekt innovatorischer Bemühungen kann vereinfachend in Produkt-und Prozessinnovationen eingeteilt werden. Während es sich bei Produktinnovationen um Neuerungen im Leistungsangebot handelt, umfassen Prozessinnovationen Verbesserungen im Leistungserstellungsprozess (Hauschildt/Salomo 2011, 5; Reichwald/Piller 2009, 120f.; Schachtner 2001, 34f.).

---

[1] Der vom Statistischen Bundesamt ausgewiesene Bereich „*Datenverarbeitung und Datenbanken*" beschränkt sich weitgehend auf Softwareunternehmen im engeren Sinne. Einige Dienstleistungen, die Softwareunternehmen im weiteren Sinne zugeordnet werden müssten, werden leider nicht separat ausgewiesen, so dass die volkswirtschaftliche Bedeutung der Softwareindustrie eigentlich viel höher einzuschätzen ist.

(2) Intensität: Innovationen können nach ihrem Innovationsgrad, dem Ausmaß der durch sie ausgelösten Veränderungsprozesse, unterteilt werden (Reichwald/Piller 2009, 121). So wird z.B. häufig zwischen „*radikalen*" und „*inkrementellen*" Innovationen unterschieden (Hauschildt/Salomo 2011, 12).

(3) Subjektivität: Die Neuartigkeit einer Innovation unterliegt immer einer subjektiven Wahrnehmung. Sie ist daher immer aus dem Standpunkt eines bestimmten Individuums bzw. Unternehmens zu betrachten (Hauschildt/Salomo 2011, 19; Schachtner 2001, 35f.).

(4) Normativität: Innovationen müssen sich im innerbetrieblichen Einsatz bewähren oder im Markt verwerten lassen (Reichwald/Piller 2009, 120). Innovationen implizieren daher im Gegensatz zu einer Erfindung einen ökonomischen Erfolg (Reichwald/Piller 2009, 120; Hauschildt/Salomo 2011, 21).

(5) Prozess: Die Erstellung von Innovationen erfolgt in einem mehr oder weniger systematischen Prozess, der unterschiedliche Aktivitäten beinhaltet (Hauschildt/Salomo 2011, 20f.).

2.2.2 Innovationsprozesse

Innovationsprozesse beschreiben die Entwicklung einer Idee in ein marktfähiges Produkt. Zur Vereinfachung wird der Innovationsprozess in verschiedene Phasen unterteilt, deren Anzahl je nach Autor, Intention und Forschungsstand stark variieren kann (Schachtner 2001, 37; Walcher 2007, 13; Darkow 2007, 130). Unabhängig von der Anzahl der Phasen werden diese Modelle in der Regel als so genannte *"Stage-Gate"*-Prozesse konzipiert. In diesen *"Stage-Gate"*-Modellen werden Ideen in mehreren Stufen (*"Stage"*) schrittweise zu Konzepten, Prototypen und Produkten weiterentwickelt. In jeder Stufe werden dabei zusätzlich Informationen bezüglich der zu entwickelten Innovation eingeholt, um die Risiken und Unsicherheiten, die mit deren Entwicklung einhergehen, zu minimieren und Entscheidungen zur Weiterentwicklung der Ideen fällen zu können (*"Gate"*) (Cooper 2008, 214f.).

Oftmals umfassen diese Prozessmodelle fünf Phasen (vgl. z.B. Herstatt/Verworn 2007, 9; Reichwald/Piller 2009; Crawford/Di Benedetto 2008, 24). In der ersten Phase der „*Ideengenerierung*" werden zunächst Ideen für neue Innovationen generiert, gesammelt und bewertet (Herstatt/Verworn 2007, 9-11). Die vielversprechendsten Ideen werden in „*Konzepte*" überführt, die in der dritten Phase der „*Entwicklung*" umgesetzt werden. Die erstellten Prototypen, erprobbare Versuchsmodelle (Reichwald/Piller 2009, 125), werden in der vierten Phase einer umfassenden Evaluation unterzogen, so dass es nach einem erfolgreichen „*Produkt/Markt-Test*" in der fünften Phase zu einer „*Markteinführung*" des finalen Produktes kommt (Reichwald/Piller 2009, 126). Einige Autoren fügen dem Innovationsprozess auch noch eine vorgelagerte „*Planungsphase*" hinzu, in der z.B. Möglichkeiten für neue Produkte identifiziert und mit der Unternehmensstrategie abgestimmt werden (Khurana/Rosenthal 1998, 59f.; Ulrich/Eppinger 2008, 13f.). Die einzelnen Prozessphasen werden zudem häufig in die frühen, mittleren und späten Phasen des Innovationsprozess eingeteilt. Die frühen Phasen reichen von der Identifikation einer lukrativen Möglichkeit bis zur Allokation finanzieller Ressourcen zur Umsetzung eines Konzeptes (Khurana/Rosenthal 1998, 59f.; Herstatt/ Verworn 2007, f.). Einige Autoren bezeichnen diese Phase auch als die Ideenphase (vgl. z.B.

Soll 2006, 12). Die mittleren Phase umfasst die prototypische Entwicklung und deren Evaluation, so dass die späte Phase mit der Markteinführung assoziiert ist (Bretschneider 2011, 13). In Abbildung 4 werden die unterschiedlichen Phasen zusammenfassend dargestellt.

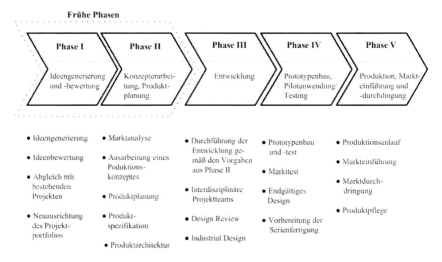

Abbildung 2-1: Phasen des Innovationsprozesses
Quelle: In Anlehnung an Herstatt/Verworn (2007, 9)

2.2.3 Bedeutung der Ideenselektion

Die frühen Phasen des Innovationsprozesses haben einen großen Einfluss auf die späteren Phasen des Innovationsprozesses und den Erfolg der späteren Produkte. In diesen Phasen werden die Merkmale und Eigenschaften der späteren Produkte festgelegt (Ulrich/Eppinger 2008, 14f.; Ozer 2009, 1340), die gegen Ende des Innovationsprozesses nur noch durch einen hohen Ressourceneinsatz geändert werden können (Khurana/Rosenthal 1998, 58). Obwohl in den ersten beiden Phasen des Innovationsprozesses nur 5 bis 7 % der Gesamtkosten anfallen, bestimmen diese 75-80 % der gesamten Produktlebenszykluskosten. Zudem werden in diesen 70 % der Qualität eines Produktes determiniert (Bürgel/Zeller 1997; Walcher 2007, 15; Herstatt/Verworn 2007, 6).

Die Phase der Ideenselektion (*"Idea Screening"*) stellt den Übergang zwischen den Phasen der Ideengenerierung und der Konzeptentwicklung dar (Ferioli et al. 2010, 70). Sie beschreibt einen konvergenten Prozess, in dem die zur Verfügung stehenden Alternativen reduziert werden, um sie in den späteren Phasen des Innovationsprozesses weiter zu verfolgen (Ulrich/Eppinger 2008, 124; Rochford 1991, 288). Die Entscheidungen sind dabei von einer sehr großen Unsicherheit geprägt, da die Informationen, die für die Auswahl der „*richtigen*" Ideen benötigt werden, a priori kaum bestimmt werden können und die Entscheider oftmals unter einem hohen Zeitdruck stehen (Ozer 2007, 1372f.). Da die Investitionen, die für die

Weiterentwicklung einer Idee in mittleren und späten Phasen kontinuierlich steigen (Cooper 2008, 215), müssen Ideen mit einem geringen Potenzial so früh wie möglich identifiziert und eliminiert werden (Ferioli et al. 2010, 70). Des Weiteren erlaubt ein frühzeitiges Erkennen möglicher Markterfolge eine Konzentration der begrenzten Ressourcen eines Unternehmens auf die entsprechenden Ideen (Darkow 2007, 128), so dass deren Erfolgswahrscheinlichkeit vergrößert werden kann. Auf der anderen Seite können Fehlentscheidungen bei der Eliminierung von Ideen dazu führen, dass Unternehmen den Anschluss an die Konkurrenz verlieren und in ihrer Existenz bedroht werden. Dies ist oftmals bei radikalen Innovationsideen der Fall, die aufgrund eines Mangel an Verständnisses und kognitiver Barrieren oftmals zu früh eliminiert werden (Bessant et al. 2010, 345-347).

Die Bedeutung der Ideenselektion kann aber auch auf Basis des Verhältnisses zwischen am Anfang des Innovationsprozess generierten Ideen und am Ende am Markt erfolgreichen Produkten veranschaulicht werden. So berichtet z.B. Bullinger (2005, zitiert in Darkow (2007, 128)) von einer Studie, in der nur elf von 2.000 Ideen zu einem wirtschaftlichen Erfolg führten. Stevens/Burley (1997, 16) beziffern dieses Verhältnis sogar mit 3.000 zu eins.

2.3 Öffnung von Innovationsprozessen

2.3.1 Open Innovation

In dem eben dargestellten, „geschlossenen" Innovationsprozess kommerzialisieren Unternehmen ausschließlich die im eigenen Haus entwickelten Ideen und Technologien. Seit Ende des 20. Jahrhunderts kommt es in vielen Branchen zu einer zunehmenden Öffnung von Innovationsprozessen. Wesentliche Treiber dieser Öffnungstendenzen sind eine zunehmende Arbeitsteilung in globalisierten Unternehmen, insbesondere in F&E-Abteilungen, sowie die zunehmenden Möglichkeiten von IT zur Unterstützung dieser Arbeitsteilung und zur Einbindung zusätzlicher Innovationspartner in diese. Aber auch die Entwicklung leistungsfähiger Marktstrukturen, die intellektuelles Eigentum wie Ideen und Technologien als Wirtschaftsgüter handelbar machen (z.B. "Venture Capital"), und ein sich wandelndes Arbeitsverständnis im Sinne von verstärkter Vielseitigkeit und Mobilität auf Ebene der Arbeitnehmer sind Gründe für die Erosion von Unternehmensgrenzen bei der Innovationsentwicklung (Dahlander/Gann 2010, 699; Gassmann/Enkel 2004, 5; Chesbrough 2003b, 35). Erfasste diese Bewegung anfänglich nur Großunternehmen in technologieintensiven Branchen, hat sich der Trend zu offenen Innovationsprozessen inzwischen aber auch bei kleinen und mittleren Unternehmen in Branchen geringer Technologieintensität manifestiert (Van de Vrande et al. 2009, 428; Chesbrough/Crowther 2006, 230-232; Gassmann/Enkel/Chesbrough 2010, 3f.; Spithoven/Clarysse/Knockaert 2011, 19). Aufgrund dieser Eigenschaften stellt „Open Innovation" eine komplementäre Wertschöpfungsstrategie zur Ergänzung der traditionellen Innovationsentwicklung dar (Reichwald/Piller 2009, 1-6), die von Chesbrough (2006, 1).wie folgt definiert wird:

> "Open innovation is the use of purposive inflows and outflows of knowledge to accelerate internal innovation, and to expand the markets for external use of innovation, respectively" (Chesbrough 2006, 1).

Aufbauend auf dieser Definition wurden in der bestehenden Forschung mit *"In-"* und *"Outbound"*-Aktivitäten zwei Kernprozesse identifiziert (Van de Vrande et al. 2009, 424f.; Lichtenthaler 2011, 76f.; Dahlander/Gann 2010, 702-705; Huizingh 2011, 4). *"Inbound"*-Prozesse umfassen z.B. die Akquisition von neuem Wissen und Technologien aus der Umwelt des Unternehmens, während *"Outbound"*-Aktivitäten die Kommerzialisierung von Ideen und Technologie außerhalb des Unternehmens umfassen. Beide Kernprozesse können zudem in eine monetäre und nicht-monetäre Dimension unterschieden werden (Dahlander/Gann 2010, 700; Huizingh 2011, 3). Monetäre *"Outbound"*-Prozesse umfassen z.B. den Verkauf von Technologien (Lichtenthaler 2009a, 318), Auslizensierungen und die Gründung von Spin-Off-Unternehmen (Gassmann 2006, 225; Lichtenthaler 2009a, 318f.), während monetäre *"Inbound"*-Aktivitäten z.B. den Erwerb von Technologien in Lieferanten-Hersteller-Beziehungen (Gassmann 2006, 225; Lichtenthaler 2009a, 318) oder die Sammlung von Problemlösungen über Innovationsmarktplätze, wie z.B. *„Innocentive"* (Jeppesen/Lakhani 2010, 1020), beinhalten können. Bei nicht-monetären *"Inbound"*-Aktivitäten handelt es sich um Ansätze der Kundenintegration, wie z.B. *„Ideencommunities"* (Bretschneider 2011, 40) oder die *„Lead User Methode"* (Lüthje/Herstatt 2004, 564). Nicht-Monetäre *"Outbound"*-Aktivitäten sind z.B. das freie Offenlegen von Quellcode im Rahmen von Open Source Projekten (Henkel 2006, 959-962) oder von selbst entwickelten Nutzerinnovationen (Franke/Shah 2003, 171f.). Die einzelnen OI-Ansätze können sehr gut miteinander kombiniert werden. So diskutieren z.B. Gassmann/Enkel (2004, 5f.) auch einen *"Coupled"*-Prozess, der eine Kombination von *„In-"* und *"Outbound"*-Aktivitäten in Innovationsnetzwerken und strategischen Allianzen beschreibt.

Die Öffnung des Innovationsprozesses ist dabei für Unternehmen mit zahlreichen Potenzialen verbunden: Kürzere Innovationszyklen, Kostenreduktion im Entwicklungsprozess, Erhöhung der eigenen Innovationskraft, Erschließung neuer Märkte und Umsatzpotenziale sowie die Reduktion von marktlicher und technologischer Unsicherheit im Innovationsprozess (Chesbrough 2007b, 26; Reichwald/Piller 2009, 171-179; Gassmann/Enkel 2004, 1; Chesbrough/Schwartz 2007, 56). Jedoch können im Zuge der Implementierung, Durchführung und Kontrolle von OI-Aktivitäten auch nicht unerhebliche, zusätzliche Kosten entstehen (Reichwald/Piller 2009, 177-179). Die Einbindung von Kunden steigert zudem oftmals die Komplexität und Unsicherheit von Innovationsprojekten (Wecht 2005, 146).

2.3.2 Kundenintegration

Die vorliegende Arbeit fokussiert auf die nicht-monetäre *"Inbound"*-Perspektive von OI. Sie folgt damit dem engeren OI-Verständnis von Reichwald/Piller (2009, 153f.), die OI mit Kundenintegration gleichsetzen. Die Integration von Kunden in die Innovationsentwicklung stellt aber keineswegs ein neues Phänomen dar. Insbesondere die Softwareindustrie besitzt hier eine Vorreiterrolle (Wecht 2005, 144f.), in der Kunden, z.B. mittels *„Anwendergruppen"*, in die Innovationsentwicklung eingebunden werden. Anwendergruppen sind eine Gruppe gleichgesinnter Softwareanwender, die sich zusammenschließen, um ihre Ressourcen zu bündeln, gemeinsame Probleme und neue Möglichkeiten der Softwarenutzung zu diskutieren (Gilliam/Sluzenski 1990, 105; Buckner 1996, 196). Durch ein Bündeln der vielen Einzelstimmen versuchen diese Gruppen auf die zukünftige Entwicklung der Softwarelösungen Einfluss zu nehmen und die Innovationsentwicklung bei Software-Herstellern zu ihren Gunsten zu verschieben. Diese Änderungen haben jedoch häufig den Charakter eines Produkttests und spielen sich in der Regel in den späten Phasen des Innovationsprozesses ab (Buckner 1996, 199f.). In diesem Zusammenhang ist auch *"Beta-Testing"*, das Testen eines bereits weitgehend marktfähigen Prototypen durch eine relativ große Anzahl ausgewählter Kunden, weit verbreitet (Bretschneider 2011, 28).

Reichwald/Piller (2009, 128-141) und Bretschneider (2011, 28f.) unterscheiden daher zwischen einer passiven Kundenorientierung und einer aktiven Kundenintegration. Methoden der Kundenorientierung gehen davon aus, dass die Bedürfnisse von Kunden mittels Marktforschung und anschließenden Produkttests ausreichend in der Innovationsentwicklung berücksichtigt werden können. Aufgrund der begrenzten Zugänglichkeit dieses Kundenwissens lassen sich diese mittels der klassischen Marktforschung oftmals aber nur unter sehr hohen Transaktionskosten heben. Eine aktive Integration der Kunden in den Innovationsprozess erlaubt es, diese Kosten zu minimieren, indem die Externalisierung von Kundenbedürfnissen und Kundenwissen im Allgemeinen durch spezielle Methoden unterstützt wird und so als (physische) Produkte hoher wissensökonomischer Reife direkt von Unternehmen genutzt werden können (Von Hippel 2005, 152f.; Reichwald/Piller 2009, 64f.).

2.3.3 Kundenwissen

Bevor diese Methoden der OI zur effektiven Externalisierung von Kundenwissen jedoch im Detail beschrieben werden können, muss in einem vorgelagerten Schritt auf die Eigenschaften von Kundenwissen eingegangen werden.

2.3.3.1 Arten von Kundenwissen

In Bezug auf die Innovationsentwicklung unterteilt Habermeier (1990, 275) Kundenwissen in *"Learning about Users"* und *"Learning from Users"*. Aufbauend auf dieser Klassifikation unterscheiden Walcher (2007, 19) und Bueren et al. (2004, 4) in drei unterschiedliche Arten von Kundenwissen: (1) *„Wissen für den Kunden"*, (2) *„Wissen über den Kunden"* und (3) *„Wissen des Kunden"*.

(1) Wissen für den Kunden beinhaltet Informationen, die ein Unternehmen seinen Kunden zur Verfügung stellt, um z.B. durch eine Befriedigung der spezifischen Informationsbedarfe, Vertrauen aufbauen zu können (Leimeister/Ebner/Krcmar 2005, 105).

(2) Wissen über den Kunden umfasst aus Sicht von Unternehmen das Wissen über die Präferenzen der eigenen Kunden, das für die Entwicklung von Innovationen notwendig ist (Joshi/Sharma 2004, 47). Es umfasst Wissen über deren Bedürfnisse und Wünsche und entspricht damit im weitesten Sinne dem Wissensbegriff im Paradigma der Kundenorientierung.

(3) Wissen des Kunden beschreibt das Wissen von Kunden über die Produkte eines Unternehmens bzw. das Unternehmen an sich im Rahmen von alltäglichen Konsumproblemen (Bloch/Ridgway/Sherrell 1989, 15f.; Mitchell/Dacin 1996, 219). Alba/Hutchinson (1987, 411) unterscheiden das Wissen des Kunden in *„Fachwissen"* und *„Produktwissen"*. Fachwissen definieren sie als *"the abiliy to perform product related tasks sucessfully"*, während Produktwissen, die Summe der akkumulierten Erfahrungen mit einem bestimmten Produkt, z.B. konsumierte Werbung, durchgeführte Verkaufsgespräche oder eigentliche Nutzung, darstellt. Fachwissen wird von einer Vielzahl von Autoren in eine objektive und subjektive Komponente unterschieden (Flynn/Goldsmith 1999, 58; Raju/Lonial/Mangold 1995, 153f.; Brucks 1985, 1f.). „Objektives Fachwissen" umfasst das aus dem Gedächtnis abrufbare Wissen eines Individuums (Brucks 1985, 2), das im Rahmen eines speziellen Tests operationalisiert und gemessen wurde (Flynn/Goldsmith 1999, 57; Raju/Lonial/Mangold 1995, 162; Brucks 1985, 7; Sujan 1985, 36). Mitchel/Dacin (1996, 224) entwickelten hier z.B. zur Bestimmung des objektiven Fachwissens von Motorradfahrern einen quizartigen Wissenstest, mit dem Probanden zu Motorradmarken, -gattungen, -eigenschaften und -einzelteilen inkl. deren Funktionsweise befragt wurden. Im Gegensatz dazu entspricht „subjektives Fachwissen", dem von Konsumenten als solches wahrgenommene Wissen über einen speziellen Sachverhalt (Brucks 1985, 2). Es handelt sich dabei um das Wissen, von dem eine Person denkt, dass sie es weiß (Flynn/ Goldsmith 1999, 57) bzw. beschreibt "the feeling of knowing" (Raju/Lonial/Mangold 1995, 154). Subjektes Wissen wird mittels Selbstauskunftsskalen gemessen. Im Vergleich zu objektiven Wissen umfasst subjektives Wissen aber immer auch zwangsläufig die Zuversicht ("Confidence") in das eigene Wissen (Brucks 1985, 2; Park/Lessig 1981, 223f.), welche die Anwendung des Kundenwissens, z.B. im Rahmen von Konsumentscheidungen, wesentlich beeinflusst.

Determinante beider Wissensarten ist „Produkterfahrung", die sich aus der Verwendung von Produkten ergibt (Raju/Lonial/Mangold 1995, 154). Hoch/Deighton (1989, 2) beschreiben den Erwerb von Produkterfahrung als einen vierstufigen Prozess (vgl. Abbildung 2-2). In diesem Modell bilden Nutzer eines bestimmten Produktes auf Basis ihres Vorwissens und Überzeugungen einfache Hypothesen über dessen Funktionsweise ("Hypothesis Generation"), die in einem zweiten Schritt "Exposure to Evidence" durch Benutzung oder Beobachtung der Nutzung des Produktes durch einen Dritten überprüft werden (Hoch/Deighton 1989, 5). Der dritte Schritt "Encoding of Evidence" umfasst die kognitive Analyse der gemachten oder beobachteten Erfahrungen und führt in dem abschließenden Schritt "Integration of Evidence" zu einer Aktualisierung der eigenen Überzeugungen und Wissensaufbau. Dieser Lernprozess unterliegt zahlreichen externen Einflussfaktoren, wie z.B. der Vertrautheit des Nutzers mit der Produktdomäne (Hoch/Deighton 1989, 7-10).

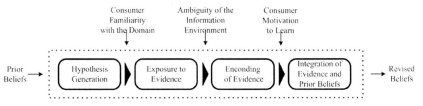

Abbildung 2-2: Erwerb von Produkterfahrung
Quelle: Hoch/Deighton (1989, 3)

2.3.3.2 Innovationsrelevantes Wissen des Kunden

Das für Innovationstätigkeiten eines Unternehmens relevante Wissen von Kunden umfasst nach Lüthje (2000, 34-40; 2004, 686) „*Objekt-*" und „*Verwendungswissen*". Objektwissen entspricht im weitesten Sinne Fachwissen über ein spezielles Objekt bzw. einen speziellen Sachverhalt (Rehäuser/Krcmar 1996, 8). Im Gegensatz zu Verwendungswissen ist es unabhängig von der Nutzung eines Produktes und wird durch das Studium von Sekundärquellen, wie z.B. Fachzeitschriften, erworben (Schreier/Prügl 2008, 336). Diese Eigenschaftskenntnisse (Schmidt 1996, 52) umfassen technisches Wissen über die Architektur und Funktionsweise eines Produktes (Lüthje 2000, 38). Es beinhaltet nicht nur Kenntnisse über physische Teilkomponenten und Aufbau eines Produktes (Ulrich/Eppinger 2008, 164-166; Crawford/Di Benedetto 2008, 295-297), sondern auch über Materialien, Verfahren und Technologien, die bei dessen Herstellung verwendet wurden (Lüthje 2000, 38; Soll 2006, 111). Analog zur Unterscheidung zwischen subjektivem und objektivem Kundenwissen setzt Schmidt (1996, 52) den Erwerb von Objektwissen in Zusammenhang zur Wahrnehmung eines Produktes, bei der generell zwischen Eindrucksmerkmal und Eindrucksausprägung unterschieden wird (Kroeber-Riel/Weinberg/Gröppel-Klein 2009, 248). Eindrucksmerkmale umfassen dabei von einem objektiven Standpunkt aus gesehen, die Eigenschaften eines Produktes, zu dem Konsumenten Wissen akkumulieren können, während Eindrucksausprägungen die tatsächlichen, durch das Eigenschaftsinteresse gefilterten und auf Basis der subjektiven Wahrnehmung gelernten Produkteigenschaften darstellen (Schmidt 1996, 52f.). Wecht (2005, 152) spricht in Zusammenhang von Objektwissen von „*Technologiekompetenz des Kunden*" und unterteilt diese in für das Unternehmen kongruentes und komplementäres Objektwissen. Kongruentes Objektwissen umfasst Kenntnisse aus dem Bereich der Kernkompetenzen eines Unternehmens und kann bspw. bei der Spezifikation von Innovationen eingesetzt werden. Bei komplementären Wissen handelt es sich um Fachwissen auf einem die Kernkompetenzen des Unternehmens ergänzenden Feld (Wecht 2005, 154). Dieses kann insbesondere bei Produktanwendern auf analogen Märkten gefunden werden, die die gleichen Bedürfnisse wie die eigenen Kunden in einer extremeren Form erfahren, z.B. basiert das heute in Autos übliche Anti-Blockier-System auf Entwicklungen von Bremsen in Flugzeugen (Von Hippel 2005, 134).

Verwendungswissen entspricht im weitesten Sinne Produkterfahrung. Durch die Verwendung des Produktes lernen Nutzer aber nicht nur das Produkt und dessen Eigenschaften kennen, sondern auch ihre eigenen Bedürfnisse und Anforderungen, die noch nicht durch das Produkt erfüllt werden (Habermeier 1990, 275f.). Im Rahmen der Entwicklung von Nutzerinnovation ist Verwendungswissen notwendig, um existierende Probleme mit eine Produkt zu identifizieren, zu analysieren, für diese neue Ideen und Lösungen zu erarbeiten und diese schließlich auf ihre Funktionsfähigkeit zu testen (Lüthje 2004, 686). In diesem Kontext geht die Kreativitätsforschung davon aus, dass ein gewisses Mindestmaß an Erfahrung notwendig ist, um kreative Lösungen in einem bestimmten Bereich zu entwickeln (vgl. Weisberg (1999) für eine umfassende Diskussion der Zusammenhänge zwischen Erfahrung und Kreativität).

Weiterhin diskutiert Wecht (2005, 150) die Marktkompetenz bzw. das „*applikationsbezogene Marktwissen*" von Kunden, das sich aus Verwendung von Produkten ergibt, als wesentliche Komponente von innovationsrelevantem Kundenwissen. Seiner Ansicht nach geht dieses Wissen über Verwendungswissen hinaus, da es auch die Fähigkeit zur Bewertung von Produktideen und -konzepten einschließt. Dies beinhaltet nicht nur die Evaluation von zum Bewertungszeitpunkt real noch nicht existierender Produktideen und Prototypen, sondern auch die gleichzeitige Einschätzung von übergeordneten gesellschaftlichen und marktseitigen Trends sowie die Fähigkeit, Marktchancen von Produktideen vorherzusagen (Wecht 2005, 151f.). Wecht (2005, 151) bezeichnet diese Fähigkeiten auch als „*vorausschauendes Applikationswissen*". Dieses Wissen ist jedoch nur lose definiert und entsteht aus der direkten Interaktion von Kunden mit den zu bewertenden Ideen und Prototypen (Joshi/Sharma 2004, 48) und basiert im weitesten Sinne auf einer Verallgemeinerung der eigenen Präferenzen für diese, die stark durch das existierende Produkt- und Verwendungswissen eines Bewertenden beeinflusst werden (Rao/Monroe 1988, 259-261; Raju/Lonial/Mangold 1995, 175-177).

Eine weitere in der OI-Forschung verbreitete Taxonomie von Kundenwissen unterscheidet in „*Lösungs-*" und „*Bedürfnisinformationen*", die in weiten Teilen eine inhaltliche Analogie zu Objekt- und Verwendungswissen darstellt. Bei Bedürfnisinformationen handelt es sich im weitesten Sinne um Erfahrungen, Bedürfnisse und Wünsche des Kunden, die aus der Verwendung eines Produktes erwachsen. Bedürfnisinformationen haben einen starken impliziten Charakter und sind häufig latent, unbewusst und schwer artikulierbar, d.h. spezifische Bedürfnisse werden von vielen Konsumenten nicht bewusst als solche erlebt (Reichwald/Piller 2009, 47f.). Lösungsinformationen beinhalten alle Fähigkeiten, die es ermöglichen, eine Lösung – Produkt oder Dienstleistung – für diese Kundenwünsche zu entwickeln (Reichwald/ Piller 2009, 47f.. Lösungsinformationen basieren auf kundenseitigem Objektwissen bzw. stellen eine Anwendung dieses Wissens im Rahmen eines Lösungsvorschlags für ein bestehendes Problem des Unternehmens oder ein bisher unerfülltes Kundenbedürfnis dar. Lösungsinformationen besitzen einen ausgeprägteren, expliziteren Charakter. Trotz der inhaltlichen Ähnlichkeit ergibt sich aus Herstellersicht jedoch ein bedeutender Unterschied zwischen Objekt- und Verwendungswissen auf der einen sowie Bedürfnis- und Lösungsinformationen auf der anderen Seite. Aufgrund des impliziten Charakters von Kundenwissen und dem Vorliegen von hohen Transaktionskosten bei der Externalisierung von Kundenwissen ist dieses in der Praxis nicht vollständig übertragbar. Bedürfnis- und Lösungsinformationen stellen daher den Teil des Objekt- und Verwendungswissen dar, der von Kunden an das Unternehmen transferiert und durch das Unternehmen aufgenommen werden kann. Von Hippel (1994, 430) spricht hier von *"Sticky Information"*, die nur unter einem hohen Aufwand erhoben werden können. Marktwissen umfasst im weitesten Sinne die Einschätzung von Produktideen auf Basis der eigenen Präferenzen, so dass hier in diesem Zusammenhang von Präferenzinformationen gesprochen werden kann, die Kunden im Rahmen der Innovationsentwicklung beisteuern können. Dabei kann es sich zum Beispiel um Einschätzungen des Potenzials von einzelnen Kundenbedürfnissen (Bedürfnisinformationen) und Lösungsvorschlägen (Lösungsinformationen) helfen und so bei der notwendigen Generalisierung dieser im Rahmen der Innovationsentwicklung unterstützen.

In Abbildung 2-3 werden die unterschiedlichen Arten von innovationsrelevantem Wissen *des* Kunden – Objekt-, Verwendungs- und Marktwissen – zusammengefasst. Aufgrund des taziten Charakters dieses Wissens begrenzen in der Praxis Transaktionskosten dessen vollständigen Transfer an Produkthersteller. Diese erhalten daher immer nur Fragmente dieses Wissens in Form von Lösungs-, Bedürfnis- und Präferenzinformationen, die es dem Produkthersteller je nach Kontext erlauben, innovationsrelevantes Wissen *über* den Kunden aufzubauen.

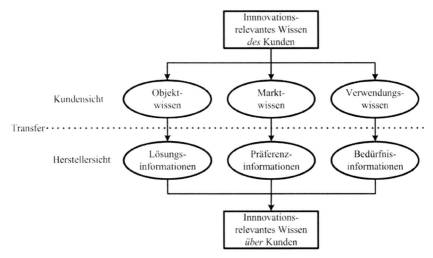

Abbildung 2-3: Transfer von innovationsrelevantem Kundenwissen
Quelle: Eigene Darstellung

2.4 Methoden der Open Innovation

Zum effektiven Transfer von Lösungs-, Präferenz- und Bedürfnisinformationen von Kunden im Rahmen offener Innovationsprozesse sind spezielle Ansätze notwendig. Reichwald/Piller (2009, 179f.) unterscheiden hierfür mit (1) *„Lead User Workshops"*, (2) *„Toolkits"*, (3) *„Ideenwettbewerben"* und (4) *„OI-Communities"* vier grundsätzliche Ansätze. Diese Methoden basieren in einem hohen Ausmaß auf dem Einsatz von Informationstechnologie (Blohm et al. 2010a, 255f.; Bretschneider et al. 2011, 54-56). Durch diese können Transaktionskosten gesenkt, die Reichweite erhöht und komplexe Zusammenhänge durch multimediale Elemente nutzerfreundlich aufbereitet werden (Ebner 2008, 48f.; Soll 2006, 29ff.; Walcher 2007, 61).

2.4.1 Lead User Workshops

Eine Vielzahl kommerziell bedeutender Produkte wurden nicht von Unternehmen entwickelt, die diese auf dem Markt anbieten, sondern von Kunden und Anwendern (Morrison/Roberts/Midgley 2004, 252; Franke/Shah 2003, 157; Lilien et al. 2002, 1044). Von Hippel (Von Hippel 1978; 2005, 21-31) definierte diese innovativen Kunden als *"Lead User"*:

> *"Lead users are defined as members of a user population having two distinguishing characteristics: (1) They are at the leading edge of an important market trend(s), and so are currently experiencing needs that will later be experienced by many users in that market. (2) They anticipate relatively high benefits from obtaining a solution to their needs, and so may innovate."* (Von Hippel 2005, 22)

Nach Lüthje (2000, 25f.) werden Lead User als Folge eines inneren Spannungsprozesses innovativ tätig. Dieser entsteht durch die Ausbildung eines neuen Bedürfnisses, das durch die auf dem Markt befindlichen Lösungen nur unzureichend befriedigt werden kann. Lead User besitzen jedoch nicht nur Informationen über ihre unerfüllten Bedürfnisse, sondern gleichzeitig Lösungsinformationen zur Umsetzung dieser. Sie können daher mit vergleichsweise geringem Aufwand innovativ tätig werden (vgl. z.B. Lüthje 2004, 689f.; Urban/Von Hippel 1988, 579f.; Franke/Von Hippel/Schreier 2006, 511; Schreier/Prügl 2008, 334f.). Sie stehen vor einer *"Innovate-or-Buy"*-Entscheidung, die bei einer hohen erwarteten Bedürfnisbefriedigung und geringen relativen Entwicklungskosten zu Gunsten der selbstständigen Entwicklung einer Lösung ausfällt (Von Hippel 2005, 6ff; Lüthje/Herstatt 2004, 558). Kern der Lead User Definition Von Hippels (2005, 22) ist die Massenmarktkompatibilität der entwickelten Lead User Bedürfnisse. Dieser *"Leading Edge Status"* (Morrison/Roberts/Midgley 2004, 352) ergibt sich aus der Tatsache, dass sich ein Teil von Konsumenten bereits heute in Verwendungssituationen befindet, die sich mit der Zeit allgemein durchsetzen werden (Lüthje 2000, 29). Produkte, die auf Basis von Lead User Innovationen entwickelt wurden, besitzen daher häufig ein sehr hohes kommerzielles Potenzial (Franke/Von Hippel/Schreier 2006; Lilien et al. 2002, 1055f.). Grundlage dieser Annahme ist die Diffusionstheorie von Innovationen (Rogers 1994), die davon ausgeht, dass Innovationen von verschiedenen Käufertypen zu verschiedenen Zeitpunkten angenommen werden (Franke/Von Hippel/Schreier 2006, 302).

Lead User Workshops sind ein systematischer Ansatz zur Identifikation und Einbindung von Lead User in den Innovationsprozess (vgl. Abbildung 2-4). Grundlage ist die Erarbeitung und Bewertung von Innovationsideen bzw. -konzepten in einem Workshop mit Mitarbeitern eines Unternehmens. Für die Identifikation der Lead User können verschiedene Ansätze wie das *"Pyramiding"* oder das *"Screening"* angewendet werden (vgl. z.B. von Hippel (2005, 134f.) und Reichwald/Piller (2009, 185) für eine ausführliche Diskussion). Durch vorherige Aggregation innovationsinteressierter Nutzer durch Ideenwettbewerbe oder OI-Communities, die eine sehr hohe Anziehungskraft auf Lead User besitzen (Franke/Von Hippel/Schreier 2006, 305; Jeppesen/Frederiksen 2006, 56; Piller/Walcher 2006, 310), kann die Ausbeute dieser Ansätze aufgrund eines doppelten Selektionsprozesses maximiert werden. Einerseits nehmen durch eine Selbstselektion der Teilnehmer nur Konsumenten bzw. Nutzer aus der angesprochenen Grundgesamtheit teil, die sich prinzipiell für eine Beteiligung an den Innovationsaktivitäten interessieren. Andererseits können unter diesen Innovationsinteressierten diejenigen mit einer besonderen Eignung im Rahmen einer Fremdselektion, z.B. durch Screening-Fragebögen oder ein Bewertungsgremium herausgefiltert werden (Walcher 2007, 252). Dabei wird angenommen, dass Teilnehmer, die Ideen hoher Qualität einreichen, in einem besonderen Maße für die Einbindung in Innovationsprozesse geeignet sind (Ernst/Soll/Spann 2004, 129; Reichwald/Piller 2009, 188).

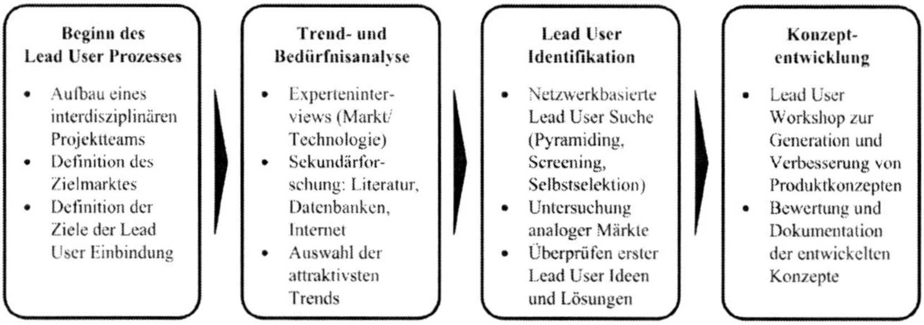

Beginn des Lead User Prozesses	Trend- und Bedürfnisanalyse	Lead User Identifikation	Konzeptentwicklung
• Aufbau eines interdisziplinären Projektteams • Definition des Zielmarktes • Definition der Ziele der Lead User Einbindung	• Experteninterviews (Markt/ Technologie) • Sekundärforschung: Literatur, Datenbanken, Internet • Auswahl der attraktivsten Trends	• Netzwerkbasierte Lead User Suche (Pyramiding, Screening, Selbstselektion) • Untersuchung analoger Märkte • Überprüfen erster Lead User Ideen und Lösungen	• Lead User Workshop zur Generation und Verbesserung von Produktkonzepten • Bewertung und Dokumentation der entwickelten Konzepte

Abbildung 2-4: Lead User Methode
Quelle: In Anlehnung an Lüthje/Herstatt (2004, 561) und Reichwald/Piller (2009, 182)

2.4.2 Toolkits

"Toolkits" sind ein Ansatz zur Interaktion mit einer großen Anzahl von Kunden und Produktanwendern. Der Toolkit-Ansatz basiert auf IT-basierten Interaktionsplattformen im Internet, deren Nutzer in einem *"Trial-and-Error"*-Verfahren innovativ tätig werden können, um ihre Bedürfnisinformationen externalisieren, visualisieren und transferieren zu können (Jeppesen 2005, 350; Von Hippel/Katz 2002, 824). Reichwald/Piller (2009, 189f.) definieren ein Toolkit wie folgt:

> *„Ein Toolkit beschreibt eine Entwicklungsumgebung, welche Kunden befähigt, ihre Bedürfnisse iterativ in eine konkrete Lösung zu überführen, häufig ohne dabei mit dem Hersteller in persönlichen Kontakt zu treten."* (Reichwald/Piller 2009, 189f.)

Die Grundidee von Toolkits ist eine Reorganisation der Aufgabenteilung zwischen Kunde und Hersteller. Mit Toolkits wird Kunden und Produktanwendern ein Instrument an die Hand gegeben, mit dem sie ihre Bedürfnisinformationen in ein konkretes, durch den Hersteller einfach interpretierbares Artefakt überführen können (Jeppesen 2005, 350; Von Hippel 2001, 250). Dadurch müssen die latenten Bedürfnisse nicht mehr durch den Hersteller externalisiert werden, sondern können direkt aus den erstellten Artefakten abgeleitet werden (Von Hippel/Katz 2002, 824f.; Franke/Von Hippel 2003). Nutzer benötigen dabei keine speziellen Kenntnisse. Bei der Gestaltung der Artefakte wird den Teilnehmern jedoch ein bestimmter Lösungsraum fest vorgegeben, der die Gesamtheit an Variationen und Kombinationen zulässiger Lösungsmöglichkeiten umfasst (Reichwald/Piller 2009, 192). Des Weiteren basieren Toolkits auf der Wiederverwendung von Bausteinen im Lösungsprozess auf der Basis frei zugänglicher Bibliotheken sowie implizieren Möglichkeiten zur verlustfreien Übersetzung der Kunden- bzw. Anwenderartefakte in Spezifikationen für die Produktion (Von Hippel/Katz 2002, 826-829; Von Hippel 2001, 251-254).

Je nach Einsatzzweck differenzieren Reichwald/Piller (2009, 193-197) in (1) *„Toolkits zur Produktindividualisierung"*, (2) *„Toolkits für User Innovation"* und (3) *„Toolkits zum Ideentransfer":*

- **Toolkits für Produktindividualisierungen** entsprechen weitestgehend Produktkonfiguratoren zur Individualisierung eines Produktes (vgl. z.B. Kamis/Koufaris/Stern 2008).

- **Toolkits für User Innovation** entsprechen im weitesten Sinne einem „*Chemiebaukasten*" (Reichwald/Piller 2009, 193), mit denen Nutzer eigene Innovationen bzw. innovative Leistungseigenschaften für ein Produkt erstellen können. Ein Beispiel ist hier der Jeppesen (2005) untersuchte Softwareeditor, mit dem Nutzer eigene Welten für das Computerspiel *"Command & Conquer 2"* erstellen können.

- **Toolkits zum Ideentransfer** verzichten auf einen *"Trial-and-Error"*-Prozess und besitzen daher im Prinzip einen unendlichen Lösungsraum. Sie entsprechen im weitesten Sinne einem betrieblichen Vorschlagswesen (vgl. z.b. Piller/Walcher 2006), in dem bereits existierende Ideen eingereicht werden können. Jedoch bieten sie weitreichende Möglichkeiten zur Zusammenarbeit der beteiligten Nutzer (Reichwald/Piller 2009, 193).

Toolkits sind damit eine wesentliche Grundlage für die Generierung von Innovationsideen in Internet-basierten Ideenwettbewerben und OI-Communities.

2.4.3 Ideenwettbewerbe

Ideenwettbewerbe verfolgen das Ziel, Kunden zur Unterstützung der Ideengenerierung heranzuziehen und können wie folgt definiert werden:

> „*Ein Ideenwettbewerb ist die Aufforderung eines privaten oder öffentlichen Veranstalters an die Allgemeinheit oder eine spezielle Zielgruppe, themenbezogene Beiträge innerhalb eines bestimmten Zeitraums einzureichen, die dann in der Regel von einer Jury bewertet und leistungsorientiert prämiert werden."* (Walcher 2007, 38)

Wesentliches Merkmal von Ideenwettbewerben ist der abgeschlossene Zeitraum, in dem die Ideen eingereicht werden müssen (Walcher 2007, 38f.). Durch die zeitliche Begrenzung kommt es zur Förderung eines Wettbewerbscharakters, durch den Kreativität und Qualität der Beiträge angeregt sowie potenzielle Teilnehmer zu einer Partizipation motiviert werden sollen (Piller/Walcher 2006, 310; Reichwald/Piller 2009, 198). Die Prämierung der Teilnehmer erfolgt leistungsorientiert, wobei die ausgeschriebenen Preise materieller (Sach- und Geldpreise) und nicht-materieller Art (z.B. Einladung zu Lead User Workshop) sein können. Die Ideenbewertung erfolgt oftmals durch eine Expertenjury oder ein vergleichbares Beurteilungsgremium (Walcher 2007, 38f.).

Ideenwettbewerbe basieren auf der Annahme, dass sich in Kundenideen, die Wünsche und Bedürfnisse der Kunden manifestieren und Unternehmen so auf effiziente Weise an die Bedürfnisinformationen ihrer Kunden gelangen können (Bretschneider 2011, 21). Je nach Ausgestaltungsform des Ideenwettbewerbes können mit Kundenideen aber auch Lösungsinformationen erhoben werden. Ideenwettbewerbe lassen sich anhand der beiden Dimensionen Ausarbeitungsgrad und Aufgabenspezifität systematisieren (Walcher 2007, 40f.; Ebner 2008, 48ff.; Leimeister et al. 2009, 202). Die Aufgabenspezifität bezeichnet den Detaillierungsgrad der Themenstellung und kann von allgemeinen Vorschlägen bezüglich einer Weiterverbesserung des Leistungsangebotes des Veranstalters bis zur Lösung hochspezifischer, konkreter Probleme reichen (Walcher 2007, 40). Der Ausarbeitungsgrad bezieht sich auf den Umfang, die Qualität und die Beschaffenheit der Aufgabenausarbeitung und kann prinzipiell von Vorschlägen in Kommentarfunktion bis zur Entwicklung von Prototypen reichen. Ausarbeitungsgrad und Aufgabenspezifität bestimmen weitgehend Thema und Zielgruppe des Wettbewerbs (Walcher 2007, 40f.). Ein hoher Ausarbeitungsgrad und eine hohe Aufgabenspezifität bedingen zwangsläufig enge Themenstellungen (Ernst/Soll/Spann 2004, 129).

Das Einsatzspektrum von Ideenwettbewerben ist sehr breit und reicht von einem kontinuierlichen Einsatz als offene Plattform bis hin zu konzentrierten Kampagnen zur Lösungen spezifischer Problemstellungen (Reichwald/Piller 2009, 201). Die verwendeten Interaktionsplattformen basieren auf dem Toolkit-Ansatz (vgl. z.B. Piller/Walcher 2006) und erlauben in der Regel bis zum Ende des Wettbewerbs eine Überarbeitung der Ideen. Kommentarfunktionen ermöglichen direkte soziale Interaktion mit anderen Teilnehmern und eine intensive Diskussion der eingereichten Konzepte (Ebner/Leimeister/Krcmar 2009, 349; Piller/Walcher 2006, 313), so dass sich zwischen den Teilnehmern von Ideenwettbewerben dichte, soziale Netzwerk, ausbilden (Blohm et al. 2011c, 313; Hautz et al. 2010, 5-9). In Abbildung 2-5 wird für den Ideenwettbewerb SAPiens 2007 exemplarisch ein solches Netzwerk dargestellt, bei dem die einzelnen Teilnehmer Knoten und Kommentare gerichtete Kanten repräsentieren. Weiterhin können eingereichte Ideen in der Regel durch einfache Skalen bewertet werden (Leimeister et al. 2009, 216; Piller/Walcher 2006, 313; Blohm et al. 2009, 369f.).

Methoden der Open Innovation 27

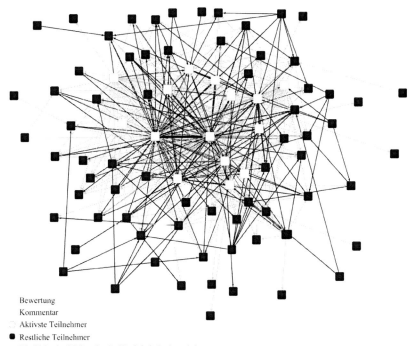

Bewertung
Kommentar
Aktivste Teilnehmer
● Restliche Teilnehmer
Die Dicke der Pfeile zeigt die Häufigkeit der Interaktionen an

Abbildung 2-5: Soziogramm der SAPiens 2007 Teilnehmer
Quelle: In Anlehnung an Blohm et al. (2011c, 12)

2.4.4 Open Innovation Communities

Im Laufe der letzten Jahre wurden in Bezug auf OI-Communities eine Vielzahl unterschiedliche Konzepte erarbeitet (West/Lakhani 2008, 223-225). Bretschneider (2011, 44f.) unterscheidet diese in drei Hauptformen von *"Open Innovation Communities"*: (1) *"User Innovation Communities"*, die in der Softwarebranche in der Regel *"Open Source Software Communities"* darstellen, (2) *„Ideencommunities"* und (3) *„Innovationsmarktplätze"*.

2.4.4.1 Arten von Open Innovation Communities

User Innovation und Open Source Communities

Definitorisches Merkmal von *"User Innovation Communities"* ist deren Gründung und Betrieb durch die Mitglieder der Community selbst (Bretschneider 2011, 44). Von Hippel (2005, 96) bezeichnet diese OI-Communities als *"meaning nodes consisting of individuals or firms interconnected by information transfer links which may involve face-to-face, electronic, or other communication."* In diesen Communities tauschen sich Mitglieder bezüglich selbstentwickelter Innovationen aus, die sie den anderen Mitgliedern oftmals auch frei zur Verfügung stellen (*"Free Revealing"*) (Von Hippel 2005, 96). User Innovation Communities sind insbesondere in den Bereichen des Freizeit- und Extremsports (vgl. z.B. Shah 2000; Franke/Shah 2003; Lüthje 2004) sowie der Entwicklung von Open Source Software (OSS) (vgl. z.B. Lakhani/von Hippel 2003; Von Krogh/Spaeth/Lakhani 2003; Von Hippel/Von Krogh 2003) aufzufinden. OSS-Communities werden dabei jedoch nicht ausschließlich von den Mitgliedern betrieben und können West/O'Mahony (2008, 145-149) in zwei unterschiedliche Arten unterschieden werden:

- **Autonome OSS-Communities** bestehen aus einer Gruppe von Individuen, die keinen gemeinsamen Arbeitgeber haben. Diese Communities sind üblicherweise so organisiert, dass sie nicht von einem Unternehmen oder einer anderen Institution übernommen werden können. Solche Communities werden von einzelnen oder mehreren Personen gegründet, die schon in der Anfangsphase der Entwicklung weitere Entwickler rekrutieren, damit diese sich an der Software beteiligen (West/O'Mahony 2008, 145f.; Blohm et al. 2013, 3f.).

- **Gesponserte OSS-Communities** werden durch einen oder mehrere Sponsoren kontrolliert. Ein Sponsor kann ein Unternehmen, eine Regierungsbehörde oder eine gemeinnützige Organisation sein. Solch eine Community entsteht, wenn der Sponsor den Quellcode einer intern entwickelten Software unter eine OSS-Lizenz stellt und externe Entwickler dazu einlädt, sich zu beteiligen (West/O'Mahony 2008, 145-149; Blohm et al. 2013, 3f.).

Gemeinsames Kennzeichen von User Innovation und OSS Communities ist das freie zur Verfügung stellen der entwickelten Innovationen. Open Source Software und OI in der Softwareindustrie sind nicht deckungsgleich (West/Gallagher 2006, 101f.). Viele OSS-Projekte sind nicht kommerziell motiviert und folgen der *"Free Software"*-Ideologie. Ihnen fehlt es in der Regel an einem betriebswirtschaftlichen Geschäftsmodell, das auf die Erwirtschaftung von Profiten ausgerichtet ist. Daher kann bei diesen Projekten oftmals auch nicht von OI gesprochen werden. Insbesondere viele autonome OSS-Projekte sind unter diesem Ansatz zu subsumieren (Blohm et al. 2013, 3f.). Im Rahmen von gesponserten OI-Communities kann die Veröffentlichung des Quellcodes einer intern entwickelten Software, jedoch einen Ansatz für die Öffnung der Innovationsprozesse von Softwareunternehmen darstellen (West/Gallagher 2006, 99f.). Durch die Öffnung sollen dann z.B. die Verbreitung der eigenen Produkte verstärkt, zusätzliche Entwickler für die Softwarelösungen akquiriert oder durch das Angebot komplementärer Produkte und Dienstleistungen Profite erwirtschaftet werden (West/Gallagher 2006, 92-99; Blohm et al. 2013, 3f.).

Ideencommunities

Bretschneider (2011) beschreibt mit Ideencommunities eine relative junge Art von OI-Communities, die in den letzten Jahren in der Praxis eine sehr große Verbreitung gefunden hat (vgl. z.B. auch Di Gangi/Wasko 2009; Ye et al. 2012; Füller/Hutter/Faullant 2011). Während *"User Innovation Communities"* und *"OSS-Communities"* auf die kollaborative Entwicklung von Innovationen zielen, sind Ideencommunities virtuelle Communities, die die Sammlung von Innovationsideen zur Unterstützung der frühen Phasen des Innovationsprozess in den Vordergrund stellen (Bretschneider 2011, 50f.). Jedoch können diese Communities durch eine entsprechende Gestaltung auch in spätere Phasen des Innovationsprozesses verlängert werden (Blohm et al. 2010a, 3f.; Leimeister 2009a, 3f.; Leimeister et al. 2010, 211). Die beiden Konzepte unterscheiden sich daher in Bezug auf den Ausarbeitungsgrad der Beiträge und damit einhergehend auch in der Zielgruppe der potenziellen Community-Mitglieder. Zudem werden Ideencommunities nach Bretschneider (2011, 50f.) zwangsläufig von einem Unternehmen initiiert und betrieben. Diese stellen ihren Kunden im Internet eine IT-Plattform zur Verfügung, auf der diese kollaborativ Ideen entwickeln, überarbeiten und bewerten können. Gemeinsamer Zweck und thematischer Bezugspunkt dieser Communities ist die Verbesserung und Weiterentwicklung des Produkt- und Dienstleistungsangebot des Community-Betreibers (Ye et al. 2012, 10-21). Dieser ist Nutznießer der Ideen, für die in der Regel keine finanzielle Kompensation gewährt wird. Die Mitglieder sind größtenteils intrinsisch motiviert, so dass Teilnahmemotive wie Lernen und Spaß an der Aufgabe im Vordergrund stehen (Bretschneider 2011, 50f.). Zudem entwickeln sich zwischen den Mitgliedern enge, soziale Beziehungen, welche die Grundlage für die kollaborative Ideengenerierung und -bewertung darstellen (Bretschneider 2011, 37f.).

Das Konzept der Ideencommunity ist sehr eng mit Ideenwettbewerben verwandt. Als die beiden definitorischen Hauptunterschiede ergeben sich eine prinzipiell unbegrenzte Laufzeit von Ideencommunities sowie das Verzichten auf Wettbewerb zwischen den Community-Mitgliedern, um kollaborative Aktivitäten zu fördern (Bretschneider 2011, 47-49). Da Internet-basierte Ideenwettbewerbe jedoch in der Regel Funktionalitäten zum Aufbau einer Teilnehmergemeinschaft beinhalten, sind die Übergänge zwischen Ideencommunities und Ideenwettbewerben bezüglich der zweiten Unterscheidungsdimension fließend (vgl. Bulliger et al. (2010) für eine eingehende Betrachtung).

Innnovationsmarktplätze

Innovationsmarktplätze basieren auf dem Einsatz von spezialisierten Intermediären. Diese unterhalten eine eigene OI-Community an potenziellen Aufgabenlösern, denen teilnehmende Unternehmen in einem offenen Aufruf bestimmte Aufgaben stellen können (Yang/Chen/Pavlou 2009, 3). In der Regel handelt es sich dabei um F&E-Probleme, die durch die Community-Mitglieder prototypisch umgesetzt werden sollen (Jeppesen/Lakhani 2010, 1016). Für die beste eingereichte Lösung, die durch das aufgabenstellende Unternehmen akzeptiert wird, erhält der Aufgabenlöser eine finanzielle Entlohnung (Jeppesen/Lakhani 2010, 1020; Fähling et al. 2011, 134), so dass die hier ausgeschrieben Aufgaben im weitesten Sinne Ideenwettbewerbe darstellen (Yang/Chen/Pavlou 2009, 2f.). Die Teilnehmer bearbeiten die eingestellten Arbeiten größtenteils in Isolation von den anderen Teilnehmern, wobei eingereichte Lösungen in der Regel öffentlich einsehbar sind (Yang/Chen/Pavlou 2009, 4). Eine Sonderform dieser Marktplätze sind *"Crowdsourcing"*-Marktplätze (vgl. auch Kapitel 2.5.3 auf S. 39), wie z.B. *"Amazon Mechanical Turk"*. Auf diesen erhalten die Teilnehmer Kleinstbeträge im Cent-Bereich für das Erledigen einfacher Aufgaben, die aufgrund ihres Charakters eigentlich mit den Möglichkeiten von IT automatisiert werden würden. Da diese Aufgaben aber jedoch immer eine intelligente, menschliche Entscheidung beinhalten, ist dies mit heutigen Technologien häufig noch nicht effizient möglich ist (z.B. Kategorisieren von Produkten oder das Anfertigen von Übersetzungen). Fähling et al. (2011) zeigen, dass diese Marktplätze ebenfalls für die Entwicklung und Bewertung von Innovationsideen herangezogen werden können. Eine weitere Art von Innovationsmarktplätzen stellen im weitesten Sinne auch sogenannte *"App Stores"* dar, in denen Unternehmen oder Intermediäre eine große Zahl an Softwarelösungen von unabhängigen Entwicklern aggregieren und diese einer Vielzahl an potenziellen Kunden zur Verfügung stellen. Den Softwareentwicklern wird mit diesem Zugang ein direkter Zugang zu potenziellen Endkunden verschafft, weshalb sie die Intermediäre an ihren Verkaufserlösen beteiligen müssen (Fähling et al. 2011, 134; Ye et al. 2011, 6).

2.4.4.2 Definition und Kennzeichen von Open Innovation Communities

Auch wenn sich die drei dargestellten Ansätze von OI-Communities im Detail unterscheiden, ist ihr gemeinsames Ziel doch immer, in einen offenen Aufruf im Internet, unbekanntes Wissen für die Entwicklung von Innovationen zu erschließen (Reichwald/Piller 2009, 197f.). Im Hinblick auf das übergeordnete Ziel dieser Arbeit, werden alle drei Typen vereinfachend als *"Open Innovation (OI)-Communities"* bezeichnet und folgende Arbeitsdefinition verwendet:

Eine Open Innovation (OI)-Community ist eine virtuelle Community, die von einem Unternehmen betrieben wird und das Ziel verfolgt, bisher unbekanntes Wissen für die Entwicklung von Innovationen im Internet zu akquirieren.

Auf Basis der Ansätze von Bullinger et al. (2010, 293), Bretschneider (2011, 45f.), Riedl et al. (2009, 3) und Blohm et al. (2011e, 36f.) werden die Eigenschaften von OI-Communities in Tabelle 2-1 systematisiert. Auch wenn heutige OI-Communities in der Regel im Internet betrieben werden, ist deren Einsatz grundsätzlich auch ohne dieses möglich (vgl. Gerybadze (2007) für eine grundlegende Diskussion). OI-Communities können durch ein Unternehmen, einen Intermediär oder die Community-Mitglieder selbst gesteuert werden (Bretschneider 2011, 44f.). Die Zielgruppe von OI-Communities kann offen und unspezifisch sein. Es sind aber prinzipiell auch Communities möglich, in denen Mitglieder bestimmte Eigenschaften aufweisen müssen, um sich als Teilnehmer zu qualifizieren (Bullinger et al. 2010, 293). In diesem Zusammenhang kann auch zwischen internen und externen OI-Communities unterschieden werden. Während externe OI-Communities unternehmensfremde Anspruchsgruppen wie Kunden, Produktanwender oder Experten adressieren, sind die eigenen Mitarbeiter der Community-Betreiber die Zielgruppe von internen OI-Communities (Neyer/Bullinger/ Möslein 2009, 413f.). Neyer/Bullinger/Möslein (2009, 414f.) sprechen hier von zentralen Innovatoren (Mitarbeiter der F&E-Abteilung) sowie peripheren Innovatoren (übrige Mitarbeiter des Unternehmens). Wie bei Ideenwettbewerben kann die Aufgabenspezifität in OI-Communities stark variieren und von einem sehr allgemeinen, offenen Aufruf, die Produkte des Betreibers zu verbessern, bis hin zur Lösung hochspezifischer, genau umrissener, wissenschaftlicher Probleme reichen (Bullinger et al. 2010, 293). Auf ähnliche Weise kann auch der geforderte Ausarbeitungsgrad der Lösung zwischen einer Idee und einer fertigen Lösung variieren (Bullinger et al. 2010, 293). OI-Communities greifen auf unterschiedliche Instrumente zur Unterstützung der Kollaboration zwischen den Teilnehmern zurück. Diese können z.B. Kommentare, Wikifunktionalitäten und Teamräume umfassen (Bullinger et al. 2010, 293; Blohm et al. 2011e, 4; Riedl et al. 2009, 3). Bei Teamräumen können mehrere Teilnehmer als Team teilnehmen, welches einen für die anderen Mitglieder geschlossenen Bereich, einen *„Teamraum"*, besitzt. Des Weiteren können Mitglieder von OI-Communities auf monetäre oder nicht-monetäre Weise für eine Teilnahme motiviert werden (Bullinger et al. 2010, 292f.). Die Bewertung der eingereichten Beiträge kann durch Experten, die anderen Community-Mitglieder und als Eigenbewertung durchgeführt werden (Blohm et al. 2011e, 4; Bullinger et al. 2010, 293).

Kennzeichen	Ausprägungen				
Medium	Online		Offline		Gemischt
Steuerung	Mitglieder		Intermediär		Unternehmen
Ausrichtung	Intern			Extern	
Zielgruppe	Unspezifisch (alle)			Spezifisch	
Aufgabenspezifität	Gering (offene Aufgabe)		Definiert	Hoch (spezifische Aufgaben)	
Ausarbeitungsgrad der Lösung	Idee	Skizze	Konzept	Prototyp	Lösung
Kollaboration	Kommentare	Wikis	Teamraum	Gemischt	Keine
Belohnung / Motivation	Monetär		Nicht-Monetär		Gemischt
Bewertung der Beiträge	Experten	Community		Individuum	Gemischt

Tabelle 2-1: Kennzeichen von Open Innovation Communities
Quelle: In Anlehnung an Bullinger et al. (2010, 293), Bretschneider (2011, 45f.), Riedl et al. (2009, 3) und Blohm et al. (2011e, 36f.)

2.5 Kollektive Intelligenz

2.5.1 Überblick kollektive Intelligenz

Die Integration von Kunden in Innovationsprozesse impliziert die Idee, dass Unternehmen in Zusammenarbeit mit ihren Kunden bessere Produkte erstellen können als es mit der eigenen F&E-Abteilung allein möglich wäre. In diesem Zusammenhang bezeichnen Schlagworte wie *"Wisdom of Crowds"* (Surowiecki 2005), *"We Are Smarter Than Me"* (Libert/Spector 2008) oder *"Smart Mobs"* (Rheingold 2003) einen Emergenzeffekt, der aus der Einbindung und Koordination einer Vielzahl von Agenten in Problemlösungsprozesse entstehen kann (Engelbart/Ruilifson 1999, 15-21; Sulis 1997, 35). Agenten können hier im weitesten Sinne als selbstständige an der Problemlösung beteiligte, Entscheidungsträger angesehen werden.

Das Konzept *„kollektive Intelligenz"* wurde von Wheeler (1911) eingeführt, um das Verhalten von Ameisen als intelligent agierenden Organismus zu beschreiben. An diese frühe Arbeit anknüpfend wurde der Begriff vor allem in Biologie und Zoologie zur Beschreibung sozialer Lebewesen verwendet, die sich in Schwärmen und Herden organisieren. In den 80er Jahren fand das Konzept der kollektiven Intelligenz mit Aufkommen der *„Theorie komplexer Systeme"* auch eine zunehmende Verbreitung im Bereich der Informatik (Sulis 1997, 34) bis es mit Aufkommen des so genannten *„Web 2.0"* auch zunehmend in sozial- (vgl. z.B. Williams Wolley et al. 2010; Lorenz et al. 2011) und populärwissenschaftlichen Arbeiten (vgl. z.B. Surowiecki 2005; Libert/Spector 2008) Verwendung fand. Parallel wurde das Konzept auch in Literatur und Belletristik aufgegriffen (vgl. z.B. Schätzing 2004).

Sozialwissenschaftliche Sichtweise

Aus einer sozialwissenschaftlichen Sichtweise entsprechen Agenten menschlichen Individuen. Erste Arbeiten zur Erforschung kollektiver Intelligenz in diesem Bereich gehen bereits auf Galton (1907) zurück, der auf Viehmessen das Gewicht von Ochsen von einer großen Menge von Messebesuchern schätzen ließ und zeigen konnte, dass die Gruppe als kollektiv zu äußerst genauen Ergebnissen kommen kann. In diesem Kontext definiert das *„Zentrum für kollektive Intelligenz"* des *„Massachusetts Institute of Technology (MIT)"* kollektive Intelligenz als eine Gruppe von Individuen, die scheinbar intelligent handelt (o.V. 2012a; Malone/Laubacher/Dellarocas 2009, 1). Auf Grundlage dieser Definition ist kollektive Intelligenz kein neuartiges Phänomen und wurde im Rahmen von Gruppen und Organisationen aller Art bereits intensiv erforscht (Leimeister 2010, 239; Gregg 2010, 134; Malone/ Laubacher/Dellarocas 2010, 21). Als Beispiele können hier der Mannschaftssport oder Musikgruppen angeführt werden, bei denen jedes Individuum die Gesamtsituation eigenständig bewertet und sein Verhalten auf das Erreichen des gemeinsamen Gruppenziels ausrichtet (Leimeister 2010, 239). Aus dieser Perspektive ist kollektive Intelligenz die Orchestration der Fähigkeiten und des Wissens der beteiligten Individuen im Rahmen der Bearbeitung einer gemeinsamen Aufgabe bzw. des Erreichens eines gemeinsamen Ziels (Zwass 2010, 19). Im Gegensatz hierzu definieren Willams Wolley et al. (2010, 1) kollektive Intelligenz, als die Fähigkeit einer Gruppe unterschiedliche Aufgaben erfolgreich zu erfüllen. Kollektive Intelligenz bzw. der *"c factor"* einer Gruppe ist aus dieser Sichtweise eine Eigenschaft einer Gruppe, die über die Fähigkeiten der einzelnen Individuen hinaus geht (Williams Wolley et al. 2010, 1). In diesem Kontext impliziert kollektive Intelligenz ein bewusstes Agieren der Gruppe als kollektiv (Lévy 1997, 32f.; Smith 1994, 1; o.V. 2012a) und eine intensiven Kollaboration der einzelnen Gruppenmitglieder (Kapetanios 2008, 288).

Technische Sichtweise

Während sich kollektive Intelligenz aus einer sozialwissenschaftlichen Perspektive auf die Kollaboration von menschlichen Individuen bezieht, umfasst das Konzept aus einer technischen Perspektive im weitesten Sinne das Lösen von Problemstellungen mit Multiagentensystemen (Singh et al. 2009; Vergados/Lykourentzou/Kapetanios 2010, 183). Aus dieser technischen Sichtweise sind Agenten selbstständig handelnde Computerprogramme, die in der Lage sind miteinander zu interagieren, auf Veränderungen in ihrer Umwelt einzugehen und proaktiv auf diese zu reagieren (Wooldridge/Jennings 1995, 118; Schweiger 2007, 32). Multiagentensysteme, eine Ansammlung von mehreren voneinander unabhängig agierenden Agenten (Schweiger 2007, 36f.), müssen nicht zwangsläufig softwarebasiert sein, sondern können, wie z.B. in der Robotik (Mataric 1993, 433; Howden/Hendtlass 2008, 41), auch Hardwarekomponenten umfassen. *"Computational Collective Intelligence"* wird in diesem Zusammenhang als ein nicht-deterministischer Computerprozess angesehen. Szuba (2001) definiert kollektive Intelligenz in diesem Zusammenhang als *"an unconscious, random, parallel, and distributed computational process, run by mathematical logic"*. Viele der hier verfolgten Ansätze basieren auf dem Ansatz der *"Schwarmintelligenz"* (Bonabeau/Meyer 2001, 108), die Verhaltensweisen von Tier- oder Insektenschwärmen IT-gestützt abbilden, um wissenschaftliche, ingenieurwissenschaftliche und betriebswirtschaftliche Fragestellungen zu lösen (vgl. z.B. Bonabeau/Dorigo/Theraulaz 2000; Dorigo et al. 2010; Zomaya/Kennedy 2006; Engelbrecht 2005). Beispielsweise wurden bei betriebswirtschaftlichen Optimierungsproblemen Algorithmen verwendet, die auf Kolonialisierungsstrategien von Ameisen oder Bienenschwärmen basieren. Aus einer technischen Perspektive umfasst kollektive Intelligenz daher (1) eine Gruppe von Akteuren bzw. Softwareagenten, (2) die innerhalb eines definierten Handlungsrahmens bestimmte Aktionen ausführen können, (3) die für die Aufgabenlösung notwendigen Ressourcen besitzen und (4) ein kollektives Ergebnis hervorbringen, (5) dessen Qualität evaluiert werden kann (Singh et al. 2009, 243).

Aus einem technischen Blickwinkel ist der Übergang zwischen kollektiver Intelligenz und dem angrenzenden Forschungsfeld der *"künstlichen Intelligenz"* fließend (Mataric 1993, 433). Im Verständnis dieser Arbeit ist künstliche Intelligenz jedoch von kollektiver Intelligenz abzugrenzen. Künstliche Intelligenz basiert auf der Programmierung lernender Algorithmen, die selbständig als *"Expertensysteme"* fungieren und ihre Intelligenz nicht aus emergenter Interaktion einer Vielzahl von Akteuren ziehen.

Sozio-technische Sichtweise

Mit Entwicklung und Auftrieb des Internets und des *"Web 2.0"* entwickelten sich für die Entstehung und Nutzbarmachung kollektiver Intelligenz weitreichende, neue Möglichkeiten. Frei von geographischen, zeitlichen, kulturellen und hierarchischen Begrenzungen bietet dieses ein breites Forum zur Zusammenarbeit von Gruppen zur Erreichung eines gemeinsamen Ziels (Gloor/Cooper 2007, 82; Libert/Spector 2008, 1-3; Malone/Klein 2007, 15; Bonabeau 2009, 46; Gregg 2010, 138; Lévy 1997, 7-16). In diesem Kontext fassen Preece/Shneiderman (2009, 13-15) die sozialwissenschaftliche und die technische Sichtweise kollektiver Intelligenz zu *"Technology-Mediated Social Participation"* zusammen. Aus dieser sozio-technischen Sichtweise stellen einige Autoren die Verknüpfung menschlichen Handelns mit Informationstechnologie in den Vordergrund ihrer Definitionen von kollektiver Intelligenz. So definieren Malone/Klein (2007, 15f.) kollektive Intelligenz als *"the synergistic and cumulative channeling of the vast human and technical resources now available over the Internet"*. Kapetanios (2008, 289) definiert kollektive Intelligenz als *"human-computer systems in which machines enable the collection and harvesting of large amounts of human-generated knowledge, while enabling emergent knowledge, i.e., computation and inference over the collected information, leading to answers, discoveries, or other results that are not found in the human contributions"*. Diese Informationssysteme – *"Collective Intelligence Applications"* (Gregg 2010, 134), *"Group Wisdom Support Systems"* (Back/Wagner 2008, 346) oder *"Collective Intelligence Systems"* (Vergados/Lykourentzou/Kapetanios 2010, 182) – ermöglichen das Wissen und die Fähigkeiten seiner Nutzer im Rahmen spezifischer Probleme zusammenzuführen und anzuwenden. Grundidee dieser sozio-technischen Definitionen ist, dass diese Informationssysteme Gruppen durch *"Intelligence Amplification"* (Smith 1994, 3f.) in die Lage versetzen, eine höhere Produktivität zu erzielen und bessere Entscheidungen treffen zu können, als es für die Individuen allein möglich wäre (Gregg 2010, 134; Libert/Spector 2008, 3).

Sozio-technische Sichtweisen kollektiver Intelligenz unterscheiden sich von einer rein sozialwissenschaftlichen bzw. einer rein technischen Betrachtung des Begriffes, dadurch dass davon ausgegangen wird, das *menschliche Individuen, lose und mittelbar über Informationssysteme miteinander verbunden* sind und oftmals nicht direkt miteinander interagieren (Vieweg et al. 2008, 2), wie dies bei einer intensiven Kollaboration der Fall ist (Stoller-Shai 2003, 40-43). Während eine sozialwissenschaftliche Ansichtsweise kollektive Intelligenz als das Ergebnis intensiver Kollaboration ansieht, entsteht Emergenz aus technischer Sicht aus der Interaktion vieler Agenten, die sehr einfache, a priori festgelegte Aktionen ausführen. Im Vergleich zu menschlichen Individuen, die für eine Teilnahme motiviert werden müssen, besitzen Softwareagenten eine limitierte und auf Basis des implementierten Algorithmus determinierte Intelligenz (Vergados/Lykourentzou/Kapetanios 2010, 183).

Malone/Laubacher/Dellarocas (2010, 23-27) entwickelten einen umfassenden Bezugsrahmen zur Beschreibung von Informationssystemen zur Schaffung und Nutzbarmachung kollektiver Intelligenz, die im Folgenden als *„kollektive Intelligenz Systeme (KI-Systeme)"* bezeichnet werden. Auf Basis der in der Organisationsentwicklung verbreiteten Fragestellungen (1) *„Was?"*, (2) *„Wie?"*, (3) *„Wer?"* und (4) *„Warum?"* beschreiben sie die einzelnen *„Gene"* kollektiver Intelligenz, die zusammengenommen das *„Genom"* von KI-Systemen darstellen (vgl. Abbildung 2-6):

(1) Was? bezieht sich in erster Linie auf das Ziel eines KI-Systems. Die Autoren unterscheiden zwischen einem *„Erstellen-"* und einem *„Entscheiden-Gen"* (Malone/Laubacher/ Dellarocas 2010, 24; Leimeister 2010, 239). Erstellende Aktivitäten, wie z.B. die Generierung einer Idee, erzeugen stets etwas Neues. Bewertende Aktivitäten umfassen Entscheidungen, in denen z.B. die Qualität der im ersten Schritt erzeugten Ideen bewertet werden (Malone/Laubacher/Dellarocas 2010, 24; Bonabeau 2009, 47).

(2) Wer? bezieht sich weniger auf die eigentliche Frage, von wem die Tätigkeiten durchgeführt werden, sondern vielmehr wie die einzelnen Aufgaben verteilt werden (Malone/ Laubacher/Dellarocas 2010, 24-26). Malone/Laubacher/Dellarocas (2010, 26) unterscheiden hier zwischen *„hierarchischer, zentralisierter Verteilung"* und *„Selbstselektion"*. Während in Unternehmen Aufgaben auf eine hierarchische Weise verteilt werden, erfolgt in OI-Communities in der Regel eine Selbstselektion der Aufgaben auf Basis des Wissens und der Fähigkeiten der Community-Mitglieder.

(3) Warum? adressiert die Motivation der Gruppenmitglieder zur Nutzung von KI-Systemen. Auf einer sehr allgemeinen Ebene unterscheiden Malone/Laubacher/Dellarocas (2010, 22) hier zwischen *„Geld"*, *„Ruhm"* und *„Liebe"*. Während Geld und Ruhm auf die extrinsische Motivation der Teilnehmer abzielen bzw. deren Streben nach direkter Kompensation und sozialer Anerkennung widerspiegeln, entspricht Liebe der intrinsischen Motivation der Teilnehmer – also der Teil der Motivation der direkt aus der zur bewältigenden Aufgabe erwächst (Blohm et al. 2011c, 5; Bretschneider 2011, 116-126; Nickerson 1999, 412f.). Auf Basis dieser Unterteilung sind damit z.b. Ideenwettbewerbe in erster Linie auf die Befriedigung der extrinsischen Motivation der Teilnehmer ausgerichtet, während OI-Communities auf die intrinsische Motivation der Teilnehmer fokussieren (Bretschneider 2011, 47-49).

(4) Wie? umfasst im Detail die Ausgestaltung der Erstellen- und Entscheiden-Gene (vgl. *„Was?"*). Nach Malone/Laubacher/Dellarocas (2010, 29) kann die Generierung von Inhalten auf den drei Prinzipien *„Sammlung"*, *„Kollaboration"* und *„Wettbewerb"* basieren. In Bezug auf OI umfasst eine Sammlung die schlichte Aggregation von Inhalten wie z.b. Ideen, während Kollaboration deren gemeinschaftliche Weiterentwicklung durch die Community-Mitglieder bezeichnet. Im Gegensatz zu Kollaboration basiert das Wettbewerbsprinzip nicht auf dem Ausnutzen von Emergenzeffekten, sondern durch eine Motivation der Teilnehmer durch die Wettbewerbssituation, wie z.b. in Ideenwettbewerben (Bretschneider 2011, 47f.). Die Evaluierung von Inhalten kann auf der Basis von *„Einzel-"* oder *„Gruppenentscheidungen"* erfolgen (Malone/Laubacher/Dellarocas 2010, 29). Einzelentscheidungen stellen Situationen dar, in denen Individuen losgelöst von der Gruppe Entscheidungen fällen, die für sie mit individuellen Konsequenzen verbunden sind. Im Gegensatz dazu umfassen Gruppenentscheidungen verschiedene Ansätze zur Aggregation von Einzelentscheidungen, so dass sie, wie in OI-Communities, Anspruch auf Repräsentativität für die Community bzw. das Kollektiv als Ganzes erheben (Malone/Laubacher/Dellarocas 2010, 29).

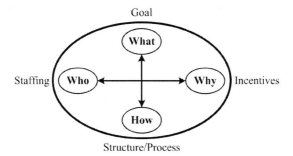

Abbildung 2-6: Gene kollektiver Intelligenz
Quelle: Malone/Laubacher/Dellarocas (2010, 23)

Nach Vergados/Lykourentzou/Kapetanios (2010, 184) umfassen KI-Systeme mit *"Community Intelligence"*, *"Machine Intelligence"* und *"System Information"* drei Komponenten (vgl. Abbildung 2-7). *"Community Intelligence"* umfasst dabei die Fähigkeiten und das Wissen der beteiligten Individuen, die diese im Rahmen der Systemnutzung einbringen. *"Machine Intelligence"* hingegen beschreibt die Fähigkeit des KI-Systems, die Fähigkeiten und das Wissen der Nutzer zu erfassen und deren Einsatz im Rahmen einer zu bewältigenden Aufgabe einzusetzen und zu einem intelligenten Ergebnis aufzubereiten (*"System Information"*), so dass die Ressourcen des Gesamtsystems bestmöglich genutzt werden können (Vergados/Lykourentzou/Kapetanios 2010, 184).

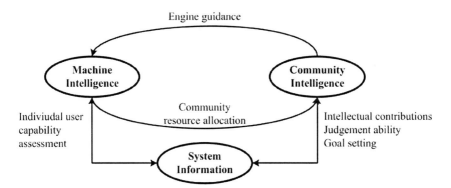

Abbildung 2-7: Kollektive Intelligenzsysteme
Quelle: Vergados/Lykourentzou/Kapetainos (2010, 184)

2.5.2 Voraussetzungen kollektiver Intelligenz

Auch wenn die Integration einer großen Masse an Beitragenden in Problemlösungsprozesse aufgrund der Vielzahl an Erfolgsbeispielen aus Wissenschaft und Praxis sehr verlockend erscheint (siehe z.B. Libert/Spector 2008; Surowiecki 2005), ist der Grat zwischen einer intelligent agierenden Gruppe und einem außer Kontrolle geratenen „Mob" sehr schmal (Riedl et al. 2010, 15; Singh et al. 2009, 245; Kapetanios 2008, 291; Bonabeau 2009, 51). Als Misserfolgsbeispiel kann hier der finnische Fußballklub „PK-35" angeführt werden, der in der Saison 2002 seine Fans einlud, über Transfers, Training und Aufstellung abzustimmen – ein Ansatz der katastrophal scheiterte, die Entlassung des Trainers zur Folge hatte und nach Ende der Saison wieder eingestellt wurde (Libert/Spector 2008, 21f.; Bonabeau 2009, 48).

Wie das Beispiel von PK-35 zeigt, ist es für intelligente Gruppenentscheidungen nicht nur eine große Masse von Individuen notwendig, sondern auch, dass diese in der Lage sind, etwas sinnvolles zur Problemlösung beizutragen (Bonabeau 2009, 48). In Tabelle 2-2 wird ersichtlich, dass die Voraussetzungen kollektiver Intelligenz zu den drei Dimensionen (1) „Kompetenzvielfalt", (2) „Aggregation" und (3) „Koordination" zusammengefasst werden können.

Autor	Kompetenzvielfalt	Aggregation	Koordination
Lévy (1997)	• Mobilisierung von Kompetenzen	• Verteilung • Aufwertung	• Echtzeit-Koordination
Sulis (1997)	• Stochastic Determinism (Mass Action)	• Interactive Determinism	• Nonrepresentional Contextual Dependence • Nondirected Communication • Stigmergy
Surowicki (2005)	• Diversity • Independence	• Decentralization	• Coordination • Trust
Back/Wagner (2008)	• Diversity • Independence	• Decentralization • Aggregation	
Hintikka (2008)	• Diversity of Opinions		• Hub and Backend Channel • Tools
Bonabeau (2009)	• Outreach	• Additive Aggregation	• Self-Organization
Vergados/ Lykourentzou/ Kapetanios (2010)	• Critical Mass		• Resource Allocation Algorithm • Motivation
Handbook of Collective Intelligence (o.V. 2012a)	• Diversity • Learning		• Formal and Informal Structure • Dense Communication Structure • Incentives for Contribution • Shared Vocabulary and Infrastructure • Modularization of Tasks • Awareness

Tabelle 2-2: Voraussetzungen kollektiver Intelligenz
Quelle: Eigene Darstellung

(1) Kompetenzvielfalt: Nach Lévy (1997, 31) ist eine effektive Mobilisierung unterschiedlichen Kompetenzen sowie deren gegenseitige Anerkennung wesentliche Voraussetzung für kollektive Intelligenz. Von großer Bedeutung sind dabei insbesondere *„kognitive Diversität"* (Surowiecki 2005, 36) und *„Meinungsvielfalt"* (Leimeister 2010, 239; Hintikka 2008, 163) der Gruppenmitglieder. Das Vorhandensein unterschiedlicher Meinungen bzw. Perspektiven in einer Gruppe führt zur Erarbeitung und Berücksichtigung zusätzlicher Lösungsalternativen und verringert die Homogenität von Gruppen (Surowiecki 2005, 36; Back/Wagner 2008, 344). Dadurch können negative Effekte gruppendynamischer Prozesse, wie z.b. Konformität und Gruppendenken, abgemildert werden (Surowiecki 2005, 36-38; Easley/Kleinberg 2010, 504f.). Wesentlich ist in diesem Kontext jedoch auch die *„Unabhängigkeit"* einzelner Meinungen und Entscheidungen (Di Gangi/Wasko/Hooker 2010, 219; Surowiecki 2005, 41), d.h. dass einzelne Individuen bei Meinungsbildung und Entscheidungsfindung nicht durch Dritte beeinflusst werden (Back/Wagner 2008, 344). Abhängige Entscheidungen können zu systematischen Fehler, wie z.b. *„Informationskaskaden"* (Bikhchandani/Hirshleifer/Welch 1992, 994; Welch 1992, 696) oder *„Herdenverhalten"* (Banerjee 1992, 798) bei Gruppenentscheidungen führen. Bei diesen Verhaltensweisen imitieren Individuen auf Basis sozialen Drucks oder Informationsinterferenz das Verhalten Dritter. Informationsinterferenz bezeichnet die Imitation des Verhaltens anderer, um sich so deren vermeintlichen Wissensvorsprung aneignen zu können und die eigene Situation zu verbessern (Easley/Kleinberg 2010, 484f.). Lorenz et al. (2011, 4f.) zeigen in diesem Zusammenhang, dass bereits eine leichte soziale Beeinflussung von Entscheidungsträgern die Unabhängigkeit von Entscheidungen unterwandert und zu systematischen Verzerrungen führt. Eine Reihe von Autoren betrachtet Kompetenzvielfalt aus einem anderen Blickwickel. Sie stellen mit *"Outreach"* (Bonabeau 2009, 47f.), *"Critical Mass"* (Vergados/Lykourentzou/Kapetanios 2010, 185) oder *"Stochastic Determinism (Mass Action)"* (Sulis 1997, 39-41) das Vorhandensein einer große Anzahl von Entscheidungsträgern in den Vordergrund. Diese Betrachtungsweise fasst Diversität und Unabhängigkeit zu einer gemeinsamen Dimension zusammen, da ein Ausweiten von Problemlösungsprozessen auf bisher noch nicht berücksichtigte Individuen direkt mit einen Anstieg der Diversität und Unabhängigkeit der Gruppenteilnehmer einhergeht. Das Zentrum für kollektive Intelligenz (o.V. 2012a) betrachtet Kompetenzvielfalt aus eine dynamischen Perspektive und betont die Bedeutung des Erlernens neuer Kompetenzen für das Entstehen kollektiver Intelligenz.

(2) Aggregation: Die Idee kollektiver Intelligenz impliziert eine weitreichende Verteilung bzw. *„Dezentralisierung"* von individuellen Entscheidungen und Handlungen (Surowiecki 2005, 70; Lévy 1997, 30). Bei diesen Ansätzen können sich Gruppenmitglieder, die von ihnen durchgeführten Tätigkeiten und Aktivitäten frei auswählen. Durch diese *„Selbstselektion"* kommt es zur Ausnutzung von Spezialisierungseffekten, da spezielle Fähigkeiten und oftmals nur schwer transferierbares, tazites Wissen der Teilnehmer erschlossen werden kann (Surowiecki 2005, 71; Dietl 1993, 174). Dezentrale Systeme bedingen zwangsläufig immer eine *„Aggregation"* der Meinungen und Entscheidungen einzelner Gruppenmitglieder (Bothos/Apostolou/Mentzas 2009, 28; Bonabeau 2009, 47f.; Surowiecki 2005, 74f.; Back/Wagner 2008, 344), die im einfachsten Fall einer Durchschnitts- oder Medianbildung (Galton 1907, 450; Lorenz et al. 2011, 3) entspricht und bis zu komplexen Verfahren reichen kann (vgl. z.B. Van Bruggen/Lilien/Kacker 2002; Chen/Fine/Huberman 2004; Genest/Zidek 1986). Kollektive Intelligenz ist daher nicht nur ein soziales bzw. gruppendynamisches, sondern auch ein statistisches Phänomen, das auf der mathematischen Aggregation individueller Schätzungen und Meinungen beruht (Lorenz et al. 2011, 1). Durch die mathematische Aggregation sinkt der Einfluss entscheidungsverzerrender Faktoren, wie z.B. Risikodispositionen der Teilnehmer oder der Einfluss starker Minderheiten (vgl. z.B. Mannes 2009). Bonabeau (2009, 47) und Surowicki (2005, I-XII) sprechen in diesem Kontext von der Anwendung des *„Gesetzes der großen Zahlen"*. Diese mathematische Gesetzmäßigkeit besagt, dass sich die Varianz eines Stichprobenmittelwertes mit zunehmender Stichprobengröße verringert und sich damit der Durchschnittswert von Schätzungen eines bestimmten Sachverhalts mit zunehmender Anzahl von Schätzwerten seinem wahren Wert annähert (Schira 2009, 397).

(3) Koordination: Damit aus der Interaktion und Kollaboration vieler Individuen intelligente Entscheidungen hervorgehen, bedarf es einer umfassenden Koordination der unabhängig voneinander erledigten Teilaufgaben (Vergados/Lykourentzou/Kapetanios 2010, 185; o.V. 2012a). Koordinationsmechanismen zur *"Self-Organization"* (Bonabeau 2009, 48) beschreiben in diesem Zusammenhang, welche Aktionen, von welchen beteiligten Individuen, zu welchen Zeitpunkt durchgeführt werden dürfen (Vergados/Lykourentzou/Kapetanios 2010, 185). Sie beinhalten formelle und informelle Komponenten (o.V. 2012a). Formelle Koordinationsmechanismen umfassen zentrale Informations- und Kommunikationskanäle (Hintikka 2008, 164; Sulis 1997, 45f.; o.V. 2012a), eine gegenseitige Anpassung der zu bearbeitenden Teilaufgaben sowie Anreize zur Lösung der Aufgabe (Hintikka 2008, 164; o.V. 2012a; Vergados/Lykourentzou/Kapetanios 2010, 185). *"Stigmergy"* ist in diesem Kontext eines der grundlegenden Prinzipien zur Koordination individueller Entscheidungen der beteiligten Agenten. Das Fällen individueller Entscheidungen geht hier immer mit einer Manipulation der Umwelt einher, so dass Dritte aus diesen Manipulationen, Anweisungen für die von Ihnen zu lösende Aufgabe ableiten können (Sulis 1997, 46f.). Informelle Koordinationsmechanismen umfassen das Aufbauen einer gemeinsamen Kultur sowie soziale Normen, die das Verhalten von Individuen auf eine unbewusste Weise steuern. Zudem erhalten solche Konventionen die Stabilität und Ordnung in einer Gruppe, da sie helfen Konflikte zu vermeiden bzw. Schablonen zu deren Lösung bereitstellen (Surowiecki 2005, 92-97).

2.5.3 Anwendungen kollektiver Intelligenz

In Tabelle 2-3 werden unterschiedliche Anwendungen kollektiver Intelligenz aufgeführt und zum Zwecke zur Veranschaulichung deren Potenziale systematisiert. Aufgrund vieler definitorischer Überschneidungen der aufgeführten Konzepte und Schlagworte, erheben die einzelnen Kategorien jedoch keinen Anspruch auf Überschneidungsfreiheit und Vollständigkeit.

So wurden KI-Systeme z.B. in der Domäne der *„Forschung und Entwicklung"* eingesetzt. Darunter fallen aber nicht nur der Einsatz im Rahmen von *"Open Innovation"*-Ansätzen, sondern auch in eher klassischen Bereichen der *„Produktentwicklung"*, wie z.B. im *"Requirements Engineering"* (Masunaga/Shoji/Ito 2010). Weitere Einsatzgebiete können hier zu dem Bereich der *„Entscheidungsunterstützung"* zusammengefasst werden, in dem verschiedene KI-Ansätze zur Bewertung und Prognose bestimmter Sachverhalte eingesetzt wurden und der Bereich des *„Crowdsourcing"*, das Auslagern von Aufgaben, die ursprünglich von einem Unternehmen durchgeführt wurden an eine große Schar von Freizeitarbeitern (Howe 2006). Unter dem Schlagwort *"Citizen Science"* werden hier z.B. eine Vielzahl von Hobby-

Astronomen in die Erforschung des Universums eingebunden (Lintott et al. 2008). Der letzte Einsatzbereich von KI-Systemen ist die Unterstützung von *„Kollaboration und Lernen"*. Das bekannteste Beispiel in diesem Bereich ist die Online-Enzyklopädie *„Wikipedia"*.

Domäne	Anwendung	Beispiele
Forschung und Entwicklung	Open Innovation	• Open Innovation Communities (vgl. z.B. Bretschneider 2011; Jeppesen/Frederiksen 2006) • Ideenwettbewerbe (vgl. z.B. Leimeister et al. 2009; Bullinger et al. 2010) • App Stores (vgl. z.B. Ye et al. 2011)
	Produktentwicklung	• Requirements engineering (vgl. z.B. Masunaga/Shoji/Ito 2010) • Produktdesign (vgl. z.B. Lee/Chang 2010) • Systemtests (vgl. z.B. Dalle/den Besten 2010)
Entscheidungsunterstüzung	Evaluation	• Beurteilung von Objekten (vgl. z.B. Cosley et al. 2003) • Überprüfung von Patenten (vgl. z.B. Noveck 2006)
	Prognose	• Informationsmärkte (vgl. z.B. Spann/Skiera 2003; Arrow et al. 2008)
Crowdsourcing	Human Computation	• Amazon Mechanical Turk (vgl. z.B. Blohm et al. 2010c; Fähling et al. 2011) • Games with a Purpose (vgl. z.B. Von Ahn et al. 2008)
	Citizien Science	• Katalogisierung von Galaxien (vgl. z.B. Raddick et al. 2009; Lintott et al. 2008) • Katalogisierung von Vögeln und deren Wanderrouten (vgl. z.B. Wiggins/Crowston 2012)
Kollaboration und Lernen	Wissensaggregation	• Online-Enzyklopädien (Wikipedia) (vgl. z.B. Kittur/Lee/Kraut 2009; Giles 2005) • Entwicklung wissenschaftlicher Disziplinen (vgl. z.B. Masunaga/Shoji/Ito 2010) • Bekämpfung des Klimawandels (vgl. z.B. Malone/Klein 2007)
	Informationsweitergabe	• Katastrophenmanagement (vgl. z.B. Vieweg et al. 2008; Vivacqua/Borges 2010)
	Enterprise 2.0	• Marketing/Marktforschung (vgl. z.B. Ferguson 2008; Salganik/Levy 2012) • Social Commerce/Online-Reviews (vgl. z.B. Chevalier 2006; Clemons/Gao/Hitt 2006) • Wissensmanagement (vgl. z.B. Poston/Speier 2005; Majchrzak/Cherbakov/Ives 2009)

Domäne	Anwendung	Beispiele
	E-Learning	• Ausbildung von Menschen mit physischen und psychischen Einschränkungen (vgl. z.B. Gregg 2009) • Leseunterstützung (vgl. z.B. Ehara et al. 2010)

Tabelle 2-3: Anwendungen kollektiver Intelligenz
Quelle In Anlehnung an Bonabeau (2009) und Leimeister (2010)

2.6 Kollektive Ideenbewertung als Unterstützungssystem bei der Ideenselektion

Die Nutzung von KI-Systemen zur Bewertung von Ideen in OI-Ansätzen, die im Rahmen der vorliegenden Arbeit als „*kollektive Ideenbewertung*" bezeichnet wird, hat ihre Wurzeln in der Kreativitätsforschung. In dieser wurde die Klassifikationsgüte von Laienbewertungen im Hinblick auf verschiedene kreative Produkte, wie z.B. bildende Kunst (Haritos-Fatouros/Child 1977; Runco/McCarthy 1994), Texte (Kaufman/Gentile/Baer 2005), Musik (Hickey 2001) und Filme (Plucker et al. 2009), untersucht. Die Forscher konnten dabei übereinstimmend zeigen, dass nicht nur Experten in der Lage sind, die Qualität kreativer Produkte richtig einzuschätzen (Amabile 1996; Caroff/Besançon 2008), sondern auch Laien, wenn ihnen für das Verfertigen ihrer Bewertungen die richtigen Instrumente zur Verfügung gestellt und die einzelnen Bewertungen auf effektive Weise aggregiert werden.

2.6.1 Aggregationsmechanismen

Zur Durchführung von kollektiven Ideenbewertungen stehen nach Malone/Laubaucher/ Dellarocas (2010, 30) und Füller et al. (2010, 1043f.) fünf unterschiedliche Arten zur Verfügung in OI-Communities erhobenen Einzelbewertungen zu Gruppenentscheidungen zu aggregieren: (1) „*Abstimmung*", (2) „*Durchschnittsbildung*", (3) „*Reihenfolgenbildung*", (4) „*Konsensbildung*" und (5) „*Informationsmärkte*".

(1) Abstimmung: *"Voting"* umfasst das Treffen einer Entscheidung durch alle oder einer Teilmenge der Community-Mitglieder auf Basis eines Mehrheitsentscheids. Abstimmungen können dabei expliziter oder impliziter Natur sein. Explizite Bewertungen umfassen singuläre (z.B. *"like"* im sozialen Netzwerk *"Facebook"*) oder binäre Bewertungsskalen (z.B. *„Daumen hoch/runter"*), während implizite Abstimmung auf Basis der Häufigkeit von Aufrufen, Downloads, etc. basieren (Nichols 1997, 1f.). Eine Sonderform ist die gewichtete Abstimmung bei der einzelne Mitglieder ein höheres Gewicht erhalten (Malone/Laubacher/ Dellarocas 2010, 30; Füller et al. 2010, 1043). Auf Basis dieser Aggregation können die besten Ideen in einer OI-Community auf Basis der Anzahl an positiven Bewertungen bzw. Ideenaufrufen ermittelt werden.

(2) Durchschnittsbildung: Sollen Gruppenmitglieder gemeinsam einen numerischen Wert schätzen, wird in der Regel das Verfahren der Durchschnittsbildung eingesetzt, das in der Regel zum Einsatz kommt, wenn Gruppenmitglieder eine Bewertung auf einer mehrstufigen Bewertungsskala durchführen. Durchschnittsbildung erfolgt meistens in der Form von *„Fünf-*

Sterne-Bewertungen" (Malone/Laubacher/Dellarocas 2010, 30; Füller et al. 2010, 1043). Bei Nutzung dieses Bewertungsmechanismus können die besten Ideen auf Basis der besten Durchschnittsbewertung identifiziert werden.

(3) Rangfolgenbildung: *"Ranking"* umfasst den Vergleich und die Anordnung von Ideen oder anderen Inhalten hinsichtlich ihrer relativen Qualität. Sie können entweder indirekt aus den Ergebnissen einer Abstimmung oder einer Durchschnittsbildung abgleitet oder direkt durch die Bewertenden vollzogen werden. Eine Sonderform der Rangfolgenbildung stellen paarweise Vergleiche dar, in denen jeweils zwei zufällig ausgewählte Ideen direkt miteinander verglichen werden sollen und aus allen Vergleichen eine Rangfolge errechnet wird (Möslein/Haller/Bullinger 2010, 24; Füller et al. 2010, 1044).

(4) Konsensbildung: Einigen sich alle Mitglieder einer Gruppe auf eine finale Entscheidung entspricht dies einer Konsensbildung. In OI-Communities erfolgt eine Konsensbildung oftmals implizit, z.b. wenn Ideen durch die Community-Mitglieder nicht mehr überarbeitet werden, da alle teilnehmenden Autoren mit der Idee zufrieden sind (Möslein/Haller/Bullinger 2010, 24; Malone/Laubacher/Dellarocas 2010, 30). Konsensbildung kann aber auch expliziter Natur sein. Zum Beispiel können Internetnutzer bei dem Projekt *"GalaxyZoo"* bei der Klassifikation neuer Galaxien im Universum teilnehmen. Werden die Galaxien von einer genügend großen Anzahl an Teilnehmern übereinstimmend auf dieselbe Art und Weise klassifiziert, wird deren Klassifikation als richtig angesehen und in einen Ergebniskatalog aufgenommen (Lintott et al. 2008, 2-6). Ein solches Verfahren ist z.b. bei einer kollektiven Ideenbewertung anwendbar, wenn überprüft wird, wie viele Einzelbewertungen für eine Bestimmung der Qualität der Ideen benötigt werden (Toubia/Flores 2007).

(5) Informationsmärkte: Marktmechanismen eignen sich sehr gut zur Aggregation einer Vielzahl asymmetrischer Informationen in eine Variable – den Marktpreis. Informationsmärkte sind virtuelle Märkte, auf denen die Marktteilnehmer Optionen für zukünftige Ereignisse handeln. Haben sie diese Ereignisse richtig eingeschätzt, erhalten sie eine Belohnung in Form einer finanziellen Auszahlung. Haben sie das Ereignis nicht richtig vorhergesagt, gehen sie leer aus. Informationsmärkte eignen sich sehr gut zur Vorhersage zukünftiger Ereignisse, wie z.B. Absatzzahlen, können aber relativ einfach so transformiert werden, dass mit ihnen die Qualität von Ideen und nutzergenerierten Inhalten gemessen werden kann (Soukhoroukova/Spann/Skiera 2012, 103f.; Malone/Laubacher/Dellarocas 2010, 30; Wolfers/Zitzewitz 2004, 109f.). In diesem Zusammenhang können dann die Ideen mit dem höchsten Marktpreis als die Besten angesehen werden. Auf das Konzept der Informationsmärkte wird in Kapitel 5.2.1.2 auf S. 171 näher eingegangen.

2.6.2 Aktueller Forschungsstand

Im Rahmen der bisherigen OI-Forschung finden sich bisher relativ wenige Arbeiten, die sich mit der kollektiven Ideenbewertung auseinandersetzen. Erste Arbeiten zeigen hier, dass Teilnehmer von Ideenwettbewerben und OI-Communities prinzipiell in der Lage sind, die Qualität der eingereichten Ideen richtig zu klassifizieren (Blohm et al. 2009, 372-374; Walcher 2007, 113; Soukhoroukova/Spann/Skiera 2012, 109; Villaroel/Reis 2011, 4f.; Bullinger/Haller/Möslein 2009, 6).

Toubia/Floures (2007) untersuchen in einer Simulationsstudie unterschiedliche Algorithmen zur Verteilung der zu bewertenden Ideen auf die Bewertenden, so dass die Klassifikationsgüte der Kundenbewertungen unter der Nebenbedingung maximiert werden kann, die Anzahl der benötigten Bewertungen zu minimieren. Füller et al. (2010) entwickeln ein Ideenbewertungsspiel für OI-Communities, in dem die Teilnehmer gegen andere Teilnehmer bzw. einen Computeragenten antreten können, um die Ideen auf der Basis paarweiser Vergleiche möglichst genau zu klassifizieren.

Berg-Jensen/Hienerth/Lettl (2010) und Franke/Hienerth (2006) verfolgen einen etwas breiteren Ansatz und versuchen die Klassifikationsgüte von Ansätzen der kollektiven Ideenbewertung durch Einbeziehung der Eigenschaften der Ideengeber oder der Ideen an sich zu verbessern. Die Arbeiten kommen jedoch zu widersprüchlichen Ergebnissen. Während Berg-Jensen/Hienerth/Lettl (2010, 24) eine signifikante Übereinstimmung zwischen kollektiver Ideenbewertung und Experten nachweisen können, muss dies von Franke/Hienerth (2006) abgelehnt werden. Einen ähnlichen Ansatz verfolgen Blohm et al. (2011c), welche die Ideenbewertungen der Teilnehmer eines Ideenwettbewerbs in Relation zu deren Aktivität untersuchen. Sie können zeigen, dass aktive Teilnehmer die Qualität von Ideen im Vergleich zu einer Expertenjury genauer einschätzen als weniger aktive Teilnehmer und dass eine Gruppe von Teilnehmern existierte, die ausschließlich Ideen bewertete und im Vergleich zu den anderen Teilnehmern die höchste Übereinstimmung mit den Experten aufwies. Blohm et al. (2010d, 2011g) vergleichen in einem Feldexperiment die Klassifikationsgüte unterschiedlicher Technologien zur Durchführung einer kollektiven Ideenbewertung. Sie können zeigen, dass kollektive Ideenbewertungen, die mit einem *"IdeaMirror"*, einem wandgroßen Touchscreen-Bildschirm zur Visualisierung und Bewertung von Ideen in (halb-)öffentlichen Räumen (vgl. Koch/Möslein (2007) für weiterführende Informationen), mit einer geringen Klassifikationsgüte behaftet sind als Ideenbewertungen, die mit einer Bewertungsskala in einer OI-Community durchgeführt wurden (Blohm et al. 2010d, 15f.; Blohm et al. 2011g, 189-192).

Des Weiteren untersuchte eine Reihe von Autoren die Einsatzmöglichkeiten von Informationsmärkten im Rahmen einer kollektiven Bewertung von Innovationsideen (Gaspoz 2010; Soukhoroukova/Spann/Skiera 2012; Stathel et al. 2010; Villaroel/Reis 2011; LaComb/Barnett/Qimei 2007; Bothos/Apostolou/Mentzas 2009). Bei diesen Studien handelt es sich weitgehend um Machbarkeitsstudien, in denen Anwendbarkeit und Genauigkeit von Informationsmärkten zur Ideenbewertung evaluiert wurde. Ausnahmen stellen hier die Arbeiten von Spann et al. (2009) und Villaroel/Reis (2011) dar. Diese Arbeiten zeigen, dass erfolgreiche Handelsaktivitäten auf diesen Märkten positiv mit Lead User Eigenschaften der Teilnehmer (Spann et al. 2009, 331-333) und der Generierung neuer Ideen (Villaroel/Reis 2011, 4f.) assoziiert sind. Zudem beschreiben Kamp/Koen (2009) ein theoretisches Modell mit Einflussfaktoren auf die Klassifikationsgüte in Informationsmärkten zu Ideenbewertung.

Im Gegensatz zu diesen Arbeiten untersuchen Möslein/Haller/Bullinger (2010) Mechanismen zur kollektiven Ideenbewertung aus einer gestaltungsorientierten Perspektive. Auf der Basis von fünf Fallstudien arbeiten sie Gestaltungskriterien für kollektive Ideenbewertungsmechanismen heraus (vgl. Tabelle 2-4). So können diese Mechanismen hinsichtlich ihres Teilnehmerkreises eingeschränkt werden, sodass z.B. alle Internetnutzer oder nur spezielle Zielgruppen an der Bewertung teilnehmen dürfen (Möslein/Haller/Bullinger 2010, 28f.). Die kollektive Ideenbewertung der Community-Mitglieder werden dabei in der Regel als Ergänzung zu einer Expertenbewertung durchgeführt, kann prinzipiell aber auch unabhängig von dieser eingesetzt werden. Dabei kann die Bewertung der Ideen vor, während oder nach der Expertenbewertung erfolgen (Möslein/Haller/Bullinger 2010, 28f.). Weiterhin können im Rahmen der Ideenselektion unterschiedliche Bewertungskriterien und -methoden eingesetzt werden. Zudem stehen unterschiedliche Ansätze zur Aggregation der Bewertungen zur Verfügung (Möslein/Haller/Bullinger 2010, 28f.).

Gestaltungsmerkmal	Ausprägung								
Teilnehmer	Gesamtbevölkerung		Kunden		Designer			Techniker / Ingenieure	
Prozess	Nur Teilnehmer		Nur Experten		Experten vor Teilnehmer			Teilnehmer vor Experten	
Bewrtungskriterien	Affektion	Kreativität			Passung zur Aufgabe / Strategie / Unternehmen	Realisierbarkeit		Marktpotenzial	
		Neuheit	Nutzen	Ausarbeitung		Technisch	Rechtlich	Interesse / Bedürfnis	Kaufbereitschaft
Methode / Skala	Singuläre / binäre Entscheidung	Mehrstufige Skala			Ranking	Kommentare		Informationsmarkt	
Aggregation	Abstimmung	Mittelung			Übereinstimmung			Abschätzung	

Tabelle 2-4: Gestaltungskriterien kollektiver Ideenbewertungsmechanismen
Quelle: In Anlehnung an Möslein/Haller/Bullinger (2010, 29)

Aufbauend auf den bisherigen Forschungsstand zu kollektiven Ideenbewertungen kann gefolgert werden, dass sich mit Bewertungsskalen und Informationsmärkten zwei Konzepte zur Bewertung von Innovationsideen durchgesetzt haben, wobei Bewertungsskalen in der Praxis eine deutlich größere Verbreitung erfahren haben. In Forschungsfrage drei werden daher unterschiedliche Bewertungsskalen und Informationsmärkte experimentell verglichen. Eine umfassende Beschreibung dieser Mechanismen erfolgt daher in Kapitel 5.2.1 auf S. 170.

2.6.3 Potenziale und Limitationen

Der Einsatz kollektiver Bewertungsverfahren ist für Community-Betreiber entlang des gesamten Innovationsprozess mit zahlreichen Potenzialen verbunden, die über die reine Bewertung von Ideen hinausgehen. Im Rahmen der Marktforschung erlauben sie die Bewertung von Trends, Bedürfnissen und des Unternehmensimages (Möslein/Haller/Bullinger 2010, 30), so dass hier Aufschluss über Marktchancen der potenziellen Produkte gewonnen werden kann

(Blohm et al. 2011f, 99; Blohm/Leimeister/Krcmar 2011b, 359f.). In der Innovationsentwicklung kann durch eine kollektive Ideenbewertung auf der einen Seite die Effizienz der Ideenauswahl erhöht werden, da auf Basis der Qualitätseinschätzung der Bewertenden eine Vorauswahl der Ideen ermöglicht werden kann (Blohm et al. 2011f, 99; Blohm/Leimeister/ Krcmar 2011b, 359f.; Möslein/Haller/Bullinger 2010, 30). Auf der anderen Seite sind kollektive Entscheidungen aufgrund der Aggregation der Einzelentscheidungen weitgehend wertfrei, da sie nicht von einem einzelnen Entscheider mit einer bestimmten Risikodisposition getroffen werden und nicht bereits verbreiteten Vorstellungen und Entscheidungsmustern genügen müssen (Bonabeau 2009, 46), wodurch die Qualität und Effektivität der Ideenbewertung gesteigert werden kann (Möslein/Haller/Bullinger 2010, 30). Aus einer Marketingperspektive kann eine kollektive Ideenbewertung aber auch die Außenwahrnehmung der Community-Betreiber verbessern, da diese als offener und zugänglicher angesehen werden (Fuchs/ Schreier 2011, 28f.).

Kollektive Ideenbewertungen können jedoch auch zahlreichen Verzerrungen unterliegen, welche die Verwendbarkeit dieser Mechanismen einschränken können. So könnten die Bewertungen durch Betrugsversuche manipuliert werden, wenn einzelne Community-Mitglieder Anstrengungen unternehmen, ihre eigenen Beiträge durch Anlegen mehrerer Benutzerzugänge besonders positiv zu bewerten (Blume/Luckner/Weinhardt 2010, 401) oder die Beiträge anderer absichtlich schlecht bewerten, um die eigenen Beiträge relativ gesehen besser dastehen zu lassen (Blohm et al. 2009, 275f.; Möslein/Haller/Bullinger 2010, 32). Ähnliche Probleme können sich ergeben, wenn einzelne Teilnehmer ihre sozialen Netzwerke instrumentalisieren, um für ihre Ideen abzustimmen (Möslein/Haller/Bullinger 2010, 32; Di Gangi/Wasko/Hooker 2010, 214). Weitere systematische Verzerrungen können sich prinzipiell jedoch auch aus fehlerhaft gestalteten Bewertungsmechanismen ergeben (Blohm et al. 2009, 274-276) oder wenn die Bewertenden bei der Bewertung überfordert werden und Dimensionen, wie z.B. Umsetzbarkeit, bewerten sollen, zu denen ihnen eventuell benötigte Hintergrundinformationen fehlen (Möslein/Haller/Bullinger 2010, 32). Weitere Einschränkungen kollektiver Bewertungsmechanismen könnten sich bezüglich ihrer Akzeptanz ergeben, wenn es den Ergebnissen aus Sicht des Community-Betreibers an Glaubwürdigkeit fehlt und sich große Unterschiede zu den Einschätzungen der Mitarbeiter ergeben (Möslein/Haller/Bullinger 2010, 32). Dies ist insbesondere bei Informationsmärkten ein Problem, da die Beteiligten oftmals nicht nachvollziehen können, wie die Ergebnisse zustande gekommen sind (Graefe 2009, 8). Ein Problem ist in diesem Zusammenhang auch die vermeintlich mangelnde Expertise der Bewertenden. Die *"Seer-Sucker"*-Theorie impliziert in diesem Zusammenhang, dass sich Individuen bei Vorhersagen auf die Ansichten von Experten verlassen und die Glaubwürdigkeit von Vorhersagen alleindurch deren Beteiligung gesteigert werden kann (Graefe 2009, 8; Armstrong 1980, 16). Daher könnte es Entscheidungen, die auf Mechanismen der kollektiven Ideenbewertung basieren, am notwendigen *"Commitment"* mangeln, das für deren Umsetzung notwendig ist (Möslein/Haller/Bullinger 2010, 32).

2.7 Zusammenfassung und Zwischenfazit

In diesem Kapitel wurden die konzeptionellen Grundlagen dieser Arbeit erarbeitet. Im Detail wurde hier die Eigenschaften von Software und Softwareunternehmen sowie geschlossenen und offenen Innovationsprozessen aufgezeigt. Es wurde auf die Potenziale einer Kundenintegration im Allgemeinen eingegangen und die Lead User Methode, Toolkits, Ideenwettbewerbe und Open Innovation Communities als Instrumente zur Hebung von Bedürfnis-, Lösungs- und Präferenzinformationen der eigenen Kunden und Produktanwender diskutiert. Darauf aufbauend wurde das Prinzip der kollektiven Intelligenz eingeführt und die Voraussetzungen zur Anwendung dieses Prinzips im Rahmen einer kollektiven Ideenbewertung dargestellt.

Auf Basis der konzeptionellen Grundlagen können für den weiteren Verlauf der Arbeit wichtige Erkenntnisse festgehalten werden. So sind grundsätzlich alle OI-Methoden darauf ausgerichtet, Ideen und andere Inhalte zu generieren. Die Bewertung von Ideen und Konzepten steht dabei weitestgehend im Hintergrund, so dass grundsätzlich ein großer Bedarf an der Erforschung von Mechanismen zur Ideenbewertung besteht. Ansätze zur Nutzbarmachung der kollektiven Intelligenz können diese Lücke füllen und im Rahmen einer kollektiven Ideenbewertung angewendet werden, wenn mit diesen in einer koordinierten Weise, unabhängige Informationen von einer Vielzahl von Community-Mitgliedern aggregiert werden können. In der bestehenden Forschung haben sich mit Bewertungsskalen und Informationsmärkten zwei zentrale Mechanismen zur Umsetzung kollektiver Ideenbewertungen herauskristallisiert, die derzeit in Forschung und Praxis eingesetzt werden. Die Forschung zum Einsatz dieser Mechanismen im Rahmen der Ideenbewertung steht jedoch noch ganz am Anfang, so dass diesbezüglich noch ein großer Forschungsbedarf besteht.

3 Theoretische Grundlagen der Ideenabsorption in Open Innovation Communities

Ziel des folgenden Kapitels ist das Beantworten der ersten Forschungsfrage dieser Arbeit:

> *Was sind die theoretischen Grundlagen der Ideenabsorption in Open Innovation Communities?*

In diesem Kapitel erfolgt ein systematischer Review der Absorptive Capacity (AC)-Literatur. Auf Basis dieser Synthese des aktuellen Standes der AC-Forschung, werden die Überschneidungen zwischen AC und OI-Communities herausgearbeitet und die beiden Ansätze zu einem domänenspezifischen Ideenabsorptionsmodell verbunden (Webster/Watson 2002; Torraco 2005). Dieses Modell beantwortet die Frage, wie Unternehmen Ideen aus OI-Communities in der Innovationsentwicklung nutzen und sich deren Wert aneignen können. Durch dieses Modell können die theoretischen Grundlagen der Selektion von Ideen aus OI-Communities sowie die Rolle von Mechanismen der kollektiven Ideenbewertung während dieses Prozesses näher beschrieben werden. Mittels dieser Analyse kann ein theoretischer Rahmen für die Analyse von Absorptionsprozessen und -kompetenzen in OI-Communities in Forschungsfrage zwei sowie der Eignung von unterschiedlichen Mechanismen zur kollektiven Ideenbewertung in Forschungsfrage drei aufgespannt werden.

Im Folgenden wird zunächst das Vorgehen des Literaturreviews beschrieben und ein kurzer Überblick über die AC-Theorie, deren Entwicklung und definitorische Bausteine gegeben. Auf Basis der identifizierten AC-Bausteine wird der aktuelle Forschungsstand zu AC erarbeitet und anschließend in Bezug zu OI-Communities und OI im Allgemeinen gesetzt, so dass die AC- und OI-Theorien am Beispiel von OI-Communities zusammengeführt und IT-basierte Absorptionskompetenzen abgeleitet werden können. Das Kapitel endet mit der Ableitung theoretischer und praktischer Implikationen des entwickelten Ideenabsorptionsmodells und der IT-basierten Absorptionskapazitäten.

3.1 Methodik des Literaturreviews

Die Erstellung des Literaturreviews folgte den Empfehlungen von Webster/Watson (2002) und Torraco (2005), die jeweils die Auswahl der relevanten Literatur und die Aggregation der gefunden Ergebnisse als die beiden wesentlichen, methodischen Schritte hervorheben. In einem ersten Schritt wurden 20 zu durchsuchende Journale aus den Bereichen Allgemeine Betriebswirtschaftslehre (ABWL), Technologie- und Informationsmanagement (TIM) und Wirtschaftsinformatik (WI) ausgewählt (vgl. Tabelle 3-1), die vor dem Hintergrund der vorliegenden Forschungsfrage als die wesentlichen, betriebswirtschaftlichen Teildisziplinen anzusehen ist. Ein thematischer Schwerpunkt wurde dabei auf ABWL-Journale gelegt, da das AC-Konstrukt ursprünglich in diesem Forschungsbereich entwickelt wurde und daher in diesem die meisten Artikel über AC veröffentlicht wurden. Bei den ausgewählten Journalen handelt es sich um in ihrem Bereich führende, größtenteils A-gerankte Journale, die auf Basis der Journal-Rankings des Verbandes der Hochschullehrer für Betriebswirtschaft (Schrader/Hennig-Thurau 2009) sowie dessen spezifischen Rankings der wissenschaftlichen Kommissionen für Wirtschaftsinformatik (o.V. 2008) und Technologie, Innovation und Entrepreneurship (Franke/Schreier 2005) ausgewählt wurden.

Betrachtet wurden jeweils alle Artikel, die von Einführung des AC-Konstrukts durch Cohen/Levinthal (1989) bis Januar 2012 veröffentlicht wurden und den Suchterm *"Absorptive Capacity"* enthielten. Eine erste Volltextsuche förderte insgesamt 1.792 Artikel zu Tage. Um diese auf eine analysierbare Menge zu konzentrieren, wurden in einem zweiten Schritt diejenigen Artikel für eine weitere Analyse ausgewählt, in denen *"Absorptive Capacity"* im Titel, im Abstract und/oder den Schlüsselwörtern aufgeführt war. Dadurch konnte die Stichprobe auf 126 Artikel eingegrenzt werden. Diese wurden gelesen und im Hinblick auf inhaltliche Relevanz analysiert, wodurch die Anzahl relevanter Artikel auf 32 reduziert werden konnte. Durch eine Analyse der in diesen Arbeiten referenzierten Quellen konnten sechs weitere thematisch passende Artikel identifiziert werden, die nicht mittels der Journalsuche gefunden werden konnten (Rückwärtssuche). Mittels einer Überprüfung der Zitationen dieser Artikel im *"Web of Knowledge"* (o.V. 2012c) und *"Google Scholar"* (o.V. 2012b) konnten weitere acht relevante Artikel identifiziert werden (Vorwärtssuche). Von den Ergebnissen der Vorwärts- und Rückwärtssuche wurden sieben Artikel in die Analyse mit aufgenommen (Webster/Watson 2002, xvi). Bei diesen handelt es sich um Journal- und Konferenzbeiträge. Tabelle 3-1 gibt einen Überblick über die Ergebnisse der Literatursuche. Die in den Literaturreview aufgenommen Quellen sind im Literaturverzeichnis mit einem * markiert.

Domäne	Journal	Ergebnisse (Volltext)	Ergebnisse (Abstract, Titel, Schlüsselwörter)	Auswahl
ABWL	Organization Science	112	14	5
ABWL	Strategic Management Journal	249	16	4
ABWL	Academy of Management Journal	97	5	4
ABWL	Academy of Management Review	79	5	3
TIM	Research Policy	432	44	2
WI	MIS Quarterly	40	4	2
ABWL	Management Learning	332	2	2
WI	Information Systems Research	17	3	2
TIM	R&D Management	99	10	1
ABWL	Journal of Management	69	1	1
ABWL	Management Science	53	6	1
TIM	Journal of Product Innovation Management	46	1	1

Domäne	Journal	Ergebnisse (Volltext)	Ergebnisse (Abstract, Titel, Schlüsselwörter)	Auswahl
WI	Journal of Management Information Systems	25	1	1
ABWL	Administrative Science Quarterly	23	2	1
WI	Decision Support Systems	14	2	1
ABWL	Journal of Industrial Economics	7	1	1
TIM	Entrepreneurship: Theory and Practice	53	3	0
TIM	Journal of Business Venturing	27	5	0
WI	Journal of Information Technology	18	1	0
-	Sonstige (Vorwärts- und Rückwärtssuche)	-	14	7
	Σ	1792	140	39

ABWL = Allgemeine Betriebswirtschaftslehre; TIM = Technologie- und Innovationsmanagement; WI = Wirtschaftsinformatik

Tabelle 3-1: Ergebnisse des Literaturreviews
Quelle: In Anlehnung an Blohm et al. (2011e, 38) und Blohm/Leimeister/Krcmar (2011a, 311)

Auf Basis der gelesenen Artikel wurden die Ergebnisse der Artikel zu den einzelnen Prozessphasen der Aufnahme externen Wissens zugeordnet. So konnten der aktuelle Forschungsstand zu AC systematisiert und ein Ausgangspunkt zu deren Verbindung mit OI-Communities geschaffen werden.

3.2 Überblick Absorptive Capacity

Bevor die Ergebnisse des Literaturreviews vorgestellt AC und OI am Beispiel von OI-Communities in einem gemeinsamen, theoretischen Modell zusammengeführt werden, wird in diesem Abschnitt ein kurzer Überblick über die Entwicklung der AC-Theorie und die im Rahmen dieser Arbeit wesentlichen Studien gegeben.

Der Begriff *"Absorptive Capacity"* wurde erstmals von Cohen/Levinthal (1989; 1990) verwendet und von ihnen als die Fähigkeit eines Unternehmens definiert, unternehmensfremdes Wissen bewerten, aufnehmen und kommerziell nutzen zu können:

> *"Absorptive capacity is a firm's ability to recognize the value of new, external information, assimilate it, and apply it to commercial ends."* (Cohen/Levinthal 1990, 128)

Das AC-Konstrukt fand nach seiner Einführung eine rasche Verbreitung in einer Reihe von Forschungsgebieten, wie z.B. dem Strategischen Management (z.B. Matusik/Heeley 2005; Lichtenthaler/Lichtenthaler 2009), den Organisationswissenschaften (z.B. Lewin/Massini/ Peeters 2011; Volberda/Foss/Lyles 2010), dem Technologie- und Innovationsmanagement (z.B. Arbussa/Coenders 2007; Abecassis-Moedas/Mahmoud-Jouini 2008) oder der Wirtschaftsinformatik (z.B. Malhotra/Gosain/El Sawy 2005; Joshi et al. 2010). Insgesamt wurde das AC-Konstrukt in weit über 10.000 wissenschaftlichen Arbeiten verwendet (Lewin/ Massini/Peeters 2011, 81). Die Entwicklung des AC-Konstrukts ist dabei konsistent mit dem Lebenszyklus-Modell von Managementkonstrukten nach Hirsch/Levin (1999). Auf die Veröffentlichung neuer Managementkonstrukte, folgen in der Regel verschärfte Forschungsanstrengungen zu dessen Konzeptualisierung und Operationalisierung. In Bezug auf AC führten diese Anstrengungen auf der einen Seite zu einer breiten und tiefgreifenden empirischen Evidenz (Volberda/Foss/Lyles 2010, 937), auf der anderen Seite aber auch zu einer Reifikation (*"Reification"*) des Konstrukts (Lane/Koka/Pathak 2006, 842f.). Durch den häufigen, empirischen Gebrauch verselbstständigte es sich fortlaufend, so dass viele Operationalisierungen nicht mehr mit der ursprünglichen Definition in Einklang zu bringen sind und streng genommen ein anderes Konstrukt messen. Die Vielzahl aktueller Literaturreviews (Lane/Koka/ Pathak 2006; Lewin/Massini/Peeters 2011; Todorova/Durisin 2007; Volberda/Foss/Lyles 2010) lässt darauf schließen, dass AC diese Phase bereits überschritten hat und sich derzeit in der dritten Phase des Lebenszyklus befindet, in der die unterschiedlichen Erkenntnisse systematisiert und zusammengefasst werden, um die Entwicklung des Konstrukts weiter voranzutreiben.

Trotz der häufigen Verwendung des AC-Konstrukts entwickelten nur sehr wenige Autoren das Konstrukt aus einer theoretischen Perspektive weiter (Lane/Koka/Pathak 2006, 845). Lane/Lubatkin (1998) beziehen AC auf mehrere Unternehmen in strategischen Allianzen und erweitern das Verständnis von AC auf Basis des *"Relational View of a Firm"* (Dyer/Singh 1998). Dieser Gedanke wird später von Tsai (2001) und Malhotra/Gosain/El Sawy (2005) weiterentwickelt, die AC aus einer Netzwerkperspektive betrachten. Die Arbeit von Matusik/Heeley (2005) ist daran anknüpfend eine der wenigen, die AC auf unterschiedlichen Analyseebenen, wie Individuum, Unternehmen und Unternehmensumwelt, untersucht.

Zahra/George (2002b, 195) definieren AC als *"Dynamic Capability"*, die aus spezifischen, organisatorischen Routinen und Mechanismen zur Aufnahme und Implementierung von Wissen besteht (Todorova/Durisin 2007, 780). Sie setzen AC damit in Bezug zum *"Resource-Based View of the Firm"* (Barney 1991). Des Weiteren unterteilen sie AC in „*potenzielle*" und „*realisierte AC*", wodurch die Aufnahme und Nutzung von externem Wissen voneinander getrennt werden. Aufbauend auf der Arbeit von Zahra/George (2002b, 195) etablierte sich ein prozessorientiertes Verständnis von AC, um dessen Mehrdimensionalität berücksichtigen zu können. So untersuchen z.B. Jansen/Van den Bosch/Volberda (2005) organisationale Fähigkeiten zum Aufbau von potenzieller und realisierter AC. Lane/Koka/Pathak (2006) führten den damaligen Forschungsstand zu einer prozessbasierten AC-Definition zusammen und definierten AC als sequentiellen Prozess aus explorativem, transformativem und exploitativem Lernen:

> *"Absorptive capacity is a firm's ability to utilize externally held knowledge through three sequential processes: (1) recognizing and understanding potentially valuable new knowledge outside the firm through exploratory learning, (2) assimilating valuable new knowledge through transformative learning, and (3) using the assimilated knowledge to create new knowledge and commercial outputs through exploitative learning."*
> (Lane/Koka/Pathak 2006, 856)

Todorova/Durisin (2007, 776) entwickeln ein fünfphasiges AC-Modell, in dem insbesondere die Bedeutung der Bewertung externen Wissens hervorgehoben wird. Lichtenthaler (2009b, 830f.) operationalisiert die AC-Definition von Lane/Koka/Pathak (2006, 856) in insgesamt sechs AC-Phasen und untersucht den Einfluss der Volatilität der Unternehmensumwelt auf die einzelnen Phasen der Wissensabsorption. Joshi et al. (2010, 474f.) greifen das AC-Modell von Zahra/George (2002b) auf und rekonzeptualisieren dies in Form von IT-basierter potenzieller und IT-basierter realisierter AC, indem sie die Bedeutung von IT für diese AC-Prozesse herausarbeiten. Diese Arbeit folgt diesem prozessorientieren Verständnis von AC. Aufbauend auf der Definition von Cohen/Levinthal (1990, 128) wird in dieser Arbeit folgende Arbeitsdefinition von AC verwendet:

> *Absorptive Capacity ist die Fähigkeit von Betreibern von Open Innovation Communities, unter den eingereichten Kundenideen die besten zu identifizieren, diese in die Produktentwicklung einzubringen und in neue Produkte zu überführen.*

In diesem prozessorientiertem Verständnis von AC wird das AC-Konstrukt in unterschiedliche Prozessschritte zur Absorption externen Wissens unterteilt. Diese umfassen in der Regel zudem Prozessinputs in Form des zu absorbierenden externen Wissens und dem Vorwissen des Unternehmens, Prozessoutputs im Sinne von Wettbewerbsvorteilen als Folge der Wissensabsorption sowie Kontingenzfaktoren, die die Wissensabsorption beeinflussen. In jüngeren Forschungsarbeiten drängen vermehrt auch organisationale Kompetenzen und Routinen für die Absorption externen Wissens in den Vordergrund, aus denen sich Absorptionsprozesse zusammensetzen und eine Brücke zwischen unterschiedlichen Analyseebenen von AC schlagen (Lewin/Massini/Peeters 2011, 91-93). Tabelle 3-2 gibt einen Überblick über die für diese Arbeit wichtigsten AC-Artikel auf Basis eines prozessorientieren AC-Verständnisses.

Autoren	Prozessinputs	Absorptionsprozesse	Prozessoutputs	Kontingenzfaktoren	Analyseebene
Cohen/ Levinthal (1990)	• Externes Wissen • Wissensbasis	• Erkennen des Wertes externen Wissens • Assimilation • Anwendung	• Innovation (-sfähigkeit) • Flexibilität	• Aneignungsfähigkeit • Gatekeeping	• Individuum • Unternehmen • Umwelt
Lane/ Lubatkin (1998)	• Relative AC • Wissensbasis	• Keine prozessorientierte AC-Betrachtung	• Erfolg der Lernbeziehung	• Ähnlichkeit von Organisation, Strategie und Anreizstrukturen	• Umwelt
Zahra/ George (2002b)	• Wissensbasis • Externes Wissen	• Potenzielle AC (Akquisition, Assimilation) • Realisierte AC (Transformation, Exploitation)	• Innovation (-sfähigkeit) • Flexibilität	• Soziale Integrationsmechanismen • Auslösetrigger • Aneignungsfähigkeit	• Unternehmen
Jansen/ Van den Bosch/ Volberda (2005)	• Nicht Teil der Analyse	• Potenzielle AC (Akquisition, Assimilation) • Realisierte AC (Transformation, Exploitation)	• Nicht Teil der Analyse	• Koordinationskompetenz • Systematisierungskompetenz • Sozialisierungskomptenz	• Unternehmen
Lane/ Koka/ Pathak (2006)	• Umwelt • Wissensbasis • Lernbeziehungen	• Exploratives Lernen • Transformatives Lernen • Exploitatives Lernen	• Kommerzielle Outputs • Wissens-Outputs • Leistungsfähigkeit	• Individuen, Unternehmensstrategie • Struktur/ Prozesse	• Individuum • Unternehmen • Umwelt

Überblick Absorptive Capacity

Autoren	Prozessinputs	Absorptionsprozesse	Prozessoutputs	Kontingenzfaktoren	Analyseebene
Todorova/ Durisin (2007)	• Externes Wissen • Wissensbasis	• Erkennen des Wertes externen Wissens • Akquisition • Assimilation • Transformation • Exploitation	• Innovation (-sfähigkeit) • Flexibilität	• Soziale Integrationsmechanismen • Macht • Auslösetrigger • Aneignungsfähigkeit • Selbstverstärkung	• Individuen • Unternehmen
Lichtenthaler (2009)	• Wissensbasis (Marktwissen, Technologiewissen)	• Exploratives Lernen (Erkennen, Assimilation) • Transformatives Lernen (Erhaltung, Reaktivierung) • Exploitatives Lernen (Überführung, Anwendung)	• Innovation (-sfähigkeit) • Leistungsfähigkeit	• Volatilität der Umwelt	• Unternehmen
Joshi et al. (2010)	• Nicht Teil der Analyse	• IT-basierte potenzielle AC • IT-basierte realisierte AC	• Innovation (-sfähigkeit)	• IT-basierte Soziale Integrationskompetenz	• Unternehmen

Tabelle 3-2: Definitionsbausteine und Analyseebenen von Absorptive Capacity
Quelle: Eigene Darstellung

3.3 Ideenabsorptionsmodell für Open Innovation Communities

Im Folgenden werden die Ergebnisse des Literaturreviews vorgestellt und ein Ideenabsorptionsmodell für OI-Communities entwickelt. Dabei wird eine prozessbasierte Sichtweise angenommen und die Entwicklung von Ideen von ihrer Generierung in der OI-Community bis hin zur Kommerzialisierung eines, auf einer Idee basierenden, marktfähigen Endproduktes beschrieben. Dafür werden zunächst Absorptionsprozesse aus Sicht eines Community-Betreibers analysiert und auf die In- und Outputs dieser Prozesse eingegangen. Es werden die Kontingenzfaktoren herausgearbeitet, welche die Ideenabsorption beeinflussen sowie IT-basierte Absorptionskompetenzen abgeleitet, die es Community-Betreibern erlauben, ihre Absorptionsprozesse zu konfigurieren und ihre AC zu steigern. Aufbauend auf dem aktuellen Forschungstand von OI-Communities werden die einzelnen Bestandteile von AC systematisch mit der OI-Forschung verbunden und in einem Ideenabsorptionsmodell zusammengeführt.

3.3.1 Ideenabsorptionsprozesse

Ausgehend von Cohen/Levinthal (1990) definieren Lane/Koka/Pathak (2006, 856) AC als einen dreidimensionalen sequentiellen Prozess aus explorativem, transformativem und exploitativem Lernen. Exploratives Lernen umfasst das Verstehen und die Bewertung unternehmensfremden Wissens. In der Phase des transformativen Lernens wird das als wesentlich erachtete, externe Wissen in die Wissensbasis des Unternehmens aufgenommen. Während dieses Transformationsprozesses wird das neue Wissen mit dem bestehenden Wissen kombiniert, um dieses auf innovative Art nutzen zu können (Lane/Koka/Pathak 2006, 855f.; Zahra/George 2002b, 190). Exploitatives Lernen charakterisiert die kommerzielle Anwendung des assimilierten und rekombinierten Wissens, z.B. im Kontext der Innovationsentwicklung.

Im Gegensatz dazu unterscheiden Zahra/George (2002b, 190f.) in potenzielle und realisierte AC. Während potenzielle AC im weitesten Sinne explorativem Lernen entspricht und die Akquisition und Assimilation externen Wissens beinhaltet, spiegelt realisierte AC exploitatives Lernen wider, das die Transformation und Kommerzialisierung des externen Wissens umfasst. Todorova/Durisin (2007, 777-779) übertragen kognitionspsychologische Erklärungsansätze zur Beschreibung von Lernprozessen von der individuellen auf eine organisationale Ebene. Auf dieser Basis kritisieren sie die Zweiteilung in potenzielle und realisierte AC, da es sich bei Assimilation und Transformation nicht um sequentielle, sondern um parallele, sich gegenseitig bedingende mentale Prozesse zur Verarbeitung neuen Wissens handle. Assimilierung ist demnach die Verarbeitung von neuen Informationen mit bestehenden kognitiven Strukturen. Transformation umfasst darüber hinaus die Neubildung kognitiver Schemata zur Verarbeitung der aufgenommenen Informationen (vgl. Kapitel 5.2.2 auf S. 174 für eine genauere Diskussion des Schema-Begriffes). Empirische Erkenntnisse stützen diese Kritik und zeigen, dass ein dreistufiges AC-Modell bestehend aus explorativem, transformativem und exploitativem Lernen einen höheren Erklärungsgehalt aufweist als ein zweidimensionales Modell aus potenzieller und realisierter Aufnahmefähigkeit (Lichtenthaler 2009b, 833). Auch Jansen/Van den Bosch/Volberda (2005, 1005) fanden in ihrer empirischen Untersuchung heraus, dass ein zweidimensionales AC-Modell aus potenzieller und realisierter Aufnahmefähigkeit einen geringeren Erklärungsgehalt aufweist als die vier einzelnen Prozessschritte Akquisition, Assimilation, Transformation und Exploitation für sich genommen.

In Bezug auf OI wurden zwei Hauptprozesse identifiziert (vgl. Kapitel 2.3.1 auf S. 16 für eine ausführliche Beschreibung). Die *"Outbound"*-Perspektive verfolgt, z.B. durch Auslizensierungen und Spin-Outs, das Ziel, Ideen und Technologien, die nicht intern verwendet werden können, zu kommerzialisieren (Lichtenthaler 2009a, 318). *"Inbound"*-Prozesse beziehen sich auf die Internalisierung externen Wissens, um den eigenen Wissenstand zur Innovationsentwicklung zu erweitern. Obwohl sich nur die *"Inbound"*-Perspektive direkt auf AC bezieht, ist das Management von OI- und AC-Prozessen eng miteinander verwoben (Lichtenthaler/ Lichtenthaler 2009, 1318f.; Spithoven/Clarysse/Knockaert 2011, 19) und viele Konzeptualisierungen von AC implizieren *"Outbound"*-Aktivitäten aufgrund bidirektionaler Verbindungen mit externen Lernpartnern, wie z.B. Mitglieder von OI-Communities (Hughes/Wareham 2010, 332; Cockburn/Henderson 1998, 179f.). Weiterhin reichen Inbound-Prozesse über AC-Prozesse hinaus, da ihr wesentliches Ziel das Externalisieren von impliziten Kundenwissen mittels speziellen Instrumenten, wie z.B. Toolkits, darstellt (Von Hippel/Katz 2002, 822 824; Hughes/Wareham 2010, 332f.). Hingegen wird in der AC-Forschung davon ausgegangen, dass dieses Wissen bereits aufnahmefähig zur Verfügung steht und nicht erst externalisiert werden muss.

Allgemein können OI-Communities als IT-basierte Instrumente zur Akquisition von Kundenwissen angesehen werden, wodurch in erster Linie IT-basierte potenzielle AC aufgebaut wird (Joshi et al. 2010, 474; Reichwald/Piller 2009, 100). In OI-Communities erfolgt exploratives Lernen in erster Linie durch die Community-Mitglieder, deren Bedürfnis-, Lösungs- und Präferenzinformationen durch die Teilnahme aktiviert werden und die Mitglieder beginnen, mittels des vom Community-Betreiber gestalteten Toolkits, neue Ideen einzureichen (Piller/ Walcher 2006, 309f.; Bretschneider 2011, 26f.; Von Hippel/Katz 2002, 824-828). Nach der Einreichung werden diese Ideen von anderen Community-Mitgliedern diskutiert und gegebenenfalls schrittweise verfeinert (Blohm et al. 2011b, 117; Blohm et al. 2010b, 7). Darüber hinaus ist die Community in die Ideenauswahl involviert, da sie mit kollektiven Bewertungssystemen die Popularität und Qualität von einzelnen Ideen signalisieren können und dem Community-Betreiber damit ihre Präferenzinformationen mitteilen können. Auf Basis dieses Ideenqualitätssurrogats können Community-Betreiber Möglichkeiten zur Wissensarbitrage erkennen (Hughes/Wareham 2010, 332). Das Erkennen von Möglichkeiten zur Wissensarbitrage umfasst in diesem Kontext, das Erkennen von relevantem, externen Kundenwissen, d.h. den vielversprechendsten Ideen, die in den nachgelagerten Schritten absorbiert werden sollen.

Nach dieser Akquisition externen Wissens (Zahra/George 2002b, 189) beginnt das transformative Lernen, wenn die Ideen durch die Geschäftseinheiten und Entwicklungsteams aufgegriffen werden, die für die von den Ideen adressierten Produkte und Dienstleistungen verantwortlich sind (Di Gangi/Wasko/Hooker 2010, 218; Matusik/Heeley 2005, 554). Diese Einheiten nehmen die Kundenideen damit in ihre eigene Wissensbasis auf, was einer Kombination der Ideen mit dem eigenen Produktwissen entspricht. Letztlich kommt es zur Implementierung einer Idee, wenn im Rahmen einer erneuten Auswahlentscheidung die entsprechenden Ressourcen bereitgestellt werden. Dieser kontextspezifische AC-Prozess für OI-Communities wird in Abbildung 3-1 dargestellt.

Abbildung 3-1: Ideenabsorptionsprozess in Open Innovation Communities
Quelle: In Anlehnung an Blohm et al. (2011e, 38) und Blohm/Leimeister/Krcmar (2011a, 314)

3.3.1.1 Inputs der Ideenabsorption: Kundenwissen und Wissensbasis

Absorptionsprozesse für externes Wissen werden von der bestehenden Wissensbasis eines Unternehmens, dem Inhalt und den Eigenschaften des Wissens sowie dem Aufnahmekontext beeinflusst. Die Fähigkeit externes Wissen zu absorbieren ist kumulativ und pfadabhängig (Cohen/Levinthal 1990, 135-137), so dass die Aufnahme von neuen Informationen in einem hohen Maße von dem bereits Gelerntem abhängt. Ohne ein Mindestmaß an Vorwissen in einem bestimmten Bereich kann neues Wissen nicht interpretiert, verstanden und damit auch nur schwer aufgenommen werden (Lenox/King 2004, 332). Lichtenthaler (2009b, 828f.) unterscheidet diese Wissensbasis eines Unternehmens in Technologie- und Marktwissen. Technologiewissen bezieht sich direkt auf die Entwicklung von neuen Produkten in Form von neuen Funktionalitäten oder neuen Produktionsverfahren, wie z.B. wenn ein Unternehmen eine neue Technologie kauft, um diese in seine Produkte zu integrieren (Cassiman/Veugelers 2006, 69). Marktwissen bezieht sich auf die Exploitation und Kommerzialisierung von Technologiewissen (Van Den Bosch/Volberda/de Boer 1999, 552). Es ermöglicht Einblicke darüber, welche Funktionen und Kundenbedürfnisse eine bestimmte Technologie erfüllen kann und eröffnet so neue Möglichkeiten für bestehende Produkte bzw. Technologien auf aktuellen und zukünftigen Märkten (Lichtenthaler 2009b, 828). Neue Technologien bzw. Informationen bezüglich dieser Technologien können daher nur sinnvoll aufgenommen werden, wenn bereits ein gewisses Technologiewissen vorhanden ist. Genauso können Veränderungen in den Bedürfnisstrukturen der eigenen Kundenbasis nur erkannt werden, wenn bereits ein gewisses Marktverständnis vorhanden ist. Neben dem eigentlichen Inhalt des externen Wissens beeinflussen aber auch dessen Komplexität und der Grad zu dem es kodifiziert ist, die Fähigkeit externes Wissen zu absorbieren: Je höher der Grad der Kodifizierung und je niedriger die

Komplexität, desto einfacher kann externes Wissen aufgenommen werden (Lane/Koka/Pathak 2006, 846f.).

Die Aufnahme von externem Wissen erfolgt jedoch nicht nur in Form von kodifizierten Dokumenten, sondern oftmals in Interaktion mit einem oder mehreren Lernpartnern. In diesem Zusammenhang ist die Fähigkeit, externes Wissen aufzunehmen, stark von den Eigenschaften der Lernbeziehung abhängig (Malhotra/Gosain/El Sawy 2005, 172-174; Tsai 2001, 1002f.). Lane/Lubatkin (1998, 461) definieren hier *"Relative AC"* als die Kompetenz eines Unternehmens, in Lernbeziehungen Wissen besser aufnehmen zu können als die anderen beteiligten Lernpartner (d.h. die anderen beteiligten Unternehmen). Neben Ähnlichkeiten in Organisationsstruktur und Strategie, wird diese Fähigkeit in erster Linie von der Komplementarität der Wissensbasen beeinflusst – ein Unternehmen kann schlicht mehr von einem anderen Lernen, wenn der Lernpartner Wissen besitzt, was es selbst nicht besitzt (Abecassis-Moedas/ Mahmoud-Jouini 2008, 487; Smith/Collins/Clark 2005, 353f.).

Die zentrale Zielsetzung von OI im Sinne einer *"Inbound"*-Betrachtung ist die Integration externer Wissensquellen in den Innovationsprozess, um die eigene Wissensbasis zu erhöhen (Chesbrough 2003a, 52f.; Dahlander/Gann 2010, 704f.; Huizingh 2011, 4). Kunden werden hier als zentrale Wissensträger angesehen, deren Wissen es zu absorbieren gilt (Von Hippel 2005, 63-76; Reichwald/Piller 2009, 62-70). Kundenwissen kann Bedürfnis-, Lösungs- und Präferenzinformationen umfassen (vgl. Kapitel 2.3.3.1 auf S. 20). Während Bedürfnisinformationen Wünsche, Anforderungen und Bedürfnisse von Kunden umfassen, handelt es sich bei Lösungsinformationen um präzise Informationen wie Innovationen konkret umgesetzt werden können. Präferenzinformationen stellen subjektive Kundeneinschätzungen bezüglich der Relevanz von Bedürfnis- und Lösungsinformationen dar. Die Absorption von Bedürfnisinformationen verbessert das Marktwissen eines Unternehmens, da es Unternehmen erlaubt, ihr bestehendes technologisches Wissen für die Entwicklung neuer Produkte einzusetzen und Marktentwicklungen genauer einzuschätzen. Die Aufnahme von Lösungsinformationen vergrößert hingegen das Technologiewissen, da diese sich auf die Implementierung von Innovationen beziehen und damit die Entwicklung neuer Technologien oder Produktionsmethoden zur Folge haben. Präferenzinformationen vereinfachen die Interpretation von bereits bestehenden Bedürfnis- und Lösungsinformationen und helfen Unternehmen daher bei deren Aufnahme in das Technologie- oder Marktwissen.

In OI-Communities stellen die eingereichten Ideen das zu absorbierende, externe Wissen dar. Diese Ideen sind jedoch oftmals sehr vage, unspezifisch und besitzen nur einen geringen Reifegrad (Riedl et al. 2010, 4), da Kundenwissen ist oftmals nur latent vorhanden, hochgradig implizit und schwer zu kodifizieren ist, was seine Transferierbarkeit stark einschränkt (Von Hippel 1994, 430-432). Bei der Absorption dieser Ideen spielen die existierende Wissensbasis eines Unternehmens und die daraus resultierende Pfadabhängigkeit eine wesentliche Rolle. Unternehmen können Ideen nur absorbieren, die in Verbindung mit deren Technologie- und Marktwissen stehen. Das heißt, dass eingereichte Kundenideen nur verarbeitet und absorbiert werden können, wenn ein gewisses Vorwissen für deren Interpretation vorhanden ist (Di Gangi/Wasko 2009, 310f.) und die Kundenideen zum mentalen Modell eines Unternehmens passen (King/Lakhani 2011, 21). Aus dieser bereits bestehenden Wissensbasis ergibt sich eine starke Pfadabhängigkeit, denn es werden nur diejenigen Ideen für eine Absorption in Betracht gezogen, die innerhalb des Suchfokus des Community-Betreibers liegen, der von der bestehenden Wissensbasis gesteuert wird (Todorova/Durisin 2007, 782f.).

Des Weiteren impliziert die Lead User Theorie, dass Lead User von besonderer Bedeutung für die Innovationsentwicklung sind, da diese sich in einer günstigen Kostenposition befinden, um für die Innovationsentwicklung hoch relevantes, implizites Kundenwissen zu externalisieren (Lilien et al. 2002, 1055f.; Lüthje/Herstatt 2004, 58f.; Von Hippel 2005, 57-61). Die selbst erstellten, prototypische Realisierungen von Lead User Ideen sind oftmals durch eine geringe Komplexität gekennzeichnet und beschreiben in der Regel funktional neue Anwendungen, die radikale Innovationen darstellen (Von Hippel 2005, 21-31). Dieses Wissen besitzt daher eine hohe Komplementarität zur Wissensbasis des Community-Betreibers und einen hohen Grad an Kodifizierung. Im Vergleich zu normalen Kunden besitzen Community-Betreiber daher für Lead User eine höhere relative AC.

Die Zusammenhänge zwischen AC und OI-Communities in Bezug auf die Wissensbasis des Community-Betreibers und das zu absorbierenden Kundenwissen werden in Abbildung 3-2 dargestellt. Die bestehende Wissensbasis eines Unternehmens ist als der große, zentrale Kreis in der Mitte dargestellt. Die grauen Flächen in diesem entsprechen dem existierenden Technologie- und Marktwissen des Community-Betreibers. Die kleineren Kreise stellen Kundenideen dar, die aus Bedürfnis- und Lösungsinformationen bestehen. Die Überschneidung der unterschiedlichen Kreise spiegelt die Pfadabhängigkeit von AC wider: Kundenideen, die nicht in Verbindung mit der Wissensbasis eines Community-Betreibers stehen, diese also nicht berühren, liegen außerhalb dessen Suchfokus und können nicht absorbiert werden. Je höher jedoch die Überschneidung zwischen Wissensbasis des Unternehmens und Kundenideen ist (dunkelgraue Fläche), desto besser können diese Ideen aufgenommen werden. Präferenzinformationen erweitern in diesen Zusammenhang den Suchfokus eines Community-Betreibers. In einer gewissen Weise rücken Ideen, die von den Community-Mitgliedern sehr positiv bewertet wurden, mehr oder weniger automatisch in den Suchfokus eines Community-Betreibers, da dessen Aufmerksamkeit durch die positive Bewertung auf die entsprechenden Ideen gerichtet wird. Dies ist insbesondere für radikalere Innovationsideen vorteilhaft, die eine geringe Überschneidung mit der Wissensbasis des Betreibers haben. Dadurch werden Community-Betreiber motiviert diese Ideen genauer zu analysieren und ein besseres Verständnis für diese aufzubauen, um eventuelle Möglichkeiten zur Wissensarbitrage erkennen und ausnutzen zu können (Di Gangi/Wasko 2009, 310). Dadurch können aber auch Verzerrungen bei der Ideenbewertung, die z.B. auf Ähnlichkeitseffekten zwischen den bei der Ideenbewertung beteiligten Mitarbeitern des Community-Betreibern und den Ideengebern einer Idee basieren (Franke et al. 2006, 821f.), abgeschwächt werden.

Ideenabsorptionsmodell für OI-Communities

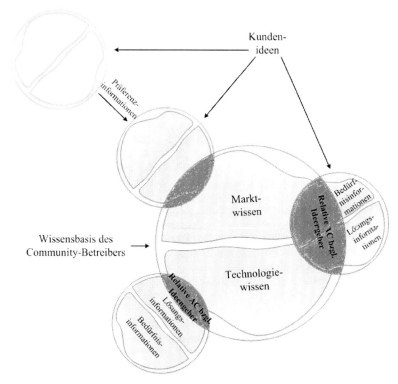

Abbildung 3-2: Wissensbasis von Unternehmen und Kundenideen
Quelle: In Anlehnung an Blohm et al. (2011e, 38) und Blohm/Leimeister/Krcmar (2011a, 317)

3.3.1.2 Outputs der Ideenabsorption: Strategische Wettbewerbsvorteile

Von den meisten Forschern werden strategische Wettbewerbsvorteile als Folgen der Absorption von externem Wissen angesehen (Volberda/Foss/Lyles 2010, 942). Wettbewerbsvorteile resultieren dabei zum einen direkt aus neu entwickelten Innovationen (z.B. Tsai 2001, 999; Joshi et al. 2010, 482) bzw. aus einem Anstieg der Innovationskraft (z.B. Lichtenthaler 2009b, 836). Zum anderen können Wettbewerbsvorteile aber auch durch eine Reihe von indirekten Effekten entstehen. Lane/Koka/Pathak (2006) unterscheiden die aufgeführten kommerziellen Ergebnisse von Wissensressourcen, die z.B. aus zwischenbetrieblichem Lernen (Lane/Salk/Lyles 2001, 1152-1156; Malhotra/Gosain/El Sawy 2005, 158) oder einem Anstieg an Humankapital durch neu akquirierte Fähig- und Fertigkeiten der Mitarbeiter folgen (Matusik/Heeley 2005, 555f.). Darüber hinaus konzeptualisieren Zahra/George (2002b, 195f.) AC als *"Dynamic Capability"*, die generell auf einen organisationalen Wandel von Unternehmen ausgerichtet sind (Teece/Pisano/Shuen 1997, 515). Strategische Flexibilität ist daher ein weiteres wesentliches Ergebnis von der Absorption externen Wissens (Todorova/Durisin 2007,

790; Zahra/George 2002b, 195; Cohen/Levinthal 1990, 135f.). Durch die Aufnahme neuen Wissens können Unternehmen Informationen und Signale aus der Umwelt besser verstehen und bewerten, wodurch sie sich einfacher und schneller auf eine sich verändernde Umwelt einstellen können.

Obwohl es nur wenige empirische Untersuchungen gibt, die OI direkt mit der Leistungsfähigkeit eines Unternehmens in Bezug setzen (vgl. z.B. Laursen/Salter 2006; Foss/Laursen/Pedersen 2011; Huang/Rice 2009; Lichtenthaler 2009a), wird gemeinhin angenommen, dass OI eine effektivere und effizientere Innovationsentwicklung ermöglicht und dadurch strategische Wettbewerbsvorteile generiert (Chesbrough 2007a, 22f.; Gassmann/Enkel 2004, 1f.). Bei OI-Communities entstehen diese Wettbewerbsvorteile durch die Implementierung von Kundenideen. Durch den Einsatz von Toolkits können Community-Mitglieder ihre Wünsche und Anforderungen besser als mit Methoden der traditionellen Marktforschung externalisieren, wodurch die Effektivität der Innovationsentwicklung steigt und passendere Produkte entwickelt werden können. Im Gegensatz dazu steigern Lösungsinformationen die Effizienz der Innovationsentwicklung, da sie innovative Wege zur Umsetzung von Innovationen umfassen und daher zu einer Senkung von Entwicklungsdauer und -kosten führen können (Von Hippel/Katz 2002, 830f.; Reichwald/Piller 2009, 130 und 189f.). Präferenzinformationen helfen bei der Interpretation der erhobenen Bedürfnis- und Lösungsinformation und erlauben, diese z.B. nach ihrer Relevanz zu gewichten, wodurch sich für Community-Betreiber der Prozess der Ideenselektion vereinfacht.

Aus Unternehmenssicht schaffen offene Innovationsprozesse viele, unterschiedliche Optionen für die Innovationsentwicklung, die zu einer Steigerung der strategischen Flexibilität eines Unternehmens führen (Vanhaverbeke/Cloodt/Van de Vrande 2007, 13-15; Vanhaverbeke/Van de Vrande/Chesbrough 2008, 253-255). In OI-Communities konzentrieren sich Lead User, Meinungsführer und Experten, die bezüglich der Produkte des Unternehmens umfangreiches Wissen und einen reichen Erfahrungsschatz besitzen. Da in OI-Communities Kommunikation und Interaktionen der Community-Mitglieder in digitaler Weise archiviert wird, können neue Trends und Veränderungen in den Bedürfnisstrukturen der Kunden durch die Anwendung von inhaltsanalytischen Verfahren, wie z.B. die *"Netnography"* (Kozinets 2002), ermittelt werden. Dies führt ebenfalls zu einer Erhöhung der strategischen Flexibilität eines Community-Betreibers.

Des Weiteren schaffen OI-Communities eine Vielzahl von Berührungspunkten zwischen den Community-Mitgliedern und dem Community-Betreiber, die für diesen insbesondere aus Gesichtspunkten des Marketing und des Personalwesens von Belang sind. Mitglieder von OI-Communities identifizieren sich in hohem Maße mit dem Betreiber und dessen Produkten. Daher ist „*Selbstmarketing*" in OI-Communities zur Erschließung von Karrieremöglichkeiten beim Community-Betreiber ein wesentliches Teilnahmemotiv von Community-Mitgliedern (Bretschneider 2011, 150). OI-Communities ermöglichen somit die Rekrutierung hoch motivierter, neuer Mitarbeiter, die neue Perspektiven in das Unternehmen einbringen können (Blohm/Leimeister/Krcmar 2011c, 7f.; Blohm/Leimeister/Krcmar 2011b, 363f.; Blohm et al. 2011f, 100; Ebner/Leimeister/Krcmar 2009, 353). Durch die Vielzahl der Kundeninteraktionen unterstützen OI-Communities aber auch die Marketingaktivitäten des Community-

Betreibers und können so, bspw. durch Verbesserung des Markenimages und Steigerung der Kundenbindung, zu Umsatzsteigerungen führen (Cothrel 2000, 18-20).

3.3.1.3 Kontingenzfaktoren der Ideenabsorption

In OI-Communities unterliegen Ideenabsorptionsprozesse einer Reihe von Kontingenzfaktoren. Diese umfassen (1) *„Auslösetrigger"*, (2) *„Selbstverstärkung"*, (3) *„Aneignungsfähigkeit"* und (4) *„Macht"*, die im Folgenden beschrieben werden:

(1) Auslösetrigger (*"Activation Trigger"*): Stimuli, die Unternehmen dazu veranlassen, in bestimmten Domänen neues Wissen zu erwerben, werden in der AC-Forschung als Auslösetrigger bezeichnet. Auslösetrigger beeinflussen die Aufnahme externen Wissens positiv, da die erwarteten positiven Auswirkungen auf das eigene Unternehmen die notwendige Motivation freisetzen, sich externes Wissen anzueignen (Zahra/George 2002b, 193f.). Generell können diese auslösenden Ereignisse sowohl interner als auch externer Natur sein und von Unternehmenskrisen, wie z.B. Gewinneinbrüchen, bis hin zu Gesetzesänderungen reichen (Kim 1998, 509f.). Zudem können in Bezug auf OI-Communities insbesondere eine geringe Innovationskraft und ein hoher Diversifizierungsgrad eines Unternehmens sowie eine starke Öffnungsneigung der direkten Wettbewerber als Treiber zu Aufbau und Betrieb von OI-Communities angesehen werden (Sims/Crossland 2010, 14-18). Zudem konnte bestehende Forschung zeigen, dass die Öffnung von Innovationsprozessen eher durch offensive (z.B. Wachstum) als durch defensive Motive (z.B. Reduktion von Kosten) getrieben wird (Huizingh 2011, 4; Van de Vrande et al. 2009, 426f.; Chesbrough/Crowther 2006, 233-235).

(2) Selbstverstärkung: Aufgrund des kumulativen Charakters von Wissen ist AC pfadabhängig: bereits existierendes Wissen in einem Bereich erleichtert die Aufnahme von neuem Wissen in diesem. Die Aufnahme von neuem Wissen führt daher zu einem sich selbst verstärkenden Kreislauf, da in der Wissensdomäne immer leichter neues Wissen aufgenommen werden kann (Todorova/Durisin 2007, 783). In OI-Communities ist dieser Kreislauf stark abhängig von Netzwerkeffekten, die der Wissensgenerierung in virtuellen Communities zu Grunde liegen (Sawhney/Prandelli 2000, 46). Nach Erreichen einer kritischen Masse an Mitgliedern zieht die Community immer weiter neue Mitglieder an, so dass sie kontinuierlich weiter wächst (Hagel/Armstrong 1997, 132-134) und die Wissensgenerierung in der Community von einem steten Zustrom an neuem Wissen und neuen Fähigkeiten genährt wird. Dadurch wächst die Attraktivität der Community für neue, potenzielle Mitglieder, was weiteres Wachstum der Community und zusätzliche Wissensgenerierung zur Folge hat. Je mehr Mitglieder eine OI-Community besitzt, desto größer wird damit auch der Wert, den diese für den Community-Betreiber stiften kann, was dann zu einer vermehrten Umsetzung von Kundenideen führt. Für die Community-Mitglieder wirkt diese positive Rückmeldung stark motivierend, da sie sich in ihren Anstrengungen ernst genommen fühlen (Di Gangi/Wasko/Hooker 2010, 224). Darüber hinaus führt die zunehmende Implementierung von Kundenideen dazu, dass sich AC-Prozesse und -Kompetenzen entwickeln und sich als Folge die Beziehung zwischen Community-Mitgliedern und -Betreiber vertieft. Dadurch verbessert sich langfristig die Fähigkeit des Community-Betreibers, das Wissen der Community-Mitglieder mit seinem eigenen kombinieren zu können (Smith/Collins/Clark 2005, 355).

(3) Aneignungsfähigkeit (*"Regimes of Appropriability"*): *"Regimes of Appropriability"* beziehen sich auf die Umweltfaktoren, ausgenommen der Firmen- und Marktstruktur, welche die Kompetenz eines Unternehmens beeinflussen, mit Innovationen ökonomische Renten erwirtschaften zu können (Teece 1986, 287). In Bezug auf AC umfassen *"Regimes of Appropriability"* zwei unterschiedliche Konzeptualisierungen: Die „*Zugänglichkeit des externen Wissens*" sowie dessen „*Schutzfähigkeit*" (Reichwald/Piller 2009, 102). Cohen/Levinthal (1990, 141) fokussieren auf die Zugänglichkeit des externen Wissens und betrachten diese als Moderator der Beziehung von externem Wissen (d.h. den Inputs) und AC. In ihrem Modell beeinflusst die Zugänglichkeit des externen Wissens die AC eines Unternehmens positiv: Je einfacher externes Wissen imitiert und kopiert werden kann, desto einfacher können sich auch Dritte durch dessen Absorption die ökonomischen Renten aneignen, die durch Anwendung des Wissens erwirtschaftet werden können. Im Gegensatz dazu stellen Zahra/George (2002b, 195f.) die Schutzfähigkeit des externen Wissens in den Vordergrund. Ihrer Ansicht nach moderiert die Zugänglichkeit von externem Wissen die Beziehung zwischen AC und den Outputs der Wissensabsorption, strategischen Wettbewerbsvorteilen, negativ. Aufgrund der hohen Zugänglichkeit des externen Wissens für Dritte sind die aus der Wissensabsorption resultierenden Wettbewerbsvorteile leicht zu imitieren, so dass Unternehmen mit diesem nur bedingt ökonomische Renten erwirtschaften können. Die effektive Aneignung von Innovationsrenten bedarf daher Maßnahmen zum Schutz des Wissens, wie z.B. Patente (Arbussa/Coenders 2007, 1546). Todorova/Durisin (2007, 781f.) akzeptieren beide Konzeptualisierungen, merken aber an, dass noch erforscht werden muss, welche einen stärkeren Einfluss ausübt. In OI-Communities können die eingereichten Kundenideen kaum mit traditionellen Schutzmechanismen, wie z.B. Patenten, geschützt werden. Die Öffnung gegenüber den eigenen Kunden, ohne den Wettbewerbern die Tür zu den eigenen Ressourcen zu öffnen, ist daher eine der größten Herausforderungen beim Aufbau von OI-Communities (Sawhney/Prandelli 2000, 32f.; Füller/Matzler 2007, 385; Di Gangi/Wasko/Hooker 2010, 220). In Marktverhältnissen, die durch eine geringe Effektivität von Mechanismen zum Schutz intellektuellen Eigentums und eine einfache Imitierbarkeit von Wissen gekennzeichnet sind, können sich Unternehmen nur geringe Erträge aus dem absorbierten Wissen aneignen (Todorova/Durisin 2007, 781). Im Sinne einer OI-Strategie können sich Unternehmen solche Marktsituationen aber auch zu Nutze machen, indem sie ihre Innovationen umsonst zur Verfügung stellen, um die Verbreitung ihrer Produkte zu steigern und vom Angebot komplementärer Produkte und Dienstleistungen zu profitieren (Dahlander/Gann 2010, 703f.; Baldwin/Henkel 2011, 32-34; Henkel 2006, 962-966).

(4) Macht: Machtbeziehungen sind ein wesentlicher Einflussfaktor auf kognitive Prozesse und Lernbeziehungen. Sie beeinflussen daher die Absorption von neuem Wissen auf individueller und organisatorischer Ebene im Rahmen von Ressourcenallokationsprozessen (Todorova/Durisin 2007, 782). Easterby-Smith et al. (2008, 495) unterscheiden Machtbeziehungen in systemische und episodische Macht. Systemische Macht basiert auf organisatorischen Strukturen und Hierarchien. Sie beeinflusst die Aufnahme von externem Wissen durch das Legitimieren von Interaktionen mit der externen Umwelt. Episodische Macht entsteht durch das Promotorentum von Individuen, die das externe Wissen durch eigene Anstrengungen im Unternehmen verankern und gegen etablierte Strukturen und Einstellungen im Sinne des *"not-invented-here"*-Syndroms (Katz/Allen 1982) etablieren (Easterby-Smith et al. 2008,

495). Die Exploitation externen Wissens ist daher in einem hohen Maße von internen Promotoren abhängig, die den internen Wandel des Unternehmens vorantreiben (Jones 2006, 366-368) und dieses Wissen direkt in die Produktentwicklung tragen (Tiwana/McLean 2005, 33f.).

Wie die Absorption von externem Wissen sind auch OI-Communities stark von einzelnen Individuen abhängig, deren Rolle mit der von Promotoren verglichen werden kann. So werden OSS-Communities oftmals von einzelnen Enthusiasten gegründet (West/O'Mahony 2008, 145f.) und gemeinsam in der Community gefällte Entscheidungen werden oftmals von einzelnen Individuen umgesetzt (Malone/Laubacher/Dellarocas 2010, 21). Darüber hinaus werden die Geschicke der Community oftmals von einer kleinen Gruppe hochaktiver Community-Mitglieder beeinflusst. Durch ihre Führungsposition, die sie sich durch ihre hohe Aktivität verdient haben (Preece/Shneiderman 2009, 23f.; Kim 2000), besitzen sie einen großen Einfluss auf die Entscheidungen der Community sowie darauf diese zu einem Konsens zu führen. In der Community agieren sie oftmals als Meinungsführer und zentrale Informationsknoten, die in der Lage sind, den Informationsfluss in der Community zu steuern (Hautz et al. 2010, 8f.; Fleming/Waguespack 2007, 177). Aufgrund ihrer Führungsposition und ihrem Wissen über die OI-Community stehen diese Mitglieder häufig in einem engen Kontakt mit dem Community-Management des Community-Betreibers, in dessen Wahrnehmung diese Mitglieder als Sprachrohr und Vertreter der restlichen Community-Mitglieder fungieren. Diese Mitglieder üben daher einen beträchtlichen Einfluss auf die Entscheidungen des Community-Managements und damit die Selektionsentscheidungen des Unternehmens aus (Di Gangi/Wasko/Hooker 2010, 219). Somit besitzen diese Mitglieder nicht nur systemische Macht aufgrund ihrer Position in der Community, sondern ebenfalls eine hohe, episodische Macht.

In Abbildung 3-3 werden die Kontingenzfaktoren in Verbindung zu den vorhergehenden, theoretischen Überlegungen gesetzt und zu einem domänenspezifischen Ideenabsorptionsmodell verdichtet.

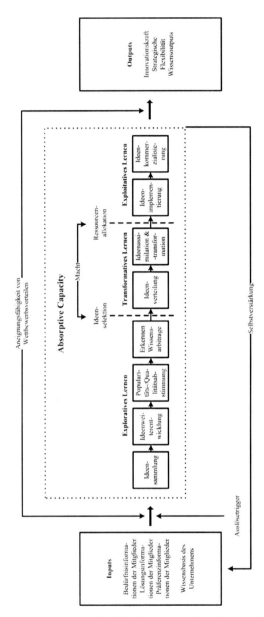

Abbildung 3-3: Ideenabsorptionsmodell für Open Innovation Communities
Quelle: In Anlehnung an Blohm et al. (2011e, 39) und Blohm/Leimeister/Krcmar (2011a, 326)

3.3.2 IT-basierte Absorptionskompetenzen

Zahra/George (2002b, 195) beschreiben AC als *"Dynamic Capability"*, die allgemein als die Kompetenzen eines Unternehmens definiert werden, unternehmensinterne und -externe Kompetenzen und Routinen in sich schnell wandelnden Umweltbedingungen integrieren, aufzubauen und rekonfigurieren zu können (Teece/Pisano/Shuen 1997, 516). Sie umfassen spezifische und eindeutig identifizierbare, organisationale Routinen und haben oftmals den Charakter von *"Best Practice"*-Lösungen (Eisenhardt/Martin 2000, 1107-1108). Routinen umfassen Regeln, Heuristiken und Normen, die durch die Aktivitäten und Prozesse eines Unternehmens operationalisiert werden (Lewin/Massini/Peeters 2011, 84) und sind die Kombination firmenspezifischer Ressourcen über einzelne Individuen und Gruppen hinweg (Teece/Pisano/Shuen 1997, 516). Routinen können zu Kompetenzen verdichtet werden, die über einfache Management-Praktiken des Tagesgeschäfts hinausgehen und untergeordnete Routinen beeinflussen (Lewin/Massini/Peeters 2011, 84). AC besteht damit aus spezifischen, organisatorischen Routinen zur Aufnahme, Transformation und Implementierung von externem Wissen (Todorova/Durisin 2007, 780; Lewin/Massini/Peeters 2011, 82-85). Diese bilden die kollektive AC eines Unternehmens, welche die aufsummierte AC der Mitarbeiter eines Unternehmens übersteigen kann, die in erster Linie durch deren kognitiven Fähigkeiten bestimmt wird (Cohen/Levinthal 1990, 131; Zhao/Anand 2009, 966-969).

Analog hierzu entsteht das Potenzial von OI-Communities für die Innovationsentwicklung – die kollektive Intelligenz der Community-Mitglieder – durch die IT-basierte Aggregation, Kombination und Transformation des Wissens und der Fähigkeiten der Community-Mitglieder (Malone/Laubacher/Dellarocas 2010, 23; Vergados/Lykourentzou/Kapetanios 2010, 184). Community-Betreiber müssen jedoch die organisatorischen Kompetenzen und Routinen zur Hebung und Nutzung dieses Potenzials besitzen. Jansen/Van den Bosch/Volberda (2005, 1000-1003) unterscheiden diese in Systematisierungs-, Koordinations-, und Sozialisierungskompetenzen, die sie als Kompetenzen zur Aufnahme, Kombination und Anwendung des externen Wissens konzeptualisieren (Kogut/Zander 1992, 391f.). Diese Kompetenzen umfassen jeweils unterschiedliche Routinen bzw. Mechanismen zur Verbesserung der Phasen des explorativen, transformativen und exploitativen Lernens. Mechanismen betrachten sie als einzelne, organisatorische Instrumente, die aktiv von Unternehmen eingesetzt werden können, um Absorptionsroutinen und -kompetenzen zu entwickeln. Aus Sicht eines Betreibers einer OI-Community beinhalten diese nicht nur die Etablierung von organisatorischen Absorptionsroutinen und -mechanismen innerhalb der Unternehmensgrenzen, sondern auch die Gestaltung, Etablierung und Steuerung einer OI-Community als IT-Artefakt außerhalb dieser. Auf der Arbeit von Jansen/Van den Bosch/Volberda (2005) aufbauend, werden daher im Folgenden Systematisierungs-, Koordinations- und Sozialisierungskompetenzen als IT-Kompetenzen rekonzeptualisiert (Zahra/George 2002a, 149). IT-Kompetenzen bestehen allgemein aus drei Dimensionen, welche (1) die Akquisition und Gestaltung von IT-Ressourcen (*"Technological Asset"*), (2) deren Integration in die Geschäftsprozesse eines Unternehmens (*"Relationship Asset"*) und (3) den Aufbau von technischen und organisatorischen IT-Fähigkeiten bei den Mitarbeitern umfassen (*"Human Asset"*) (Ross/Beath/Goodhue 1996, 32-34; Pavlou/El Sawy 2006, 202f.). Aus Sicht der Community-Betreiber sollte die Entwicklung dieser IT-Kompetenzen dazu beitragen, das Wissen der eigenen Kunden absorbieren sowie Absorptionsprozesse und -routinen im Hinblick auf OI-Communities koordinieren und konfigurieren zu können, womit sie im weitesten Sinne eigene dynamische Kompetenzen darstellen (Pavlou/El Sawy 2006, 207f.; Zahra/George 2002a, 148).

IT-basierte Systematisierungskompetenzen

Systematisierungskompetenzen umfassen Mechanismen und Routinen zur Definition der Art, wie Aufgaben in einem Unternehmen durchzuführen sind (Jansen/Van den Bosch/Volberda 2005, 1002). Sie reduzieren den Bedarf an Kommunikation und Koordination, da sie ein geteiltes, organisatorisches Gedächtnis aufbauen und es Individuen ermöglichen, Teilaufgaben im Hinblick auf ein gemeinsames Ziel voneinander unabhängig zu bearbeiten, da a priori festgelegt wurde, wie die Aufgabe durchzuführen ist und wie das optimale Ergebnis auszusehen hat (Van Den Bosch/Volberda/de Boer 1999, 556). Systematisierungskompetenzen basieren auf dem Einsatz von organisatorischen Mechanismen zur Formalisierung und Routinisierung von implizitem Wissen. Formalisierung bezeichnet dabei die Kodifizierung von Routinen, Prozeduren und impliziten Knowhow im Allgemeinen. Routinisierung ist die Einfachheit, mit der die vom Unternehmen gestalteten Aufgaben als Routinen erfasst werden können (Khandwalla 1977, 512f.; Jansen/Van den Bosch/Volberda 2005, 1002) und ist damit eine Vorstufe der Formalisierung. Systematisierungskompetenzen umfassen dabei z.b. das genaue Abgrenzen von Aufgaben und Berichtswegen sowie die Erstellung strikter organisatorischer Prozeduren (Deshpande/Zaltman 1982, 27).

In Bezug auf die Generierung von Ideen beschreiben Systematisierungskompetenzen, die Art wie Ideen generiert werden. Bestehende Arbeiten aus der Kreativitätsforschung und dem Forschungsbereich über Gruppenunterstützungssysteme (*"Group Support Systems"*) haben gezeigt, dass durch eine stärkere Systematisierung der Ideengenerierung Quantität und Qualität von Ideen gesteigert werden können (Nagasundaram/Bostrom 1994, 103-106; Santanen/Briggs/De Vreede 2004, 186f.; Hender et al. 2002, 74-78; Dennis et al. 1996, 274f.; 1997, 208f.). Durch die Zerlegung der Aufgabe in kleinere, zusammenhängende Teilaufgaben kann in diesem Zusammenhang die Kreativität der Teilnehmer gesteigert werden (Huber et al. 2011, 71-75), da durch die zusätzlichen Stimuli mehr kognitive Schemata in die Aufgabenlösung einbezogen werden (Santanen/Briggs/De Vreede 2000, 4; 2004, 178-9). Einen ähnlichen Ansatz verfolgt das Forschungsfeld des *"Collaboration Engineering"*, in dem die Leistungsfähigkeit von gruppenbasierten Kreativprozessen durch IT-basierte Systematisierung gesteigert werden soll (De Vreede/Briggs/Massey 2009, 123-127; Briggs/De Vreede/Nunamaker 2003). Aus Sicht eines Betreibers einer OI-Community handelt es sich bei diesen IT-basierten Systematisierungskompetenzen jedoch nicht nur um die Strukturierung von Ansätzen der Ideengenerierung, sondern auch um die Gestaltung eines IT-Artefakts zur Lösung dieser Kreativaufgabe sowie dessen organisatorische Einbettung in die Aufgabenstellung. In Bezug auf OI-Communities umfassen IT-basierte Systematisierungskompetenzen damit im weitesten Sinne die Gestaltung von Mechanismen zur Hebung von Bedürfnis-, Lösungs- und Präferenzinformationen der Community-Mitglieder. Der Erfolg dieses Interaktionsdesigns ist dabei jedoch stark von einer Anpassung dieser Mechanismen an die Charakteristika der Community-Mitglieder und der Community an sich abhängig (Füller et al. 2009, 93-96). Dies bezieht sich aber nicht nur auf die Gestaltung des Toolkits zur Ideenexternalisierung, mit dem Bedürfnis- und Lösungsinformationen erhoben werden können, sondern auch eines Ideenbewertungsmechanismus, mit dem Präferenzinformationen gesammelt und aggregiert werden können. Während das Ziel der IT-basierten Systematisierungskompetenz „*Toolkit Design*" das Sammeln und Integrieren von "*Intellectual Assets*" darstellt (Davenport 1993, 50), handelt es sich bei der „*Gestaltung des Mechanismus zur kollektiven Ideenbewertung*" darüber hinaus um einen analytischen und informationellen Prozess, bei dem Metainformationen über die auf Basis des Toolkits gesammelten Bedürfnis- und Lösungsinformationen erhoben werden (Davenport 1993, 50-53; Mudambi/Schuff 2010, 185-186). Aus dem Blickwinkel des Konzeptes der kollektiven Intelligenz umfassen diese beiden IT-basierte Systematisierungskompetenzen eine effektivere Gestaltung einer OI-Community als KI-System in der Art, dass die *"Machine Intelligence"* dieser Systeme erhöht wird (vgl. Abschnitt 2.5.1 auf S. 31). Sie können damit helfen, tazites Kundenwissen zu kodifizieren und zu analysieren (Pavlou/El Sawy 2006, 207). Zusammenfassend kann daher festgehalten werden, dass die AC eines Unternehmens durch die beiden IT-basierten Systematisierungsfähigkeiten „*Toolkit-Design*" und „*kollektive Ideenbewertung*" gesteigert werden kann.

IT-basierte Koordinationskompetenzen

Koordinationskompetenzen fördern die Kommunikation und Interaktion von Individuen über hierarchische und divisionale Grenzen einer Gruppe bzw. eines Unternehmens hinweg. Organisationen sind soziale Kommunikationssysteme, die Informationen zwischen Geschäftseinheiten, Abteilungen und Individuen verteilen (Matusik/Heeley 2005, 554). Das volle Potenzial von OI-Communities kann daher nur genutzt werden, wenn die unterschiedlichen Informationssphären Community-Betreiber und OI-Community überbrückt, miteinander verbunden und aufeinander abgestimmt werden. Koordination umfasst dabei allgemein das Management von Abhängigkeiten bei arbeitsteiliger Bearbeitung von Aufgaben, die z.B. durch geteilte Ressourcen oder zusammenhängende Teilaufgaben entstehen (Malone/Crowston 1994, 90-94; Zhao/Anand 2009, 966). Koordinationskompetenzen bringen unterschiedliche Wissensquellen zusammen, ermöglichen lateralen Wissensaustausch zwischen einzelnen Geschäftseinheiten (Teece/Pisano/Shuen 1997, 525; Jansen/Van den Bosch/Volberda 2005, 1001f.) und beziehen sich auf die Gestaltung von gemeinsamen Schnittstellen zur Verbesserung des Wissensaustausches (Van Den Bosch/Volberda/de Boer 1999, 557). Typische Mechanismen zur Implementierung von Koordinationskompetenzen sind z.B. das Einsetzen von Intermediären als *"Boundary-Spanner"* bzw. *"Gatekeeper"*. Wissensabsorption wird nicht nur durch die organisationalen Strukturen und Routinen bestimmt, sondern auch durch die Individuen an den Schnittstellen dieses Kommunikationssystems, die den Informationsfluss beeinflussen (Cohen/Levinthal 1990, 132; Lenox/King 2004, 332-334; Foss/Laursen/Pedersen 2011, 987; Jones 2006, 358). Während *"Gatekeeper"* Informationen zwischen unterschiedlichen Abteilungen eines Unternehmens verteilen und für die unterschiedlichen Informationssphären übersetzen (Jones 2006, 359), kontrollieren *"Boundary-Spanner"* den Informationsaustausch mit der externen Umwelt (Easterby-Smith et al. 2008, 484f.).

Aufgrund der spezifischen Eigenschaften von OI-Communities, wie z.B. die räumliche Verteilung der Mitglieder, stoßen solche traditionellen Koordinationsmechanismen bei Community-Betreibern schnell an ihre Grenzen. IT-basierte Koordinationsmechanismen ermöglichen die Verknüpfung von Mitarbeitern und Geschäftseinheiten, neue Möglichkeiten zur Zusammenarbeit sowie eine Erhöhung der Reichweite und Reichhaltigkeit der Wissensressourcen eines Unternehmens (Tanriverdi 2005, 516-518). Dadurch kann das extern aufgenommene

Wissen effizienter und effektiver geteilt, gespeichert und verteilt werden (Zhao/Anand 2009, 968). Durch vielzählige synchrone und asynchrone Kommunikationsmittel kann lateraler Wissensaustausch gefördert werden, z.B. durch die Bildung virtueller Teams zur Bearbeitung von Aufgaben über die Grenzen interner Organisationseinheiten hinweg (Alavi/Leidner 2001, 114). Zudem ermöglicht der Einsatz von IT die Reduktion von bei Koordinationsaktivitäten auftretenden Transaktionskosten, so dass entweder Ressourcen eingespart oder umfangreichere Koordinationsstrukturen aufgebaut werden können (Malone/Crowston 1994, 102). OI-Communities werden in der Regel als Pilotprojekte, losgelöst von den organisatorischen Prozessen und Strukturen des Community-Betreibers initiiert. Erweisen sich diese nach einer Testphase als erfolgreich, muss deren Nutzung verstetigt werden und eine Integration in den übergeordneten Innovationsprozess des Community-Betreibers erfolgen, um die Absorption von Ideen zu verbessern (Habicht/Möslein 2011, 93-95; Lichtenthaler 2011, 85; Füller/ Matzler 2007, 385; Gassmann/Enkel/Chesbrough 2010, 4). Die Entwicklung von Innovationen und neuen Produkten basiert heute in weiten Teilen auf IT-Lösungen, die Projekt-, Prozess-, Ressourcenmanagement von Innovationsprojekten sowie Wissensmanagement ermöglichen und Kollaboration durch *"Groupware"*- und *"Workflow"*-Komponenten fördern (Pavlou/El Sawy 2006, 204-206; Nambisan 2003, 7f.). Die Öffnung von Innovationsprozessen impliziert jedoch auch eine weitreichende Veränderung des Innovationsprozesses und eine Änderung der Arbeitspraktiken der beteiligten Mitarbeiter (Alexy/Henkel 2011, 31f.), so dass auch eine Anpassung der verwendeten IT-Lösungen notwendig ist (Chiaroni/Chiesa/ Frattini 2010, 226f.). Zur Integration einer OI-Community in den Innovationsprozess ist daher eine wechselseitige Anpassung der OI-Community und der IT-basierten Innovationsmanagementsysteme notwendig, so dass z.B. Inputs aus der OI-Community direkt in diesem organisationalen Wissensspeicher aufgenommen werden können. Im Rahmen dieser *„Prozessintegration"* können IT-Kompetenzen aber auch das Zuweisen von Verantwortlichkeiten und Ressourcen in den Phasen des transformativen und exploitativen Lernens vereinfachen (Pavlou/El Sawy 2006, 207) sowie eine bessere Abstimmung der Teilaufgaben zwischen Community-Mitgliedern und -Betreiber ermöglichen (Malone/Crowston 1994, 93f.).

IT-basierte Koordinationskompetenzen implizieren dabei jedoch nicht nur die Gestaltung von Koordinationsmechanismen an sich, sondern auch flankierende Personalmaßnahmen zum Erlernen des Umgangs mit diesem sowie ein umfassendes Management der bei der Aufgabenlösung zu berücksichtigenden, externen Beziehungen (Tanriverdi 2005, 517f.). Mitarbeiter müssen im Umgang mit der OI-Community und ihrem vergrößerten Interaktionsradius geschult werden. Zudem müssen sie mit entsprechenden Strukturen motiviert werden, das neue Wissen aufzunehmen (Zhao/Anand 2009, 967f.; Foss/Laursen/Pedersen 2011, 987f.). Dadurch kann Problemen des *"not-invented-here"*-Syndroms (Katz/Allen 1982, 7f.) und der Informationsüberflutung (Eppler/Mengis 2004, 331-334) vorgebeugt werden. Des Weiteren bedarf es der Schaffung der richtigen organisatorischen Rahmenbedingungen zur Nutzung der OI-Community (Boynton/Zmud/Jacobs 1994, 302-204). Durch die Ausbildung von Kommunikationsbeziehungen zwischen Mitgliedern der OI-Community und den Mitarbeitern des Community-Betreibers vereinfachen IT-basierte Koordinationskompetenzen ein systematisches *"Boundary-Spanning"*. IT-basierte Koordinationsmechanismen können hier zusätzliche Kommunikationskanäle schaffen bzw. bestehende ausweiten sowie eine Automatisierung von Routinen, wie z.B. die automatische Aktualisierung von Informationen, ermöglichen (Alavi/

Leidner 2001, 122). Zusammenfassend kann damit gefolgert werden, dass die Entwicklung der IT-basierten Koordinationskompetenzen „Prozessintegration" und „Boundary-Spanning" die Absorption von Ideen aus OI-Communities verbessert.

IT-basierte Sozialisierungskompetenzen

Sozialisierungskompetenzen verbessern die AC eines Unternehmens durch das Schaffen von impliziten Verhaltensregeln. Sozialisierung ist die Schaffung von neuem, implizitem Wissen auf der Basis von bestehendem, impliziten Wissens durch direkten, sozialen Austausch. Sozialisierungskompetenzen beziehen sich demnach auf die Kompetenzen eines Unternehmens, eine gemeinsame Ideologie und Identität aufzubauen, so dass eine geteilte Interpretation der Realität entwickelt werden kann (Van Den Bosch/Volberda/de Boer 1999, 557). Sie implizieren die Gestaltung eines geteilten Werte- und Normensystems und zielen auf den Aufbau von gegenseitiger Verbundenheit. Durch eine solche Sozialisierung kann eine weitaus tiefere, soziale Integration der Mitarbeiter ermöglicht werden, so dass gemeinsame Vorstellungen, Normen und Werte den Austausch von Wissen begünstigen. Bei der Verbindung der einzelnen sequentiellen Lernphasen spielen sie daher eine dominierende Rolle (Todorova/Durisin 2007, 781; Zahra/George 2002b, 194). Im Gegensatz zu Koordinationskompetenzen ist der Wirkmechanismus von Sozialisierungskompetenzen auf AC nicht struktureller, sondern kultureller Art (Zhao/Anand 2009, 967).

Der Einsatz von IT kann helfen, das soziale Kapital eines Unternehmens zu vergrößern. IT erleichtert direkte Interaktionen von Individuen innerhalb und außerhalb der Unternehmensgrenzen, so dass diese schneller einen gemeinsamen Bezugsrahmen aufbauen können (Joshi et al. 2010, 475). IT ermöglicht die Gestaltung von sozialen Regelsystemen, aus denen geteilte Werte und Normen ohne direkte, persönliche Interaktion erwachsen können (Chen/Xu/Whinston 2009, 238-240; Forte/Larco/Bruckman 2009, 53), so dass durch IT-Systeme organisationale Normen transportiert werden können (Alavi/Leidner 2001, 122). Eine entsprechende Gestaltung dieser Systeme ermöglicht die Bildung von Vertrauen und Empathie – Grundvoraussetzungen für Kollaboration und den Austausch von Wissen (Preece 2004, 298f.). IT erlaubt die Abbildung und die Vergrößerung bestehender sozialer Netzwerke. Mitglieder können sich der Außenwelt präsentieren (Meng/Agarwal 2007, 45-49) und einfacher andere Mitglieder mit gleichen Interessen, Standpunkten und je nach Ausgestaltung anderen Formen von gegenseitiger Affinität kennenlernen (Malone/Laubacher/Dellarocas 2010, 31), so dass Vertrauen und ein Gefühl der gegenseitigen Verbundenheit entstehen können (Agarwal/Gupta/Kraut 2008, 243f.; Goswami et al. 2010, 3-5).

IT-basierte Sozialisierungskompetenzen beziehen sich im weitesten Sinne auf das Formen einer Gemeinschaft aus den anfangs anonymen Community-Mitgliedern und der emotionalen Integration neuer Community-Mitglieder in die OI-Community. Durch systematische *"Community-Building"*-Aktivitäten müssen OI-Communities in diesem Zusammenhang unterstützt werden, bis die kritische Teilnehmermasse erreicht ist (Preece 2004, 300f.). Durch den Einsatz von IT können einzelne Mitglieder direkt in Steuerung und Führung der OI-Community eingebunden werden und die dafür notwendigen, dezentralen Entscheidungsstrukturen geschaffen werden. Diese sind eine wesentliche Grundlage für den Aufbau einer eigenständigen Community-Kultur mit geteilten Werten, Normen und Visionen. Diese Strukturen müssen sich jedoch aus der Community heraus entwickeln und können von außen nur implizit durch die Gestaltung der entsprechenden Sozialisierungsmechanismen vorgegeben werden (Forte/ Larco/Bruckman 2009, 52; Huber et al. 2011, 80). Aus Sicht des Community-Betreibers müssen daher die entsprechenden Rahmenbedingungen geschaffen werden, aus denen sich solche selbst verwaltende Strukturen entwickeln können und mit denen die Community-Mitglieder repräsentative und konsensfähige Entscheidungen treffen können (Forte/Larco/Bruckman 2009, 52; Di Gangi/Wasko/Hooker 2010, 223). Wesentlicher Mechanismus zum Aufbau dieser Strukturen ist das Einführen von Rechte- und Rollensystemen, in denen definiert wird, welche Mitglieder, welche Aktionen durchführen dürfen und dann durch das Verhalten der Mitglieder mit Leben erfüllt werden (Forte/Larco/Bruckman 2009, 54-62). IT-basierte Sozialisierungskompetenzen, im Detail *„Community-Building"* und *„Selbstverwaltung"* können die AC eines Unternehmens positiv beeinflussen, indem sie durch den Aufbau sozialer Strukturen in der OI-Community den langfristigen und eigenständigen Fortbestand der OI-Community sichern und es dem Community-Betreiber erlauben, Ressourcen bei der Ideenabsorption einzusparen (Di Gangi/Wasko/Hooker 2010, 225).

3.4 Schlussfolgerung und Implikationen der Ergebnisse

3.4.1 Zusammenfassung der Ergebnisse

Um die Rolle einer kollektiven Ideenbewertung als Instrument zur Verbesserung der AC von Betreibern von OI-Communities zu untersuchen, erfolgte in diesem Kapitel ein systematischer Review der AC-Literatur. Einer prozessorientieren Betrachtungsweise folgend wurde eine Arbeitsdefinition von AC entwickelt und der aktuelle Forschungsstand zu AC herausgearbeitet, systematisch mit OI-Communities verbunden und ein domänenspezifisches Ideenabsorptionsmodell entwickelt sowie IT-basierte Absorptionskompetenzen zur Verbesserung der Ideenabsorption abgeleitet.

Als wesentliche Erkenntnis dieses Literaturreviews kann festgehalten werden, dass AC ein dreistufiger organisationaler Lernprozess ist, bei dem die Community-Mitglieder den lehrenden und Community-Betreiber den lernenden Part einnehmen. In der Phase des explorativen Lernens werden Ideen in der OI-Community gesammelt und bewertet und in der Phase des transformativen Lernens werden Ideen für die während des exploitativen Lernens stattfindende Implementierung aufbereitet. Im Rahmen dieser Lernprozesse können Community-Mitglieder Bedürfnis-, Lösungs-, oder Präferenzinformationen preisgeben. Während die beiden ersteren in Form von Ideen artikuliert werden, können Präferenzinformationen als Ideenbewertungen mittels eines Mechanismus zur kollektiven Ideenbewertung übermittelt werden, mit dem über die Popularität oder andere Kriterien der Ideen abgestimmt werden kann. Das existierende Vorwissen des Community-Betreibers spielt bei der Interpretation dieser Informationen eine große Rolle, da es als Aufmerksamkeits- und Verständnisfilter fungiert. Im Rahmen des Absorptionsprozesses von Community-Betreibern werden diese Inputs zu Outputs transformiert, bei denen es sich um strategische Wettbewerbsvorteile handelt. Aus Sicht der AC-Literatur umfassen diese eine Steigerung der eigenen Innovationskraft, eine Erhöhung der strategischen Flexibilität sowie Wissensoutputs. Ideenabsorptionsprozesse unterliegen einer Reihe von Kontingenzfaktoren, wie z.B. selbstverstärkende Effekte in Bezug auf die Pfadabhängigkeit von AC und eine kritische Masse an Community-Mitgliedern, Machtbeziehungen bei Ideenselektion und -implementierung sowie einer geringen Aneignungsfähigkeit von Innovationsrenten aus dem externen Kundenwissen. Des Weiteren unterliegt die Gründung von OI-Communities einer Reihe von unternehmensspezifischen Motiven, die in der AC-Forschung als Auslösetrigger bezeichnet werden.

Als zweite wesentliche Erkenntnis kann festgehalten werden, dass es sich bei AC um eine *"Dynamic Capability"* handelt. Als solche bedingt AC den Aufbau von organisatorischen Absorptionsroutinen und deren Koordination und Konfiguration im Rahmen eines übergeordneten Absorptionsprozesses. Aufbauend auf der Arbeit von Jansen/Van den Bosch/Volberda (2005) wurden Systematisierungs-, Koordinations- und Sozialisierungskompetenzen auf den Kontext von OI-Communities übertragen, zu denen die einzelnen Mechanismen zur Steigerung der AC aus Sicht der Community-Betreiber verdichtet werden können. Dabei wurde insbesondere darauf eingegangen, wie IT diese Kompetenzen unterstützen kann. IT-basierte Systematisierungskompetenzen ermöglichen die Externalisierung von Bedürfnis-, Lösungs- und Präferenzinformationen der Community-Mitglieder durch die aktive Gestaltung des Toolkits zur Ideengenerierung sowie eines Mechanismus zur kollektiven Ideenbewertung. IT basierte Koordinationskompetenzen bestehen aus einer Integration der OI-Community in den Innovationsprozess des Community-Betreibers und einer Unterstützung dieser Prozessintegration durch systematisches Boundary-Spanning. IT-basierte Sozialisierungskompetenzen umfassen die emotionale Integration der Community-Mitglieder in die OI-Community durch systematisches Community-Building und den Aufbau von selbstverwaltenden Strukturen.

3.4.2 Theoretische Implikationen

Das aus der Literatur abgeleitete Ideenabsorptionsmodell ermöglicht eine Integration der beiden Forschungsfelder *"Absorptive Capacity"* und *"Open Innovation"*. Diese Theorieintegration ermöglicht eine fundiertere Betrachtung beider Konzepte. Die Forschung bezüglich OI-Communities und OI im Allgemeinen kann auf Basis von AC als *"Dynamic Capability"* mit der ressourcenbasierten Sichtweise eines Unternehmens kombiniert werden. Auf Basis dieser Perspektive ist der langfristige Erfolg eines Unternehmens eine Funktion dessen Ressourcen. Ökonomischer Erfolg basiert in diesem Zusammenhang auf den ökonomischen Renten dieser Ressourcen, die vereinfachend ausgedrückt umso höher sind, desto wertvoller, seltener und schwerer zu imitieren die zugrundeliegenden Ressourcen sind (Teece/Pisano/Shuen 1997, 513). Absorptionsprozesse und IT-basierte Absorptionskompetenzen eines Unternehmens stellen in diesem Zusammenhang intangible, schwer imitierbare und pfadabhängig erworbene Ressourcen eines Unternehmens dar, die als *"Complimentary Assets"* eine Kommerzialisierung des Kundenwissens aus der OI-Community ermöglichen (Teece 1986, 288-290). Diese stellen damit Grundlage für den Erfolg von OI-Ansätzen dar und erlauben damit das Entwickeln eines tieferen Verständnisses dafür, warum manche OI-Projekte scheitern und andere nicht (Westergren 2011, 238-242; Lichtenthaler/Lichtenthaler 2009, 1316; Huizingh 2011, 7).

Aber auch für die AC-Forschung ergeben sich Implikationen. Das entwickelte Ideenabsorptionsmodell stellt eine domänenspezifische Konzeptualisierung von AC dar. Diese kann helfen, die multidimensionale Natur des AC-Konstrukts in Bezug auf OI-Communities und OI im Allgemeinen genauer erfassen und operationalisieren zu können (Volberda/Foss/Lyles 2010, 937). Des Weiteren kann das Ideenabsorptionsmodell einen Ausgangspunkt für eine umfassende Betrachtung der organisationalen Voraussetzungen und Strukturen für die Absorption externen Wissens sowie deren Verknüpfung mit Unternehmensgrenzen überschreitenden Absorptionsprozessen darstellen – Forschungslücken, die in der bisherigen AC-Literatur nur unsystematisch betrachtet wurden (Volberda/Foss/Lyles 2010, 945-947). Aufbauend auf der Arbeit von Jansen/Van den Bosch/Volberda (2005) wurden Systematisierungs-, Koordinations- und Sozialisierungskompetenzen als IT-basierte Absorptionskompetenzen rekonzeptualisiert. Diese erweitern bestehende Forschung zum Management von Absorptionsprozessen (Jansen/Van den Bosch/Volberda 2005) sowie Wissensmanagementprozessen im Allgemeinen (Alavi/Leidner 2001; Kogut/Zander 1992), indem sie die Bedeutung und Unterstützungspotenziale von IT für diese am Beispiel von OI-Communities herausarbeiten.

3.4.3 Praktische Implikationen

Das Ideenabsorptionsmodell veranschaulicht, welche Schritte Ideen im Rahmen einer Absorption durchlaufen und welche IT-basierten Absorptionskompetenzen Community-Betreiber entwickeln müssen, um die Ideenabsorption positiv zu beeinflussen. Daraus können wesentliche Aktivitäten für das Management von OI-Communities abgeleitet werden. Zudem veranschaulicht das Modell die hohe Bedeutung der Ideenselektion. Das Erheben von Präferenzinformationen vereinfacht es für Community-Betreiber, den Wert von Kundenideen für die eigene Innovationsentwicklung zu erkennen, Möglichkeiten zur Wissensarbitrage zu eröffnen und die besten Ideen zu identifizieren. Diese Mechanismen besitzen daher für Community-Betreiber zwei große Potenziale. Zum einen können aufwendige und ressourcenintensive Selektionsprozesse vermieden werden, in denen alle Ideen durch ein kleines Team von Experten bewertet werden müssen. Zum anderen erlauben es kollektive Ideenbewertungsmechanismen den, durch die existierende Wissensbasis des Community-Betreibers bedingten, Suchradius auszuweiten. Die AC-Theorie postuliert, dass Kundenideen, die nicht kompatibel zu diesem Wissensstock sind, im Rahmen der Ideenselektion nicht beachtet werden können. Kollektive Ideenfiltermechanismen können diese Scheuklappen aufbrechen und die Aufmerksamkeit der Community-Betreiber auf Ideen richten, die sie sonst nicht beachtet hätten.

4 Empirische Analyse der Ideenabsorption in Open Innovation Communities

Ziel des folgenden Kapitels ist das Beantworten der zweiten Forschungsfrage dieser Arbeit:

> *Wie absorbieren Softwareunternehmen Innovationsideen aus Open Innovation Communities und durch welche IT-basierte Kompetenzen kann die Absorptive Capacity dieser Unternehmen gesteigert werden?*

In Kapitel vier werden das in Forschungsfrage eins aus der AC-Literatur abgeleitete Ideenabsorptionsmodell sowie die IT-basierten Absorptionskompetenzen einer empirischen Überprüfung unterzogen. Im Rahmen von vier qualitativen Fallstudien werden die Ideenabsorptionsprozesse in OI-Communities von Softwareunternehmen untersucht, das entwickelte Ideenabsorptionsmodell evaluiert und die IT-basierten Absorptionskompetenzen verfeinert. Durch die Fallstudien kann gezeigt werden, wie Betreiber von OI-Communities in der Softwarebranche Mechanismen zur kollektiven Ideenbewertung einsetzen und welche hervorgehobene Rolle diese bei der Absorption von Innovationsideen besitzen.

Dafür wird im Folgenden zunächst auf die methodischen Grundlagen zur Beantwortung von Forschungsfrage zwei eingegangen. Im Detail sind dies die Fallstudien- und Prozessforschung sowie die qualitative Inhaltsanalyse. Darauf aufbauend werden das Vorgehen bei Datenerhebung und -analyse im Rahmen der Fallstudien beschrieben. In einem dritten Schritt werden die einzelnen Fallstudien präsentiert, wobei jeweils auf die Ideenabsorptionsprozesse inklusive ihrer Kontingenzfaktoren sowie auf IT-basierte Absorptionskompetenzen eingegangen wird. In einem vierten und letzten Schritt erfolgen eine Synthese der Fallstudien und die Verdichtung der Ergebnisse.

4.1 Methodische Grundlagen

4.1.1 Fallstudienforschung

Um die Absorptionsprozesse von Betreibern von OI-Communities zu untersuchen, wurde ein qualitativer Fallstudienansatz gewählt. Fallstudien sind reichhaltige, empirische Beschreibungen spezieller Ausprägungen eines Phänomens, die typischerweise auf mehreren Datenquellen beruhen (Eisenhardt/Graebner 2007, 25; Yin 2009, 18). Qualitative Fallstudien eignen sich aus mehreren Gründen für die Untersuchung von Forschungsfrage zwei. Fallstudien ermöglichen:

- die Untersuchung **komplexer und neuartiger Phänomene**, zu denen noch ein **geringer Kenntnisstand** vorhanden ist (Bortz/Döring 2005).

- die Darstellung von organisatorischen und betriebswirtschaftlichen Prozessen, die durch eine **zeitliche Abfolge von Ereignissen** gekennzeichnet sind, die nicht manipuliert werden können (Yin 2009, 4).

- die **Kombination mehrerer Datenquellen**, wie z.B. Interviews und Beobachtungen, und dadurch ein umfassendes Bild des Untersuchungsgegenstandes aufnehmen zu können (Eisenhardt/Graebner 2007, 28; Yin 2009, 11).

- die **Untersuchung von sozialen Systemen auf einem aggregierten Level**, wie z.B. Betreiber von OI-Communities, bei dem ein Kollektiv aus mehreren Individuen die Analyseeinheit darstellt (Yin 2009, 12).

Allgemein kann zwischen Einzelfallstudien und multiplen Fallstudien unterschieden werden. Einzelfallstudien eignen sich insbesondere zur Untersuchung von illustrativen Extremfällen (Siggelkow 2007, 21), wobei multiple Fallstudien aufgrund einer Replikationslogik zum Testen und Weiterentwickeln von Theorien besser geeignet sind (Eisenhardt/Graebner 2007, 27). Das Replizieren von Ergebnissen stellt eines der grundlegenden Prinzipien der Fallstudienforschung dar (Eisenhardt/Graebner 2007, 25). Im Gegensatz zu quantitativer Forschung erfolgt bei Fallstudien die Verallgemeinerung der Ergebnisse nicht auf den Grundlagen statistischer Interferenz, sondern durch deren analytischen Bezug auf eine Theorie, die als Grundlage der Datenanalyse herangezogen wird. Yin (2009, 38f.) unterscheidet diesbezüglich zwischen zwei Ebenen der Generalisierung. Auf der ersten Ebene erfolgt bei quantitativ-statistischen Untersuchungen eine Generalisierung der Stichprobe auf die Grundgesamtheit aller Befragungsteilnehmer. Ist auf dieser Ebene Repräsentativität gegeben, können die Ergebnisse auf einer zweiten Ebene in Bezug auf existierende Theorien verallgemeinert werden (Yin 2009, 38f.). Einzelne Fallstudien sind dabei jedoch grundsätzlich wie ein eigenes Experiment oder eine Datenvollerhebung innerhalb eines speziellen Untersuchungskontextes anzusehen (Yin 2009, 38f.; Eisenhardt/Graebner 2007, 26). In diesem Zusammenhang ist eine einzelne Fallstudie als Analyseeinheit eine diskrete Untersuchung, die eine bestimmte Theorie untersucht und diese bestätigt, widerlegt oder erweitert (Eisenhardt/Graebner 2007, 25). Eine Generalisierung der Ergebnisse bei Fallstudien erfolgt daher immer nur auf der zweiten Ebene in Hinblick auf eine bestimmte Theorie (Eisenhardt 1989, 544). Yin (2009, 38f.) spricht in diesem Zusammenhang von *"Analytic Generalization"*. Bei multiplen Fallstudiendesigns erfolgt dabei in einem ersten Schritt zunächst die Analyse der Einzelfälle, während in einem zweiten Schritt in den Einzelfallstudien nach Ähnlichkeiten bezüglich der kausalen Zusammenhänge gesucht wird (Eisenhardt 1989, 539-541).

Die Auswahl der zu untersuchenden Fallstudien erfolgt auf Basis theoretischer Überlegungen und nicht aus Gründen der Stichprobenrepräsentativität (Eisenhardt 1989, 537). Aufgrund der theoriegeleiteten Auswahl und der analytischen Generalisierung der Ergebnisse sind Fallstudien immer eng mit einer bestimmten Theorie verwoben. Fallstudien eignen sich daher sowohl zu einer deduktiven Illustration einer Theorie (Siggelkow 2007, 21f.), als auch für eine induktive Entwicklung bzw. Weiterentwicklung einer Theorie, die quantitative Forschung aufgrund mangelnder Reichhaltigkeit der Datenbasis nicht liefern kann (Eisenhardt/Graebner 2007, 26; Siggelkow 2007, 21f.). Im Falle einer Weiterentwicklung einer bestehenden Theorie ist es von besonderer Bedeutung, die Forschungsfrage, die mittels Fallstudien gelöst werden soll, tief innerhalb der Theorie zu verankern und aufzuzeigen, wie diese durch Analyse der qualitativen Fallstudiendaten erweitert werden kann (Eisenhardt/Graebner 2007, 26).

Fallstudienforschung ist jedoch auch mit gewissen Gefahren und Limitationen verbunden. Grundsätzlich sind hierzu die Gefahren qualitativer Forschung im Allgemeinen zu zählen, wie z.B. eine geringe, intersubjektive Nachvollziehbarkeit der Ergebnisse oder im Vergleich zu quantitativer Forschung geringere Generalisierbarkeit der Ergebnisse (Yin 2009, 14f.). Aufgrund der reichhaltigen Datenbasis ergibt sich sehr häufig ein Selektionsproblem, so dass es aus Sicht der Forschenden oftmals sehr schwer ist, sich auf die wesentlichen Erkenntnisse zu fokussieren. Sehr lange, umfangreiche und unnötig komplexe Fallstudienbeschreibungen sind die Folge (Yin 2009, 14f.). Des Weiteren ergibt sich auch nicht selten eine Verwechslung mit dem Einsatz von Fallstudien in der Lehre (*"Case Study Teaching"*; vgl. Yin (2009, 4f.) für eine Abgrenzung) (Yin 2009, 15).

4.1.2 Prozessforschung

Die Prozessforschung widmet sich der Untersuchung komplexer, organisationaler und sozialer Prozesse. Ziel ist es, zu verstehen, wie sich bestimmte Untersuchungsobjekte im Zeitverlauf verändern und warum sie sich auf diese Weise verändern (Langley 1999, 692; Van Den Ven 1992, 174; Pettigrew 1992, 7f.). Prozessforschung basiert in weiten Teilen auf feingranularen, qualitativen Daten und kann daher prinzipiell sehr gut mit Fallstudienforschung kombiniert werden. Prozessdaten besitzen jedoch einige Besonderheiten (Langley 1999, 691-695):

- **Ereignisbezug:** Prozessdaten bestehen aus einer Folge von Ereignissen. Ziel der Analyse dieser Daten ist daher weniger das Aufdecken von kausalen Zusammenhängen zwischen einzelnen Variablen, sondern vielmehr das Erkennen von Mustern innerhalb der Prozessdaten (Langley 1999, 692; Pettigrew 1992, 8).

- **Abgrenzbarkeit:** Die Grenzen der einzelnen Analyseeinheiten und -ebenen sind oftmals sehr schwer zu umreißen, da diese sich im Rahmen des zu untersuchenden Prozesses stetig verändern (Langley 1999, 692).

- **Vergangenheitsbezug:** Prozessdaten haben immer einen Vergangenheitsbezug, so dass z.B. Erinnerungen einzelner Interviewpartner Verzerrungen unterliegen können oder der Einfluss von überlagernden Hintergrundereignissen nicht mehr richtig dargestellt werden kann (Langley 1999, 692-693; Van Den Ven 1992, 181).

- **Komplexität:** Prozessdaten bestehen oftmals aus einer Vielzahl von unterschiedlichen Informationen qualitativer und quantitativer Natur, da sie nie losgelöst von ihrem Kontext betrachtet werden können (Pettigrew 1992, 9; Van Den Ven 1992, 182). Als Folge sind Prozessdaten oftmals sehr komplex und widersprüchlich (Langley 1999, 693f.).

Aufgrund dieser Besonderheiten können *"Varianz-"* und *"Prozesstheorien"* voneinander abgegrenzt werden (vgl. Abbildung 4-1). Während Varianztheorien kausale Zusammenhänge zwischen unabhängigen und abhängigen Variablen erklären, beschreiben Prozesstheorien die zeitlich-logische Abfolge von Ereignissen (Langley 1999, 692), die in der Regel aus Startzuständen, einem funktionalen Endpunkt und einem emergenten Veränderungsprozess gekennzeichnet sind (Van Den Ven 1992, 180).

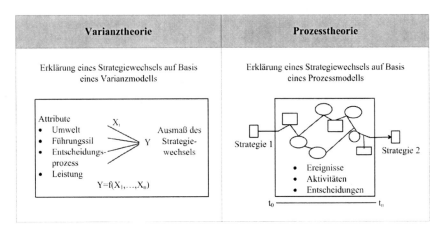

Abbildung 4-1: Varianz- und Prozesstheorien
Quelle: In Anlehnung an Mohr (1982) zitiert in Langley (1999, 693)

Langley (1999) diskutiert unterschiedliche Ansätze zur Entwicklung von Prozesstheorien aus Prozessdaten. Im Rahmen der vorliegenden Arbeit sind drei dieser Ansätze von Bedeutung, die sich sehr gut miteinander kombinieren lassen:

- **Narration** (*"Narrative Strategy"*): Grundlage aller Ansätze der Prozessforschung ist das Erstellen einer umfassenden Historie des Untersuchungsobjekts im Rahmen einer Fallstudie (Van Den Ven 1992, 182). Dieser Ansatz eignet sich insbesondere für eine geringe Anzahl von Prozessen, da mit Fallstudien sehr gut Reichhaltigkeit und Kontext der erhobenen Daten transportiert werden können (Langley 1999, 695).

- **Visualisierung** (*"Visual Mapping Strategy"*): Die Visualisierung im Rahmen von Prozessmodellen erlaubt die Darstellung einer großen Vielzahl von Prozessdaten in komprimierter Art. Zudem kann die Synthese von mehreren Prozessvisualisierungen ein wesentlicher Schritt zur Entwicklung und Verfeinerung einer Prozesstheorie darstellen (Langley 1999, 700-703).

- **Zeitliche Unterteilung** (*"Temporal Bracketing Strategy"*): Die zeitliche Unterteilung von Prozessen, z.B. in einzelne Prozessphasen, ermöglicht eine bessere Strukturierung der Daten und erlaubt es, zu untersuchen, wie sich Aktionen in einer Prozessperiode auf Aktivitäten in der Folgeperiode auswirken (Langley 1999, 703f.).

Die Entwicklung von Prozesstheorien erfolgt in der Regel jedoch weder rein induktiv noch rein deduktiv. Aufgrund der Besonderheiten prozessualer Daten ergänzen diese sich beide Ansätze eher in komplementärer Art und Weise (Langley 1999, 694).

Methodische Grundlagen

4.1.3 Qualitative Inhaltsanalyse

Bei der Analyse von Interviewdaten im Rahmen der Fallstudienforschung kommen Verfahren der qualitativen Inhaltsanalyse zum Einsatz. Allgemein ist die Inhaltsanalyse ein aus der Kommunikationswissenschaft stammender Ansatz zur Analyse einer großen Anzahl von Texten, wie z.B. in den Massenmedien (vgl. Mayring 2008, 24-27). Nach Gläser/Laudel (2009, 197f.) umfasst diese *„quantitative Inhaltsanalyse"* das Aufbauen eines inhaltlich geschlossenen Kategoriensystems zur Systematisierung der Texte im Hinblick auf ein bestimmtes Analyseziel, das Zerlegen der Texte in einzelne Analyseeinheiten sowie das Zuordnen von relevanten Textstellen zu den einzelnen Kategorien des Kategoriensystems. Durch dieses Vorgehen kann der Inhalt des Ausgangsmaterials quantifiziert und statistischen Analysen zugeführt werden. Dadurch kommt es jedoch zu einer erheblichen Reduktion der Reichhaltigkeit des Ausgangsmaterials, welches sich oftmals, z.B. aufgrund einer Vielzahl von Kontextinformationen, nicht eindeutig in ein geschlossenes Kategoriensystem einfügen lässt.

Die *„qualitative Inhaltsanalyse"* nach Mayring (2008) versucht diese Schwachstelle durch ein offenes Kategoriensystems zu überwinden, das fortlaufend mit dem Ausgangsmaterial abgeglichen und an diesem weiterentwickelt wird (Gläser/Laudel 2009, 197f.). Grundidee ist ein iteratives Vorgehen, bei dem ein Kategoriensystem auf einen kleinen Teil des zu analysierenden Textes angewendet und auf dessen Basis angepasst wird. Das überarbeitete Kategoriensystem wird dann schrittweise auf einen immer größeren Anteil der Daten angewendet und verfeinert. Falls mit diesem ca. 30-50 % des Textmaterials hinreichend gut erfasst werden können, wird es auf die gesamte Datenbasis angewendet (Gläser/Laudel 2009, 198f.). Die qualitative Inhaltsanalyse orientiert sich dabei an einem konkreten Ablaufmodell und stützt Entscheidungen auf einen a priori definiertes Regelwerk. Im Zentrum der Analyse steht dabei das Kategoriensystem, dass die Ziele der Analyse konkretisiert und ein intersubjektiv nachvollziehbares Vorgehen ermöglicht (Mayring 2008, 42-44). Mayring (2008) unterscheidet zwischen drei Grundformen der qualitativen Inhaltsanalyse:

(1) Zusammenfassung: Dieser Ansatz eignet sich insbesondere zur Erschließung umfangreicher Textsammlungen und zur induktiven Bildung eines Kategoriensystems. Dabei handelt es sich um einen Verallgemeinerungsprozess, ohne sich auf bereits formulierte Theorien zu stützen (Mayring 2008, 75). Für die Analyse von Textstellen sind in diesem Zusammenhang Selektionskriterien zu definieren, die angeben, wann eine Textstelle einer gewissen Kategorie zuzuordnen ist. Auf Basis dieser Selektionskriterien wird dann das Kategoriensystem in einem iterativen Prozess entwickelt, das als eine Abstraktion des Textinhalts angesehen werden kann (Mayring 2008, 75f.).

(2) Strukturierung: Bei der Strukturierung handelt es sich um ein deduktives Vorgehen der Inhaltsanalyse, bei dem ein aus der Theorie abgeleitetes Kategoriensystem auf einen bestimmten Text angewendet wird und dessen Aussagen den einzelnen Kategorien zugeordnet werden. In Rahmen dieser Analyse müssen die einzelnen Kategorien genau definiert, Ankerbeispiele zur Illustration der Definitionen angeführt sowie Kodierregeln eingeführt werden. Durch diese starke Operationalisierung soll sichergestellt werden, dass alle Textstelle möglichst eindeutig einer Kategorie zugeordnet werden können (Mayring 2008, 82f.).

(3) Explikation: Bei der Explikation handelt es sich um eine Kontextanalyse, deren Ziel es ist, durch Hinzuziehen von zusätzlichen Materialien, den genauen Kontext einzelner Textstellen besser interpretieren zu können (Mayring 2008, 77). Da dieser Ansatz im Rahmen dieser Arbeit aber nur eine untergeordnete Bedeutung besitzt, wird auf diesen nicht weiter eingegangen.

Gläser/Laudel (2009, 198f.) kritisieren den Ansatz von Mayring (2008) jedoch aus zwei Gründen. Zum einen wird zwar ein an den Text angepasstes, aber letztendlich doch immer noch geschlossenes Kategoriensystem auf ca. die Hälfte des Textes angewendet, was die Annahme impliziert, dass in dieser Texthälfte keine neuen, relevanten Informationen enthalten sind. Zum anderen gehen durch die im Rahmen der Zusammenfassung und Strukturierung stattfindende Abstraktion wesentliche Informationen des Ausgangsmaterials verloren. Zur Lösung dieses Problems schlagen sie vor, das Kategoriensystem während der Analyse fortlaufend weiter zu entwickeln und dieses in offenen Fragen an den Text weniger stark zu operationalisieren (Gläser/Laudel 2009, 205f.). Auch wenn die Kritikpunkte grundsätzlich als zutreffend anzusehen sind, ermöglicht der Ansatz nach Mayring (2008) eine größere Nachvollziehbarkeit der Ergebnisse, was insbesondere beim Herstellen einer *"Chain of Evidence"* (Yin 2009, 123) im Rahmen der Fallstudienforschung von großer Bedeutung ist.

Die qualitative Inhaltsanalyse muss sich jedoch immer an den Gütekriterien *„Objektivität"*, *„Validität"* und *„Reliabilität"* orientieren (Mayring 2008, 45f.). Eine besondere Bedeutung besitzt dabei die Interkoder-Reliabilität. Diese impliziert, dass mehrere Forscher die Analyse unabhängig durchführen und diese zu den selben Schlüssen kommen (Mayring 2008, 109f.). Weisen die Kodierenden eine ausreichende Übereinstimmung bezüglich der Kategorien auf, kann das Kategoriensystem angenommen werden. Diese Übereinstimmung kann mittels des *"Cohen's Kappa"* berechnet werden. Ab Kappa-Werten von 0,6 kann von einer substantiellen Übereinstimmung der Kodierer ausgegangen werden (Landis/Koch 1977, 165).

4.2 Datenerhebung und -analyse

4.2.1 Fallstudienauswahl

Aufgrund der Replikationslogik von Fallstudien wurde ein multiples Fallstudiendesign angewendet, bei dem einzelne Betreiber von OI-Communities bzw. einzelne Geschäftseinheiten eines Unternehmens, die selbstständig eine OI betreiben, als Analyseeinheit fungieren. Die Auswahl der Fallstudien erfolgte auf der Basis theoretischer Vorüberlegungen. AC ist in einem hohen Maße branchenspezifisch (Lichtenthaler 2009b, 837; Cohen/Levinthal 1990, 137). Um potenzielle Verzerrungen zu vermeiden und die Aussagekraft der Ergebnisse zu erhöhen, stammen die untersuchten OI-Communities ausschließlich aus der Softwareindustrie. Diese ist aus zwei Gründen besonders geeignet für die Untersuchung der Absorptionsprozesse und IT-basierten Absorptionskompetenzen im Kontext von OI-Communities:

- **Hohe Wissensintensität der Branche:** Die Softwareindustrie besitzt eine hohe Innovationsrate, so dass sich die Entwicklung neuen Wissens in einem sehr hohen Tempo vollzieht. Softwareunternehmen sind daher in besonderem Maße auf poröse Unternehmensgrenzen und eine hohe Aufnahmefähigkeit angewiesen (Matusik/Heeley 2005, 556).

- **Verbreitung von OI-Communities:** Der Einsatz von OI-Communities ist bei Softwareunternehmen im Vergleich zu Unternehmen aus anderen Branchen relativ weit fortgeschritten (Bretschneider 2011, 204). Daher kann von einer gewissen Reife der Absorptionsprozesse und IT-basierten Absorptionskompetenzen ausgegangen werden, da diese sich pfadabhängig entwickeln (Eisenhardt/Martin 2000, 1118).

Die Auswahl der OI-Communities erfolgte in einem zweistufigen Prozess. Zunächst wurde eine Liste von OI-Communities erstellt, welche (1) die in Kapitel 2.4.4.2 (vgl. S. 30) herausgearbeiteten definitorischen Kennzeichen von OI-Communities erfüllen und (2) gleichzeitig unterschiedliche Ausprägungen bezüglich der einzelnen Kennzeichen besitzen (Yin 2009, 59). Aufgrund der Ausrichtung dieser Arbeit wurden nur OI-Communities betrachtet, die direkt von Unternehmen betrieben und gesteuert werden. Die einzelnen OI-Communities unterschieden sich in Bezug auf Ausrichtung, Medium, Aufgabenspezifität, Ausarbeitungsgrad und Kollaborationsmöglichkeiten. Keine Variation ergibt sich bezüglich der Kriterien Ideenevaluation, Belohnung/Motivation und Zielgruppe, da sich hier in der initialen Auswahl nur minimale Unterschiede ergaben. Die Entwicklung von virtuellen Communities und AC sind gleichermaßen pfadabhängig (vgl. Kapitel 3.3.1.3 auf S. 67). Aus diesem Grund wurden OI-Communities unterschiedlicher Größe und Alters ausgewählt, die in unterschiedlichen Phasen des Community-Lebenszyklus stecken. Bei der Fallstudienauswahl wurden jedoch auch Community-übergreifende Aspekte berücksichtigt. So wurden Community-Betreiber unterschiedlicher Größe ausgewählt, da diese ein guter Indikator für den Grad interner Formalisierung ist (Jansen/Van den Bosch/Volberda 2005, 1002f.; Khandwalla 1977, 296). Auch wurden unterschiedliche Lizenzmodelle bezüglich Software betrachtet, da die Entwicklung von Open Source Software und klassischer Software sehr unterschiedlichen Paradigmen folgt. Insgesamt wurden vier OI-Communities ausgewählt, deren Entwicklung seit ihrer Gründung untersucht wurde. In Tabelle 4-1 werden die Fallstudien voneinander abgegrenzt.

Auswahl-kriterium	OSS Brainstorm	ERP IdeaZone	ERP Steampunk	Planet Lifecycle
Medium	Online	Online	Online	Gemischt
Ausrichtung	Extern	Extern	Intern	Extern
Aufgaben-spezifität	Niedrig	Mittel	Niedrig	Niedrig
Ausarbeitungs-grad	Idee bis Lösung	Idee	Idee bis Prototyp	Idee
Lebenszyklus-phase (Alter, Größe)	Reife (4 Jahre, sehr groß)	Wachstum (2,5 Jahre, mittel)	Einführung (1 Jahre, klein-mittel)	Reife (20 Jahre, groß)
Kollaboration	Kommentare	Gemischt (Wikis, Kommentare)	Gemischt (Teamraum, Kommentare)	Keine
Unternehmens-größe	Klein-Mittel	Sehr groß	Sehr groß	Groß
Lizenzmodell	Quelloffen	Lizenzpflichtig	Lizenzpflichtig	Lizenzpflichtig

Tabelle 4-1: Vergleich der Fallstudien
Quelle: Eigene Darstellung

4.2.2 Datenquellen

Den Empfehlungen von Yin (2009, 114-118) folgend wurden im Rahmen der Fallstudien mehrere Datenquellen trianguliert, um die Validität der Ergebnisse zu erhöhen:

- **Interviews** mit unterschiedlichen Anspruchsgruppen bezüglich der OI-Communities

- **Interne Dokumente** der Community-Betreiber, Informationen auf den Community-Plattformen und im Internet erhältliche Sekundärliteratur bezüglich der OI-Communities

- **Beobachtung** des Verhaltens der Community-Mitglieder und der Community-Betreiber innerhalb der OI-Community

Die wichtigste Datenquelle stellen 14 offene, halbstrukturierte Interviews dar. Die Interviewteilnehmer wurden nach ihrem Fachwissen, ihrer Aufgabe und ihrer Position innerhalb der betrachteten Unternehmen bzw. der betrachteten OI-Communities ausgewählt. Es handelt sich daher um eine bewusste, nicht zufällige Auswahl. Um eine hohe, interne Validität der Ergebnisse zu gewährleisten und Verzerrungen durch subjektive Betrachtungsweisen der Interviewpartner (*"Single Respondent Bias"*) zu minimieren, wurde angestrebt, jeweils unterschiedliche Anspruchsgruppen der OI-Communities zu befragen (Eisenhardt/Graebner 2007, 28). Darunter fallen z.B. für die OI-Community verantwortlichen Projektmanager, mit der Community arbeitende Mitarbeiter aus Produktmanagement und F&E, die bei der Ideenimplementierung beteiligten Softwareentwickler oder Community-Mitglieder. Bei allen Communities wurden darüber hinaus die Initiatoren bzw. Entwickler der OI-Communities befragt. Tabelle 4-2 gibt einen Überblick über die befragten Interviewpartner.

Community	Interviewpartner
OSS Brainstorm	• Community-Mitglied 1 • Community-Mitglied 2 • Community-Manager / Entwickler Community-Plattform • Leiter OI-Community • Ehrenamtlicher Softwareentwickler • Technischer Leiter Desktopentwicklung
ERP IdeaZone	• Leiter OI-Community
ERP Steampunk	• Leiter OI-Community (2 Interviews) • Community-Mitglied
Planet Lifecycle	• Leiter OI-Community • Technischer Leiter OI-Community • Produktmanager • Produkt-Portfolio-Manager

Tabelle 4-2: Interviewpartner
Quelle: Eigene Darstellung

Um die Entwicklung der OI-Communities über einen längeren Zeitraum beobachten zu können, wurden die Interviews zu unterschiedlichen Zeitpunkten zwischen Juli 2009 und Oktober 2011 geführt. Die Interviews dauerten zwischen 45 und 120 Minuten. Aufgrund der hohen räumlichen Verteilung der Interviewpartner (Deutschland, Spanien, Frankreich und USA) wurden alle Interviews telefonisch auf Deutsch oder Englisch geführt. Die Vergleichbarkeit der Interviews wurde durch einen Interviewleitfaden sichergestellt. Die einzelnen Leitfragen zur Freilegung der Absorptionsprozesse und der IT-basierten Absorptionskompetenzen wurden dabei aus dem in Kapitel drei entwickelten, theoretischen Absorptionsmodell abgeleitet. Der Interviewleitfaden umfasste die im Interview anzusprechenden Themenbereiche in Form von offenen Leitfragen. Diese sind besonders geeignet, wenn, wie im vorliegenden Fall, sehr spezifische Informationen zu mehreren Themen erhoben werden sollen, die durch das Ziel der Untersuchung vorgegeben werden und nicht durch die Antworten des Interviewten bestimmt werden (Gläser/Laudel 2009, 111). Weiterhin besitzen sie die notwendige Flexibilität, um während des Gesprächs den Fokus auf die Erfahrungen und Einstellungen der Interviewpartner legen zu können.

Der Interviewleitfaden (vgl. Abbildung 4-2) umfasste allgemeine Fragen zum Hintergrund der OI-Community, zu deren Zielen und Visionen sowie zur Strategie, die Community-Betreiber mit der OI-Community verfolgen. Weiterhin wurden die Interviewpartner zu ihrer Beziehung zu der OI-Community befragt. Dadurch sollten die für die Interpretation der Absorptionsprozesse und IT-basierten Absorptionskompetenzen notwendigen Hintergrundinformationen erhoben werden und durch einfach zu beantwortende „*Anwärmfragen*" Vertrauen zwischen

Interviewer und Interviewten aufgebaut werden (Gläser/Laudel 2009, 147f.). Die weiteren Leitfragen orientierten sich weitgehend am Ideenabsorptionsmodell aus Forschungsfrage eins und adressierten die Phasen des explorativen, transformativen und exploitativen Lernens, die In- und Outputs dieser Phasen sowie IT-basierte Systematisierungs-, Koordinations- und Sozialisierungskompetenzen der Community-Betreiber. Des Weiteren wurden die im Ideenabsorptionsmodel enthaltenen Kontingenzfaktoren betrachtet. Zum Abschluss der Interviews wurden die Interviewpartner gebeten, einige Meinungsfragen zur Evaluation der OI-Community zu beantworten sowie ihnen die Möglichkeit eingeräumt, Themenbereiche anzusprechen, die im Rahmen des Interviews nicht adressiert wurden, aber aus Sicht der Interviewten von Bedeutung sind (Gläser/Laudel 2009, 148f.). Im Rahmen der Interviews wurde angestrebt, die einzelnen Fragen offen, neutral, klar und einfach zu formulieren (Gläser/ Laudel 2009, 131-142), so dass die einzelnen Fragen eine hohe Anschlussfähigkeit an die jeweiligen Arbeitssituationen der Interviewteilnehmer besitzen. Zur Vereinfachung der Interviewsituation wurden die Fragen bezüglich der Ideenabsorptionsprozesse in einer funktional-logischen Reihenfolge abgearbeitet. Weiterhin wurde versucht, die Interviewteilnehmer bei der Befragung nicht in eine defensive Position der Rechtfertigung zu drängen und Fragen möglichst freundlich und positiv zu formulieren (Yin 2009, 106). Da es sich bei den einzelnen Absorptionsprozessen und IT-basierte Absorptionsprozesse um komplexe Konstrukte handelt, wurde bei der Befragung oftmals auf die *"Critical Incident Technique"* zurückgegriffen, bei der die Befragungsteilnehmer Situationen schildern, bei denen sie direkt an der Absorption von Ideen beteiligt waren oder diese bewusst beobachteten (Flanagan 1954, 335-343). Dabei wurden innerhalb der Interviews explizit auf die Auslöser der betrachteten Situation, die exakte Vorgehensweise während dieser sowie die Folgen dieser Aktionen eingegangen.

Parallel wurde das Verhalten der Community-Mitglieder und der Community-Betreiber in periodischen Abständen intensiv beobachtet und entsprechende Eindrücke schriftlich festgehalten. Diese Eindrücke wurden wie interne Dokumente, die durch die Community-Betreiber bereitgestellt wurden und im Internet erhältliche Sekundärquellen in die Datenanalyse mit aufgenommen.

Datenerhebung und -analyse

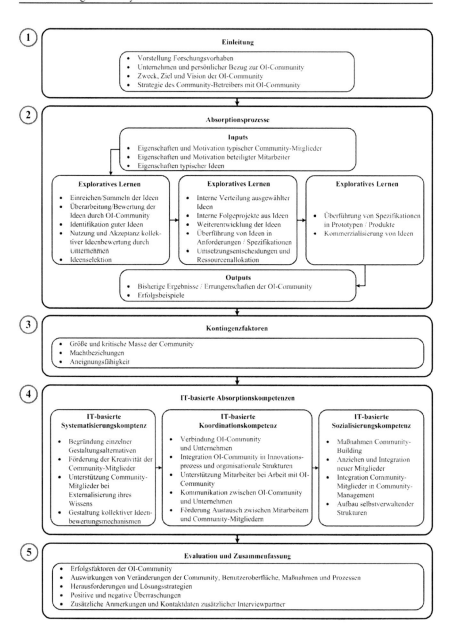

Abbildung 4-2: Interviewleitfaden
Quelle: Eigene Darstellung

4.2.3 Datenanalyse

Aufgrund der Natur der vorliegenden Prozessdaten wurden bei der Datenanalyse induktive und deduktive Arbeitsschritte kombiniert. Während der Analyse wurden alle Informationen mittels der qualitativen Inhaltsanalyse nach Mayring (2008) ausgewertet. Analog zu dem Vorgehen von Lewis/Matthiasen/Rai (2011, 290f.) wurden in einem ersten induktiven Schritt alle Interviews transkribiert, so dass alle verfügbaren Informationen in schriftlicher Form vorlagen. Alle Daten wurden mit dem Softwareprogramm *"QSR NVivo 8"* erfasst, in eine Fallstudiendatenbank aufgenommen und von zwei unabhängigen Forschern gesichtet, diskutiert und kodiert. In einem ersten, iterativen Prozess wurden Prozessschritte und Aktivitäten der Community-Betreiber identifiziert und zusammengetragen. Fokus dieser Auswahl war weniger die absolute Häufigkeit dieser Textstellen in den Rohdaten, sondern vielmehr ihr explanativer Gehalt (Lewis/Mathiassen/Rai 2011, 290). In einem zweiten Schritt wurden diese Textstellen zu einem ersten Kategoriensystem zusammengeführt. Auf Basis dieses Kategoriensystems wurde ein Viertel der Datenbasis durchgearbeitet, wobei Kategoriensystem und Datenbasis kontinuierlich abgeglichen wurden (Mayring 2008, 74-76). In diesem ersten Durchlauf wurden Transkripte und Textdokumente in grobe, thematisch abgrenzbare Textblöcke gegliedert und diese anschließend in feinere Textsegmente unterteilt, die einzelne Aussagen in Bezug auf das Kategoriensystem enthielten. Für jede Kategorie wurde eine Definition erarbeitet, diese durch einzelne Indikatoren operationalisiert, damit jede Aussage eindeutig einer Kategorie zugeordnet werden kann (MacQueen et al. 1998, 32f.). Das Kategoriensystem wurde dabei solange verfeinert, bis für die Stichprobe eine ausreichend hohe Interkoderreliabilität erreicht wurde (Cohen's Kappa $\geq$ 0,6). Daran anschließend wurde der Kodierleitfaden auf die Hälfte der Datenbasis angewendet und solange überarbeitet, bis auch für diese eine ausreichend hohe Interkoderreliabilität erreicht wurde. Als Ergebnis dieses ersten Analyseschrittes konnten einzelne Prozessschritte sowie erste Erklärungsansätze dafür identifiziert werden, warum, welche Aktivitäten der Community-Betreiber zur Steuerung der Absorptionsprozesse durchgeführt werden und auf welche Mechanismen dafür zurückgegriffen wird.

In einem zweiten Analyseschritt wurden für jeden Fall umfangreiche Fallstudienbeschreibungen erarbeitet, die jeweils alle relevanten Informationen bezüglich der Absorptionsprozesse und IT-basierten Absorptionskompetenzen enthielten (Lewis/Mathiassen/Rai 2011, 291; Langley 1999, 695). Die vielen Einzelbeobachtungen wurden zusammengeführt, so dass eine *"Chain of Evidence"* über die gesamte Analyse aufrecht erhalten werden konnte (Yin 2009, 123). Auf Basis dieser Beschreibungen wurden die einzelnen Absorptionsprozesse visualisiert und in einzelne Prozessphasen unterteilt (Langley 1999, 700-702). Die Ergebnisse dieser Prozessvisualisierungen wurden mit den Fallstudienbeschreibungen verglichen, wodurch sowohl Fallstudienbeschreibung als auch das Kategoriensystem verfeinert werden konnten.

In einem letzen deduktiven Analyseschritt wurde die Datenbasis aus der Perspektive des in Forschungsfrage eins entwickelten Ideenabsorptionsmodells betrachtet, wodurch tiefergehende Einblicke in die Zusammenhänge der einzelnen Prozessschritte sowie den IT-basierten Absorptionskompetenzen der Community-Betreiber ermöglicht wurden (Lewis/Mathiassen/ Rai 2011, 291). Die induktiv erarbeiteten Kategorien wurden mit den einzelnen Bestandteilen des Ideenabsorptionsmodells abgeglichen und das Kategoriensystem an diese theoretische Sichtweise angepasst. Die erarbeiteten Prozessschritte und -phasen wurden zu den Phasen des explorativen, transformativen und exploitativen Lernens verdichtet und separat im Hinblick auf die in diesen Phasen auftretenden Ereignisse und Aktivitäten untersucht (Langley 1999, 703). Als letzter Analyseschritt wurden Erklärungen für die einzelnen Prozessschritte herausgearbeitet und die IT-basierten Absorptionskompetenzen und Kontingenzfaktoren abgeleitet. Das finale Kategoriensystem wurde an 12 der 14 Interviews überprüft. Die Interkoderreliabilität ist mit einem Cohen's Kappa von 0,71 als sehr gut einzuschätzen, da bereits ab Werten von 0,6 von einer ausreichend hohen Übereinstimmung der Kodierenden ausgegangen werden kann (Landis/Koch 1977, 165; Vries et al. 2008, 278). Ein Überblick über das Kategoriensystem, das aus zwölf Haupt- und 30 Unterkategorien besteht, wird in Abbildung 4-3 gegeben.

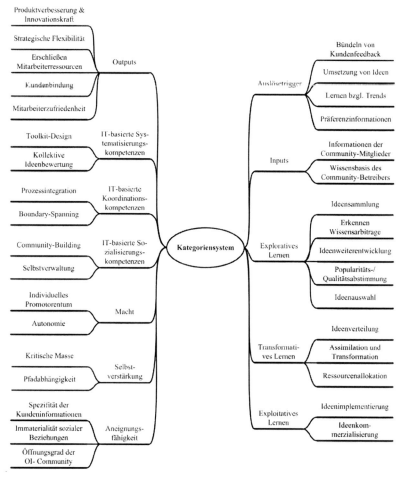

Abbildung 4-3: Haupt- und Unterkategorien des Kategoriensystems
Quelle: Eigene Darstellung

In Anhang A kann die Kodierung der im Rahmen der Fallstudien erstellten Interviewtranskripte und Textdokumente eingesehen werde. Des Weiteren enthält dieser Anhang die Definitionen der einzelnen Kategorien, die Indikatoren zur Kodierung der einzelnen Textstellen sowie Ankerbeispiele für jede Fallstudie.

Die Konstruktvalidität der Ergebnisse wurde durch die Triangulation mehrerer Datenquellen, einer Einsicht der Interviewtranskripte durch die Interviewteilnehmer und Herstellen einer Beweiskette von der Forschungsfrage bis zur Fallstudienbeschreibung sichergestellt (Yin 2009, 41f.). Die interne Validität der Ergebnisse (Gültigkeit) wurde durch eine Konsistenzprüfung der einzelnen Aussagen untereinander sowie einer bewussten Auswahl von Interviewpartnern gewährleistet. Durch ein Replizieren der Ergebnisse auf Basis eines multiplen Fallstudiendesigns und der analytischen Generalisierung der Ergebnisse im Hinblick auf die AC-Theorie bzw. das aus dieser abgeleitete Ideenabsorptionsmodell wurde die externe Validität (Generalisierbarkeit) der Ergebnisse sichergestellt (Yin 2009, 43f.). In Tabelle 4-3 werden die einzelnen Arbeitsschritte zur Sicherstellung der Validität und Reliabilität der durchgeführten Inhaltsanalyse zusammenfassend dargestellt:

Konstruktvalidität	• Triangulation mehrerer Datenquellen (Interviews, interne Dokumente der Community-Betreiber und Beobachtung der OI-Communities) • Einsicht der Interview-Protokolle durch Interviewteilnehmer • Herstellen einer Beweiskette von Forschungsfrage über Interviewleitfaden, Kodierleitfaden und Einzelfallstudien
Interne Validität (Gültigkeit)	• Vergleich der Aussagen der Interviewteilnehmer untereinander • Gezielte Auswahl der Interviewpartner auf Basis der Hauptanspruchsgruppen der OI-Community
Externe Validität (Generalisierbarkeit)	• Analytische Generalisierung der Ergebnisse in Bezug auf das Ideenabsorptionsmodell aus Forschungsfrage 1 • Replizierung der Ergebnisse durch multiples Fallstudiendesign
Reliabilität	• Aufbau einer Fallstudiendatenbank in QSR NVivo 8 • Aufnahme, Transkribierung und Kodierung der Interviews • Hohe Interkoder-Reliabilität (Cohen's Kappa = 0,71)

Tabelle 4-3: Validität und Reliabilität der Fallstudienanalyse
Quelle: In Anlehnung an Yin (2009, 41) und Böhm et al. (2010, 9)

4.3 Ergebnisse der Einzelfallstudien

Im Folgenden werden die Ergebnisse der vier durchgeführten Fallstudien dargestellt. Für jede betrachtete OI-Community werden zunächst Ziele und Auslösetrigger beschrieben, um die OI-Communities vor ihrem organisatorischen und strategischen Hintergrund beleuchten zu können. Darauf aufbauend werden einer Prozesslogik folgend die jeweiligen Absorptionsprozesse inklusive Kontingenzfaktoren freigelegt und auf die entwickelten IT-basierten Absorptionskompetenzen der Community-Betreiber eingegangen.

Ergebnisse der Einzelfallstudien 87

4.3.1 Fall A: „OSS Brainstorm"

4.3.1.1 Ziele und Auslösetrigger von OSS Brainstorm

Die „*Open Source AG*" ist ein Anbieter eines quelloffenen Betriebssystems, das für Endnutzer kostenlos zur Verfügung gestellt wird. Das betrachtete Betriebssystem ist mit über 25 Millionen Nutzern eine der größten und am weitest verbreiteten „*Linux*"-Distributionen. Die Entwicklung des Betriebssystems wird seit seiner Gründung vor etwa zehn Jahren von der Open Source AG finanziert, deren Geschäftsmodell darauf basiert, professionelle Dienst- und Beratungsleistungen rund um das Betriebssystem für Unternehmenskunden anzubieten. Die Open Source AG hat heute 350 Mitarbeiter in über 30 Ländern und unterhält ein umfassendes System von Communities zur Einbindung ehrenamtlicher Entwickler in die Entwicklung des Betriebssystems. Als Initiator und Sponsor kann die Open Source AG direkt auf die Weiterentwicklung des Betriebssystems Einfluss nehmen. So werden nicht nur die für den laufenden Betrieb der Plattform benötigten Ressourcen, wie z.B. Server-Hardware, zur Verfügung gestellt, sondern auch Softwareentwickler und Community-Manager teilweise direkt bezahlt. Mit Hilfe der Community werden in sechsmonatigen Zyklen neue Versionen des Betriebssystems entwickelt und von der Open Source AG veröffentlicht (Blohm et al. 2013, 4f.).

Die „*OSS Brainstorm*" OI-Community wurde im Februar 2008 zur Einbindung von Endanwendern in die Weiterentwicklung des Betriebssystem durch die Open Source AG gegründet (vgl. Abbildung 4-4). Diese entspricht einer Ideencommunity nach Bretschneider (2011, 34-40). Wesentlicher Auslöser für die Einführung der OSS Brainstorm Community war das Bestreben, mehrere bestehende Ansätze zur Ideengenerierung für Anwender des Betriebssystems zusammenzuführen, zu systematisieren und stärker am Innovationsprozess der Open Source AG auszurichten. Vor Einführung der OI-Community erfolgte die Ideengenerierung mit einer Vielzahl von unterschiedlichen IT-Werkzeugen zur Implementierung der Software, deren Effizienz durch eine hohe Anzahl an generierten Ideen zunehmend sank. Als Folge wurde die OSS Brainstorm Community eingeführt, um den Prozess der Ideengenerierung von der Entwicklung zu trennen und die Aufmerksamkeit und Ressourcen der Entwickler stärker auf die Entwicklung der generierten Ideen zu fokussieren. Seit Einführung wurden über 21.000 Ideen und 130.000 Kommentare erstellt sowie über 2,6 Millionen Ideenbewertungen abgegeben. Von den derzeit 35.000 Nutzern besuchen mehr als 7.000 Nutzer die OSS Community mindestens einmal monatlich. Derzeit akquiriert OSS Brainstorm täglich ca. 20 bis 40 neue Nutzer.

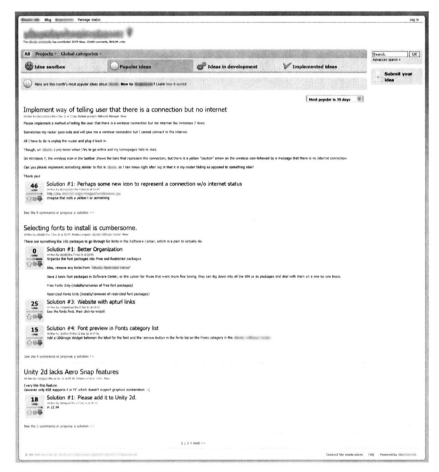

Abbildung 4-4: Startseite von OSS Brainstorm
Quelle: o.V. (2012g)

4.3.1.2 Ideenabsorption bei OSS Brainstorm

Inputs

Ein Großteil der Mitglieder von OSS Brainstorm sind Anwender des Betriebssystems, die ihre Ideen aus dem direkten Nutzungskontext ableiten. Dabei handelt es sich in der Regel um inkrementelle Verbesserungsvorschläge, die in erster Linie Bedürfnisinformationen darstellen. Viele Nutzer verfügen jedoch über ein umfassendes Produkt- und Anwendungswissen über das Betriebssystem und IT im Allgemeinen, so dass sehr häufig auch Lösungsinformationen in Form von Skizzen (*"Mock-Ups"*) oder Prozessdiagrammen eingereicht werden. Mittels eines kollektiven Ideenbewertungsmechanismus werden zudem Präferenzinformationen erhoben. Um mit der OI-Community interagieren und Möglichkeiten zur Wissensarbitrage erkennen zu können, besitzen Mitarbeiter, die mit OSS Brainstorm arbeiten, ein umfassendes Wissen über das Betriebssystem. Daher besitzen die eingesetzten Mitarbeiter oftmals einen technischen Hintergrund aus der Softwareentwicklung. Die meisten sind zudem seit den Anfängen in der OSS Brainstorm Community aktiv. Damit sind sie sehr gut in der Lage, aus dieser die für die Innovationsentwicklung wesentlichen Informationen zu extrahieren.

Absorptionsprozesse

Exploratives Lernen: Zu Beginn werden alle Ideen, die in der OSS Brainstorm Community eingereicht werden, in der *"Ideas Sandbox"* gesammelt. In dieser Sektion der Community werden alle eingereichten Ideen durch Community-Mitglieder begutachtet. Wenn Ideen von mindestens zwei Mitgliedern als solche bestätigt werden, können sie von allen Community-Mitgliedern positiv, neutral oder negativ bewertet werden. Ideen, die nicht von zwei Mitgliedern bestätigt werden, nehmen nicht an der Abstimmung teil. Ideen können jedoch zu jedem Zeitpunkt mittels einer Kommentarfunktionalität diskutiert werden, wodurch häufig neue Ideen entspringen. Dieses zweistufige Abstimmungssystem spielt bei der Auswahl der Ideen eine zentrale Rolle, da es die Aufmerksamkeit der Open Source AG auf die Wünsche und Anforderungen der Anwender richtet:

> *"[OSS Brainstorm] allows the developer to realize the needs of users, and what hinders them. In other words, it prevents the developers from just seeing their developers' view of things."* (Community-Manager / Entwickler Community-Plattform)

Das Abstimmungssystem fungiert als zentraler Informationsfilter. Entwickler betrachten in der Regel nur die Startseite der OI-Community, auf der in absteigender Reihenfolge die zehn populärsten Ideen der letzten 30 Tage angezeigt werden. Ein Überschreiten dieser Aufmerksamkeitsschwelle ist daher eine wesentliche Voraussetzung für die Selektion einer Idee.

Transformatives Lernen: Im Rahmen des transformativen Lernens laufen zwei parallele Subprozesse ab. Die Selektion und Weiterverarbeitung der Ideen wird dabei nicht nur zentral durch die Open Source AG gesteuert, sondern auch dezentral durch unabhängige Entwickler vorangetrieben. In der von der Open Source AG gesteuerten Entwicklung, wählen die Community-Manager regelmäßig die populärsten zehn Ideen aus jeder Themenkategorie, in der die Ideen in der Community systematisiert sind, und leiten diese an die entsprechenden Entwickler weiter. Das Community-Management bündelt ähnliche Ideen zu Entwicklungsprojekten, die grundsätzliche, noch nicht realisierte Kundenbedürfnisse widerspiegeln, die einzelne Ideen überschreiten. Des Weiteren untersucht es die *"Mock-Ups"*, um neue Anforderungen an die Entwicklung der graphischen Benutzeroberfläche abzuleiten. Auf einem zweimal jährlich stattfindenden Entwicklertreffen stellt es einzelne Ideen und die daraus abgeleiteten Bedürfnisse vor, um diese mit den Entwicklern zu diskutieren, zu verbessern und mit den Entwicklungen, die unabhängig von OSS Brainstorm entstanden sind, wie z.B. *"Upstream"*-Entwicklungen von Softwareentwicklern, die nicht OSS Brainstorm nutzen, zusammenzuführen. Bei diesem *"Developer Summit"* werden alle externen und internen Inputs der Innovationsentwicklung zu einem umfassenden Konzept für die nächste Distribution des Betriebssystems kombiniert. Die umzusetzenden Ideen werden mit dem *"Launchpad"* in Spezifikationen für die Programmierung, so genannte *"Blueprints"*, überführt. Dies entspricht einer Rekodierung der Ideen und deren Kombination mit der Wissensbasis der Entwickler der Open Source AG. Parallel zu diesem Prozess werden einzelne Ideen von Entwicklern auch direkt aufgegriffen und selbstständig, ohne Abstimmung umgesetzt. In diesem Fall läuft die Phase des transformativen Lernens in weiten Teilen implizit ab, da z.b. *"Blueprints"* nicht systematisch erstellt werden. Bei diesen Ideen handelt es sich häufig um inkrementelle Produktideen, die sich auf relativ unabhängige Software-Module beziehen und daher ohne großen Koordinationsbedarf umgesetzt werden können. Bei Verständnisproblemen binden Entwickler die Community-Mitglieder durch gezieltes Nachfragen direkt in einen fakultativen, transformativen Lernprozess ein. Radikale Anwenderideen durchlaufen eher den zentralen Entwicklungspfad, da deren Umsetzung durch eine Vielzahl von Abhängigkeiten mit einer höheren Komplexität verbunden ist.

Exploitatives Lernen: Die Implementierung von Ideen umfasst das Erstellen von Software-Code auf Basis der *"Blueprints"* und die Integration der separat erstellten Softwaremodule zu einer abgestimmten Gesamtlösung. Die Integration der einzelnen Module erfolgt im *"Launchpad"*, das Dreh- und Angelpunkt der Entwicklung des Betriebssystems darstellt. Diese Aktivitäten werden größtenteils unabhängig voneinander, von einzelnen Entwicklern in ihren bevorzugten Entwicklungsumgebungen durchgeführt. Neue Distributionen werden anschließend über Server der Open Source AG zum Download bereitgestellt und über Kooperationen mit Computerherstellern vertrieben. Parallel werden von der Open Source AG *"Release Notes"* veröffentlicht. Dabei handelt es sich um Mitteilungen, über die in der neuen Distribution implementierten Ideen und Funktionalitäten.

Outputs

Durch die Brainstorm Community ist die Open Source AG in der Lage, das Betriebssystem in einem Maße weiterzuentwickeln, wie es ohne die Community nicht möglich wäre. Dabei ist sowohl die Umsetzung von inkrementellen und radikalen Innovationsideen entscheidend. Durch die Implementierung von inkrementellen Innovationsideen, gelingt es der Open Source AG, die Software kontinuierlich zu verbessern und ein Produkt zu erstellen, das sehr genau den Wünschen der Anwender entspricht:

> *"[You get] a whole bunch of tiny little things that when put together count for something larger than the parts. [...] That is one of the great things about having people out there exploring every little nook and cranny of the distribution." (Leiter OI-Community)*

Die kontinuierliche Implementierung von radikalen Anwenderideen ermöglicht es hingegen, den Anwendungskontext der Software auszuweiten. Durch die systematische Vorselektion und Aufbereitung der Nutzerideen durch das Community-Management können Veränderungen in den Bedürfnissen der Nutzer schnell identifiziert werden, so dass die Open Source AG diese in kurzen Innovationszyklen adressieren kann. Darüber hinaus nutzt die Open Source AG die OI-Community als Instrument zur Rekrutierung neuer Mitarbeiter. Die Community schafft somit einen Pool von hochmotivierten, potenziellen Mitarbeitern, aus dem neues Personal eingestellt werden kann, z.b. wurden die bei der Open Source AG angestellten Interviewpartner ursprünglich in dieser Form angeworben:

> *"So, really the idea for [OSS Brainstorm] is to bring in people, who might have the skills to implement the ideas but don't know how."* (Community-Manager / Entwickler Community-Plattform)

Kontingenzfaktoren

Selbstverstärkung: Von Beginn an war OSS Brainstorm ein großer Erfolg. Bereits am Einführungswochenende wurden über 7.000 Ideen eingereicht. Durch dieses schnelle Erreichen einer kritischen Nutzermasse gelang es der Open Source AG, das Innovationspotenzial der Community fortwährend aufrecht zu erhalten. Obwohl dieser Erfolg bis heute kontinuierlich neue Kundenideen hervorgebracht hat, limitierte der enorme Nutzeransturm in der Einführungsphase aber auch die Absorption der Ideen. Die Anzahl der Ideen und die bei den Community-Mitgliedern geschaffenen Erwartungen führten zu einer weitgehenden Überforderung der Open Source AG. Notwendige, organisatorische Prozesse und Strukturen sowie Wissen, um aus den Ideen die entscheidende Bedürfnis- und Lösungsinformation herauskristallisieren zu können, fehlten. Zur Nutzbarmachung dieser Informationen für die Innovationsentwicklung mussten Community-Manager und Softwareentwickler erst die *„Sprache der Community"* lernen, um die einzelnen Ideen aus einer Nutzerperspektive betrachten zu können. Aus einer AC-Perspektive musste zunächst ein spezifischer Wissensstock zur Interpretation aufgebaut werden. Für die Open Source AG ergab sich in dieser Anfangszeit das Problem, dass sich die Zyklen der Wertgenerierung in der OI-Community und des Aufbaus von Absorptionskompetenzen mit zwei unterschiedlichen Geschwindigkeiten entwickelten. Während ersterer sich kontinuierlich beschleunigte, da durch Erreichen einer kritischen Anzahl an Nutzern zunehmend neue Ideen eingereicht wurden, entwickelten sich die Absorptionsroutinen und -kompetenzen sehr viel langsamer.

Macht: Grundsätzlich ist die Implementierung von Ideen in der OSS Brainstorm Community durch eine sehr hohe Autonomie geprägt, z.B. können Entwickler meist selbständig entscheiden, welche Ideen sie umsetzen, da sie aus freien Stücken an der Entwicklung teilnehmen. Auch im Rahmen der von der Open Source AG zentral gesteuerten Entwicklung werden für ein Großteil der zu implementierenden Funktionalitäten im weitesten Sinne nur Arbeitspakete definiert, zu denen sich die bezahlten und ehrenamtlichen Entwickler selbst zuweisen können – ein Großteil der Aktivitäten der Open Source AG basiert daher eher auf einer Integration der Vielzahl an verschiedenen Softwaremodule zu einem funktionsfähigen Gesamtpaket. Aufgrund der großen Autonomie der Entwickler sind die Implementierungsentscheidungen bezüglich der Ideen sehr stark durch individuelles Promotorentum geprägt. Aber nicht nur die Ressourcenallokation der Entwickler, sondern auch die Selektion der Ideen basiert in weiten Teilen auf episodischen Machtbeziehungen. Das Community-Management besitzt bei der Ideenselektion eine stark beeinflussende Funktion und versucht die individuellen Ressourcenallokationsentscheidungen auf Seiten der Entwickler zu Gunsten der in OSS Brainstorm eingereichten Ideen zu verschieben. Die Entwickler besitzen untereinander eine sehr hohe

Kohäsion, so dass Community-Manager oftmals die nach außen geschlossenen Wände dieser Gruppe durchbrechen und dafür Sorge tragen müssen, dass die Anwenderideen während der Planungs- und Implementierungsphase der nächsten Distribution berücksichtigt werden.

Aneignungsfähigkeit: Das Geschäftsmodell der Open Source AG basiert auf dem Angebot kostenpflichtiger Dienstleistungen für das entwickelte Betriebssystem. Durch die kostenlose Bereitstellung des Betriebssystems kann dessen Verbreitung gefördert und die Kundenbasis für die angebotenen Dienstleistungen vergrößert werden. Aufgrund dieser Offenheit sind Ideen in der OSS Brainstorm Community auch nicht davor geschützt, von anderen kommerziellen Linux-Entwicklern eingesehen oder kopiert zu werden. Dennoch ist die Gefahr von Wissensabflüssen limitiert, da die Wertaneignung auf einer Vielzahl von Interaktionen mit den Community-Mitgliedern basiert und nicht nur auf der bloßen Einsicht in die Ideen. Auch wenn die einzelnen Ideen in kodierter Form vorliegen, handelt es sich bei deren Absorption aufgrund vielen, sozialen Interaktionen um einen informellen und intangiblen Prozess:

> *"There is no formal process existing. In fact, quite a lot about [OSS Brainstorm] is informal."* (Community-Manager / Entwickler Community-Plattform)

Um die hohe Anzahl von Kundeninteraktionen in die Innovationsentwicklung integrieren zu können, war und ist die Entwicklung von entsprechenden Absorptionsroutinen und -kompetenzen eine der größten Herausforderungen für die Open Source AG. Deren Entwicklung ist in einem hohen Maße pfadabhängig (Eisenhardt/Martin 2000, 108f.), da sich durch die vielen informellen Interaktionen im Laufe der Zeit ein emotionales Band zwischen der Open Source AG und den Anwendern des Betriebssystems bildet. Starke Lock-In-Effekte sind die Folge, wodurch einzelne Community-Mitglieder an das Betriebssystem gebunden werden und die Kundenbasis der Open Source AG stärken.

Der Absorptionsprozess der Open Source AG und dessen Kontingenzfaktoren werden in Abbildung 4-5 dargestellt.

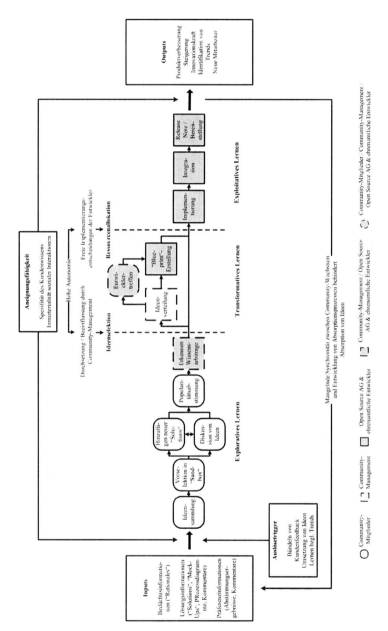

Abbildung 4-5: Absorptionsprozess der Open Source AG
Quelle: Eigene Darstellung

4.3.1.3 IT-basierte Absorptionskompetenzen bei OSS Brainstorm

IT-basierte Systematisierungskompetenzen

Toolkit-Design: Die technische Plattform der OSS Brainstorm Community wurde nach ihrem Start kontinuierlich weiterentwickelt, um die Qualität der eingereichten Ideen systematisch zu verbessern. In der ursprünglichen Version bestanden Ideen aus einem Titel und einem Beschreibungstext. Um die Qualität der Ideen zu steigern, wurde die Ideenbeschreibung in ein *"Rationale"* und eine *"Solution"* unterteilt. Während das *"Rationale"* eine Beschreibung des zugrunde liegenden Problems einer Idee darstellt, enthält die *"Solution"* eine mögliche Lösung zur Umsetzung dieser. Eine Idee kann ein *"Rationale"* und mehrere *"Solutions"* umfassen. Bei der Eingabe der Ideen werden dem Ideengeber auf Basis seiner Angaben ähnliche, bereits in der Community vorhandene Ideen vorgeschlagen, so dass er seinen Lösungsvorschlag einer unter Umständen bereits vorhandenen Problembeschreibung hinzufügen kann. Durch die Zusammenfassung mehrerer Problemlösungen unter einer gemeinsamen Beschreibung konnte die Zusammenarbeit der Einreichenden gefördert werden. Miteinander konkurrierende Lösungen stellen jetzt oft einen Kristallisationspunkt für intensive Diskussionen dar, aus denen immer wieder neue Lösungsvorschläge entspringen. Aufgrund dieser Konkurrenzsituation beginnen Community-Mitglieder zur Untermauerung ihrer Problemlösungen, *"Mock-Ups"* und weiterführende Lösungsinformationen einzustellen. Die getrennte Erhebung von Bedürfnis- und Lösungsinformationen führte aber nicht nur zu einer Verbesserung der Systematisierung des Kundenwissens durch die schrittweise Überarbeitung der Ideen, sondern auch weil es den Kunden half, ihre Ideen so zu formulieren, dass sie von den Entwicklern einfacher aufgenommen werden können:

> *"Just dividing the system that way has really helped users to think in terms of the system we want. We want users to identify problems but we want more importantly users to talk about good ideas for solutions, and perhaps creative ideas for the solutions [...]. You get much better data." (ehrenamtlicher Softwareentwickler)*

Zur weiteren Steigerung der Beitragsqualität werden derzeit Überlegungen angestellt, die konzeptionelle Lücke zwischen Ideengenerierung und -implementierung bei der Kundeneinbindung zu schließen. Im Gespräch sind hier unter anderen eine graphische Oberfläche zum Design von *"Mock-Ups"*. Das eingesetzte Toolkit besitzt aber auch zahlreiche Funktionalitäten zur Motivation der Teilnehmer. So fungiert das Abstimmungssystem nicht nur als Filter für die zu entwickelnden Ideen, sondern wird auch als aktivierende Komponente eingesetzt. Auf Basis der Ideenbewertungen wird eine Nutzer-Rangliste errechnet, die die Ideengeber im Hinblick auf die Qualität ihrer Einreichungen einstuft. Die Aussicht einen vorderen Platz zu erhalten, übt auf die Ideengeber eine stark motivierende Wirkung aus, so dass diese ihre Ideen fort weg überarbeiten, um durch mehr positive Bewertungen eine bessere Platzierung zu erhalten:

> *"Users [...] want to be heard, and then they want to be the first, to be on top. They want to be the one, who submitted the best idea with the highest ranking. If you look at the user page you see the rank. [...] I have already seen some comments of people where they pointed their rank out. Sometimes people send me mails with the demand to remove an idea due to negative votes, which demotes their rank. They are keen about their rank."*
> *(Community-Manager / Entwickler Community-Plattform)*

Kollektive Ideenbewertung: Die kollektive Ideenbewertung nimmt bei der Selektion von Ideen eine zentrale Rolle ein und besteht aus zwei Filterstufen. In einem ersten Schritt werden in der *"Idea Sandbox"* gültige Ideen herausgefiltert, d.h. es werden Duplikate, Kommentare und Fehlermeldungen *("Bugs")* entfernt. In einem zweiten Schritt können die Mitglieder der Brainstorm Community über die Popularität der *"Solutions"* der verbleibenden Ideen abstimmen. Die erste Filterstufe entfernt dabei „*Grundrauschen*", das nicht nur die begrenzte Aufmerksamkeit der Entwickler von konstruktiven und qualitativ hochwertigen Beiträgen abzieht, sondern auch im Rahmen der Ideenbewertung zu Verzerrungen führen kann. Duplikate können z.B. dazu führen, dass sich die Bewertungen einer Idee auf mehrere aufteilen, so dass diese für sich genommen, die für die Selektion notwendige Aufmerksamkeitsschwelle nicht überschreiten, obwohl die Stimmen der Duplikate zusammengenommen eigentlich ausreichen würden. Beim Absorptionsprozess der Open Source AG kann dies zu falsch-negativen Implementierungsentscheidungen führen, d.h. dass Ideen nicht umgesetzt werden, da sie aufgrund ihrer zersplitterten Bewertungen vermeintlich nicht den für die Umsetzung notwendigen Zuspruch erhalten. Ein anderes Problem stellen in diesem Zusammenhang Ideen ohne innovationsrelevante Informationen dar. Diese Ideen finden aufgrund ihres allgemeinen Charakters oftmals die Zustimmung vieler Nutzer, wodurch sie vordere Plätze im Bewertungssystem einnehmen und einen großen Teil der Aufmerksamkeit der Community-Mitglieder und der beteiligten Community-Manger und Entwickler auf sich ziehen. Aus Sicht der Innovationsentwicklung können hier jedoch kaum sinnvolle Informationen gewonnen werden:

> *„Ich kann mich z.B. erinnern, es gab mal einen, der sagte: 'Fix suspend/resume!' Da haben dann natürlich Leute gesagt: 'Ja, für mich auch!' Aber so was ist natürlich eher wenig hilfreich [...]. Solche Sachen kommen dann auch manchmal nach oben."*
> *(Technischer Leiter Desktopentwicklung)*

Diese Herausforderungen konnten jedoch durch das nachträgliche Einführen der ersten Filterstufe sowie der Zweiteilung der Ideen in Problembeschreibungen und -lösungen erfolgreich überwunden werden:

> *"The hardest part are the duplicates. [...] Before, we didn't really have duplicate detection. It was kind of a nightmare but we are pretty good now."* (Leiter OI-Community)

Zudem wurde mit dieser Einführung auch der Abstimmungsmechanismus überarbeitet und neben einer positiven und einer negativen Abstimmungsmöglichkeit auch eine Neutrale eingefügt. So hat sich bspw. in der ersten Version von OSS Brainstorm gezeigt, dass viele Nutzer für Ideen positiv abstimmten, obwohl sie diese weder gut noch schlecht fanden, aber unbedingt eine Stimme abgeben wollten. In Extremfällen stimmten einige Mitglieder für alle 15.000 ab, die sich zu diesem Zeitpunkt auf der Plattform befanden. Um solchen Verzerrungen entgegenzuwirken wurde eine zusätzliche, neutrale Bewertungsoption eingeführt, so dass von einem einfachen Abstimmungsmechanismus zu einem Verfahren der Durchschnittsbildung gewechselt wurde (vgl. Kapitel 2.6.1 auf S. 41). Zur vereinfachten Interpretation der Bewertungsergebnisse wurde zudem deren Darstellung verfeinert, so dass kontrovers bewertete Ideen besser identifiziert werden können. Auf Basis der Ideenbewertungsergebnisse wird für jede Idee ein Popularitätsindex erstellt (in Abbildung 4-6 beträgt dieser 1047), der um eins steigt (sinkt), wenn eine Idee positiv (negativ) bewertet wird. Eine neutrale Bewertung hat keine Auswirkung. Durch ein kleines Balkendiagramm unter dem Indexwert wird die Verteilung der Ideenbewertungen angezeigt, wodurch die Community-Mitglieder bei der Interpretation der Ideenbewertung unterstützt werden können:

> *"They didn't quite change the way the voting system worked on [OSS Brainstorm] but instead they changed the interface of how the data is presented to the user. So, now we have the slider thing showing the proportion, and the option to vote neutrally. I think the neutral vote has been helpful, especially because people feel they should make an indicator that they read an idea [...]. Neutral votes are a great way to do that."* (ehrenamtlicher Softwareentwickler)

Abbildung 4-6: Skala zur Popularitätsabstimmung bei OSS Brainstorm
Quelle: o.V. (2012g)

IT-basierte Koordinationskompetenzen

Prozessintegration: Mit dem *"Launchpad"* werden nicht nur die einzelnen *"Blueprints"* erstellt, sondern z.B. auch Fehlermeldungen gesammelt und behoben, einzelne Software-Module verwaltet und in das Betriebssystem integriert sowie die einzelnen Übersetzungen für die Regionalversionen des Betriebssystems erstellt. Die Open Source AG und das Community-Management sind daher bestrebt, OSS Brainstorm stärker an diese Entwicklungsplattform einzubinden. So werden Ideen aus der Brainstorm-Plattform häufig mit den entsprechenden Einträgen auf der *"Launchpad"*-Plattform verlinkt, so dass einerseits die Entwicklung der Ideen durchgängig über die beiden unabhängigen Plattformen nachvollzogen und andererseits Kundenwissen und -erfahrungen besser im Entwicklungsprozess berücksichtigt werden können. Durch die Integration der beiden Plattformen kann sichergestellt werden, dass Entwickler nicht mit Input bei der Software-Erstellung überfrachtet werden, aber gleichzeitig nicht den Kontakt zur Community verlieren. Weiterhin ist geplant, die OSS Brainstorm Plattform vollständig in die „*Launchpad*"-Umgebung zu integrieren. Auch wenn dadurch ein erster Schritt in Richtung einer stärkeren Integration der Brainstorm Community in den internen Entwicklungsprozess der Open Source AG gemacht wurde, ist dies nach wie vor eine der größten Herausforderungen.

Boundary-Spanning: Eine weitere, große Herausforderung beim Betrieb der OSS Brainstorm Community ist es, OSS Brainstorm als Anwender-Community mit der davon unabhängigen Entwickler-Community zu synchronisieren. Zwischen diesen beiden Informationssphären besitzt das Community-Management eine zentrale Schnittstellenfunktion. Für die Entwickler dient es neben der *"Idea Sandbox"* und dem Ideenbewertungsmechanismus in gewisser Weise als dritte Ideenfilterstufe. Als zentraler *"Boundary-Spanner"* verteilt es Ideen und Informationen aus der Brainstorm Community bei der Entwicklung neuer Versionen des Betriebssystems, indem es z.B. Ideen an einzelne Entwickler weiterleitet und dafür sorgt, dass die populärsten Ideen auf den Kommunikationskanälen der Entwickler, wie z.B. *„Mailinglisten"* und *"Internet Relay Chats (IRCs)"*, diskutiert werden. Zur Verlängerung dieser Aktivitäten führt es zudem spezielle Workshops zur Diskussion und Weiterentwicklung der Ideen aus der OSS Brainstorm Community auf dem *"Developer Summit"* durch.

Für einen langfristig erfolgreichen Betrieb der OI-Community, müssen die Community-Mitglieder aber auch Rückmeldung zu ihren Ideen erhalten, da diese sich ohne Feedback oftmals enttäuscht von der Community abwenden. Obwohl auf der Community-Plattform und durch das Community-Management ein aktives Erwartungsmanagement betrieben wird, ist dies aufgrund der im Vergleich zu den Entwicklern sehr hohen Anzahl an Community-Mitgliedern ein großes Problem. Das Community-Management probiert daher einerseits auf so viele Ideen wie möglich selbst einzugehen und andererseits Entwickler dazu zu motivieren, verstärkt auf die Ideen einzugehen. Aus diesem Grund wurden in die Ideenbeschreibungen spezielle Felder für Entwicklerkommentare eingeführt, mit denen diese Verständnisfragen bezüglich der Ideen stellen sowie Weiterentwicklungen anstoßen können. Um die Transparenz bezüglich des Implementierungsstatus einzelner Ideen zu erhöhen, können Ideen mit vier verschiedenen Status versehen werden. Ideen erhalten den Status *"Idea Sandbox"*, wenn sie in der OI-Community eingereicht und noch nicht als gültige Ideen bestätigt wurden. Erfolgt dies, erhalten sie den Status *"Popular Ideas"*. Ideen, die zur Umsetzung ausgewählt bzw. schon umgesetzt wurden, erhalten dementsprechend die Status *"Ideas in Development"* bzw. *"Implemented Ideas"*. Die Vergabe der Status erfolgt entweder durch die Entwickler selbst, das Community-Management oder einzelne Mitglieder, die aus den *"Release Notes"* von der Implementierung einzelner Ideen erfahren. Ein standardisierter Prozess zur Überwachung der Ideenstatus existiert nicht, wodurch die Aktualität dieser Informationen leidet.

IT-basierte Sozialisierungskompetenzen

Community-Building: Die Open Source AG ist bestrebt, neue Mitglieder möglichst schnell in die Brainstorm Community zu integrieren. Dafür stehen Neuankömmlingen umfangreiche Informationen bereit. Zu diesem Thema ist auch ein IRC vorhanden, wodurch neue Mitglieder schnell mit bereits etablierten Mitgliedern in Kontakt kommen können, um an der Weiterentwicklung der Software teilnehmen zu können. Über umfassende Nutzerprofile können sie diese näher kennen lernen. In der ganzen Community herrscht eine starke *„Kultur des Mitma-*

chens", die von einer großen Offenheit geprägt ist und durch das Community-Management und der Community als Ganzes forciert wird:

> *„Zum einen weil wir in [OSS Brainstorm] von Anfang an eine Kultur des Mitmachens haben. Da wir schon von Anfang an kollektiv waren. Wir haben nicht zwei verschiedene Releases, wie Enterprise und Community. Da wir selbst alle in [der Open Source AG] von zu Hause arbeiten, reden wir mit der Community genauso, wie wir mit unseren Kollegen reden. Es gibt also relativ wenige Barrieren, um mitzumachen. Ich denke mal, dass hat auch dazu geführt, dass die Community gut gewachsen ist und auch gemerkt hat, wenn man mit diskutiert, dann kann man auch was bewirken."* (Technischer Leiter Desktopentwicklung)

Dadurch können sich neue Mitglieder schnell in die Community integrieren und aktiv tätig werden. Weiterhin ist das Community-Management bestrebt, durch das Schaffen gemeinsamer Rituale den Austausch zwischen den Community-Mitgliedern zu fördern. Ein Beispiel sind hier z.B. *"Hug for a Bug"*-Aktionen, in denen gemeinschaftlich kleinere Fehler in dem Betriebssystem entfernt werden. Einen weiteren Sozialisierungsmechanismus zum Community-Building stellt das halbjährliche Entwicklertreffen dar, an dem alle Mitglieder der OSS Brainstorm Community teilnehmen können. Auch wenn dieses in der realen, physischen Welt stattfindet, ist dieses sehr eng mit der Community verzahnt. So wäre eine Vorbereitung ohne IT nicht möglich, da sich die räumlich und zeitlich verteilten Teilnehmer im Vorfeld über eine IT-Plattform auf die zu diskutierenden Themen verständigen und sich für das "Developer Summit" registrieren. Während des Entwicklertreffens werden alle Workshops und Sitzungen live per Video ins Internet übertragen und alle virtuellen Besucher können der *"Voice-Over-IP"*-Technologien an den Diskussionen teilnehmen. Zudem werden während und nach diesen Sitzungen alle Informationen mittels sozialen Medien, wie z.B. *"Twitter"*, verbreitet, so dass zwischen allen Teilnehmern ein starkes Gefühl der Verbundenheit und des *„Dabeiseins"* entsteht.

Selbstverwaltung: Die Selbstverwaltung der Community wird durch ein ausgereiftes, hierarchisches Rechte- und Rollenkonzept ermöglicht (vgl. Abbildung 4-7). Die Standardrolle ist der *"User"*, der berechtigt ist, Ideen einzureichen, zu bewerten und zu kommentieren. Weiterhin können diese verletzende, beleidigende oder irrelevante Beiträge in der OI-Community markieren, so dass diese leichter identifiziert und entfernt werden können. Auf der zweiten Hierarchiestufe sind *"Idea Reviewer"*, die zusätzlich berechtigt sind, in der *"Idea Sandbox"* neue Ideen zu begutachten. Wenn *"Idea Reviewer"* gute Arbeit leisten, können sie *"Moderator"*-Rechte erlangen, die es ermöglichen, Ideen in unterschiedliche Kategorien zu verschieben sowie Titel, Inhalt und Status einer Idee zu verändern. Die Rolle *"Developer"* stellt eine kleine Erweiterung der Moderator-Rolle dar und steht nur Entwicklern zur Verfügung. *"Developer"* dürfen Ideen zusätzlich im Entwicklerkommentarfeld kommentieren. Die oberste Hierarchiestufe ist der *"Administrator"*, mit der andere Nutzer gelöscht, gesperrt und Rollen verteilt werden können. Über das *"Developer Summit"* wird das Führungspersonal der Brainstorm Community direkt in den Planungsprozess der zukünftigen Distributionen einbezogen, wodurch es der Open Source AG möglich ist, die Community im Hinblick auf die Unternehmensziele zu steuern. Die dem Rechte- und Rollenkonzept immanenten Aufstiegsmöglichkeiten üben auf die einzelnen Community-Mitglieder eine stark motivierende Wirkung aus und versetzen die Open Source AG in die Lage, erfahrenes und vertrauenswürdiges Führungspersonal zu rekrutieren, das über hohes Produktwissen verfügt und die Innovationsentwicklung vorantreibt. Freiwillig teilnehmende Softwareentwickler werden an die Community gebunden und in langfristige Planungsprozesse eingebunden. Das Rechte- und Rollenkonzept ist für OSS Brainstorm äußerst erfolgreich:

> "You know, when people are passionate about something they'll do a good job. The community really polices itself, just like other parts of [OSS Brainstorm]." (Leiter OI-Community)

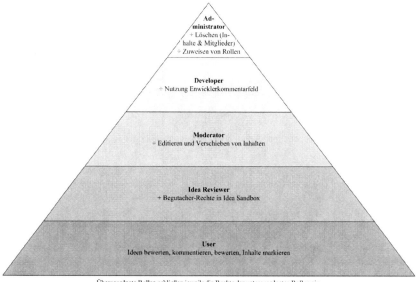

Abbildung 4-7: Rechte- und Rollenkonzept von OSS Brainstorm
Quelle: Eigene Darstellung

4.3.2 Fall B: „ERP IdeaZone"

4.3.2.1 Ziele und Auslösetrigger von ERP IdeaZone

Die „ERP Software AG" ist ein global agierendes Unternehmen mit über 90.000 Mitarbeitern, das sich auf die Herstellung von "Enterprise Resource Planning (ERP)" Software spezialisiert hat. Im Angebot befindet sich eine Vielzahl von ERP-Lösungen zur Unterstützung der Geschäftsprozesse von Unternehmen. Umsätze werden dabei in erster Linie durch Lizenzgebühren für die ERP-Software und Beratungsdienstleistungen generiert. Das Unternehmen wurde in der 70er Jahren gegründet und ist heute einer der größten Softwarehersteller der Welt. Es ist durch eine über die Jahre gewachsene, organisatorische Struktur geprägt. Die ERP Software AG ist intern nach Produktbereichen organisiert, für die jeweils einzelne Produktmanagement-Teams verantwortlich sind. Zudem verfügt die ERP Software AG über einen relativ stark formalisierten Innovations- und Entwicklungsprozess.

Die Gründung der „ERP IdeaZone" OI-Community erfolgte durch die Initiative einzelner Mitarbeiter und nicht durch das Management des Unternehmens. Diese entwickelten die technische Plattform zum Betrieb der Community abseits der offiziellen Strukturen und banden das Management erst kurz vor der Einführung ein. ERP IdeaZone entspricht einer Ideencommunity nach Bretschneider (2011, 34-40). Die ERP Software AG verfolgt mit ERP IdeaZone zwei Ziele: Erstens sollte ein zentraler Kanal für das Sammeln und Bündeln von Kundenfeedback geschaffen werden. Zuvor existierten eine Vielzahl von unternehmensinternen und -externen Foren, Wikis und Ideenlisten, mit denen die ERP Software AG versuchte, Kundenwünsche und -ideen zu erfassen und in die Produktentwicklung zu integrieren. Durch ERP IdeaZone sollen jetzt Produktmanager und Softwareentwickler direkt über einen zentralen Kanal mit Kunden interagieren können. Zweitens sollte, wie das folgende Zitat des verantwortlichen Community-Managers veranschaulicht, durch die ERP IdeaZone Community ein Weg geschaffen werden, auf systematische Weise Präferenzinformationen von den eigenen Kunden zu erheben, um damit intern entwickelte Innovationsideen besser priorisieren zu können:

"They [product managers] can have it all in a central area as well as customers can vote on them. It solves the pain of, instead of having 1000 customers up for the same idea, because they can't see what each of them are doing, now one customer can submit an idea, and a 1000 people can vote on it. So, the product manager loves that, because then they're like I updated one place, and all of those people." (Leiter OI-Community)

Die ERP IdeaZone Community wurde vor einem Jahr eingeführt. Bis heute wurden in der Community über 6.500 Ideen und 5.000 Kommentare eingereicht und über 25.000 Ideenbewertungen abgegeben (vgl. Abbildung 4-8).

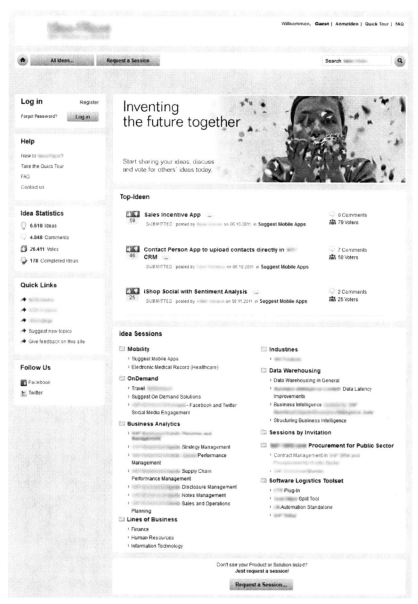

Abbildung 4-8: Startseite von ERP IdeaZone
Quelle: o.V. (2012f)

4.3.2.2 Ideenabsorption bei ERP IdeaZone

Inputs

Mitglieder von ERP IdeaZone sind Anwender der ERP Software der ERP Software AG, die aus ihrer Anwendungserfahrung heraus, Ideen und Verbesserungsvorschläge einreichen. Die eingereichten Ideen können vereinfachend in drei Kategorien eingeteilt werden. Der Großteil dieser Ideen ist inkrementeller Natur, die sich direkt auf die Verbesserung oder Einführung einzelner Funktionalitäten für die bestehenden ERP-Lösungen beziehen. Ideen der zweiten Kategorie besitzen einen stärkeren, strategischeren Charakter und beziehen sich auf neue Anwendungskontexte, mit denen der Marktanteil für die bestehenden Lösungen gesteigert werden kann. Die dritte Gruppe umfasst radikale Innovationsideen, die mehrere Produktbereiche überspannen. Da diese das durch die Organisationsstruktur bedingte Produktbereichsdenken überkommen, sind sie der ERP Software AG oftmals gänzlich unbekannt:

> *"There are ideas that shouldn't exist. You take two areas, and slum them together or there is an idea that pops out that you didn't know about." (Leiter OI-Community)*

Unabhängig von ihrem Innovationsgrad enthalten die eingereichten Ideen in erster Linie Bedürfnisinformationen. Zudem besitzt die ERP IdeaZone Community einen Ideenbewertungsmechanismus, mit dem Präferenzinformationen erhoben werden können.

Die ERP IdeaZone wird direkt von den einzelnen Produktmanagement-Teams betreut, die prinzipiell das Technologiewissen besitzen, um erfolgreich mit der Community arbeiten zu können. Jedoch gibt es hier große Unterschiede hinsichtlich der einzelnen Teams. Während einige dieser Teams von Beginn an die *„Sprache der Community"* verstanden haben, fiel es vielen Teams, insbesondere in der Anfangsphase, sehr schwer sich auf die Community einzulassen. Aus einer AC-Perspektive fehlte es diesen Teams an der notwendigen Wissensbasis, das Marktwissen der Anwender erfolgreich mit ihrem Technologiewissen zu kombinieren.

> *"There are those teams, I'm not sure if they understand the value of crowdsourcing, but the teams that have signed up, the most successful ones, are the ones that in the back of their minds have been begging for this all the time." (Leiter OI-Community)*

Absorptionsprozesse

Exploratives Lernen: Ausgangspunkt des explorativen Lernens sind die einzelnen Produktmanagement-Teams der ERP Software AG, die als interne Hauptzielgruppe der Community anzusehen sind. Diese Teams können bei Bedarf auf der Community-Plattform einzelne *"IdeaZones"* eröffnen, die sich inhaltlich jeweils an den Produktbereichen der Teams orientieren. Innerhalb dieser *"IdeaZones"* können Community-Mitglieder Ideen zu den entsprechenden ERP-Produkten einreichen. In diesen *"IdeaZones"* können die Produktmanagement-Teams weiterhin zeitlich begrenzte *"IdeaSessions"* zu speziellen Themen oder Problemstellungen starten, zu denen Community-Mitglieder Verbesserungsvorschläge einreichen sollen. Sind zu bestimmten Produkten der ERP Software AG noch keine *"IdeaZones"* vorhanden, können diese durch die Community-Mitglieder angefragt werden. Nach Eingabe können Ideen mittels einer Kommentarfunktion diskutiert und erweitert werden. Weiterhin können die Community-Mitglieder über die Popularität der Ideen abstimmen und diese mit einer binären Skala (Daumen hoch/runter) bewerten. Bei einer positiven Bewertung wird der aus den Abstimmungsergebnissen gebildete Popularitätsindex der Ideen um eins erhöht, bei einer negativen um eins verringert. Dieser Index dient als Aufmerksamkeitsfilter der Produktmanagement-Teams und hat einen wesentlichen Einfluss auf die Auswahl der weiter zu verfolgenden Ideen. Dabei kann von der einfachen Faustformel ausgegangen werden, dass Ideen mit einem Popularitätsindex von größer als zehn in die weitere Betrachtung mit aufgenommen werden. Es ist dabei aber nicht nur die absolute Bewertung einer Idee von Bedeutung, sondern auch von welchen Community-Mitgliedern diese eingereicht und bewertet wurde, da Ideen und Bewertungen von wichtigen Kunden, mit denen die ERP Software AG einen hohen Umsatz erzielt, bei den Produktmanagement-Teams ein höheres Gewicht besitzen.

Transformatives Lernen: Die Selektion der zu implementierenden Ideen erfolgt durch die einzelnen Produktmanagement-Teams. Diese bestimmen in der Regel einen Mitarbeiter, der die Community betreut und die Ideen in die jeweiligen Produktbereiche trägt. Die Produktmanagement-Teams versuchen, selektierte Ideen mit bereits vorhandenen, *„internen"* Ideen zusammen zu fassen und zu übergeordneten Funktionalitäten zu verdichten. Bei radikalen Ideen, die sich nur schlecht mit den bereits existierenden Ansätzen verbinden lassen, erfolgt eine Evaluierung in welches Produkt die Ideen integriert werden könnten bzw. ob ein Folgeprojekt zur Weiterentwicklung ins Leben gerufen werden soll. Weiterverfolgte Ideen bzw. Funktionalitäten werden mit der bestehenden Produktstrategie abgeglichen und bei einer ausreichenden Passung wird eine Machbarkeitsanalyse angestoßen. Anschließend werden Anforderungen für das Endprodukt erhoben und diese bei Bedarf mit existierenden Anwendergruppen (vgl. Kapitel 2.3.2 auf S. 17) abgeglichen und verfeinert. Wird in diesen die strategische Relevanz der Ideen bestätigt und der Implementierungsaufwand als vertretbar eingeschätzt, erfolgt die finale Entscheidung zur Umsetzung, so dass die Ideen in die *"Development Queue"* aufgenommen werden.

Exploitatives Lernen: In der *"Development Queue"* werden Ideen mehr oder weniger unabhängig von den Produktmanagement-Teams durch spezielle Softwareentwicklungsabteilungen implementiert und in Beta-Versionen überführt. Zu diesem Zeitpunkt wird nicht mehr zwischen internen und externen Ideen unterschieden. Jedoch ist ein Aufnehmen in die *"Development Queue"* keine Garantie für eine Umsetzung der Ideen. Im Rahmen der Release Planung können einzelne, ursprünglich geplante Funktionalitäten aufgrund äußerer Einflüsse fallen gelassen werden, insbesondere wenn die tatsächlichen Entwicklungskosten die ursprünglichen Schätzungen der Machbarkeitsanalyse übersteigen oder eine Implementierung innerhalb der veranschlagten Zeit nicht möglich ist. Als abschließender Schritt erfolgt das Testen und Integrieren der erstellten Beta-Versionen in die Produkte der ERP Software AG, die anschließend von den entsprechenden Vertriebs- und Marketingeinheiten kommerzialisiert werden.

Outputs

Zum derzeitigen Zeitpunkt wurden 159 Ideen aus der ERP IdeaZone Community implementiert. Die ERP Software AG verfolgt dabei jedoch in erster Linie die Umsetzung von inkrementellen Innovationsideen, da diese relativ einfach umzusetzen sind. Das heißt, dass ERP IdeaZone bislang in erster Linie zur kontinuierlichen Produktverbesserung eingesetzt wird. Durch die hohe Bedeutung der Popularitätsabstimmung und die systematische Verdichtung der Innovationsideen, ist die ERP Software AG zudem in der Lage, Kundentrends und Verschiebungen in den Bedürfnissen der eigenen Kundenbasis frühzeitig zu identifizieren.

Kontingenzfaktoren

Selbstverstärkung: Dank der Integration der ERP IdeaZone Community in das umfassende Community-Netzwerk der ERP Software AG, wurde die zum Betrieb der Community notwendige, kritische Masse an Teilnehmern schnell erreicht. Aufgrund der großen Erfahrung der ERP Software beim Betrieb von virtuellen Communities, wurde bei der Einführung der ERP IdeaZone Community bewusst ein schrittweises Vorgehen verfolgt. Die ERP IdeaZone Community wurde zunächst unabhängig von dem Community-Netzwerk mit einigen hoch involvierten Produktmanagement-Teams gestartet. Weiterhin wurde dabei der Fokus auf das Sammeln und Implementieren inkrementeller Innovationsideen von Produkten bzw. Software-Modulen mit relativ geringer Komplexität und Abhängigkeit zum Gesamtsystem gelegt:

> *"What about innovation ideas that cross the whole [product] area? What about new areas or new ideas that cross those? We are currently not dealing with those right now, [...] we wanted to get an incremental [...] process working before we open it up into these larger ones, because the larger ones are much more strategic, and we can have a lot of discussion about them in the community, it will be very active, but our ability to execute on them right now is not clear." (Leiter OI-Community)*

So konnten sich im Laufe der Zeit stabile Absorptionsprozesse und -kompetenzen entwickeln, bevor eine kritische Masse von Community-Mitgliedern durch Anschluss an das ERP Community Netzwerk akquiriert wurde. Weiterhin werden momentan die sich langsam etablierenden Prozesse schrittweise auf komplexere Produktlinien ausgeweitet. Durch dieses Vorgehen ist die ERP Software AG in der Lage die Entwicklungsgeschwindigkeiten der OI-Community mit denen der Absorptionsprozesse zu synchronisieren.

Macht: Je nach Produktbereich variiert das Ausmaß an Autonomie der einzelnen Produktmanagement-Teams. Während einzelne Produktmanagement-Teams sehr große Freiheiten bei der Weiterentwicklungen ihrer Produktlinien besitzen und vergleichsweise viele Ideen aus ERP IdeaZone umgesetzt haben, werden andere in ihrer Handlungsfreiheit sehr stark durch die übergeordnete Unternehmens- und Produktbereichsstrategie eingeschränkt. Diese Teams schrecken daher eher davor zurück, ERP IdeaZone Ideen in großem Umfang zu implementieren, da diese aufgrund von Veränderungen, wie z.b. Strategiewechsel durch die Unternehmensleitung, nur noch von untergeordneter Relevanz sein könnten. Vor diesem Hintergrund ist die Umsetzung von Ideen für diese Teams mit einem großen wahrgenommenen, persönlichen Risiko verbunden:

> *"That is the biggest challenge, because we have not only existing risk that something could change, but also for teams that don't have so much autonomy, or feel they don't have so much autonomy really want to cover their behinds."* (Leiter OI-Community)

Eine hohe Autonomie der Produktmanagement-Teams kann daher als systemische Macht zur Umsetzung von Ideen angesehen werden, da sie in einer gewissen Weise die externe Interaktion mit der OI-Community legitimiert. Da sich jedoch auch diese Teams der Unternehmensstrategie unterordnen müssen, ist die Implementierung von Ideen häufig mit einem großen persönlichen Einsatz verbunden. Der Leiter der ERP IdeaZone Community ist jedoch der Meinung, dass die Einführung von frei verfügbaren Zeiten, in denen Mitarbeiter ihren eigenen Innovationsprojekten nachgehen können (*"Slack-Zeiten"*) der Implementierung von Ideen förderlich wäre, da sie das persönliche Risiko der Produktmanager reduzieren würde.

Aneignungsfähigkeit: Die ERP IdeaZone Community ist grundsätzlich sehr offen. Jedoch sind durch die Gestaltung der ERP IdeaZone Community die Auswirkungen externer Wissensabflüsse limitiert. Einerseits sind die eingereichten Ideen durch das System der *"IdeaZones"* und *"IdeaSessions"* sehr spezifisch, da sie sich direkt an den Erfordernissen der Produktmanagement-Teams orientieren. Zur Interpretation dieser Ideen ist daher ein sehr detailbezogenes Produktwissen notwendig, um die Ideen und die darin enthaltenen Bedürfnisinformationen zu verstehen. Andererseits wird durch sehr direkte Anbindung der Produktmanagement-Teams sichergestellt, dass diese spezifischen Ideen auch effektiv absorbiert werden können, da sie nicht erst innerhalb des Unternehmens an die richtigen Personen weitergeleitet werden müssen. Diese Unmittelbarkeit ermöglicht direkte, soziale Interaktion zwischen Produktmanagement-Teams und Produktanwendern, die stets immaterieller Natur ist und nicht kopiert werden kann. Aus dieser verstärkten Kundeninteraktion lernen die Produktmanagement-Teams ihre Anwender besser kennen. Dadurch sind sie in der Lage, aus der großen Anzahl der eingereichten Bedürfnisinformationen, die für die Innovationsentwicklung wesentlichen Ideen heraus zu destillieren und zu Trends zu verdichten.

Der Absorptionsprozess der ERP IdeaZone Community und dessen Kontingenzfaktoren werden in Abbildung 4-9 dargestellt.

106 Empirische Analyse der Ideenabsorption in OI-Communities

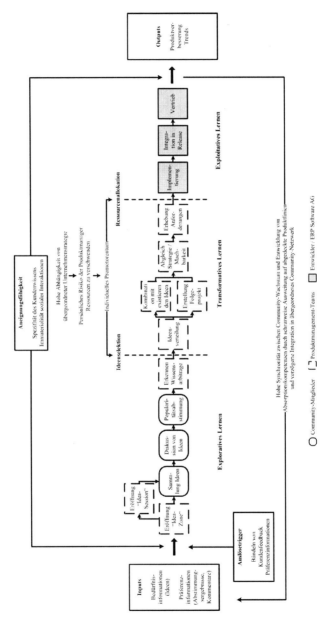

Abbildung 4-9: Absorptionsprozess der ERP Software AG (ERP IdeaZone)
Quelle: Eigene Darstellung

4.3.2.3 IT-basierte Absorptionskompetenzen bei ERP IdeaZone

IT-basierte Systematisierungskompetenzen

Toolkit-Design: Ideen in ERP IdeaZone bestehen aus einem Titel und einer Beschreibung. Zudem können sie mit Schlagworten zur inhaltlichen Beschreibung (*"Tags"*) versehen werden. Durch das System der *"IdeaZones"* erfolgt zwangsläufig auch eine thematische Kategorisierung der Ideen, die nicht extra durch die Community-Mitglieder oder die Produktmanagement-Teams vorgenommen werden muss. Bei der Eingabe stehen weiterhin eine Vielzahl von Formatierungsoptionen für den Beschreibungstext zur Verfügung. Weiterhin soll die Einbindung von Quellcode durch spezielle Syntax-Hervorhebungen, wie z.B. für Java, vereinfacht werden. Zur Verbesserung der Ideen steht neben einer Kommentar- auch eine Wikifunktionalität zur Verfügung, mit der eingereichte Ideen direkt editiert werden können (vgl. Abbildung 4-10). Bei der Eingabe können Ideengeber auswählen, ob sie Ihre Ideen zur freien Überarbeitung für andere zur Verfügung stellen wollen oder nicht. Diese Diskussions- und Überarbeitungsfunktionalitäten werden jedoch insgesamt relativ spärlich von den Community-Mitgliedern genutzt – die Mehrheit der Ideen wurde weder kommentiert noch überarbeitet. Als anreizunterstützende Komponente zur Förderung dieser Aktivitäten wurde nachträglich ein „*Aktivitätsranking*" eingeführt, in dem die aktivsten Community-Mitglieder aufgelistet werden. Diese erhalten für jede Aktivität auf der ERP IdeaZone Plattform eine bestimmte Anzahl an Aktivitätspunkten, die automatisch zu einem Aktivitätsindex aufsummiert werden. Jedoch ist diese Rangliste innerhalb der ERP-Community nur schwer aufzufinden, wodurch sie nur einen Teil ihrer motivierenden Wirkung entfalten kann.

Kollektive Ideenbewertung: Community-Mitglieder können Ideen mit einem einfachen Abstimmungsmechanismus positiv oder negativ bewerten (vgl. Abbildung 4-10). Jedes Community-Mitglied besitzt pro Idee eine Stimme. Aus den Abstimmungsergebnissen wird ein Popularitätsindex gebildet, der für positive Bewertungen um eins erhöht und für niedrige Bewertungen um eins verringert wird. Zur Vereinfachung der Interpretation der Abstimmungsergebnisse werden positive und negative Bewertungen in zwei Balkendiagrammen visualisiert. Jedoch geben die Community-Mitglieder nahezu ausschließlich positive Stimmen ab, so dass der Popularitätsindex in der Regel der Anzahl der abstimmenden Community-Mitglieder entspricht. Vor dem Hintergrund der Zielsetzung von ERP IdeaZone, die Produktmanagement-Teams mit Präferenzinformationen zur Vereinfachung des Priorisierens von Innovationsideen zu versorgen, ist die Akquisition einer ausreichenden Anzahl von Ideenbewertungen eine der größten Herausforderungen:

> *"I think the typical challenge we have is the voting. We are getting some voting, but not as much as we like, and part of that I felt the solution itself it is not easy to see a lot of ideas, and vote on them. [...] if there is a product that interests you, what motivates you go into this area, and look through 100 ideas, and vote on them, and show which ones you like. It's taking time of your schedule, and I think that is the one, we are struggling. How to get customers more [...] active in that role." (Leiter OI-Community)*

Um die Effektivität der Popularitätsabstimmung zu erhöhen, erhalten Community-Mitglieder für die Durchführung von Ideenbewertungen vergleichsweise viele Aktivitätspunkte. Jedoch führte diese im Betrachtungszeitraum noch nicht zu einer signifikanten Steigerung von Ideenbewertungen.

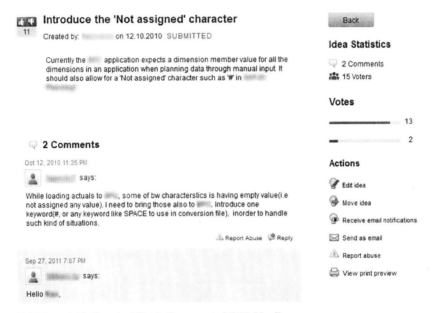

Abbildung 4-10: Popularitätsabstimmung bei ERP IdeaZone
Quelle: o.V. (2012f)

IT-basierte Koordinationskompetenzen

Prozessintegration: Aus Sicht der Produktmanager stellt die ERP IdeaZone-Community im weitesten Sinne ein zusätzliches Informationssystem zur Unterstützung der Innovationsentwicklung dar. Dessen organisatorische Integration wird daher auf zwei unterschiedlichen Ebenen vorangetrieben. Zum einen bedarf es ein Einbinden der OI-Community in die Arbeitsprozesse der einzelnen Produktmanagement-Teams. Zum anderen muss die ERP IdeaZone Community aber auch in die übergeordneten organisatorischen Strukturen der ERP Software AG verankert werden, da sie abseits dieser ins Leben gerufen wurde. Wesentliches Element des Ansatzes zur Integration der ERP IdeaZone Community in die Arbeitsprozesse der Produktmanagement-Teams ist das Schaffen von direkten Verantwortlichkeiten:

"We really want to have strong accountabilities. It is typically one product or solution manager." (Leiter OI-Community)

So können die einzelnen Produktmanagement-Teams nur an der OI-Community partizipieren, wenn sie selbstständig für ihre Produktlinien *"IdeaZones"* einrichten und sich bereit erklären, aktiv auf die Kundenwünsche einzugehen und sich wöchentlich zwei Stunden mit diesen auseinander zu setzen. Jedoch ist dies insbesondere bei den Produktmanagement-Teams schwierig, die sich nicht von Anfang an eine *"IdeaZone"* eingerichtet haben. Die Integration wird daher durch informelle Schulungstreffen für die einzelnen Produktmanagement-Teams und aktives Change Management unterstützt. Für viele Produktmanagement-Teams stellt diese Öffnung mittels der ERP IdeaZone Community eine fundamentale Änderung ihrer Arbeitsweise dar, so dass diesen die Potenziale der ERP IdeaZone Community erst näher gebracht werden müssen, um traditionelle Arbeitsweisen zu verändern:

> *"There is the group of teams that think why would I use this? The current practice of talking to my 10 top customers, who are part of the fortune 500, is good enough. Why should I go to an open approach?" (Leiter OI-Community)*

Die Gründung der OI-Community außerhalb der offiziellen Strukturen der ERP Software AG wirkt zudem oftmals als ein zusätzlicher Verstärker für die zögerliche Öffnungsneigung, da dies zu einer Vergrößerung des wahrgenommenen Nutzungsrisikos führt. Die Leitung der ERP IdeaZone Community versucht daher diese Produktmanagement-Teams für eine aktive Teilnahme zu gewinnen, in dem sie mittlere und obere Führungsebenen in die Nutzung und unternehmensinterne Bewerbung der OI-Community involviert.

Boundary-Spanning: Die ERP IdeaZone Community wurde von der ERP Software AG bewusst so gestaltet, dass ein unmittelbarer Austausch zwischen den Produktmanagement-Teams und den Community-Mitgliedern ermöglicht:

> *"I really wanted [...] a high probability to execute. When teams are interested in getting customer ideas [...], I make sure that the product manager, who at the end of the day owns the idea, and the decision process, is really the one listening, and taking ideas." (Leiter OI-Community)*

Durch die direkte Anbindung der Produktmanagement-Teams ist die ERP Software AG daher sehr gut in der Lage, die beiden unterschiedlichen Informationssphären, OI-Community und Community-Betreiber, zu überbrücken. Durch die direkte Exposition werden Ideen und Inhalte der Community mit relativ geringen Reibungsverlusten aufgenommen. Innerhalb der einzelnen Produktmanagement-Teams fungieren jedoch die für die einzelnen *"IdeaZones"* zuständigen Mitarbeiter als *"Boundary-Spanner"*, die Ideen in die einzelnen Teams tragen. Eine der zentralen Herausforderung bei der Kommunikation mit den Community-Mitgliedern ist dabei das Schaffen einer Transparenz bezüglich des Implementierungsstatus der einzelnen Ideen:

> *"One of the largest issues we have is transparency. [...] If you don't show them [customers] what happens, if you don't tell them what is going on with their ideas, they will start losing trust, and faith, they will not stay in the process, and they won't share their ideas anymore. They won't spend the time to put new ideas in or help develop them, and so it's critical we have that feedback loop."* (Leiter OI-Community)

Durch die dezentrale Organisation des Community-Managements können die einzelnen Produktmanagement-Teams inhaltlich sehr gut auf die Kundenideen eingehen. Als unterstützende Funktionalität fungiert hier ein Ideenstatussystem, das mit *"Submitted"*, *"Under Review"*, *"Accepted"*, *"Delivered"*, und *"Not Planned"* den jeweiligen Implementierungsstatus der Ideen anzeigt. Weiterhin versucht die ERP Software AG die ERP IdeaZone Community mit weiteren Innovationsaktivitäten zu verzahnen. So werden von der ERP Software AG jedes Jahr weltweit Innovationskongresse, so genannte *"Innovation Jams"* durchgeführt. Zur Vorbereitung für diese Kongresse können in speziellen *"IdeaSessions"* Ideen eingereicht werden, die auf diesen Kongressen diskutiert werden sollen.

IT-basierte Sozialisierungskompetenzen

Community-Building: Die ERP Software AG versucht stetig, die ERP IdeaZone Community zu vergrößern und neue Mitglieder in diese zu integrieren. So wurden bspw. in eine Reihe von Produkten Verlinkungen implementiert, die direkt auf die ERP IdeaZone Community führen, so dass Produktanwender bereits während der Produktnutzung neue Ideen einreichen können:

> *"We are doing some things, actually two of the products have included links to [IdeaZone] [...]. There is a feedback button in the UI [User Interface], [...] and it takes you directly to the site. That would be very helpful to get customers to start coming."* (Leiter OI-Community)

Weiterhin unterhält die ERP Software AG ein umfassendes Netzwerk aus thematisch breit gefächerten ERP Communities mit insgesamt mehr als zwei Millionen Mitgliedern. Nach einer initialen Startphase wurde die ERP IdeaZone Community in dieses Netzwerk integriert, so dass dadurch ein kontinuierlicher Zustrom an neuen Teilnehmern sichergestellt werden konnte, ohne die ERP IdeaZone Community intensiv bewerben zu müssen. Im Rahmen der ERP IdeaZone Community und dem übergeordneten Community-Netzwerk ist es den einzelnen Teilnehmern möglich, ein persönliches Profil zu erstellen, Privatnachrichten an andere Mitglieder zu verschicken und diese zu einem persönlichen, sozialen Netzwerk hinzuzufügen. Die ERP Software AG versucht neue Community-Mitglieder in die Community zu integrieren, indem diesen umfassende Informationen zur Funktionsweise der Community offeriert werden. Auf Basis dieser Informationen, Videos und Anleitungen (*"Tutorials"*) zur Nutzung der Community und speziellen Textfeldern innerhalb der *"IdeaZones"*, in denen sich die Produktmanagement-Teams dazu äußern können, wie sie mit ERP IdeaZone arbeiten, ist die ERP Software AG bestrebt eine einladende und offene Community-Kultur zu schaffen.

Selbstverwaltung: Die Selbstverwaltung der Community-Mitglieder spielt bei der ERP IdeaZone Community eine untergeordnete Rolle. Durch die direkte Anbindung der Produktmanagement-Teams an die Community, übernehmen diese in der Regel auch die Moderation der Community. Community-Mitglieder haben lediglich die Möglichkeit, einzelne Ideen zu verschieben und Missbrauch, wie z.b. beleidigende Kommentare, an das zentrale Community-Management zu melden. Strukturen und Mechanismen zum Aufbau einer sich selbstregulierenden Community wurden von der ERP Software AG bisher noch nicht initiiert. Als Konsequenz besitzt die OI-Community eine relativ geringe Kohäsion.

4.3.3 Fall C: „ERP Steampunk"

4.3.3.1 Ziele und Auslösetrigger von ERP Steampunk

„ERP Steampunk" ist eine interne OI-Community, die ebenfalls von der ERP Software AG aus Fallstudie B betrieben wird (vgl. Kapitel 4.3.2.1 auf S. 99 für eine nähere Beschreibung der ERP Software AG). Im Gegensatz zur ERP IdeaZone Community sind im Fokus der ERP Steampunk Community nicht die Kunden, sondern die Angestellten der ERP Software AG. Die ERP Software AG unterhält ein breites Spektrum an unternehmensinternen Communities und Blogs[2], in denen die Mitarbeiter aufkommende Themen diskutieren können, die in Zukunft eventuell für das Unternehmen relevant werden könnten. Dabei handelt es sich z.B. um Themen wie *"Gamification of ERP Software"* oder *"Social Networks"*. Innerhalb dieser Communities werden eine Vielzahl von Innovationsideen generiert, die in der Regel jedoch nicht weiterverfolgt werden. Zentrale Ziele der ERP Steampunk Community sind daher das Schaffen eines Instruments zur schnellen Umsetzung dieser Ideen, um bezüglich der in den Communities aufgegriffenen Trends, schneller eigene Erfahrungen sammeln zu können. In diesem Sinne versteht sich die ERP Steampunk als eine verlängerte Werkbank für die Vielzahl an unterschiedlichen Innovationsinitiativen innerhalb der ERP Software AG. In diesen werden wie in den internen Communities eine große Anzahl an Ideen generiert, die aufgrund mangelnder Ressourcen nicht umgesetzt werden können:

> *"Looking at the picture of communities and innovation groups we have, I realized that we have a problem. I don't think that we have not enough innovations. We have a lot of ideas, people have enough ideas. But what is missing is that we have no... We somehow don't execute on that." (Leiter OI-Community)*

Zum Zeitpunkt der Untersuchung existierte die ERP Steampunk Community seit ca. sechs Monaten und umfasste 218 Mitglieder. In Abbildung 4-11 wird die Startseite der ERP Steampunk Community dargestellt.

---

[2] Dies ist nicht zu verwechseln mit dem ERP Community Netzwerk aus Fallstudie B (vgl. IT-basierte Sozialisierungskompetenzen bei ERP IdeaZone auf S. 76), welches in erster Linie auf externe Anspruchsgruppen zielt.

112 Empirische Analyse der Ideenabsorption in OI-Communities

Abbildung 4-11: Startseite von ERP Steampunk
Quelle: o.V. (2012d)

Ergebnisse der Einzelfallstudien

4.3.3.2 Ideenabsorption bei ERP Steampunk

Inputs

Zielgruppe von ERP Steampunk sind in erster Linie Softwareentwickler, Softwarearchitekten oder andere Angestellte der ERP Software AG mit einem wissenschaftlichen oder technischen Hintergrund, wobei grundsätzlich jeder Interessierte eingeladen ist, sich zu beteiligen:

> *"These are senior people with huge expertise coming more from a development and scientific background or technical background. We are open of course for [...] others as well, because they got a lot of feedback what they have, and if they feel really passionate about something, they are welcome."* (Leiter OI-Community)

Die Teilnehmer sind in der Regel langjährige Mitarbeiter der ERP Software AG und verfügen über ein umfangreiches Wissen bezüglich der ERP-Produkte, ein großes soziales Netzwerk innerhalb des Unternehmens und oftmals auch einschlägige Erfahrungen im Umgang mit virtuellen Communities. Dadurch sind sie sehr gut in der Lage im Rahmen von ERP Steampunk neue Produkte zu entwickeln. Ausgangspunkt für diese sind Ideen der Community-Mitglieder, die ihren Ursprung in anderen unternehmensinternen Communities haben oder im Rahmen von anderen Innovationsinitiativen bzw. dem offiziellen Innovationsprozess nicht umgesetzt wurden. Für die Ideen liegen daher oftmals auch schon umfangreiche Hintergrundinformationen vor, z.B. Präsentationen oder Business Pläne, die den anderen Community-Mitgliedern ebenfalls zur Verfügung gestellt werden können. Ideen stellen daher bereits außerhalb der Community aggregierte Bedürfnisinformationen dar, für die in ERP Steampunk gemeinschaftlich Lösungsinformationen erarbeitet werden sollen. Innerhalb der ERP Steampunk Community kommt es daher zu einer umfangreichen Kombination von dem Technologie- und Marktwissen der Community-Mitglieder.

Absorptionsprozesse

Exploratives Lernen: Grundlage der Ideensammlung innerhalb von ERP Steampunk ist die Bildung von Diskussionsgruppen um einzelne Ideen herum. Innerhalb dieser Gruppen werden die Ideen schrittweise verfeinert und deren Anwendungsmöglichkeiten erörtert. Laufen sich Diskussionen ohne Ergebnis fest, werden *"StormSessions"* durchgeführt. Dies sind einstündige Web-Konferenzen, in denen die Ideen innerhalb eines Brainstorming weiterentwickelt werden. Die Auswahl der Ideen wird in der ERP Steampunk Community durch keinen expliziten Ideenbewertungsmechanismus unterstützt. Aus der Beteiligung der Community-Mitglieder an den Diskussionsgruppen wird jedoch implizit auf die Qualität der Ideen geschlossen.

Transformatives Lernen: Die Selektion von Ideen zur weiteren Ausarbeitung in einem *"Pitch"* erfolgt durch das Community-Management, das derzeit durch den Leiter der OI-Community betrieben wird, oder durch einzelne Community-Mitglieder. Ein *"Pitch"* ist eine einstündige Web-Konferenz, in der einzelne Ideen 15 Minuten präsentiert und daran anschließend 45 Minuten diskutiert werden. Im Gegensatz zu *"StormSessions"* ist das Ziel dieser

Web-Konferenzen die Verdichtung der diskutierten Idee zu einem konkreten Anwendungsfall *("Use Case")*. Ein *"Pitch"* wird dabei grundsätzlich von den ursprünglichen Ideengebern geleitet. Kann dieser während oder im Nachgang der Web-Konferenz genügend Community-Mitglieder überzeugen, sich an der Implementierung des gemeinsam definierten Anwendungsfalls zu beteiligen, entspricht dieses im weitesten Sinne einer finalen Implementierungsentscheidung und Ressourcenallokation.

Exploitatives Lernen: Erster Schritt in der Phase des exploitativen Lernens ist das Bilden eines *"Punk Project"* auf der ERP Steampunk Plattform durch den ursprünglichen Ideengeber, der in der Regel die Rolle des Projektleiters einnimmt. Innerhalb eines *"Punk Project"* erfolgt die Umsetzung der Ideen. In diesem kommt es zur Bildung und Verteilung von Arbeitspaketen sowie der Definition von Meilensteinen. Die beteiligten Projektmitglieder implementieren die Ideen bis zur Reife von funktionsfähigen Prototypen. Für die schrittweise Weiterentwicklung und Kommerzialisierung dieser Prototypen versuchen Projektleiter und -mitglieder zunächst, unternehmensinterne Nutzer zu akquirieren. Durch das Installieren einer kritischen Nutzermasse soll genügend Feedback für die Weiterentwicklung der Prototypen gesammelt und deren Integration in das Produkt-Portfolio der ERP Software AG vereinfacht werden. Werden Prototypen in das reguläre Produkt-Portfolio aufgenommen, erfolgt deren Kommerzialisierung durch Marketing und Vertrieb. Als alternative Vermarktungsoption steht weiterhin die Vermarktung über die ERP Software AG-interne *"Venture Capital"*-Geschäftseinheit zur Disposition.

Outputs

Zum Untersuchungszeitpunkt wurde erst eine Idee innerhalb der ERP Steampunk Community prototypisch umgesetzt, für die gerade in der Phase der Ideenkommerzialisierung versucht wird, eine kritische Nutzermasse aufzubauen. Zwei weitere *"Punk Projects"* werden derzeit von einzelnen Mitgliedern vorangetrieben. Neben der Erhöhung der Innovationskraft durch die Umsetzung dieser Ideen können durch die ERP Steampunk Community aber auch weitere positive Effekte erzielt werden. Dies umfasst zum einen eine Erhöhung der Mitarbeiterzufriedenheit, da die einzelnen Community-Mitglieder innerhalb einer überschaubaren Zeitspanne Erfolgserlebnisse im Rahmen eines selbstbestimmten Projekts realisieren können:

> *"You can build it in four weeks easily, and you own that piece, and you have an impact, and suddenly this gives people meaning, and I think that was one of the reason why the group became so successful." (Leiter OI-Community)*

Die Umsetzung von Ideen fördert zudem organisationales Lernen in Form einer umfassenderen Identifikation und Bewertung aufkommender Trends. Dieses Wissen ist in einer Vielzahl von Kontexten einsetzbar und vergrößert die strategische Flexibilität der ERP Software AG weit über die Grenzen der OI-Community hinaus. Weiterhin ermöglicht ERP Steampunk die Akquisition von zusätzlichen Personalressourcen, die für die Umsetzung einzelner Projekte notwendig sind. Die Durchführung der Aktivitäten erfolgt zu einem großen Teil in der Freizeit der Mitarbeiter, so dass diese bei den Projekten über eine hohe, intrinsische Motivation verfügen:

> "So, basically we could staff the project with six people just within 48 hours." *(Leiter OI-Community)*

Kontingenzfaktoren

Selbstverstärkung: Zum Untersuchungszeitpunkt war die ERP Steampunk Community mit 218 Mitgliedern relativ klein. Jedoch hängt die Größe der benötigten, kritischen Teilnehmermasse sehr stark von Thema und Spezialisierung einer Community ab (Hagel/Armstrong 1997, 114f.; Preece 2000, 91f.). Aufgrund der hohen, intrinsischen Motivation und der starken Identifikation mit der ERP Steampunk Community der Community-Mitglieder, ist in diesem Fall eine relativ geringe Anzahl von Mitgliedern notwendig. Von daher kann davon ausgegangen werden, dass sich die ERP Steampunk Community, trotz ihrer relativ kurzen Lebensdauer, bereits in einer Wachstumsphase befindet und die kritische Nutzermasse durch die Einbettung in das internen Community-System der ERP Software AG in Kürze erreichen wird. Durch die fokussierte Ausrichtung der OI-Community auf die eigenen Mitarbeiter erfolgt das Wachstum der Community aber relativ organisch. Daher können sich die entsprechenden Absorptionsprozesse und -kompetenzen entwickeln, ohne dass es zu einer Überforderung bestehender Strukturen kommt.

Macht: Da die Community-Mitglieder Ideen in ihrer Frei- und Leerlaufzeit weitgehend losgelöst von traditionellen Entwicklungs- und Produktplanungsprozessen umsetzen, besitzen sie prinzipiell eine sehr hohe Autonomie. Unternehmens- und Produktbereichsstrategie besitzen nur eine untergeordnete Bedeutung. Die Umsetzung einzelner Ideen basiert in weiten Teilen auf den freien Entscheidungen der jeweiligen Community-Mitglieder:

> "We just went ahead and said 'Okay, we are all convinced it's the right thing to do, so let's do it'." *(Community-Mitglied)*

Zur Umsetzung benötigt daher jede Idee einen Promotor, der durch Ausübung von episodischer Macht deren Entwicklung vorantreibt. Insbesondere in der Anfangsphase steht diesen Promotoren das Community-Management beratend zur Seite, in dem es z.B. einzelne Community-Mitglieder auffordert, ihre Ideen zu „pitchen" und so den Beginn der transformativen Lernphase anstößt. Auch in diesem Zusammenhang herrschen episodische Machtbeziehungen, da das Community-Management den einzelnen Community-Mitgliedern nicht weisungsbefugt ist und nur eine beeinflussende Rolle einnehmen kann. Zudem ist in der ERP Steampunk Community zu beobachten, dass Mitarbeiter stärker mit der OI-Community arbeiten, wenn in deren Geschäftseinheit eine größere Autonomie herrscht.

Aneignungsfähigkeit: Zum Schutz des Abflusses von geistigem Eigentum ist ERP Steampunk nur für Mitarbeiter der ERP Software AG zugänglich. Darauf aufbauend wird die Community-Plattform auf eigenen Servern betrieben, um eine unmittelbare Kontrolle der Community zu ermöglichen und deren Öffnungsgrad weiter einzuschränken:

> *"I likely would never have considered to having such a discussion outside of [ERP Software AG] for the same reason – intellectual property [...]."* (Community-Mitglied)

Wesentlicher Output der Nutzung der ERP Steampunk Community ist zudem die Fähigkeit, neue Trends identifizieren und einschätzen zu können. Dieses implizite Wissen der Mitarbeiter wird durch soziale Interaktionen in der OI-Community aufgebaut. Dieses ist nicht kodifiziert und bedarf daher im Prinzip auch keiner expliziten Schutzmechanismen.

In Abbildung 4-12 sind zusammenfassend der Absorptionsprozess der ERP Steampunk Community und dessen Kontingenzfaktoren dargestellt.

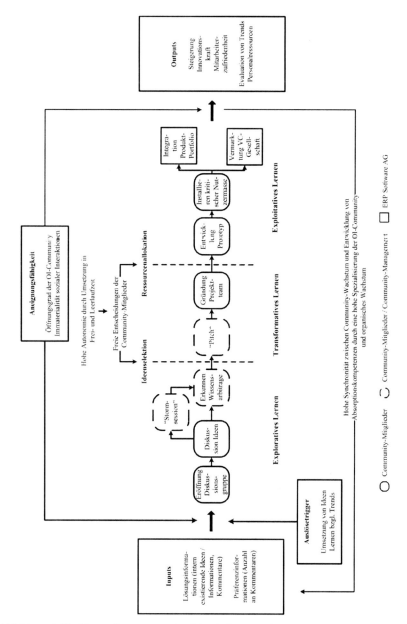

Abbildung 4-12: Absorptionsprozess der ERP Software AG (ERP Steampunk)
Quelle: Eigene Darstellung

4.3.3.3 IT-basierte Absorptionskompetenzen bei ERP Steampunk

IT-basierte Systematisierungskompetenzen

Toolkit-Design: Bei der Gestaltung der ERP Steampunk Community steht die Diskussion der einzelnen Konzepte und Ideen im Vordergrund. Von den grundsätzlichen Funktionalitäten entspricht die ERP Steampunk Community daher am ehesten einem klassischen Online-Forum. Die Eingabe der Ideen wird daher kaum durch spezielle Funktionalitäten unterstützt, sondern erfolgt durch das Eröffnen einer neuen Diskussionsgruppe. Darüber hinaus unterhält das Toolkit der ERP Steampunk Community zahlreiche motivationsunterstützende Komponenten, wobei laut Aussage des Leiters der OI-Community das Streben nach Anerkennung eines der zentralen Motive für die Community-Mitglieder ist:

> *"Pure recognition. It's basically, what it is. You want to be part of the cool thing that you like to do, and you're going to interact with people on your level, and get recognized."*
> *(Leiter OI-Community)*

Durch verschiedene Funktionalitäten macht sich das Toolkit der ERP Steampunk Community dieses Motiv zu Nutze, um die Kreativität und Partizipation der Community-Mitglieder zu steigern. So werden z.B. auf der Startseite die aktivsten Community-Mitglieder prägnant dargestellt (vgl. Abbildung 4-11), wodurch die einzelnen Community-Mitglieder stimuliert werden, neue Ideen einzustellen bzw. bestehende Ideen weiterzuentwickeln. *"Punk Projects"* und die damit einhergehenden *"Punk Project Announcements"* machen sich einen ähnlichen Mechanismus zu Nutze. In diesem ist genau ersichtlich, welches Community-Mitglied, an welchem Projekt teilnimmt und welche Meilensteine ein bestimmtes Projekt verfolgt. Durch diese öffentliche Zurschaustellung werden die einzelnen Projektmitglieder dazu angespornt, qualitativ hochwertige Beiträge einzureichen, um die Anerkennung der anderen Mitglieder zu erarbeiten.

Kollektive Ideenbewertung: Innerhalb der ERP Steampunk Community gibt es derzeit keine Möglichkeit die Popularität der eingereichten Ideen zu bewerten. Die Beteiligung der Community-Mitglieder an den assoziierten Diskussionen fungiert jedoch als implizite Abstimmung, durch die auf die Popularität der Ideen geschlossen wird.

IT-basierte Koordinationskompetenzen

Prozessintegration: Die Umsetzung der Ideen innerhalb der ERP Steampunk Community erfolgt innerhalb der Leerlauf- und Freizeit der einzelnen *"Punk Project"*-Mitglieder. Eine direkte Integration in die Entwicklungsprozesse der ERP Software AG ist dabei bewusst nicht vorgesehen, da dies aus Sicht der ERP Steampunk Community, den Freiraum für die unkomplizierte und schnelle Umsetzung von Innovationsideen nehmen würde. Die Implementierung der Ideen erfolgt daher komplett über Community-Plattformen. Die einzelnen *"Punk Projects"* stellen dabei den Dreh- und Angelpunkt der Ideenimplementierung dar. In diesen Projekten erfolgt eine Bildung von Arbeitspaketen sowie die Koordination deren Umsetzung, so dass alle für die Implementierung benötigten Informationen in diesen zusammenlaufen. Aufgrund der geringen Formalisierung des Implementierungsprozesses müssen sich die Projektmitglieder mittels der Plattform zudem auf ein gemeinsames Vorgehen einigen. Zur Unterstützung dieser gemeinschaftsgetriebenen Innovationsentwicklung erfolgt bei der ERP Software AG eine vereinzelte Einführung von institutionalisierten Leerlaufzeiten (*"Slack-Zeiten"*), die Mitarbeiter für das Vorantreiben eigener Innovationsprojekte zur Verfügung stehen:

> *"There are couple of groups [...], they have a so-called Thanks God it's Friday budget meaning they can spend half of a day per week on whatever they think is valuable, and those guys spend their time on that project here. So, for me it's down to maybe two hours or three hours a week."* (Community-Mitglied)

Als Konsequenz dieser sehr losen, organisationalen Integration ergibt sich für ERP Steampunk die große Herausforderung, die umgesetzten Ideen in das Produkt-Portfolio der ERP Software AG zu integrieren. Daher probiert das Community-Management zusammen mit den Community-Mitgliedern bereits frühzeitig beim Management der ERP Software AG ein Gewahrsein für die Aktivitäten innerhalb der Community zu schaffen und dieses in ERP Steampunk einzubinden. Für das Community-Management ergibt sich hier jedoch die große Herausforderung, auf der einen Seite die notwendige Unterstützung für die Kommerzialisierung der Ideen zu gewinnen, auf der anderen Seite aber nicht die Dynamik der Community durch eine Verkomplizierung des Prozesses zu beschneiden. Diese Öffnung wird daher bei den beteiligten Mitarbeitern durch ein aktives Change Management begleitet, in dem diese fortwährend durch verschiedenste Aktionen für die neuen Impulse aus der Innovationsentwicklung sensibilisiert werden.

Boundary-Spanning: Die ERP Software AG probiert durch unterschiedliche Ansätze den Informationsaustausch zwischen ERP Steampunk Mitgliedern und anderen Mitarbeitern der ERP Software AG zu intensivieren. Zunächst werden durch eine Vielzahl von unterschiedlichen Newslettern in dem internen Community-System versucht, Mitglieder dieser Communities über die Aktivitäten in der ERP Steampunk Community zu informieren und diese in die OI-Community zu integrieren:

> *"If a new idea could be interesting for several user groups within the community, it can be cross-promoted [...] to inform users from other groups about the idea post, and motivate them to read it."* (Leiter OI-Community)

Weiterhin werden thematisch relevante Inhalte aus den anderen Communities prominent in ERP Steampunk beworben (vgl. Kategorie *"Nucking Futs!"* in Abbildung 4-11 auf S. 112). Durch diese Newsletter kann ERP Steampunk als *„verlängerte Werkbank"* zur Implementierung von Ideen sehr gut mit dem internen Community-System und den anderen Innovationsinitiativen verankert werden. Diese Verankerung hängt derzeit jedoch sehr stark vom Community-Management ab, das derzeit eine zentrale Rolle beim Boundary-Spanning einnimmt. Zur Verlängerung seiner Reichweite greift es daher auf *„Innovationsmentoren"* zurück. Diese organisieren an wichtigen Standorten *"Steampunk Events"* – Offline-Events zur Generierung neuer und Verfeinerung vorhandener Ideen. Dadurch werden zusätzliche Möglichkeiten geschaffen, so dass andere Mitarbeiter mit den Inhalten von ERP Steampunk in Berührung kommen und ERP Steampunk in lokale Innovationsaktivitäten integrieren:

> *"We had kind of Steampunk events, I mean not just online but also in reality, that's why I set up a group of innovation mentors. An innovation mentor is somebody at a location, who organizes, [...who...] probably ties all the different initiatives together. [...] But what they all want to do is to make their location look good, create innovations, foster innovations, help people, feeling good about themselves, and [...] people can exchange information, and also resources."* (Leiter OI-Community)

IT-basierte Sozialisierungskompetenzen

Community-Building: Durch das Einbetten der ERP Steampunk Community in das interne Community-System der ERP Software AG kann ein steter Zustrom an neuen Mitgliedern sichergestellt werden. Vom Community-Management wird daher äußerst aktiv versucht, neue Community-Mitglieder emotional in die ERP Steampunk Community zu integrieren und eine gemeinsame Identität zu entwickeln. Diese forciert bewusst einen rebellischen Charakter und will eine *„offene Kultur des Anpackens"* etablieren. So werden neuen Community-Mitgliedern nicht nur umfangreiche Informationen zur Unterstützung in der Beitrittsphase zur Verfügung gestellt, sondern Mission und Vision der ERP Steampunk Community auch in einem eigenen Leitbild fixiert (vgl. Abbildung 4-13). Dieses ist äußerst prominent in der linken, oberen Ecke der Startseite von ERP Steampunk positioniert, die von Website-Besuchern in der Regel als erstes betrachtet wird (Shrestha et al. 2007) (vgl. Abbildung 4-11).

Abbildung 4-13: Leitbild von ERP Steampunk
Quelle: o.V. (2012d)

Das Community-Management kommuniziert diese Kultur aktiv über die Community-Grenzen hinaus, um gezielt neue Mitglieder mit der *„richtigen"* Einstellung akquirieren zu können:

> *"I sent out newsletters to all my communities, [...] and said: 'Look here we have a pitch, if you are honestly interested then come, if you are just here to complain and whine then don't come, we don't like you'. So, this is really literally what I wrote [...] to give them a certain feeling and mood [...]. We do want to achieve something. We want critical people."* (Leiter OI-Community)

Einen weiteren IT-basierten Sozialisierungsmechanismus stellt der stark institutionalisierte Gebrauch von Web-Konferenzen dar, an denen alle Community-Mitglieder teilnehmen können. Durch diese lernen sich die Mitglieder sehr schnell kennen und werden durch die Reichhaltigkeit des Mediums darin unterstützt, untereinander Vertrauen aufzubauen – eine der wesentlichen Voraussetzung für die erfolgreiche Zusammenarbeit in den Projektteams. Zudem werden Community-Mitglieder bei Änderungen hinsichtlich ihrer Ideen oder Kommentare automatisch durch die Community-Plattform informiert, wodurch deren Neugier aufrecht erhalten wird und als Folge neue Besuche stimuliert werden.

Selbstverwaltung: Vom Leiter der ERP Steampunk Community ist grundsätzlich angedacht, die Aufgaben des Community-Managements an einzelne Community-Mitglieder zu übergeben, damit sich über diese die gemeinsame Kultur verfestigen kann und es zu einer umfassenderen Sozialisierung der Mitglieder kommt. Aufgrund des jungen Alters der Community sind die hier angelegten Strukturen jedoch noch nicht selbsttragend.

> *"At the moment I am the only admin, this will change definitely. There will be more people once it becomes successful."* (Leiter OI-Community)

4.3.4 Fall D: „Planet Lifecycle"

4.3.4.1 Ziele und Auslösetrigger von Planet Lifecycle

Die *„Lifecycle Software AG"* ist ein Tochterunternehmen eines großen, international agierenden Technologiekonzerns, der sich auf Industriegüter spezialisiert hat. Für diese komplexen Produkte entwickelt die Lifecycle Software AG Software-Lösungen zum Management von Produktlebenszyklen von der Ideengenerierung über die Produktentwicklung bis zur Produktion, die z.B. eine Reihe von *"Computer Aided Design (CAD)"* Anwendungen enthält. Die Lifecycle Software AG ist einer der weltweit führenden Anbieter von *"Product Lifecycle Management (PLM)"*-Software und beschäftigt ca. 7.600 Mitarbeiter. Der gesamte Konzern beschäftigt mehr als 360.000 Mitarbeiter und wurde bereits im 19. Jahrhundert gegründet. Umsätze erzielt die Lifecycle Software AG durch Lizenzgebühren für die Software sowie für entsprechende Anpassungs- und Beratungsdienstleistungen. Die Lifecycle Software AG ist intern nach Produktbereichen organisiert, für die jeweils einzelne Produktmanagement-Teams verantwortlich sind.

Zur Unterstützung der Innovationsentwicklung unterhält die Lifecycle Software AG einen über die Jahre gewachsenen Prozess zur Einbindung von Produktanwendern in die Innovationsentwicklung. Kunden der Lifecycle Software AG gründeten bereits vor ca. 20 Jahren die *"Planet Lifecycle"* Anwendercommunity, um in diesem *"Customer Integration Process"* die Einzelbedürfnisse der vielen kleinen Kunden zusammen zu führen und die Innovationsentwicklung der Lifecycle Software AG zu beeinflussen. Ein Großteil der Aktivitäten dieser Anwendercommunity erfolgt in der realen, physischen Welt im Rahmen von Anwenderkonferenzen, auf denen die Weiterentwicklung der Lifecycle Software sowie das Vorstellen neuer Software-Lösungen im Vordergrund stehen. Es handelt sich damit weitestgehend um eine Vernetzung der lokalen Anwendergruppen (vgl. Kapitel 2.3.2 auf S. 17). Zur Unterstützung dieser Offline-OI-Community (vgl. z.B. Franke/Shah 2003, 160f.; Gerybadze 2007, 203-205) und Verstetigung der Zusammenarbeit der Community-Mitglieder, wurde vor ca. sechs Monaten die Planet Lifecycle Website mit zahlreichen Funktionalitäten zur Zusammenarbeit und gemeinschaftlichen Innovationsentwicklung erweitert. Die Startseite der Online-Plattform der Planet Lifecycle OI-Community wird in Abbildung 4-14 abgebildet.

Ergebnisse der Einzelfallstudien 123

Abbildung 4-14: Startseite von Planet Lifecycle
Quelle: o.V. (2012e)

4.3.4.2 Ideenabsorption bei Planet Lifecycle

Inputs

Die im Rahmen des *"Customer Integration Process"* der Lifecycle Software AG eingereichten Ideen besitzen einen inkrementellen Charakter. Sie sind oftmals sehr kurz und durch eine hohe Spezifität gekennzeichnet. In der Regel sind sie sehr kurz. Oftmals enthalten sie ausschließlich Bedürfnisinformationen:

> „Well sure, so you know, customers submit long lists with requests. And usually there is just one line of description." (Produktmanager)

Über ein umfangreiches Abstimmungssystem können zudem Präferenzinformationen erhoben werden. Der Kundeneinbindungsprozess ist geprägt durch eine enge Zusammenarbeit von erfahrenen Community-Mitgliedern und Mitarbeitern der Lifecycle Software AG. Erstere sind oftmals langjährige Anwender der PLM Software, die innerhalb der Planet Lifecycle Community eine Vielzahl unterschiedlicher Funktionen, z.B. im Rahmen der Organisation der Anwenderkonferenzen, eingenommen haben. Damit besitzen diese nicht nur eine umfangreiche Produkterfahrung, sondern auch umfangreiches Wissen über die Sozialstruktur und Bedürfnisse der Community-Mitglieder. Beteiligte Mitarbeiter der Lifecycle Software AG sind dahingegen oftmals Produktmanager, die ihre Produkte bereits länger als fünf Jahre betreuen. Beide Seiten können sich damit auf Augenhöhe begegnen und aus den eingereichten Ideen, die notwendigen Informationen für die Innovationsentwicklung extrahieren.

Absorptionsprozesse

Exploratives Lernen: Im Rahmen der Ideensammlung können Kunden der Lifecycle Software AG Innovationsideen auf zwei verschiedenen Wegen einreichen. Zum einen können Ideen über die Planet Lifecycle Online-Community eingereicht werden. Zum anderen unterhält die Lifecycle Software AG ein System zum Erfassen von (kostenpflichtigen) Anpassungsanfragen für die PLM-Software, über das ebenfalls Innovationsideen eingereicht werden können. Das verwendete Toolkit zur Einreichung der Ideen ist dabei jedoch in beiden Systemen identisch. In der Online-Community bilden sich zudem Diskussionsgruppen, in denen neue Ideen und Verbesserungsvorschläge diskutiert werden. Diese Diskussionsgruppen werden durch das Community-Management gesichtet und mittels des Toolkits an die Lifecycle Software AG übermittelt, wo alle Ideen in einer zentralen Datenbank erfasst werden. Zudem bündelt das Community-Management die einzelnen Ideen zu übergeordneten Funktionalitäten, die dann innerhalb der Online-Community und den Anwenderkonferenzen diskutiert und verfeinert werden. Die Planet Lifecycle Community unterhält einen umfassenden Abstimmungsprozess zur Bewertung der gesammelten Ideen, der grundsätzlich allen Anwendern offen steht. Die Planet Lifecycle Community ist sehr stark nach einzelnen Produktkategorien organisiert, für die jeweils ein eigener Moderator verantwortlich ist. Moderatoren sichten in jeder Produktkategorie die eingereichten Ideen und wählen in Zusammenarbeit mit der Lifecycle Software AG 25 Ideen für eine Popularitätsabstimmung aus. Diese findet einmal jährlich statt. Jedes Community-Mitglied besitzt pro Produktkategorie eine Stimme, die es auf eine der 25 zur Wahl stehenden Ideen einer Produktkategorie setzen kann. Für die Lifecycle Software AG spielen diese Abstimmungsergebnisse eine zentrale Rolle, da beim Erkennen von Wissensarbitrage Ideen dahingehend überprüft werden, dass sie für eine möglichst große Kundengruppe, eine hohe Relevanz besitzen.

Transformatives Lernen: Auf Basis der Abstimmungsergebnisse implementiert die Lifecycle Software AG die beliebteste Idee in den einzelnen Produktbereichen. Darüber hinaus werden aber auch weniger populäre Ideen ausgewählt, wenn sie aus Sicht der Lifecycle Software AG für viele Kunden von hoher Bedeutung sind. In diesem Auswahlprozess werden die Ideen mit den Produktstrategien, dem geschätzten Implementierungsaufwand und möglichen Risiken abgeglichen. Jede Idee wird dabei von einem Produktmanager betreut, der für die Zusammensetzung der zur Abstimmung stehenden Ideen, deren Auswahl und Implementierung verantwortlich ist. Ausgewählte Kundenideen werden mit internen Ideen aus anderen Initiativen zu übergeordneten Funktionalitäten verdichtet, was einer Assimilation externen Wissens entspricht. Für diese Funktionalitäten werden interne Anschlussprojekte aufgesetzt, in denen genaue Spezifikationen für die Umsetzung sowie ein Business Plan erarbeitet werden. Bei Bedarf werden bei der Entwicklung der Spezifikationen auch die wichtigsten Kunden eingebunden. Dies erfolgt entweder auf den regelmäßig stattfindenden Anwenderkonferenzen oder im Rahmen von Web-Konferenzen – *"Joint Development Sessions"*. Die finale Umsetzungsentscheidung erfolgt auf Basis derselben Kriterien wie die ursprüngliche Ideenselektion. Verheißt der Business Plan ein ausreichend großes Umsatzpotenzial, die umzusetzenden Funktionalitäten eine hohe strategische Relevanz sowie einen vertretbaren Implementierungsaufwand, so erfolgt die Umsetzung der Ideen.

Exploitatives Lernen: Auf Basis der entwickelten Spezifikationen werden geeignete Entwickler identifiziert und mit der Implementierung der Ideen bzw. den aus diesen hervorgegangenen Funktionalitäten betraut. Diese werden in das Gesamtprodukt integriert, das vor Veröffentlichung einem Beta-Test unterzogen wird. Der Releasezyklus beträgt ca. 14 bis 15 Monate. Im Rahmen der Kommerzialisierung erfolgt die Vermarktung der Software durch Marketing und Vertrieb der Lifecycle Software AG.

Outputs

Grundsätzlich kann durch die Einbindung der Planet Lifecycle Community die Innovationskraft der Lifecycle Software AG gesteigert werden. Aufgrund des inkrementellen Charakters der Ideen, sind diese Potenziale aber eher im Bereich einer kontinuierlichen Verbesserung der bestehenden Produkte und deren Anpassung an übergeordnete Kundenwünsche zu sehen. Darüber hinaus ist es für die Lifecycle Software AG durch die Öffnung möglich, ihre Beziehungen zu teilnehmenden Kunden zu verbessern und die Kundenbindung zu erhöhen:

> *"I think the value we get is we get input of the users plus it's a good relationship building that we are listening to them."* (Produkt-Portfolio-Manager)

Kontingenzfaktoren

Selbstverstärkung: Die Planet Lifecycle Community besteht insgesamt schon seit über 20 Jahren in der Form von regelmäßig stattfindenden Anwendertreffen und -konferenzen, an denen im Schnitt ca. 2.000 Mitglieder teilnehmen. Vor diesem Hintergrund kann die Community als sehr reif bezeichnet werden. Aufgrund des langen Bestehens konnten sich bei der Lifecycle Software AG robuste Absorptionsprozesse und -kompetenzen entwickeln, die von den einzelnen Mitarbeitern verinnerlicht wurden und aktiv gelebt werden. Anders verhält es sich jedoch mit der Online-Community zur Unterstützung der Offline-Aktivitäten. Wie das folgende Zitat zeigt ist diese erst in der Einführungsphase und konnte noch nicht die kritische Masse für einen selbsterhaltenden Betrieb erreichen, so dass das volle Potenzial der OI-Community noch nicht ausgenutzt werden kann:

> *"[The old website] used to be extremely popular, and then [...] some of the popularity [...] had dropped off, and now we use the [Planet Lifecycle] solution, and see a back up again."* (Leiter OI-Community)

Durch die gewachsenen Absorptionsprozesse können die eingereichten Ideen aufgrund der etablierten Absorptionsprozesse und -kompetenzen jedoch ohne Reibungsverluste aufgenommen werden.

Macht: Durch die relativ weitreichende Integration der Planet Lifecycle Community in den Innovationsprozess der Lifecycle Software AG spielt das individuelle Vorantreiben von Kundenideen durch einzelne Mitarbeiter nur eine untergeordnete Rolle, da bei einmal in den Prozess aufgenommen Ideen nicht mehr zwischen internen und externen Ideen unterschieden wird. Diesbezüglich wirken insbesondere die frühe Verdichtung von mehreren Ideen zu neu zu implementierenden Funktionalitäten sowie die starke Formalisierung des internen Entwicklungsprozesses als Katalysatoren. Durch die umfassende Einbindung des Managements wird den einzelnen Mitarbeitern zudem die notwendige Sicherheit zur Umsetzung der Ideen gegeben. Die Implementierung von Ideen ist daher weitgehend durch systemische Machtbeziehungen geprägt.

Aneignungsfähigkeit: Die Öffnung der Planet Lifecycle Community wird durch eine relativ restriktive Anmeldung limitiert, bei der z.B. zwingend eine Kundennummer angegeben werden muss. Zusätzlich wird die Zugänglichkeit des akquirierten Wissens für Dritte durch das Fehlen eines zentralen Ideenpools, in dem alle Ideen öffentlich eingesehen werden können, stark eingeschränkt. Möglichkeiten von Wissensabflüssen beziehen sich daher in erster Linie auf die Diskussionen der Community-Mitglieder auf der Online-Plattform. Diese werden durch die Moderatoren genau analysiert und in Form von Ideen in das Toolkit eingegeben oder auf informelle Weise an ihre direkten Ansprechpartner im Produktmanagement der Lifecycle Software AG weitergeleitet. Von daher kann der Öffnungsgrad der Planet Lifecycle Community als relativ gering angesehen werden. In analoger Weise basiert die Verbesserung der Kundenbindung durch die Planet Lifecycle Community ebenfalls auf der Öffnung an sich und der Steigerung der daraus resultierenden sozialen Interaktionen, so dass auch hier Wissensabflüsse limitiert werden.

In Abbildung 4-15 wird der Absorptionsprozess der Lifecycle Software AG dargestellt.

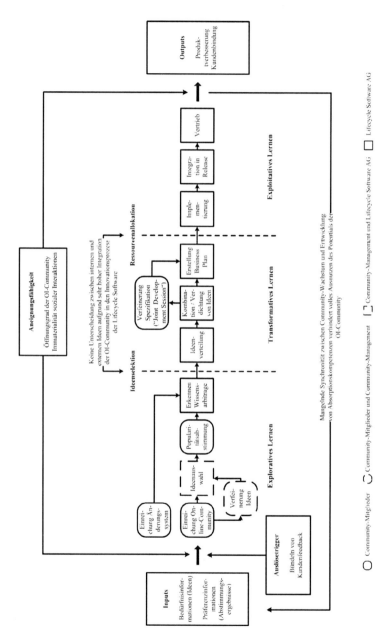

Abbildung 4-15: Absorptionsprozess der Lifecycle Software AG
Quelle: Eigene Abbildung

4.3.4.3 IT-basierte Absorptionskompetenzen bei Planet Lifecycle

IT-basierte Systematisierungskompetenzen

Toolkit-Design: Die Einreichung von Ideen in der Planet Lifecycle Community erfolgt heute auf Basis eines IT-basierten Toolkit. Da sich dieses aus dem System zum Erfassen von Änderungsanfragen für die PLM Software entwickelt hat, ist dessen Gestaltung jedoch sehr einfach. Ideen umfassen einen Titel, einen Beschreibungstext sowie umfassende Angaben zur Identifizierung des Ideengebers. Ein öffentlich einsehbarer Ideenpool, in dem alle Ideen gesammelt werden, ist nicht vorhanden. Ideengeber kommen daher während bzw. vor der Ideeneingabe nicht mit Ideen anderer Mitglieder in Kontakt, so dass deren kreativitäts- und motivationsförderndes Potenzial nicht genutzt werden kann. Durch das Fehlen eines Ideenpools werden weiterhin die Möglichkeiten für eine gemeinschaftliche Zusammenarbeit der Community-Mitglieder, z.B. durch Kommentar- oder Wikifunktionalitäten, stark eingeschränkt. Es fehlt schlichtweg ein geteiltes Material an dem die Kollaboration vollzogen werden kann. Als Folge besitzen Ideen meist nur einen geringen Ausarbeitungsgrad. Darüber hinaus umfasst das Toolkit keine Stimuli zur Generierung von Lösungsinformationen, sodass die meisten Ideen nur Bedürfnisinformationen aus dem spezifischen Anwendungskontext der Ideengeber umfassen.

Kollektive Ideenbewertung: Mittels des Abstimmungsprozesses kann aus Sicht der Lifecycle Software AG der Prozess der Ideenselektion vereinfacht werden. Dabei ergeben sich für die Lifecycle Software AG jedoch zwei große Herausforderungen, welche die Effizienz dieses Prozesses beeinträchtigen. Zum einen wird eine hohe Anzahl von Duplikaten eingereicht und zum anderen nehmen nicht alle Kundenideen automatisch an der Popularitätsabstimmung teil. Beide Herausforderungen sind auf die Existenz mehrerer, unabhängiger Ideeneinreichungsprozesse zurückzuführen. Durch Fehlen eines öffentlichen Ideenpools können diese nicht mit bereits geäußerten Ideen in Berührung kommen. Als Konsequenz werden viele Ideen mehrfach eingereicht und unnötige Ressourcen der Mitarbeiter der Software AG bei der Analyse dieser Ideen verbraucht. Weiterhin existiert für Ideen, die im Rahmen des Systems zur Erfassung der Änderungsanfragen eingereicht werden, im Gegensatz zu Ideen aus der Planet Lifecycle Online-Community, kein Popularitätsabstimmungsprozess. Als Folge müssen alle auf diesem Weg gesammelten Ideen manuell durch Mitarbeiter der Lifecycle Software AG gesichtet werden. Ideen, die auf diesem Weg eingereicht werden, müssen daher manuell mit den Ideen in der Popularitätsabstimmung aus der Planet Lifecycle Community abgeglichen werden und gegebenenfalls auf die Abstimmungslisten gesetzt werden. Nur durch diesen aufwendigen Prozess kann sichergestellt werden, dass alle Ideen an der Popularitätsabstimmung teilnehmen:

"It [...] is something I have to work on with a couple of [Lifecycle Software AG] representatives. I need to work on with [Lifecycle Software AG] representatives to redefine what that list is." (Technischer Leiter OI-Community)

IT-basierte Koordinationskompetenzen

Prozessintegration: Die organisatorische Einbindung der Planet Lifecycle Community erfolgt auf unterschiedlichen organisationalen Ebenen. Auf einer Führungsebene hat sich die Lifecycle Software AG dazu verpflichtet, pro Produktkategorie mindestens eine aus der Planet Lifecycle Community stammende Idee im nächsten Softwarerelease zu implementieren:

> *"So, what they've done is for some of the main products, and I think there are nine major products. Every year [Lifecycle Software AG] is committed to devote one man year to the number one voted [idea] in that technical area."* (Produktmanager)

Durch dieses Bekenntnis des Managements zur Planet Lifecycle Community wird sichergestellt, dass Kundenideen intern weiterverfolgt werden und Mitarbeiter der Lifecycle Software AG, die für die Weiterentwicklung der Ideen die notwendigen Ressourcen aufbringen können. Auf einer stärker operativ ausgerichteten Ebene werden für die einzelnen Produktkategorien Mitarbeiter abgestellt, die für die Integration des Kundeninputs verantwortlich sind. Zudem werden alle externen Ideen gleichermaßen wie interne Ideen in einer der eigenen Softwarelösungen erfasst, in der Weiterentwicklung und Implementierung der Ideen zentral überwacht und gesteuert wird. Durch das Schaffen dieser direkten Verantwortlichkeiten werden die Ideen direkt in die Arbeitsprozesse der Produktmanagement-Teams eingebracht, in denen dann Assimilation und Transformation der externen Kundenideen stattfinden.

Boundary-Spanning: Ein wesentliches Instrument zur Intensivierung des Austausches zwischen der Planet Lifecycle Community und den Mitarbeitern der Lifecycle Software AG stellen Web-Konferenzen dar. Diese *"Roundtables"* oder *"Joint Development (JD)-Sessions"* sind von der Lifecycle Software AG moderierte Diskussionsrunden zur konzeptionellen Weiterentwicklung einzelner Ideen, Funktionalitäten oder Produkte. Ausgehend von konkreten Informationsbedarfen der Lifecycle Software AG werden in den *"JD-Sessions"* Anforderungen bezüglich einzelner Ideen und Funktionalitäten erhoben und Spezifikationen für die Implementierung dieser Ideen erarbeitet. Weiterhin werden zwischen den einzelnen Moderatoren der Planet Lifecycle Community und den entsprechenden Produktmanagern bei Lifecycle Software AG enge, direkte Austauschbeziehungen angestrebt, so dass diese jeweils für die einzelnen Informationssphären als *"Boundary-Spanner"* fungieren und den Informationsaustausch vorantreiben können:

> *"We have volunteer [Moderators] as well as there is a [Lifecycle Software AG] counterpart that is supposed to work with the [Moderator]."* (Technischer Leiter OI-Community)

IT-basierte Sozialisierungskompetenzen

Community-Building: Beim Aufbauen der Planet Lifecycle Community spielen die jährlichen Anwenderkonferenzen eine zentrale Rolle. Hier ergeben sich eine Vielzahl von Möglichkeiten zum Bilden formeller und informeller Beziehungen zwischen den einzelnen Mitgliedern der Planet Lifecycle Community und Mitarbeitern der Lifecycle Software AG. Durch Einführung der Online-Community soll dieser Sozialisierungsprozess verstetigt und ausgeweitet werden. Community-Mitgliedern stehen nun umfangreiche Kommunikationsmöglichkeiten zur Verfügung, die durch Mitgliederprofile und eine soziale Netzwerkkomponente ergänzt werden. Insgesamt werden jedoch relativ wenige Aktivitäten unternommen, um eine IT-basierte Sozialisierung der Mitglieder zu fördern und damit das volle Innovationspotenzial der Community nutzen zu können.

Selbstverwaltung: Die Planet Lifecycle Community ist eine rechtlich eigenständige juristische Person, die sich durch Mitgliedsbeiträge und Gebühren für die von ihr organisierten Konferenzen finanziert. Als Folge ist die Community weitgehend unabhängig von der Lifecycle Software AG:

> *"We maintain our independence by or own revenue streams, and we are a non-profit company." (Leiter OI-Community)*

Zum Management der Planet Lifecycle Community und Organisation der Konferenzen beschäftigt die Planet Lifecycle Community mehrere fest angestellte Mitarbeiter. Intern ist sie nach Produktkategorien der Lifecycle Software AG organisiert und jeder Produktbereich stellt ein Mitglied des Führungsgremiums der Planet Lifecycle Community, das alle zwei Jahre von allen Community-Mitgliedern gewählt wird. Diese Führungsmitglieder sind ebenfalls für die Moderation der entsprechenden Teile der Online-Community und die Ideenauswahl während des Abstimmungsprozesses verantwortlich. Damit können die Mitglieder innerhalb der Planet Lifecycle Community drei unterschiedliche Rollen einnehmen: reguläres Mitglied, Moderator (Mitglied des Führungsgremium) oder festangestellter Mitarbeiter. Durch Aufbau und Förderung dieser selbstverwaltenden Strukturen ist es für die Lifecycle Software AG möglich, das operative Community-Management an die Community selbst auszulagern. Dadurch werden nicht nur eigene Ressourcen gespart, sondern auch die Ausbildung selbsttragender Strukturen in der Community ermöglicht, was eine umfassende Sozialisierung der Community-Mitglieder fördert. Aus Sicht der Community-Mitglieder erlaubt diese Selbstverwaltung, die Entwicklung der PLM Software unabhängig von der Lifecycle Software AG voranzutreiben. Jedoch besitzt die Lifecycle Software AG mehrere Positionen im Führungsgremium der Planet Lifecycle Community. Damit ist es ihr trotz der rechtlichen und finanziellen Unabhängigkeit der Community möglich, in deren Führung einzugreifen und diese im Hinblick auf die eigene Unternehmensstrategie zu beeinflussen.

4.4 Diskussion der Ergebnisse: Fallstudiensynthese

Nach der separaten Analyse der Fallstudien werden im Folgenden die Einzelergebnisse verglichen und zusammengeführt. In diesem Zusammenhang erfolgt die Diskussion der Ergebnisse vor dem Hintergrund des in Forschungsfrage eins abgeleiteten Ideenabsorptionsmodells, das im Rahmen der Fallstudiensynthese auf Basis der empirischen Ergebnisse verfeinert wird.

4.4.1 Synthese des Ideenabsorptionsmodells

4.4.1.1 Ziele und Auslösetrigger

Für die Einführung der betrachteten OI-Communities waren in erster Linie unternehmensinterne Motive ausschlaggebend (vgl. Tabelle 4-4). Die Community-Betreiber erhofften sich durch die Communities, Effizienz- und Effektivitätspotenziale heben zu können. Der Wunsch, das Feedback der Kunden in einem zentralen Kanal zu bündeln, ist dabei der zentrale Auslösetrigger. Durch die OI-Community sollen verschiedene Instrumente und Anstrengungen zur Hebung von Kundenfeedback zusammengeführt werden und die Community-Betreiber aufgrund dieses Effizienzgewinns näher an ihre Kunden heranrücken. Als Folge sollen eine größere Anzahl von Kundenwünschen in neuen Produkten berücksichtigt und damit mehr, der vorher meist unsystematisch erhobenen Kundenideen, umgesetzt werden können. Durch die Verbesserung des Kundenkontakts sollen aufkommende Trends früher erkannt und durch die Interaktion mit den Kunden genauer eingeschätzt werden können, so dass im Rahmen der geschlossenen, unternehmensinternen Innovationsentwicklung besser auf diese und damit deren Effektivität erhöht werden kann. Auch das Erheben von Präferenzinformationen spielt in diesem Zusammenhang eine Rolle, da diese den Community-Betreibern ermöglichen sollen, die Bedürfnisse der eigenen Kunden genauer priorisieren zu können. In Tabelle 4-4 werden die Auslösetrigger zur Einführung der vier betrachteten OI-Communities zusammenfassend dargestellt.

Auslösetrigger	OSS Brainstorm	ERP IdeaZone	ERP Steampunk	Planet Lifecycle
Bündeln von Feedback	+	+		+
Umsetzung von Ideen	+		+	
Lernen bezüglich Trends	+		+	
Präferenzinformationen		+		

+ = Ausprägung kann in OI-Community beobachtet werden

Tabelle 4-4: Vergleich der Auslösetrigger
Quelle: Eigene Darstellung

4.4.1.2 Absorptionsprozesse

Inputs

In den Fallstudien werden mit den OI-Communities Bedürfnis-, Lösungs- und Präferenzinformationen erhoben, wobei nur in OSS Brainstorm alle drei Arten von Informationen systematisch erfasst werden (vgl. Tabelle 4-5). In den drei externen OI-Communities umfassen die von den Kunden eingereichten Ideen in erster Linie Bedürfnisinformationen. Mit Ausnahme der OSS Brainstorm Community werden in diesen OI-Communities, Lösungsinformationen eher vereinzelt über das Einreichen von weiterführenden Informationen, wie z.B. Prozessdiagrammen oder *"Mock-Ups"*, die von den Community-Mitgliedern eingereicht werden. Aufgrund der unternehmensinternen Ausrichtung der ERP Steampunk Community liegt der Fokus hier nicht auf der Erhebung von Bedürfnisinformationen, sondern auf der gemeinschaftlichen Erarbeitung von Lösungsinformationen. Vor allem in den externen OI-Communities werden radikale Innovationsideen vergleichsweise selten eingereicht – der Großteil der eingereichten Ideen besitzt eher einen inkrementellen Charakter und einen geringen Ausarbeitungsgrad. Alle OI-Communities eignen sich jedoch gleichermaßen als Vehikel zur Akquisition von Präferenzinformationen, wobei diese expliziter oder impliziter Natur sein können.

Kundeninformationen	OSS Brainstorm	ERP IdeaZone	ERP Steampunk	Planet Lifecycle
Bedürfnisinformationen	+	+		+
Lösungsinformationen	+		+	
Präferenzinformationen	+	+	+	+
+ = Ausprägung kann in OI-Community beobachtet werden				

Tabelle 4-5: Vergleich der Inputs
Quelle: Eigene Darstellung

Die mit der OI-Community interagierenden Mitarbeiter der Community-Betreiber können im Wesentlichen zwei Gruppen zugeordnet werden. Die eine Gruppe umfasst Mitarbeiter mit einem technischen Hintergrund. Darunter fallen z.B. Produktmanager oder Softwareentwickler. Sie sind in der Regel langjährige Mitarbeiter der Community-Betreiber. Neben einem umfassenden Technologiewissen besitzen sie daher oftmals auch eine gute Marktkenntnis. Jedoch sind diese oftmals nicht in der Lage, aus den unkonkreten Kundenideen und den umfassenden Diskussionen der Community-Mitglieder, Informationen für die Innovationsentwicklung zu destillieren. Ein dezidiertes Community-Management übernimmt daher oftmals die direkte Interaktion mit der OI-Community. Diese Mitarbeiter haben eine umfassende Erfahrung in der Teilnahme und Leitung von virtuellen Communities aller Art. Sie sind mit den Kommunikationsabläufen dieser Communities vertraut und können daher, aus dieser die notwendigen Informationen für die Innovationsentwicklung extrahieren. Meistens sind auch die Community-Manager erfahrene Mitarbeiter der Community-Betreiber. Im Vergleich zu den Produktmanagern und Softwareentwicklern waren sie jedoch in einer Vielzahl unterschiedlicher Positionen bei den Community-Betreibern beschäftigt. Dadurch sind sie oftmals sehr gut mit anderen Mitarbeitern vernetzt, was ihnen ermöglicht, einzelne Ideen an die entsprechenden Abteilungen im Unternehmen zu verteilen.

Absorptionsprozesse

Exploratives Lernen: In allen OI-Communities werden die Phasen des explorativen, transformativen und exploitativen Lernens durchlaufen. Geringe Unterschiede ergeben sich dabei in der Phase des explorativen Lernens. Die Ideen werden von den Community-Mitgliedern eingereicht und gegebenenfalls von anderen Mitgliedern, z.B. mittels Kommentar- und Wikifunktionalitäten, diskutiert und verfeinert. Ideen werden auf der Community-Plattform thematisch geordnet und falls möglich einzelnen Produkten zugeordnet. Während die Zusammenarbeit von Community-Mitgliedern nur vereinzelt auftritt, besitzen Mechanismen zur kollektiven Ideenbewertung in allen Fallstudien eine zentrale Bedeutung, wobei die erhobenen Präferenzinformationen explizite oder implizite Bewertungen der Ideen darstellen können. Neben den expliziten Ideenbewertungen wird dabei insbesondere die Anzahl der Kommentare als implizite Ideenbewertung aufgefasst. In diesem Fall wird eine hohe Anzahl an Kommentaren als positive Resonanz betrachtet. Diese Bewertungsmechanismen dienen als zentrale Aufmerksamkeitsfilter – erst ab einer entsprechend positiven Bewertung werden Ideen von Mitarbeitern der Community-Betreiber beachtet. In diesem Zusammenhang wird insbesondere die Kommentarfunktion als ein Werkzeug zur tiefergehenden Interpretation der expliziten Ideenbewertung genutzt. In allen Fallstudien erfolgt die Selektion der Ideen auf Basis der Ergebnisse der Popularitätsabstimmung.

Transformatives und exploitatives Lernen: Die Selektion der Ideen markiert in allen Fallstudien den Übergang von explorativen zu transformativen Lernen. Unabhängig vom Lizenzmodell der Community-Betreiber – quelloffen oder lizenzpflichtig – können Ideen nach der Selektion einen „*zentralen*" oder „*peripheren*" Absorptionspfad durchlaufen:

(1) Zentraler Absorptionspfad: Auf dem zentralen Absorptionspfad werden Ideen an die Abteilungen des Community-Betreibers, in deren Verantwortungsbereich die ausgewählten Ideen fallen, weitergeleitet. In diesen werden klare Verantwortlichkeiten für die Weiterentwicklung und die Implementierung der Ideen definiert. Die ausgewählten Ideen werden entweder in interne Folgeprojekte überführt, in denen die Weiterentwicklung durch den Community-Betreiber weiterverfolgt wird, oder mit Ideen aus unternehmensinternen Quellen kombiniert und zu übergeordneten Funktionalitäten verdichtet. Die Bildung von Folgeprojekten entspricht dabei einer Transformation der Kundenideen. Innerhalb der Projekte können Community-Betreiber die externen Ideen aus den OI-Communities weiterentwickeln und damit ihre Wissensbasis erweitern. Eine Kombination der Kundenideen mit internen Ideen entspricht dahingegen einer Assimilation, da für die Aufnahme und Weiterentwicklung der Kundenideen kein neues Wissen erworben werden muss (Todorova/Durisin 2007, 777f.). In beiden Fällen kommt es jedoch zu einer Aneignung der Ideen durch einzelne Mitarbeiter, so dass aus Sicht der Mitarbeiter nicht mehr bezüglich der Herkunft der Ideen unterschieden wird und das *"Not-Invented-Here"*-Syndrom nur eine untergeordnete Rolle spielt (Katz/Allen 1982). Anschließend werden in einer Phase der Konzeptentwicklung Anforderungen bezüglich der späteren Software erhoben, Spezifikationen für die Implementierung erstellt und Machbarkeitsanalysen durchgeführt. Bei Bedarf werden diese Artefakte in weiterer Zusammenarbeit mit bestehenden Anwendergruppen (vgl. Kapitel 2.3.2 auf S. 17) verfeinert, wobei diese dann in der Regel die wichtigsten Kunden des Community-Betreibers darstellen. Der systematische Abgleich mit der bestehenden Produkt- und Unternehmensstrategie in Kombination mit einem

Freigabe- und Ressourcenallokationsprozess schließt die Phase des transformativen Lernens ab. Die Phase des exploitativen Lernens schließt sich sequentiell an. Die Implementierung der Ideen erfolgt in der Regel durch andere Akteure als die Transformation der Ideen. Auch Rückbezüge zwischen den Phasen des transformativen und exploitativen Lernens sind eher die Ausnahme – durch eine möglichst genaue Spezifikation der zu implementierenden Ideen soll eine effiziente Implementierung ermöglicht werden. Im Anschluss an die Implementierung werden die umgesetzten Funktionalitäten in die neue Version des Endprodukts aufgenommen.

(2) Peripherer Absorptionspfad: Es kommt jedoch auch zu einer Implementierung von Ideen, wenn ein Mitarbeiter des Community-Betreibers in einem hohen Maße vom Potential einer Idee überzeugt ist und die Fähig- und Möglichkeiten besitzt, die Idee auch umzusetzen. Ideen, die auf diese Weise umgesetzt werden, werden nur in einem geringen Maße mit der eigentlichen Unternehmens- und Produktstrategie abgeglichen und durchlaufen in diesem Sinne keine Freigabe- und Ressourcenallokationsprozesse. Diese fallen im Prinzip mit der Ideenselektion zusammen, da die Implementierung auf einer freien Entscheidung des Mitarbeiters beruht. Auf dem peripheren Absorptionspfad kommt es daher zu einer Verschmelzung von transformativem und exploitativem Lernen. Bei der Ideenentwicklung wird in der Regel so schnell wie möglich versucht, eine prototypische Version der Software zu implementieren und diese in mehreren Iterationen auf der Basis des Feedbacks der ersten Anwender weiterzuentwickeln. Im Hinblick auf eine Umsetzung von Kundenideen besitzt dieses Vorgehen einen beträchtlichen Zeitvorteil: Während die Implementierung von Ideen im zentralen Absorptionspfad eineinhalb bis drei Jahre beträgt, umfasst dies auf dem peripheren Pfad in der Regel weniger als drei Monate. Jedoch geht dieser Zeitgewinn mit beträchtlichen Anstrengungen einher, implementierte Ideen in die Endprodukte bzw. das Produkt-Portfolio zu integrieren. Trotz der prototypischen Implementierungen können an dieser Stelle viele Ideen auf der Strecke bleiben – insbesondere wenn es dem entsprechenden Mitarbeiter misslingt, im Nachhinein die entsprechende Unterstützung des Managements zu akquirieren.

Outputs

Auf beiden Absorptionspfaden werden gleichermaßen inkrementelle und radikale Innovationsideen implementiert. Die Implementierung inkrementeller Kundenideen ermöglicht es den Community-Betreibern, die bestehenden Produkte zu verbessern. Echte Innovationen entwickeln sich jedoch nur aus der Absorption radikaler Innovationsideen. Jedoch zeigt sich auch, dass Ideen, die Software-Module mit relativ geringer Komplexität repräsentieren und die geringe Abhängigkeiten mit dem Gesamtsystem aufweisen, leichter absorbiert werden. Solche Module sind einfacher zu verstehen und besitzen daher eine größere Zugänglichkeit (Baldwin/Henkel 2011, 20-25), was die AC bezüglich dieser Module steigert.

Die Absorption von Ideen führt zu einer Verbesserung der strategischen Flexibilität der Community-Betreiber durch das Sammeln von Erfahrungen bezüglich aufkommenden Kundenbedürfnissen und die Identifikation von neuen Trends. Dieses neue Wissen ist dabei von starken, positiven Externalitäten geprägt, da es durch die Community-Betreiber in einer Vielzahl von unterschiedlichen Kontexten eingesetzt werden kann. Darüber hinaus konnten in den Fallstudien auch drei domänenspezifische Outputs für OI-Communities identifiziert werden.

Diskussion der Ergebnisse: Fallstudiensynthese

Der wichtigste von diesen ist eine Verbesserung der Kundenbindung. Kunden fühlen sich mit ihren Bedürfnissen ernst genommen und werden durch Berücksichtigung ihrer Anstrengungen emotional an das Produkt gebunden. Darüber hinaus ermöglichen OI-Communities das Erschließen zusätzlicher Mitarbeiterressourcen zur Implementierung von Innovationsideen. Die bei der Implementierung teilnehmenden Community-Mitglieder sind in hohem Maße intrinsisch motiviert und besitzen umfassende Fähigkeiten zur Implementierung der Ideen. Community-Betreiber können so flexibel auf den Ressourcenpool der OI-Community zugreifen und gegebenenfalls auch direkt neue Mitarbeiter rekrutieren. Weiterhin ermöglicht die Absorption von Kundenideen für die Mitarbeiter der Community-Betreiber, in einem für sie überschaubaren Bereich, relativ frei von organisationalen Vorgaben etwas bewegen zu können, so dass sich die Arbeit mit der OI-Community sehr stark auf deren Zufriedenheit auswirkt. In Tabelle 4-6 werden die in den Fallstudien beobachteten Outputs der Ideenabsorption zusammengefasst.

Outputs	OSS Brainstorm	ERP IdeaZone	ERP Steampunk	Planet Lifecycle
Produktverbesserung & Steigerung Innovationskraft	+	+		+
Strategische Flexibilität	+		+	
Erschließen Mitarbeiterressourcen	+		+	
Mitarbeiterzufriedenheit			+	
Kundenbindung	+	+		+

+ = Ausprägung kann in OI-Community beobachtet werden

Tabelle 4-6: Vergleich der Outputs
Quelle: Eigene Darstellung

Kontingenzfaktoren

Selbstverstärkung: Die Fallstudien zeigen, dass für eine erfolgreiche Absorption von Kundenideen eine gewisse Synchronität zwischen Wachstum der OI-Community und der Entwicklung von Absorptionsprozessen und -kompetenzen bestehen muss. Wächst die OI-Community, wie z.B. im Falle der OSS Brainstorm Community, zu schnell, fokussieren sich die verfügbaren Ressourcen des Community-Betreibers auf das Management der Community an sich, so dass sie als Folge nicht für die Entwicklung von Absorptionsprozessen und -kompetenzen zur Verfügung stehen. Werden im umgekehrten Fall die Ressourcen, wie im Falle der Planet Lifecycle Community, eher auf die Entwicklung der Prozesse und Kompetenzen gelegt, wird das Innovationspotenzial der OI-Community nicht voll ausgenutzt.

Macht: Individuelles Promotorentum ist insbesondere im Rahmen des peripheren Absorptionspfades von Bedeutung. In diesem müssen die einzelnen Ideen bei den entsprechenden Mitarbeitern eine solch hohe Motivation wecken, dass diese bereit sind, die Ideen gegen alle internen Widerstände durchzusetzen und später in das finale Software-Produkt zu integrieren. In den Fallstudien ergibt sich dabei jedoch eine starke Wechselwirkung mit der Autonomie der Mitarbeiter. Je größer diese ist, desto eher sind die Mitarbeiter bereit die Weiterentwicklung und Implementierung einzelner Ideen voranzutreiben und episodische Macht auszuüben.

Aneignungsfähigkeit: *"Regimes of Appropriability"* entsprechen in Bezug auf OI-Communities eher der ursprünglichen Konzeptualisierung von Cohen/Levinthal (1990, 141). Jedoch ist die Zugänglichkeit der gesammelten Ideen, Kommentare und Diskussionen für Wettbewerber des Community-Betreibers bzw. dritte Parteien im Allgemeinen beschränkt, so dass die Gefahr von Wissensabflüssen relativ klein ist. Im Rahmen der Fallstudien kann beobachtet werden, dass die Zugänglichkeit der Kundeninformationen durch deren *„Spezifität"*, der *„Immaterialität sozialer Interaktionen"* sowie dem *„Öffnungsgrad der OI-Community"* einhergeht. Wenn die in den OI-Communities erfassten Informationen eine sehr hohe Spezifität aufweisen, wie z.B. in der ERP IdeaZone Community, ist deren Zugänglichkeit für Dritte eingeschränkt, da diese ohne die entsprechenden Kontextinformationen nicht interpretiert werden können. Aus einer AC-Perspektive fehlt Dritten eine komplementäre Wissensbasis, um die Kundeninformationen in Wissen über die Kunden des Wettbewerbers zu überführen. Zudem sind weniger die gesammelten Ideen die Basis der Wertaneignung, sondern vielmehr die sozialen Interaktionen zwischen den Community-Mitgliedern bzw. zwischen Community-Mitgliedern und Mitarbeitern der Community-Betreiber, die sich im Rahmen der Ideenabsorption ergeben. Durch diese Sozialisation kommt es zu einer Annäherung beider Seiten, die aufgrund ihrer Immaterialität nicht kopiert werden kann. Als Folge rücken Community-Betreiber einerseits näher an ihre Kunden heran und können so z.B. neue Trends früher identifizieren und genauer einschätzen. Anderseits fühlen sich Kunden und Anwender in ihren Bedürfnissen und Wünschen ernst genommen, wodurch deren Bindung an den Community-Betreiber steigt. Diese Effekte sind dabei umso stärker, desto größer die Unmittelbarkeit der sich ausbildenden Beziehungen ist. Die Zugänglichkeit der erhobenen Kundeninformationen wird jedoch auch durch den Grad der Öffnung der OI-Community beeinflusst. Ist dieser, wie z.B. im Fall der ERP Steampunk Community als interne OI-Community, gering, ist auch die Zugänglichkeit des Wissens für Dritte limitiert.

In Abbildung 4-16 wird das in Forschungsfrage eins erarbeitete Ideenabsorptionsmodell mit den in den Fallstudien erhobenen Zielen und Auslösetriggern, Absorptionsprozessen und Kontingenzfaktoren verfeinert:

Diskussion der Ergebnisse: Fallstudiensynthese

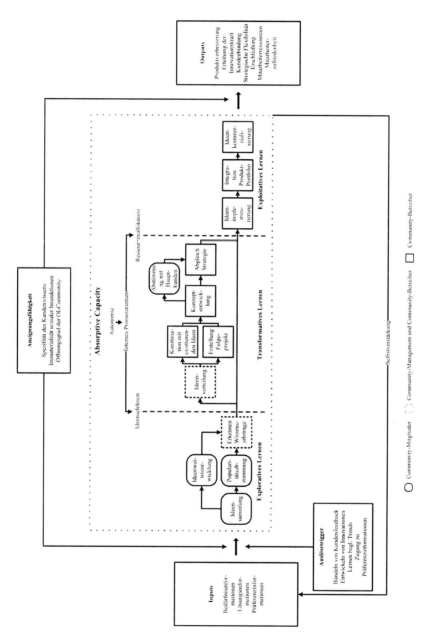

Abbildung 4-16: Empirisch verfeinertes Ideenabsorptionsmodell
Quelle: Eigene Abbildung

4.4.2 IT-basierte Absorptionskompetenzen

IT-basierte Systematisierungskompetenzen

Toolkit-Design ist die Kompetenz eines Community-Betreibers, Community-Mitglieder bei der Externalisierung und Kombination von Bedürfnis- und Lösungsinformationen mittels des Toolkit so zu unterstützen, dass die Qualität dieser Informationen maximiert wird. Die Gestaltung des Toolkit hat in den untersuchten Communities einen erheblichen Einfluss auf die Qualität der eingereichten Ideen. Während einfach gestaltete Eingabemasken, bestehend aus Titel und Ideenbeschreibung, zur Hebung von Bedürfnisinformationen ausreichen, ist das Erschließen von Lösungsinformationen mit diesen nur sehr bedingt möglich. Zur Externalisierung dieser Informationen bedürfen Community-Mitglieder zusätzliche Stimuli. Zum Beispiel erhalten Community-Mitglieder in der OSS Brainstorm Community durch die Teilung der Kundenideen in *"Rationale"* und *"Solution"*, die notwendige Unterstützung, um zwischen Bedürfnis- und Lösungsinformationen unterscheiden zu können. Auf diese Weise können Ideen so generiert werden, wie sie im Rahmen der Innovationsentwicklung benötigt werden. Auch Möglichkeiten zur vereinfachten Eingabe und Erstellung von Quellcode-Fragmenten, wie z.B. in der ERP IdeaZone Community, können Community-Mitglieder bei dieser Aufgabe unterstützen. Die Fallstudien zeigen jedoch auch, dass effektive Toolkits nicht nur das Erheben von Bedürfnis- und Lösungsinformationen ermöglichen, sondern auch eine Zusammenarbeit der Community-Mitglieder forcieren und diese motivieren, ihre Ideen zu verbessern. Grundlage der Zusammenarbeit der Community-Mitglieder ist in diesem Zusammenhang eine zentrale und öffentlich einsehbare Sammlung der Ideen in einem Ideenpool. Ideen in diesem Ideenpool bilden als geteiltes Material die Grundlage für die Zusammenarbeit, für die das Toolkit spezielle Funktionalitäten, wie z.B. Kommentar- oder Wikifunktionalitäten, bereitstellen muss. Darüber hinaus sollte das Toolkit, Ideengeber mit ähnlichen Ideen bereits während der Ideeneingabe zusammenbringen und zwischen diesen eine Kollaboration anbahnen. Nach Eingabe der Ideen ist dies aufgrund eines *"Pride-of-Authorship"*-Effektes (Reichwald/Piller 2009, 168) nur noch schwer möglich. In den Fallstudien zeigte sich, dass Ranglistensysteme eine gewisse Wettbewerbssituation induzieren, die Community-Mitglieder antreibt, vermehrt gute Ideen einzureichen, sich verstärkt an Diskussion und Weiterentwicklung der Ideen zu beteiligen und die Qualität der Ideen auf diesem Wege zu verbessern. Diese Rangliste können dabei wie in der OSS Brainstorm Community auf Ideenbewertungen oder im Falle der ERP IdeaZone Community auf allen Aktivitäten basieren.

Kollektive Ideenbewertung ist die Kompetenz eines Community-Betreibers, Präferenzinformationen der Community-Mitglieder valide und reliabel zu erheben und diese im Sinne eines Entscheidungsunterstützungssystems nutzbar zu machen. Kollektive Ideenbewertungssysteme spielen bei der Selektion von Innovationsideen in allen OI-Communities eine tragende Rolle. Community-Betreiber müssen daher in der Lage sein, mit diesem die *„besten"* Ideen zu identifizieren. Andernfalls kommt es aufgrund der hohen Bedeutung dieser Mechanismen für die Ideenselektion zu fehlerhaften Implementierungsentscheidungen, d.h. dass entweder schlechte Ideen implementiert (Fehler 1. Art) oder gute Ideen nicht implementiert werden (Fehler 2. Art). Grundlage dieser Ideenbewertungssysteme ist daher die valide und reliable Erhebung von Präferenzinformationen und dass alle Ideen den gleichen Bewertungsprozess durchlaufen. In den untersuchten OI-Communities erfolgt die Bewertung der Kundenideen entweder durch explizite Bewertungen auf Basis von Skalen zur Durchführung von Abstimmungen oder zur Durchschnittsbildung (vgl. Kapitel 2.6.1 auf S. 41) und/oder implizit auf Basis der Anzahl der Kommentare pro Idee. Diese Präferenzinformationen werden dann zu Popularitäts- bzw. Qualitätsindizes verdichtet, welche oftmals die Grundlage der Selektionsentscheidungen der Community-Betreiber darstellen. Die Fallstudien zeigen darüber hinaus, dass die Erhebung von Präferenzinformationen sehr anfällig für Verzerrungen ist. Dies trifft insbesondere für binäre Bewertungsskalen zu, die in der Praxis sehr häufig verwendet werden. So ging z.b. in der OSS Brainstorm Community eine Erhöhung der Granularität der Bewertungsskala von zwei auf drei Optionen mit einem deutlichen Anstieg der Datenqualität einher. Nach Malone/Laubacher/Dellarocas (2010, 30) entspricht dies einem Wechsel des Aggregationsmechanismus. Statt einer Skala zur Durchführung von Abstimmungen wird nun eine Skala zur Durchschnittsbildung verwendet. Zudem können Community-Mitglieder durch eine visuelle Aufbereitung der Abstimmungsergebnisse in der Interpretation der Ergebnisse unterstützt werden, was insbesondere bei kontrovers diskutierten Ideen großes Potenzial besitzt. Bei der Aggregation der Präferenzinformationen spielt zudem die Erkennung von Duplikaten eine große Rolle, die ebenfalls zu erheblichen Verzerrungen führen können. Sie haben zur Folge, dass sich Präferenzinformationen auf unterschiedliche Ideen verteilen und damit nicht effizient aggregiert werden können. In den beobachteten OI-Communities erfolgt die Erkennung von Duplikaten entweder, wie bei der OSS Brainstorm Community, durch die Community-Mitglieder oder, wie bei der Planet Lifecycle Community, durch die Moderatoren und Mitarbeiter des Community-Betreibers.

IT-basierte Koordinationskompetenzen

Prozessintegration ist die Kompetenz eines Community-Betreibers, die OI-Community als sozio-technisches System in den Innovationsprozess und die organisationale Struktur des Community-Betreibers zu integrieren. Die Community-Betreiber verfolgen unterschiedliche Ansätze zum Aufbau dieser IT-basierten Koordinationskompetenz. Wesentlich sind in diesem Zusammenhang die Integration der Community in die Arbeitsprozesse der einzelnen Produktmanagement-Teams, die in der Regel die Weiterentwicklung der Kundenideen betreuen sowie das Einbinden des Managements in die Ideenabsorption. Aus Sicht der Mitarbeiter stellen OI-Communities ein zusätzliches IT-System dar, das neben den bereits Bestehenden in die Innovationsentwicklung integriert werden muss. Auf einer operativen Ebene ist daher die Integration der OI-Community in die bei der Innovations- und Produktentwicklung verwendeten Software-Lösungen von großer Bedeutung. Durch diese Integration können Ideen medienbruchfrei den internen Phasen der Assimilation und Transformation zugeführt werden, wodurch die Effizienz dieser Phasen deutlich gesteigert werden kann. Jedoch müssen viele Mitarbeiter in den Produktmanagement- und Entwicklungsteams den Umgang mit dem offenen Interaktions- und Kommunikationskanal erst erlernen. Die Einführung und Integration von OI-Communities muss daher durch ein begleitendes Change Management sowie entsprechende Schulungen für die Arbeit mit der OI-Community unterstützt werden. Zur Einbindung der OI-Communities in die Prozesse der Innovationsentwicklung hat sich in den Fallstudien das Schaffen direkter Verantwortlichkeiten als sehr erfolgreich erwiesen, weil dadurch die Mitarbeiter der Community-Betreiber bei Einführung der OI-Community in die Pflicht genommen werden, die Ideen aus der OI-Community auch in der Innovationsentwicklung zu berücksichtigen. Eine erfolgreiche Integration der OI-Community in den Innovationsprozess umfasst aber nicht nur eine prozessuale Abstimmung der IT-Systeme und begleitende Personalmaßnahmen. Auch die Führungsebene des Community-Betreibers muss entsprechend eingebunden werden. Formale Bekenntnisse des Managements haben in den Fallstudien einen äußerst positiven Effekt auf die Integration der OI-Community. Dadurch wird Mitarbeitern die Sicherheit gegeben, eigene Ressourcen für die Weiterentwicklung und Implementierung von Ideen verwenden zu dürfen, da OI-Communities als organisationale Innovation aus Mitarbeitersicht grundsätzlich mit einem gewissen Nutzungsrisiko verbunden sind. Bei den betrachteten Fallstudien erfolgten diese Bekenntnisse entweder auf Basis einer formalen Vorgabe einer bestimmten Anzahl an umzusetzenden Ideen (wie z.B. bei der Planet Lifecycle Community) oder durch die Gewährung von *"Slack"*-Zeiten, die Mitarbeiter für eigene Innovationsprojekte einsetzen können (wie z.B. bei der ERP Steampunk Community).

Boundary-Spanning ist die Kompetenz eines Community-Betreibers, den bidirektionalen Austausch zwischen Community-Mitgliedern und Mitarbeitern des Community-Betreibers zu verstetigen. Ein in allen Communities beobachteter Mechanismus zur Umsetzung dieser Kompetenz ist das Einsetzen von institutionalisierten Vermittlern, die den Informationsfluss über die Grenzen der beiden Informationssphären hinweg fördern. Diese *"Boundary-Spanner"* bereiten in der Regel die Informationen aus der OI-Community auf und verteilen sie innerhalb der Unternehmensgrenzen. Häufig handelt es sich bei diesen Mitarbeitern um das Community-Management. Jedoch können diese Rolle auch andere Mitarbeiter übernehmen, wie z.B. die Innovationsmentoren bei der ERP Steampunk Community. Dabei greifen sie häufig auf ein institutionalisiertes Erstellen und Verteilen von Informationen aus der OI-Community über unternehmensinterne Kommunikationskanäle, z.B. Newsletter oder Innovationsreporte, zurück. Ein weiterer mit IT-basierten Koordinationskompetenzen assoziierter Mechanismus ist das Durchführen von Web-Konferenzen, an denen nicht nur Mitarbeiter der Community-Betreiber, sondern auch Community-Mitglieder teilnehmen. Die Fallstudie der ERP Steampunk Community zeigt, dass mittels dieser Konferenzen sogar ein Großteil des explorativen und transformativen Lernens durchlaufen werden kann. Durch die Reichhaltigkeit des Mediums können mit diesen Web-Konferenzen auch komplexe Probleme gelöst werden, die mit kommentarbasierten Diskussionen nur schwer bearbeitet werden können.

Für einen langfristig erfolgreichen Betrieb der OI-Community müssen die Community-Mitglieder aber auch Rückmeldung zu ihren Ideen erhalten, so dass das Schaffen einer gewissen Transparenz bezüglich der intern weiterverfolgten und eventuell umgesetzten Ideen von hoher Bedeutung ist. Einfache Mechanismen zur Unterstützung dieser Aktivitäten stellen Mechanismen zur Darstellung der Implementierungsstatus einzelner Ideen, wie z.B. *"Under Review"* oder *"Implemented"*, dar. Dadurch können Community-Betreiber für alle Community-Mitglieder einsehbar darstellen, wie intern mit den Ideen verfahren wurde. In diesem Zusammenhang ist das Institutionalisieren von direktem Feedback von Mitarbeitern der Community-Betreiber über das Community-Management hinaus eine der größten Herausforderungen in allen OI-Communities, da viele Mitarbeiter der Community-Betreiber aufgrund einer mangelnden, prozessualen Integration, sehr zurückhaltend mit der Nutzung der OI-Community sind. Auch ein aktives Erwartungsmanagement im Hinblick auf die Implementierungschancen der eingereichten Ideen auf der Community-Plattform ist in diesem Zusammenhang nicht zu vernachlässigen.

Diskussion der Ergebnisse: Fallstudiensynthese 141

IT-basierte Sozialisierungskompetenzen

Community-Building ist die Kompetenz eines Community-Betreibers, systematisch neue Mitglieder für die OI-Community zu akquirieren sowie diese emotional in die Community zu integrieren. Zum schnellen Aufbau einer kritischen Nutzermasse hat sich dabei vor allem die Integration einer OI-Community in bereits existierende Communities, z.B. wie im Falle der ERP IdeaZone Community in ein Community-Netzwerk mit über zwei Millionen Mitgliedern, bewährt. Für eine tiefergehende Identifikation und Integration muss den Community-Mitgliedern in diesem Zusammenhang aber auch genügend Reibungsfläche geboten werden. Ein sehr positives Beispiel ist hier die ERP Steampunk Community, die sich in der Außerwirkung bewusst ein sehr rebellisches Image aufbaut. Durch ein entsprechendes Leitbild und dessen Vorleben durch das Community-Management ermöglicht eine Teilnahme den Community-Mitgliedern ein Ankämpfen gegen die *„verkrusteten Strukturen"* eines Großkonzerns durch die selbstständige Entwicklung von Innovationen. Ein analoger Effekt wird in OSS Brainstorm durch eine Kultur der Offenheit und das Schaffen eines Gefühls der Reziprozität erzielt. Solche Community-Kulturen sind die Grundlage für das Schaffen gemeinsamer Rituale, die die Sozialisierung der Mitglieder fördern.

In diesem Zusammenhang müssen Mitglieder aber auch darin unterstützt werden, mit anderen Nutzern in Kontakt kommen zu können. In den untersuchten Communities erfolgt dies durch umfangreiche Profilierungsmöglichkeiten, mit denen sich die Mitglieder selbst darstellen können. Soziale Netzwerkdienste, mit denen sich die Community-Mitglieder innerhalb der Community ein Beziehungsnetzwerk aufbauen und auf einfache Weise mit anderen Mitgliedern in Kontakt kommen können, werden für diesen Zweck ebenfalls sehr erfolgreich eingesetzt. Auch automatische Benachrichtigungen, z.B. wenn an den eigenen Ideen oder Kommentaren etwas geändert worden ist, haben einen vergleichbaren Effekt. Wichtige Sozialisierungsmechanismen stellen auch regelmäßige Treffen und Konferenzen in der realen, physischen Welt dar. Auf diesen können sich die Community-Mitglieder besser kennenlernen und direkt austauschen. Durch eine umfassende Integration in die OI-Community und gezielten IT-Einsatz kann jedoch deren Reichweite vergrößert werden. Durch den institutionalisierten Gebrauch von Web-Konferenzen, Voice-Over-IP-Technologien oder sozialen Medien, wie z.B. *"Twitter"*, können auch räumlich und zeitlich verteilte Community-Mitglieder teilnehmen, sich besser kennenlernen und zueinander Vertrauen aufbauen.

Selbstverwaltung ist die Kompetenz eines Community-Betreibers, in der OI-Community selbstregulierende Strukturen aufzubauen und die Community-Mitglieder aktiv in das Community-Management zu involvieren. In den betrachteten Fallstudien hat der Aufbau solcher Strukturen zwei Effekte auf die Ideenabsorption. (1) Selbstverwaltung ermöglicht es aus Sicht der Community-Betreiber, Aufgaben an die Community-Mitglieder abzugeben, die sie im Rahmen des Community-Managements eigentlich selbst durchführen müssten, so dass durch die eingesparten Ressourcen für Transformation und Exploitation der Ideen zur Verfügung stehen. (2) Selbstverwaltende Strukturen ermöglichen eine weitreichende Sozialisation der Community-Mitglieder – eine wesentliche Grundlage für den Aufbau von gegenseitigem Vertrauen. Sowohl in der OSS Brainstorm als auch in der Planet Lifecycle Community werden dabei zum Aufbau dieser IT-basierten Sozialisierungsfähigkeit dieselben Mechanismen eingesetzt. Ausgangspunkt ist jeweils ein hierarchisches Rechte- und Rollenkonzept. Je höher einzelne Mitglieder in diesem aufsteigen, desto mehr Rechte und Verantwortung besitzen sie in Bezug auf das Management der OI-Community. Dadurch werden Community-Mitglieder systematisch in das Management der OI-Community eingebunden. Je nach ihrer Rolle sind sie z.B. für die Schlichtung von Konflikten, das Editieren von Inhalten oder die Organisation von Events verantwortlich. Diese Partizipationsmöglichkeiten wirken auf die Community-Mitglieder stark motivierend und sorgen für eine tiefgreifende Einbindung. Zudem stehen die leitenden Community-Mitglieder sowie die Community-Betreiber in einem sehr engen bidirektionalen Austausch. Dadurch werden die Community-Mitglieder direkt in die Planungsprozesse des Community-Betreibers sowie die technische und strategische Weiterentwicklung der OI-Community einbezogen. Dadurch können OI-Communities trotz ihrer selbstverwaltenden Strukturen an den Zielen des Community-Betreibers ausgerichtet werden.

In Tabelle 4-7 werden die IT-basierten Absorptionskompetenzen zusammenfassend dargestellt. Alle vier Community-Betreiber nutzen unterschiedliche Mechanismen zur Ausbildung von mindestens fünf der sechs identifizierten IT-basierten Absorptionskompetenzen. Jedoch ergeben sich hier teilweise große Unterschiede hinsichtlich der Reife der einzelnen Kompetenzen. Während einige Kompetenzen zum Untersuchungszeitpunkt bereits sehr ausgereift waren (vgl. „++" in Tabelle 4-7), befanden sich andere noch in einem relativ frühen Entwicklungsstadium (vgl. „+" in Tabelle 4-7).

IT-basierte Absorptionskompetenzen		OSS Brainstorm	ERP IdeaZone	ERP Steampunk	Lifecycle World
IT-basierte Systematisierungskompetenzen	Toolkit-Design	++	+	+	
	Kollektive Ideenbewertung	++	+		+
IT-basierte Koordinationskompetenzen	Prozessintegration	+		++	++
	Boundary-Spanning	+	+	++	++
IT-basierte Sozialisierungskompetenzen	Community-Building	++	+	++	+
	Selbstverwaltung	++		+	++

++ = starke Ausprägung kann in OI-Community beobachtet werden;
+ = Ausprägung kann in OI-Community beobachtet werden

Tabelle 4-7: Überblick IT-basierte Absorptionskompetenzen
Quelle: Eigene Darstellung

In Abbildung 4-17 werden die einzelnen IT-basierten Absorptionskompetenzen den einzelnen Prozessphasen des Ideenabsorptionsmodells zugeordnet. IT-basierte Systematisierungskompetenzen können somit in erster Linie die Phase des explorativen Lernens positiv beeinflussen. Das Design des Toolkits beeinflusst die Erhebung von Bedürfnis- und Lösungsinformationen in den Phasen der Ideensammlung und -weiterentwicklung. Der Einflussbereich von Mechanismen zur kollektiven Ideenbewertung beginnt bei der Erkennung von Duplikaten im Rahmen der Ideensammlung und beeinflusst die Erhebung und Interpretation von Präferenzinformationen in den Schritten der Popularitätsabstimmung und des Erkennens von Wissensarbitrage. Damit stellen Mechanismen zur kollektiven Ideenbewertung eine zentrale Grundlage für die Ideenselektion dar, bei welcher der Einfluss solcher Mechanismen endet.

Im Gegensatz dazu erstrecken sich IT-basierte Koordinationskompetenzen über alle drei Lernphasen. Prozessintegration umfasst den ersten Kontakt des Community-Betreibers mit den Ideen während des Erkennens von Wissensarbitrage, die gesamte Phase des transformativen Lernens und die Ideenimplementierung. Bei dieser wird in der Regel nicht mehr zwischen internen und externen Ideen unterschieden, so dass Ideen zu diesem Zeitpunkt bereits voll im Innovationsprozess des Community-Betreibers aufgegangen sind. Boundary-Spanning hat durch die stark motivierenden Effekte direkter Rückmeldung auf die Community-Mitglieder und der geschaffenen Transparenz, einen positiven Einfluss auf die Sammlung, Weiterentwicklung und Bewertung von Ideen in der explorativen Lernphase. Zudem ist Boundary-Spanning während des transformativen Lernens von großer Bedeutung, da hier der Kundeninput direkt in die Entwicklung neuer Produkte und Innovationen einfließen muss.

Je nach betrachteter Zielgruppe beziehen sich IT-basierte Sozialisierungskompetenzen entweder, wie beim Community-Building, auf die Phase des explorativen Lernens oder im Sinne einer Querschnittsfunktion, wie im Falle der Selbstverwaltung, auf alle Lernphasen. Das Aufbauen einer aktiven und robusten Mitgliedergemeinschaft ermöglicht es den Community-Betreibern, das Innovationspotenzial der OI-Communities langfristig zu konservieren und auszubauen. Dadurch werden insbesondere die Prozessschritte der Ideensammlung und -weiterentwicklung sowie der Popularitätsabstimmung unterstützt. Einen vergleichbaren Effekt haben die im Rahmen der Selbstverwaltung entstehenden Community-Strukturen. Weiterhin ermöglichen die Community-Mitglieder dem Community-Betreiber durch die Selbstverwaltung, Ressourcen zum Management der OI-Community einzusparen, die dann für die Phasen der Assimilation bzw. Transformation sowie der Implementierung eingesetzt werden können.

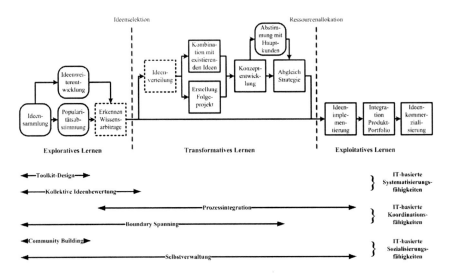

Abbildung 4-17: IT-basierte Absorptionskompetenzen im Verlauf der Absorptionsprozesse
Quelle: Eigene Abbildung

4.5 Schlussfolgerung und Implikationen der Ergebnisse

4.5.1 Zusammenfassung der Ergebnisse

In diesem Kapitel wurde das in Forschungsfrage eins entwickelte, theoretische Ideenabsorptionsmodell empirisch überprüft und verfeinert. Der Fokus lag dabei auf den Absorptionsprozessen und IT-basierten Absorptionskompetenzen der Community-Betreiber. Da es sich dabei um ein wenig erforschtes Gebiet handelt, wurde ein qualitativer Forschungsansatz gewählt und vier Betreiber von OI-Communities in Fallstudien untersucht. Die Communities wurden auf Basis theoretischer Überlegungen ausgewählt. Die Fallstudien fokussieren dabei auf Softwareunternehmen, um verzerrende Industrieeffekte zu vermeiden. Im Rahmen der Fallstudien wurden Interviews mit den Leitern der OI-Communities sowie anderen beteiligten Anspruchsgruppen, wie z.B. Produktmanagern und Community-Mitgliedern, geführt, interne Dokumente analysiert sowie das Verhalten der Community-Betreiber und -Mitglieder in den Communities beobachtet. Alle Informationen wurden auf Basis der qualitativen Inhaltsanalyse nach Mayring (2008) analysiert. Die Prozessdaten wurden durch eine Kombination induktiver und deduktiver Analyseschritte durch zwei unabhängige Forscher ausgewertet. Die Interkoder-Reliabilität ist mit einem Cohen's Kappa von 0,71 als sehr gut einzuschätzen.

Zusammenfassend kann festgehalten werden, dass alle drei Phasen des explorativen, transformativen und exploitativen Lernens eindeutig bei den betrachteten Community-Betreibern identifiziert werden konnten. In der Phase des explorativen Lernens werden Ideen in der OI-Community gesammelt und durch die Community-Mitglieder bewertet. Im Rahmen des Erkennens von Wissensarbitrage und der Selektion von Innovationsideen spielen kollektive Mechanismen zur Ideenbewertung eine sehr große Rolle. Darüber hinaus wird die Anzahl der Kommentare in diesem Zusammenhang als implizite Bewertung einer Idee interpretiert. Nach der Selektion können Ideen zwei unterschiedliche Absorptionspfade durchlaufen. Einen zentralen Absorptionspfad, in dem Ideen mit existierenden Ideen zu übergeordneten Funktionalitäten verdichtet oder im Rahmen von Folgeprojekten weiterentwickelt, mit der Produkt- und Unternehmensstrategie abgeglichen und schließlich implementiert werden, wenn eine ausreichende strategische Passung vorliegt. Auf dem peripheren Absorptionspfad werden Ideen implementiert, wenn einzelne Mitarbeiter so sehr von dem Potenzial einer Idee überzeugt sind, dass sie diese ohne Abstimmung mit dem Unternehmen umsetzen und versuchen diese nachträglich in dessen Produkte bzw. dessen Produkt-Portfolio zu integrieren. In den betrachteten Fallstudien führte eine Implementierung von Ideen zu einer Steigerung der Innovationskraft und einer kontinuierlichen Verbesserung der Produkte, einer Vergrößerung der strategischen Flexibilität, einem Erschließen zusätzlicher Mitarbeiterressourcen sowie einer Steigerung von Mitarbeiterzufriedenheit und Kundenbindung.

Zudem wurden domänenspezifische Kontingenzfaktoren herausgearbeitet. Zentrale Treiber zur Einführung der OI-Communities sind das Bestreben mehrere Kanäle zur Erhebung von Kundenfeedback zu bündeln, aufkommende Trends früher identifizieren und genauer einschätzen zu können, die Umsetzung von Ideen zu fördern sowie Zugang zu Präferenzinformationen zu gewinnen. Für die erfolgreiche Nutzung von OI-Communities muss eine Synchronität zwischen der pfadabhängigen Entwicklung von Absorptionskompetenzen und dem Wachstum der Community hergestellt werden, da sonst das volle Potenzial der Community nicht ausgenutzt werden kann. Des Weiteren konnte gezeigt werden, dass Selektion und Implementierung von Ideen in einem hohen Ausmaß von individuellem Promotorentum abhängen, das umso stärker ausgeprägt ist, desto größer die Autonomie der Mitarbeiter in den betrachteten Unternehmen ausfällt. *"Regimes of Appropriability"* entsprechen der Konzeptualisierung von Cohen/Levinthal (Cohen/Levinthal 1990, 141), da die Zugänglichkeit des externen Kundenwissens sehr stark von dessen Spezifität, der Immaterialität der im Absorptionsprozess auftretenden sozialen Interaktionen und dem Grad der Öffnung der OI-Community beschränkt wird.

IT-basierte Systematisierungskompetenzen verbessern die Erhebung von Bedürfnis-, Lösungs- und Präferenzinformationen. Die erhobenen Informationen besitzen eine höhere Qualität und können durch Community-Betreiber besser aufgenommen werden, so dass die Effektivität der OI-Community gesteigert werden kann. IT-basierte Koordinationsmöglichkeiten ermöglichen die Integration der OI-Community in den Innovationsprozess der Community-Betreiber sowie das Aufbauen von Strukturen zum bidirektionalen Austausch zwischen Community-Betreiber und Community-Mitgliedern, so dass die Informationen der Community-Mitglieder innerhalb der Unternehmensgrenzen auf effizientere Weise verteilt und deren Motivation durch die direkte Rückmeldung aufrecht erhalten werden können. IT-basierte Sozialisierungsmechanismen umfassen das Zusammenführen der vielen, anfänglich anonymen, Mitglieder der OI-Community in eine Gemeinschaft, die Integration neuer Mitglieder in diese im Sinne eines kontinuierlichen Community-Building und den Aufbau von Strukturen für eine Selbstverwaltung der Community-Mitglieder. Dadurch kann das Innovationspotenzial der OI-Community ausgebaut und ein effizienterer Betrieb der OI-Community ermöglicht werden, so dass die eingesparten Ressourcen für die Implementierung von Kundenideen zur Verfügung stehen.

4.5.2 Theoretische Implikationen

Das im Rahmen von Forschungsfrage zwei entwickelte Ideenabsorptionsmodell betrachtet AC aus der Perspektive einer Prozesstheorie, die beschreibt, welchen Transformationsprozess Ideen von ihrer Generierung bis zu ihrer Kommerzialisierung durchlaufen. Anders als Varianztheorien beschreibt das Ideenabsorptionsmodell somit keine kausalen Zusammenhänge zwischen unabhängigen und abhängigen Variablen, sondern die zeitlich-logische Abfolge von Ereignissen bei der Ideenabsorption (Langley 1999, 692). Das Ideenabsorptionsmodell entspricht damit im weitesten Sinne einer Lebenszyklustheorie, in denen jedes Ereignis einen gewissen Anteil an der Bildung eines a priori definierten Endzustandes – eine implementierte Idee – beisteuert (Van Den Ven 1992, 177). Durch diese integrierte Sichtweise der OI- und AC-Forschung kann einerseits die AC-Theorie auf Basis des Ideenabsorptionsmodells bestätigt und durch ein qualitatives Prozessverständnis sowie IT-basierte Absorptionskompetenzen erweitert werden. Anderseits ergeben sich aber auch Implikationen für die OI-Forschung, indem die Frage der Wertaneignung in OI-Communities untersucht wird. Zusammenfassend ergeben sich insgesamt drei Implikationen für die bestehende Forschung:

(1) Qualitatives Verständnis von Absorptionsprozessen: Die entwickelte Prozesstheorie trägt zu einem tieferen Verständnis von realen Absorptionsprozessen bei, das von mehreren Autoren gefordert wurde (Lane/Koka/Pathak 2006, 833f.; Lichtenthaler 2009b, 822; Easterby-Smith et al. 2008, 499). Dabei ermöglicht der qualitative Forschungsansatz neue Einblicke zur Weiterentwicklung des meist quantitativ erforschten AC-Konstrukts und zu Überkommen dessen Reifikation. So spiegelt ein dreiphasiges AC-Modell mit zwei eindeutigen Übergängen zwischen den Phasen (Ideenselektion und Ressourcenallokation) die Realität sehr viel besser wider, als ein aus potenzieller und realisierter AC bestehendes zweistufiges AC-Modell. Nach Zahra/George (2002b, 192) wäre hier der Übergang zwischen potenzieller und realisierter AC zwischen Assimilation und Transformation der Ideen. Im Rahmen der Fallstudien sind diese Phasen jedoch sehr eng miteinander verknüpft. Zudem hängen sie stark von der bereits existierenden Wissensbasis der Community-Betreiber ab. Des Weiteren konnte gezeigt werden, dass in den betrachteten OI-Communities unterschiedliche Absorptionspfade existieren, die sich im Grad der organisatorischen Integration unterscheiden. Während der zentrale Absorptionspfad weitgehend der AC-Theorie entspricht, wird im peripheren Absorptionspfad die Phase des transformativen Lernens weitgehend übersprungen. In diesem Fall ist die Absorption von Ideen in einem hohen Maße durch episodische Macht im Rahmen von individuellem Promotorentum einzelner Mitarbeiter abhängig, die an das große Potenzial der jeweiligen Ideen glauben und diese selbstständig und weitgehend ohne Rücksprache mit dem Unternehmen oder Vorgesetzten implementieren.

(2) IT-basierte Absorptionskompetenzen: Das Ideenabsorptionsmodell erweitert die bestehende AC-Forschung in Bezug auf das Management von AC-Prozessen und externen Wissensflüssen im Allgemeinen (Jansen/Van den Bosch/Volberda 2005; Escribano/Fosfuri/Tribó 2009; Lewin/Massini/Peeters 2011). Kombinationskompetenzen zum Management von AC-Prozessen – im Detail Systematisierungs-, Koordinations- und Sozialisierungskompetenzen –

werden auf die Domäne OI-Communities übertragen und somit um Gestaltung und Management eines sozio-technischen Systems erweitert. Diese umfassen damit nicht nur organisatorische Komponenten des IT-Managements, sondern auch eine starke gestaltungsorientierte Komponente zur Steigerung der AC eines Unternehmens. Im Rahmen der Analyse wurden neue Absorptionsmechanismen zur Integration des Kundenwissens identifiziert, durch welche die einzelnen IT-basierten Absorptionskompetenzen operationalisiert werden. Darunter fällt z.b. die Gestaltung des Toolkits zur Externalisierung der Ideen oder von Mechanismen zur kollektiven Ideenbewertung, mit dem Unternehmen aktiv in die Erhebung des Wissens der Kunden eingreifen können. Im Gegensatz zu der in der AC-Forschung verbreiteten Ansicht ist dieses nun keine exogen vorgegebene, statische Größe mehr, sondern kann aktiv durch das Unternehmen beeinflusst werden.

(3) Wertaneignung in OI-Communities: Bisherige OI-Forschung untersuchte OI-Communities als ein Phänomen der unternehmerischen Praxis und fokussiert dabei in erster Linie auf die Community an sich (vgl. z.B. Füller/Matzler 2007; Ebner/Leimeister/Krcmar 2009), deren Gestaltung (vgl. z.B. Von Hippel/Katz 2002; Jeppesen 2005; Leimeister et al. 2009; Piller/Walcher 2006), Motivation, Verhalten und Charakteristiken der Community-Mitglieder (vgl. z.B. Franke/Shah 2003; Von Hippel 2005; Lakhani/von Hippel 2003; Jeppesen/Frederiksen 2006) sowie die Ideengenerierung in diesen (vgl. z.B. Kohler et al. 2011; Bretschneider 2011; Jeppesen/Lakhani 2010). Im Gegensatz zu diesen Studien, die eher auf wertgenerierende Aktivitäten in OI-Communities eingehen, untersucht die vorliegenden Arbeit, wie sich Unternehmen den Wert aneignen, der durch die Umsetzung der in OI-Communities eingereichten Kundenideen geschaffen wird. Absorptionsprozesse und IT-basierte Absorptionskompetenzen stellen in diesem Zusammenhang *"Complimentary Assets"* zur Nutzung und Kommerzialisierung des in der OI-Community akquirierten Kundenwissens dar (Teece 1986, 288f.). Die identifizierten IT-basierten Absorptionskompetenzen helfen AC im Kontext von OI-Communities als *"Dynamic Capability"* (Zahra/George 2002b, 195) zu verstehen, in der ressourcenbasierten Ansicht der Unternehmung zu verankern und somit in einen weiteren, theoretischen Kontext einzubetten (Eisenhardt/Martin 2000; Barney 1991; vgl. z.B. Teece/Pisano/Shuen 1997).

4.5.3 Praktische Implikationen und Handlungsempfehlungen

Das Ideenabsorptionsmodell veranschaulicht, welche Prozessschritte Ideen im Rahmen ihrer Absorption durchlaufen und welche IT-basierten Absorptionskompetenzen Community-Betreiber entwickeln müssen, um ihre AC positiv zu beeinflussen. Diese sind von einer hohen, praktischen Bedeutung, weil die Nutzung der einzelnen Mechanismus zur Umsetzung der IT-basierten Absorptionskompetenzen die limitierte AC der Community-Betreiber vergrößern kann (Di Gangi/Wasko 2009, 310f.). Auf Basis des Ideenabsorptionsmodells und der abgeleiteten IT-basierten Absorptionskompetenzen können in einer Gesamtbetrachtung fünf Empfehlungen für die Praxis abgegeben werden, welche die AC von Community-Betreibern vergrößern sollten:

(1) Umsetzung technischer *"Best Practices"*: Im Rahmen der Fallstudien konnten in Bezug auf IT-basierte Systematisierungs-, Koordinations- und Sozialisierungskompetenzen eindeutige *"Best Practices"* hinsichtlich der technischen Gestaltung der Community-Plattform identifiziert werden. Hinsichtlich des Toolkit-Designs hat sich eine getrennte Erhebung von Bedürfnis- und Lösungsinformationen als erfolgreich erwiesen. Sie verbessert die Qualität der Einreichungen und ist Kristallisationspunkt für wiki- und kommentarbasierte Kollaboration der Community-Mitglieder. Durch Ranglistensysteme können zusätzlich Motivation und Kreativität der Mitglieder gesteigert werden. Im Rahmen des Boundary-Spanning haben sich Systeme zur Darstellung der Ideenstatus und spezielle Kommentarfelder für Mitarbeiter aus den Entwicklungsabteilungen als effiziente Möglichkeit erwiesen, den Community-Mitgliedern Rückmeldung zu geben und zusätzliche Informationen im Rahmen des transformativen Lernens zu akquirieren. Zu diesem Zweck ist auch der Einsatz von Web-Konferenzen ein probates Mittel. IT-basierte Sozialisierungsmechanismen ermöglichen eine emotionale Integration der Community-Mitglieder in OI-Communities und ein schnelles Erreichen einer kritischen Mitglieder-Masse. Durch die Implementierung sozialer Netzwerkdienste können diese Nutzerprofile erstellen und einfacher miteinander in Kontakt kommen. Rechte- und Rollensysteme im Rahmen einer Selbstverwaltung begünstigen den Aufbau einer eigenen Community-Kultur und das Entstehen geteilter Normen und Rituale. Durch eine technische Integration in bereits bestehende Online-Plattformen können zudem einfacher neue Mitglieder angeworben werden.

(2) Entscheidungsunterstützung durch kollektive Ideenbewertung: Die Fallstudien zeigen, dass Mechanismen zur kollektiven Ideenbewertung eine zentrale Rolle bei dem Erkennen von Möglichkeiten zur Wissensarbitrage und der Selektion von Ideen besitzen. Diese Mechanismen richten die Aufmerksamkeit der Community-Betreiber auf die populärsten Ideen und stellen ein umfassendes Entscheidungsunterstützungssystem dar. Die Fallstudien zeigen diesbezüglich jedoch auch, dass erfolgreiche Ideenbewertungssysteme über einfache Bewertungsskalen hinaus gehen. Sie umfassen Mechanismen zur Erkennung von Duplikaten und müssen in der Lage sein, Ideen mit wenig innovationsrelevanten Informationen herauszufiltern. In den Fallstudien waren diese organisatorischen Arbeitsschritte mit einem hohen, personellen Aufwand verbunden, wobei hier grundsätzlich auch, wie z.B. bei der Duplikaterkennung, IT-basierte Lösungen möglich sind (Riedl 2011, 219-223). Interessant ist in diesem Zusammenhang, dass zwar alle betrachteten Unternehmen Mechanismen zur kollektiven Ideenbewertung nutzen, die Ergebnisse diese Bewertung jedoch nicht in Frage stellen und implizit davon ausgehen, dass alle Mechanismen zu gleichen Ergebnissen führen. Die OSS Brainstorm Community zeigt hier jedoch, dass falsch gestaltete Mechanismen sehr anfällig für Verzerrungen sind, die zu falschen Selektionsentscheidungen führen können. Desweiteren steigt die Fallstudie jedoch auch, dass die Klassifikationsgüte solcher Mechanismen bereits durch relativ einfache Maßnahmen gesteigert werden kann. So führten die Einführung einer zusätzlichen Filterstufe sowie einer Bewertungsskala zur Durchschnittsbildung (anstelle einer zur Abstimmung) zu deutlich besseren Ergebnissen.

(3) Aktive Gestaltung und Integration von Absorptionsprozessen: Um eine effektive Nutzung von OI-Communities zu ermöglichen, müssen Community-Betreiber genügend Ressourcen bereitstellen, um alle drei Lernphasen durchlaufen zu können und dass für die beteiligten Mitarbeiter prinzipiell beide Absorptionspfade offen stehen. Dafür müssen OI-Communities auf einer operativen Ebene in die alltäglichen Arbeitsabläufe der Produktmanager und Entwickler integriert werden. In den Fallstudien erfolgt dies z.B. durch eine Integration der Communities bzw. der Ideen in die im Rahmen der Innovationsentwicklung verwendeten IT-Systeme, Mitarbeiterschulungen zum Umgang mit dem neuen IT-basierten Interaktionskanal sowie das Schaffen von direkten Verantwortlichkeiten zur Betreuung der OI-Communities. Auf einer Führungsebene müssen Mitarbeiter mit der notwendigen Autonomie versorgt werden, um mit der OI-Community arbeiten zu können. In den Fallstudien erweisen sich hier Zeitbudgets, die Mitarbeiter zur Verfolgung eigener Innovationsprojekte einsetzen können, sowie feste Zusagen eine gewisse Anzahl von Ideen zu implementieren, als erfolgreich.

(4) Interdisziplinäres Community-Management als Promotor des Wandels: Die Fallstudien veranschaulichen die große Bedeutung des Community-Managements bei der Ideenabsorption. Es muss die Mechanismen zur Umsetzung der IT-basierten Absorptionskompetenzen in der Praxis umsetzen und dafür sorgen, dass diese durch die Mitglieder mit Leben gefüllt werden. Dabei müssen Community-Manager oftmals etablierte Strukturen auf Seiten des Community-Betreibers aufbrechen und als *„Promotoren des Wandels"* auftreten. Zudem ist das Community-Management sehr stark in die Evaluation und Interpretation der Ideen im Sinne des Erkennens von Möglichkeiten zur Wissensarbitrage eingebunden. Es stellt damit einen wesentlichen Teil der Wissensbasis des Community-Betreibers dar, die mit dem externen Kundenwissen in Berührung kommt. Daher sollte das Community-Management aus interdisziplinären Teams bestehen, in denen die einzelnen Mitglieder einen unterschiedlichen Hintergrund besitzen (Jansen/Van den Bosch/Volberda 2005, 1009). Zudem hilft dies die Bedürfnisse unterschiedlicher, interner Anspruchsgruppen an die OI-Communities besser verstehen zu können und die Gestaltung der OI-Community an diese anzupassen. Zur Maximierung der Reichweite der Community sollten diese Mitarbeiter zudem über ein breites, soziales Netzwerk innerhalb der Grenzen des Community-Betreibers verfügen.

(5) IT-basierte Absorptionskompetenzen als Schutzmechanismus: Die Fallstudien zeigen, dass sich Wettbewerbsvorteile nicht durch die reine Exposition zu einer OI-Community ergeben, sondern durch IT-basierte Absorptionskompetenzen generiert werden, deren Entwicklung mit der Öffnung der Innovationsaktivitäten einhergeht. Wettbewerbsvorteile entwickeln sich durch eine hohe Anzahl von sozialen Interaktionen zwischen den Mitgliedern der OI-Community und den Community-Betreibern. Diese sind in der Regel informell und ermöglichen für den Community-Betreiber ein besseres Verstehen der eigenen Kunden. Dieses Wissen besitzt oftmals einen taziten, nicht kodifizierten Charakter und kann daher auch nicht von Wettbewerbern kopiert werden. Daher bedürfen OI-Communities im Prinzip auch keiner Schutzmechanismen zur Erschließung des vollen Potenzials von OI-Communities. Weiterhin erleichtern IT-basierte Absorptionskompetenzen auch das Aufnehmen von Informationen aus anderen externen Wissensquellen (Escribano/Fosfuri/Tribó 2009). Dabei sollten Community-Betreiber aber nicht nur Ideen für die Innovationsentwicklung als Outputs betrachten, sondern ganz explizit auch die Potenziale für Personalrekrutierung und Marketing berücksichtigen. Gerade hier spielt das Community-Management eine wesentliche Rolle, da es oftmals an der zentralen Schnittstelle zwischen Community und Community-Betreiber steht.

5 Unterstützung der Ideenabsorption in Open Innovation Communities durch kollektive Ideenbewertung

Ziel des folgenden Kapitels ist das Beantworten der dritten Forschungsfrage dieser Arbeit:

> *Was sind geeignete Mechanismen für eine kollektive Ideenbewertung in Open Innovation Communities?*

Die Fallstudien aus Forschungsfrage zwei zeigen, dass Mechanismen zur kollektiven Ideenbewertung eine zentrale Rolle beim Erkennen von Möglichkeiten zur Wissensarbitrage besitzen und ein wesentliches Entscheidungsunterstützungssystem bei der Ideenselektion darstellen. Sie richten die Aufmerksamkeit des Community-Betreibers auf die Ideen mit dem größten Potenzial und helfen diesem damit, die Spreu vom Weizen zu trennen. Diese Mechanismen erhöhen die AC der Community-Betreiber, in dem sie die Anzahl der zu begutachtenden Ideen geringer Qualität reduzieren und beitragen, die begrenzten Ressourcen auf die Ideen mit dem höchsten Potenzial zu fokussieren. Die Fallstudien zeigen jedoch auch, dass fehlerhaft gestaltete Bewertungsmechanismen zu falschen Implementierungsentscheidungen führen können, so dass die Gestaltung dieser Mechanismen eine zentrale IT-basierte Absorptionskompetenz der Community-Betreiber darstellt.

In der bestehenden Forschung wurde die Frage, wie solche Mechanismen im Detail gestaltet werden müssen aber nur in unzureichendem Maße adressiert (Bonabeau 2009, 51). Zur Bewertung von Ideen in OI-Communities und OI-Ansätzen im Allgemeinen werden derzeit in Wissenschaft und Praxis mit Bewertungsskalen (vgl. z.B. Di Gangi/Wasko 2009; Franke/Hienerth 2006; Riedl et al. 2009; Möslein/Haller/Bullinger 2010) und Informationsmärkten (vgl. z.B. Dahan/Soukhoroukova/Spann 2010; Soukhoroukova/Spann/Skiera 2012; LaComb/Barnett/Qimei 2007) zwei fundamental unterschiedliche Ansätze verfolgt. Jedoch besteht nicht nur Unklarheit bezüglich der relativen Leistungsfähigkeit dieser Mechanismen in Bezug auf eine kollektive Ideenbewertung (Chen et al. 2005, 2; Graefe 2009, 7f.; Goel et al. 2010, 2; Soukhoroukova/Spann/Skiera 2012, 111), sondern auch wie diese für sich genommen gestaltet werden müssen, um ein effektives Entscheidungsunterstützungssystem für Betreiber von OI-Communities darstellen zu können. So ist z.B. aus Forschungsgebieten wie der Marktforschung (vgl. z.B. Churchill 1979; Bergkvist/Rossiter 2007) und den Sozialwissenschaften (vgl. z.B. Conrad et al. 2006; Christian/Dillman/Smyth 2007) bekannt, dass unterschiedliche Skalen, unterschiedliche psychometrische Eigenschaften besitzen und ein unterschiedliches Verhalten der Bewertenden hervorrufen (vgl. z.B. Tourangeau/Rips/Rasinski 2000; Biemer/Lyberg 2003). Erste explorative Forschungsergebnisse im Bereich der OI zeigen, dass die Verwendung unterschiedlicher Skalen (Blohm et al. 2009, 372-374) oder unterschiedlicher Technologien zur Ideenbewertung (Blohm et al. 2010d, 16-19; Blohm et al. 2011g, 188-192) die Klassifikationsgüte, d.h. die Fähigkeit der Community-Mitglieder, die Qualität korrekt als *„niedrig"* oder *„hoch"* einschätzen zu können (Franke/Hienerth 2006, 56), stark beeinflusst. Es ist aber noch nicht geklärt, welche Skalen, wie gut für eine kollektive Ideenbewertung geeignet sind. In diesem Zusammenhang ist aber auch aus der Forschung über Informationsmärkte bekannt, dass die Gestaltung von Marktmechanismen einen großen

Einfluss auf das Verhalten der Nutzer und die Klassifikationsgüte der Nutzer besitzt (Jian/ Sami 2012, 27-33; Chen et al. 2010, 3). Doch wie bei Bewertungsskalen ist die Frage, wie diese Märkte für die Ideenbewertung konfiguriert werden müssen, noch nicht in ausreichendem Maße beantwortet. Die Fallstudien demonstrieren, dass die Teilnahme an OI-Communities ein dynamisches Phänomen ist und stark variieren kann. Für die Betreiber für OI-Communities ist es daher von Bedeutung, dass die eingesetzten Mechanismen zur kollektiven Ideenbewertung nicht nur eine hohe Klassifikationsgüte besitzen, sondern deren Nutzung auch eine positive Interaktionserfahrung stiftet, da Community-Mitglieder sonst damit aufhören würden, Ideen zu bewerten, wenn sie diese Aktivität als frustrierend erleben würden. Die Akzeptanz dieser Mechanismen durch die Endnutzer ist daher ein wesentliches Kriterium bei der Gestaltung von Mechanismen zur kollektiven Ideenbewertung (Graefe 2009, 14f.).

Zusammenfassend kann festgehalten werden, dass Unklarheit darüber besteht, wie Bewertungsskalen und Informationsmärkte zur kollektiven Ideenbewertung im Detail ausgestaltet werden müssen und wie deren relative Klassifikationsgüte zu bewerten ist. Zur Substantiierung der IT-basierten Systematisierungsfähigkeit „*kollektive Ideenbewertung*" wurden daher drei Experimente durchgeführt. Die Mechanismen werden dabei jeweils aus einer funktionalen und einer psychologischen Perspektive betrachtet. Während die funktionale Eignung der Mechanismen die Klassifikationsgüte der Bewertungsmechanismen im Vergleich zu einer unabhängigen Expertenjury umfasst, betrachtet die psychologische Dimension die Akzeptanz der Ideenbewertung aus Sicht der Bewertenden. In Experiment I werden zwei verschiedene Bewertungsskalen zur Durchschnittsbildung (vgl. Kapitel 2.6.1 auf S. 41) – eine eindimensionale Skala zur Messung von Ideenqualität und eine mehrdimensionale Skala zur Messung der einzelnen Teildimensionen von Ideenqualität – miteinander verglichen. In Experiment II werden sechs unterschiedliche Informationsmärkte getestet und die Wechselwirkung zweier konkurrierender Gestaltungsoptionen des Marktmechanismus mit der Elastizität der Marktpreise im Hinblick auf die Klassifikationsgüte der Märkte analysiert. In Experiment III wird schließlich die relative Leistungsfähigkeit der effektivsten Bewertungsskala und der effektivsten Marktkonfiguration vor dem Hintergrund der Theorie der kognitiven Belastung untersucht.

Im Rahmen des Kapitel fünf wird zunächst auf die methodischen Grundlagen der durchgeführten Experimente eingegangen. Darauf aufbauend werden die Merkmale von Bewertungsskalen und Informationsmärkten diskutiert sowie deren Unterschiede herausgearbeitet. Für die Experimente wird ein eigener, theoretischer Bezugsrahmen aufgespannt und im Detail auf die Theorie kognitiver Belastung, den Ideenbewertungsprozess sowie die Konzepte Nutzereinstellung und -zufriedenheit als psychologische Erfolgsmaße für die Akzeptanz von Informationssystemen eingegangen. Für jedes Experiment werden Hypothesen zur funktionalen und psychologischen Wirkung der Mechanismen aufgestellt, die jeweils separat getestet und diskutiert werden. In einer kurzen Zusammenfassung werden die Ergebnisse in einem gemeinsamen Licht diskutiert sowie in theoretische Implikationen und Gestaltungsempfehlungen für die Praxis überführt.

5.1 Methodische Grundlagen

Im Folgenden werden die methodischen Grundlagen der durchgeführten Experimente dargestellt. Dies umfasst eine Diskussion der Eigenschaften von Web-Experimenten und der Experimentalforschung im Allgemeinen, der Messung von Ideenqualität sowie der Grundlagen der verwendeten, statistischen Analysemethoden.

5.1.1 Experimentalforschung und Web-Experimente

Ein Experiment ist ein Test unter kontrollierten Bedingungen mit dem Ziel, eine bereits bekannte Wahrheit zu demonstrieren, die Validität einer Hypothese zu bestimmen oder die Effektivität von etwas bis dato noch nicht Versuchtem zu ermitteln (Shadish/Cook/Campbell 2002, 1). Das Ziel von Experimenten ist das Aufdecken von *„Kausalzusammenhängen"* zwischen einer *„Ursache"* und einem *„Effekt"*. Ursachen bzw. experimentelle *"Treatments"* sind Auslöser für Veränderungen in oder an einem Untersuchungsobjekt, deren Ausmaß als Effekt bezeichnet wird. Kausale Zusammenhänge stellen in diesem Zusammenhang Interventionseffekte dar, bei denen die Ausprägungen einer bestimmten Variable für Objekte, die einem Treatment ausgesetzt waren, mit Objekten verglichen werden, die diesem *"Treatment"* nicht ausgesetzt waren (Schnell/Hill/Esser 2011, 206). Das Aufdecken von kausalen Zusammenhängen im Rahmen von Experimenten bedingt drei zentrale Voraussetzungen (Shadish/Cook/Campbell 2002, 13; Malhotra 2010, 250-252):

- **Gezielte Manipulation** einer potenziellen Ursache

- Nachweisen eines der Manipulation nachgelagerten **Effekts beim Untersuchungsobjekt**

- **Ausschließen alternativer Erklärungsansätze** durch Eliminationen von Störgrößen

Allgemein kann zwischen ein- und mehrfaktoriellen Designs unterschieden werden. Mehrfaktorielle Designs umfassen im Gegensatz zu einfaktoriellen Designs die Manipulation von zwei oder mehrerer Ursachen bzw. *„Faktoren"*, wobei die einzelnen Ausprägungen der Faktoren als *„Faktorstufen"* bezeichnet werden (Bortz/Döring 2005, 531). Bei mehrfaktoriellen Versuchsplänen kommt es zu einer gezielten Wechselwirkung der Faktoren, einer so genannten *„Konfundierung"*. Grundlegendes Prinzip bei der Durchführung von Experimenten ist die *„Randomisierung"* (Shadish/Cook/Campbell 2002, 248). Durch die zufällige Zuordnung der Teilnehmer zu den einzelnen Faktoren können personenbezogene Störgrößen ausgeschlossen werden, da individuelle Unterschiede zwischen den Teilnehmern des Experiments auf Basis der Gesetzmäßigkeiten statistischer Interferenz eliminiert werden (Bortz/Döring 2005, 58). Von personenbedingten Störgrößen sind untersuchungsbedingte Störgrößen zu unterscheiden. Strategien zur Eliminierung untersuchungsbedingter Störgrößen sind (1) *„Ausschalten"*, (2) *„Konstant halten"* und (3) *„Registrieren"* (Bortz/Döring 2005, 531):

- **Ausschalten:** Eliminierung aller externen Einflussfaktoren bei der Versuchsdurchführung

- **Konstant halten:** Minimierung des Effektes von Störgrößen, in dem dafür Sorge getragen wird, dass sie in allen Experimentalgruppen den gleichen Effekt ausüben

- **Registrieren:** Aufzeichnung aller Störgrößen, um deren Einfluss auf die Ergebnisse später genauer analysieren zu können

Können personen- und untersuchungsbedingte Störgrößen ausgeschlossen werden, kann von *„interner Validität"* eines Experiments ausgegangen werden, d.h. dass der Effekt bei der abhängigen Variable kausal von der Manipulation der Faktoren hervorgerufen wurde. Von der internen Validität eines Experiments ist dessen *„externe Validität"* zu unterscheiden, die angibt wie gut die Ergebnisse des Experiments verallgemeinerbar sind (Malhotra 2010, 254f.; Shadish/Cook/Campbell 2002, 37-39).

„Laborexperimente" erlauben durch die künstliche Untersuchungsumgebung ein Kontrollieren untersuchungsbezogener Störgrößen und besitzen daher eine hohe interne Validität. Jedoch sind die Ergebnisse aufgrund der künstlichen Untersuchungssituation mit einer geringen externen Validität behaftet (Malhotra 2010, 267f.; Kim/Barua/Whinston 2002, 216f.). Bei *„Feldexperimenten"* erfolgt die Manipulation eines Treatments in dessen natürlicher Umgebung, wodurch auf der einen Seite die Generalisierbarkeit der Ergebnisse gesteigert werden kann. Auf der anderen Seite geht dies jedoch auch immer mit Einschränkungen bezüglich der internen Validität einher, da Störgrößen nicht mehr im gleichen Maße wie in Laborexperimenten kontrolliert werden können (Malhotra 2010, 267f.; Kim/Barua/Whinston 2002, 217f.). Bei *„Web-Experimenten"* nehmen die Teilnehmer über das Internet mittels ihres eigenen Computers an Experimenten teil (Reips 2002a, 243). Web-Experimente haben sich auf der Basis von computergestützten Laborexperimenten entwickelt und sind in der Lage die Stärken von Labor- und Feldexperimenten zu kombinieren (Reips 2002b, 241). Gerade in dem Kontext der Wirtschaftsinformatik, in dem in Experimenten in der Regel die Auswirkungen eines bestimmten Informationssystems untersucht werden, sind sie durch eine sehr hohe, externe Validität geprägt, ohne auf umfassende Möglichkeiten zur Kontrolle externer Störgrößen und eine hohe, interne Validität verzichten zu müssen (Soll 2006, 66f.; Kim/Barua/Whinston 2002, 219f.). Des Weiteren verfügen sie aufgrund des Internets über eine große Reichweite und in der Regel über hohe Teilnehmerzahlen (Soll 2006, 66f.; Kim/Barua/Whinston 2002, 219f.). Jedoch ist deren Durchführung mit Kosten verbunden, die zwar unter denen von Feldexperimenten, aber deutlich über denen von Laborexperimenten liegen (Kim/Barua/Whinston 2002, 220; Reips 2002a, 244f.). In Tabelle 5-1 werden die Hauptmerkmale der drei Experimenttypen vergleichend dargestellt.

	Laborexperiment	Web-Experiment	Feldexperiment
Umfeld	Künstlich	Realistisch	Realistisch
Kontrolle	Hoch	Hoch	Niedrig
Interne Validität	Hoch	Hoch	Niedrig
Externe Validität	Niedrig	Hoch	Hoch
Reichweite	Niedrig	Hoch	Mitel bis Hoch
Teilnehmerzahl	Niedrig	Mittel bis Hoch	Hoch
Kosten	Niedrig	Mittel	Hoch

Tabelle 5-1: Experimenttypen im Vergleich
Quelle: In Anlehnung an Soll (2006, 67), Malhotra (2010, 254f.) und Kim/Barua/Whinston (2002, 220)

5.1.2 Messung von Ideenqualität

Wesentliche Voraussetzung für die Bewertung der Klassifikationsgüte von unterschiedlichen Ansätzen zur kollektiven Ideenbewertung ist die Bestimmung der Qualität der zu bewertenden Ideen. Im Folgenden werden daher auf die Eigenschaften von Ideenqualität als doppelt komplexes Konstrukt eingegangen und unterschiedliche Ansätze aus dem Innovationsmanagement und der Kreativitätsforschung zur dessen Bewertung diskutiert.

5.1.2.1 Ideenqualität als doppelt komplexes Konstrukt

Rossiter (2002) unterscheidet in seinem C-OAR-SE-Ansatz zur Skalenentwicklung zwei unterschiedliche Dimensionen von Konstruktkomplexität. Die erste Dimension umfasst den Abstraktionsgrad des Gegenstands, den das Konstrukt repräsentiert. Diese kann einen realen Gegenstand (z.B. eine Flasche Limonade), eine künstliche Aggregation realer Gegenstände (z.B. Zusammenfassung von verschiedenen Limonaden zur Kategorie *„Erfrischungsgetränke"*) oder einen abstrakten, nicht realen Gegenstand (z.B. subjektive Wahrnehmung einer Limonade) umfassen (Rossiter 2002, 309-314). Die zweite Teildimension umfasst die Bewertungsdimensionen bzw. die Attribute, die zur Repräsentation des betrachteten Gegenstands mittels einer Skala benötigt werden. Diese können eindimensional (z.B. einfach zu bewertenden Kriterien wie Kaufabsicht bezüglich einer Limonade) oder mehrdimensional sein. Letztere werden weiter in Attribute unterschieden, die gemeinsam die zu bewertenden Eigenschaften des Objekts formen (wie z.B. Dienstleistungsqualität des Limonadenverkäufers) oder sich auf affektive oder kognitive Prozesse bzw. Verhaltensweisen von Individuen beziehen (z.B. Involvement beim Kauf der Limonade) (Rossiter 2002, 313-318). Doppelt komplexe Konstrukte betrachten einen abstrakten Gegenstand, der durch geformte oder abstrakte Attribute gekennzeichnet wird (Bergkvist/Rossiter 2007, 183).

Ideenqualität kann als ein abstraktes Bezugsobjekt bezeichnet werden und wird in bestehenden Arbeiten der Kreativitäts- und Innovationsforschung sowie der Forschung über Gruppenunterstützungssysteme (*"Group Support Systems"*) durch vier Teildimensionen (1) *„Neuartigkeit"*, (2) *„Relevanz"*, (3) *„Umsetzbarkeit"* und (4) *„Ausarbeitungsgrad"* dargestellt (vgl. Tabelle 5-2). Daher kann es als doppelt komplexes Konstrukt bezeichnet werden.

Dimension	Quelle
Neuartigkeit	(Amabile 1996; Bretschneider 2011; Ang/Low 2000; Barki/Pinsonneault 2001; Besemer/O'Quin 1986, 1999; Cady/Valentine 1999; Dean et al. 2006; Finke/Ward/Smith 1996; Franke/Von Hippel/Schreier 2006; Horn/Salvendy 2006; Im/Workman 2004; Kristensson/Gustafsson/Archer 2004; Lilien et al. 2002; Lüthje 2000; MacCrimmon/Wagner 1994; Rochford 1991; Walcher 2007; White/Smith 2001)
Relevanz	(Amabile et al. 1996; Bretschneider 2011; Ang/Low 2000; Barki/Pinsonneault 2001; Besemer/O'Quin 1986, 1999; Cady/Valentine 1999; Finke/Ward/Smith 1996; Im/Workman 2004; Kristensson/Gustafsson/Archer 2004; Lilien et al. 2002; MacCrimmon/Wagner 1994; Niu/Sternberg 2001; Rochford 1991; White/Smith 2001)
Umsetzbarkeit	(Amabile et al. 1996; Bretschneider 2011; Ang/Low 2000; Barki/Pinsonneault 2001; Besemer/O'Quin 1986, 1999; Cady/Valentine 1999; Dean et al. 2006; Finke/Ward/Smith 1996; Horn/Salvendy 2006; Im/Workman 2004; Kristensson/Gustafsson/Archer 2004; Lilien et al. 2002; MacCrimmon/Wagner 1994; Niu/Sternberg 2001; Rochford 1991; Soll 2006; Walcher 2007; White/Smith 2001; Franke/Hienerth 2006)
Ausarbeitungsgrad	(Amabile 1996; Bretschneider 2011; Besemer/O'Quin 1986, 1999; Cady/Valentine 1999; Dean et al. 2006; Finke/Ward/Smith 1996; Franke/Von Hippel/Schreier 2006; Kristensson/Gustafsson/Archer 2004; Lüthje 2000; MacCrimmon/Wagner 1994; Niu/Sternberg 2001; Walcher 2007; White/Smith 2001)

Tabelle 5-2: Dimensionen von Ideenqualität
Quelle: In Anlehnung an Blohm et al (2011b, 110; 2010b, 3; 2011a, 282)

Methodische Grundlagen 157

(1) Neuartigkeit: Viele Forscher definieren Neuartigkeit als Einzigartigkeit oder Seltenheit und setzen sie oftmals mit der Originalität einer Idee gleich (Besemer/O'Quin 1999, 288; Soll 2006, 72; Runco/Sakomoto 1999, 64; Walcher 2007, 46). Dies impliziert, dass neue Ideen für den Veranstalter unbekannt sind und im Hinblick auf die zu lösende Aufgabe außerhalb des bekannten Lösungsraums liegen (MacCrimmon/Wagner 1994, 1516; Bretschneider 2011, 75). Originelle Ideen sind aber nicht nur selten bzw. einzigartig, sondern auch eigentümlich, genial, fantasievoll, überraschend oder unerwartet (Ang/Low 2000, 836f.; Dean et al. 2006, 656; Bretschneider 2011, 75). Ein weiteres Kennzeichen von Neuartigkeit ist die *"Paradigm Relatedness"* einer Idee (Finke/Ward/Smith 1996, 39f.; Nagasundaram/Bostrom 1994, 93f.). Dieser Paradigmenbezug bezeichnet das Ausmaß, in dem eine Idee etablierte Strukturen überwindet und beschreibt damit im weitesten Sinne den Innovationsgrad einer Idee (Bretschneider 2011, 76).

(2) Relevanz: Neuartigkeit ist nicht ausreichend, um eine Idee einzigartig oder wertvoll zu machen. Kreative Ideen müssen angemessen sein, d.h. durch die Umsetzung der Idee muss für den Empfänger ein wesentliches Problem gelöst werden (Dean et al. 2006, 661; Bretschneider 2011, 79; Soll 2006, 72). Diese Dimension wird häufig auch als Relevanz oder Wert einer Idee bezeichnet (Dean et al. 2006, 661; Kristensson/Gustafsson/Archer 2004, 6; MacCrimmon/Wagner 1994, 1516). In der Domäne der Innovationsentwicklung bezieht sich dies in der Regel auf das kommerzielle Potenzial einer Idee (Rochford 1991, 294; Soll 2006, 72f.; Franke/Hienerth 2006, 54; Lilien et al. 2002, 1051).

(3) Umsetzbarkeit: Im Rahmen der Innovationsentwicklung beschreibt Umsetzbarkeit die Einfachheit, mit der eine Idee in ein neues Produkt überführt werden kann (Kristensson/Gustafsson/Archer 2004, 6; Bretschneider 2011, 77; Soll 2006, 72), sowie das Ausmaß, in dem eine Idee zu einem bestimmten Community-Betreiber passt. Diese Passung bezieht sich aber nicht nur auf dessen Strategie, Fähigkeiten und Ressourcen (Rochford 1991, 291), sondern auch inwieweit eine Idee aus einer externen Marktperspektive zum Image des Community-Betreibers passt und durch diesen umgesetzt werden kann. Umsetzbarkeit besitzt eine technische und wirtschaftliche Teildimension (Soll 2006, 72; Bretschneider 2011, 77). Während die technische Dimension die Machbarkeit eines Produkts beschreibt, umfasst die wirtschaftliche Komponente eventuell anfallende Entwicklungskosten sowie die Rentabilität der zur Umsetzung einer Idee notwendigen Investitionen.

(4) Ausarbeitung: Die letzte Facette von Ideenqualität ist der Ausarbeitungsgrad einer Idee (MacCrimmon/Wagner 1994, 1516; Walcher 2007, 60f.). Im Wesentlichen handelt es sich hierbei um den Grad einer vollständigen, präzisen, detaillierten und exakten Beschreibung (Dean et al. 2006, 662). Diese umfasst aber auch den Reifegrad einer Idee, also die Fragestellung, ob es sich bei der Idee um einen spontanen Einfall des Ideengebers handelt oder ob diese gründlich durchdacht und über ein Anfangsstadium hinaus weiterentwickelt wurde (Bretschneider 2011, 79f.; Franke/Hienerth 2006, 50).

5.1.2.2 Methoden der Ideenbewertung

Zur Bewertung des doppelt komplexen Konstruktes Ideenqualität werden in Wissenschaft und Praxis unterschiedliche Methoden eingesetzt, auf die im Folgenden kurz eingegangen wird.

Methoden der Ideenbewertung aus der Innovationsentwicklung

Auswahl und Bewertung von Innovationsideen sind ein wesentlicher Schritt im Produktinnovationsprozess (vgl. Kapitel 2.2.3 auf S. 15). Bei den dort eingesetzten Verfahren der Ideenbewertung kann grundsätzlich in formlose und methodengestützte Verfahren unterschieden werden, wobei letztere qualitativer oder quantitativer Natur sein können (Schachtner 2001, 45f.; Rochford 1991, 291). Ideen werden dabei in der Regel in einem zweistufigen Verfahren ausgewählt. Für die initiale Grobbewertung werden häufig formlose Diskussionsrunden oder qualitative Verfahren verwendet, da Bewertungen in dieser frühen Entwicklungsphase mit hoher Unsicherheit behaftet und quantitative Bewertungen nur mit großem Aufwand realisierbar sind. Qualitative Verfahren basieren daher in erster Linie auf subjektiven Einschätzungen der am Entwicklungsprozess beteiligten Mitarbeiter. Im Gegensatz dazu werden quantitative Bewertungen, die auf Größen wie geschätzten Kosten, Erlösen oder Absatzzahlen basieren, für eine Feinbewertung der entwickelten Konzepte herangezogen (Schachtner 2001, 48; Bruhn 2010, 139; Blohm et al. 2011a, 284).

Wichtigste qualitative Verfahren sind *„Checklisten"* und *„Punktbewertungsverfahren (Scoring-Modelle)"*. Checklisten umfassen die wichtigsten Kriterien für die Ideenbeurteilung, die meistens in Ja/Nein-Form beantwortet werden können (Schachtner 2001, 47; Darkow 2007, 134; Rochford 1991, 291f.; Bretschneider 2011, 63). Ein etwas aufwendigeres Verfahren stellen Punktbewertungsverfahren dar. Bei diesen werden Ideen in einem ersten Schritt anhand festgelegter Beurteilungsdimensionen auf einer metrischen Skala bewertet, die in einem zweiten Schritt gewichtet werden. Die Summe der gewichteten Punktwerte bildet dann den Maßstab für weitere Entscheidungen zur Verfolgung einer Idee (Bruhn 2010, 135f.). Quantitative Verfahren zur Ideenbewertung sind z.B. Portfolio- und Wirtschaftlichkeitsanalysen sowie Investitionsrechnungen, wie z.B. *„Break-Even-Analysen"* oder *„interne Zinsfuß-Berechnungen"* (Schachtner 2001, 46; Weissenberger-Eibl/Speith 2005, 154-159).

Methoden der Ideenbewertung aus der Kreativitätsforschung

Kreative Ideen sind der Ursprung aller Innovationen (Kristensson/Gustafsson/Archer 2004, 4f.; Amabile et al. 1996, 1154). Die Bewertung innovativer Ideen bedingt daher auch zwangsläufig die Bewertung deren Kreativität, wofür sich in der Kreativitätsforschung zwei Verfahren etabliert haben (Blohm et al. 2011a, 285; Bretschneider 2011, 63-67): Die *"Creative Product Semantic Scale (CPSS)"* (Besemer/O'Quin 1986) und die *"Consensual Assessment Technique (CAT)"* (Amabile 1996). Die CPSS basiert auf der subjektiven Kreativitätsbewertung von Individuen, die kreative Produkte, wie z.B. Ideen, mit einem 70 Kriterien umfassenden Fragenkatalog bewerten. Durch diese starke Operationalisierung soll eine valide Kreativitätsbewertung unabhängig von Expertise und Fähigkeiten der Bewertenden ermöglicht werden (Blohm et al. 2011a, 285; Bretschneider 2011, 66f.).

Wie die CPSS basiert auch die CAT auf subjektiven Kreativitätsbewertungen anhand vorher definierter Beurteilungsdimensionen. Im Gegensatz zur CPSS basiert die CAT auf einer Expertenwertung. Grundidee der CAT ist die Annahme, dass etwas nach objektiven Gesichtspunkten als kreativ angesehen werden kann, wenn dieses von mehreren Experten übereinstimmend als kreativ angesehen wird (Amabile 1996, 33-35). Analog wie bei der Kodierung von Interviews bei der qualitativen Inhaltsanalyse wird auch bei der CAT die Interkoder-Reliabilität berechnet. Jedoch wird dieses bei der CAT nicht auf Basis des *"Cohen's Kappa"* ermittelt (vgl. Kapitel 4.1.3 auf 77f.), sondern auf die *"Inter-Class-Correlation (ICC)"* zurückgegriffen. Die CAT wurde ursprünglich zur Bewertung von sprachlichen und künstlerisch-gestalterischen Kreativleistungen entwickelt und konnte in diesem Bereich bereits sehr häufig empirisch validiert werden (Amabile 1996, 44-60; Walcher 2007, 57-60). In jüngerer Vergangenheit wurde die CAT aber auch bereits erfolgreich zur Bewertung von kundengenerierten Innovationsideen eingesetzt (vgl. z.b. Kristensson/Gustafsson/Archer 2004; Bretschneider 2011; Blohm et al. 2011b; Matthing et al. 2006; Walcher 2007; Franke/Hienerth 2006). Bedingt durch den wissenschaftlichen Anspruch der CAT ist diese Bewertungsmethode an rigide Anwendungsvoraussetzungen geknüpft, die in Tabelle 5-3 dargestellt werden.

Anforderung	Anwendungsvoraussetzung
Aufgabe	Die Aufgabe muss so gestellt werden, dass ihre planmäßige Durchführung ein eindeutig interpretierbares, kreatives Produkt hervorbringt.
	Die Bewältigung der Aufgabe bedarf keiner speziellen Vorkenntnisse.
	Die Aufgabe muss ein Höchstmaß an freier Ideenentfaltung ermöglichen.
Jury	Die Jury besteht aus Experten, die über einen hohen Vertrautheitsgrad im Testumfeld verfügen.
	Die Jury wird mit drei bis zehn Juroren besetzt.
Ablauf der Bewertung	Die zu bewertenden, kreativen Produkte werden den Juroren in einer zufälligen Reihenfolge präsentiert.
	Die Bewertung erfolgt anhand vorher bestimmter Bewertungsdimensionen.
	Die Bewertung erfolgt auf Basis der subjektiven Experteneinschätzungen.
	Die Juroren bewerten die kreativen Produkte unabhängig voneinander.
	Die Bewertungen der Juroren werden nicht durch die Testleitung beeinflusst.
Reliabilität	Die Interkoder-Reliabilität (ICC) übersteigt den Mindestwert von 0,7.

Tabelle 5-3: Anwendungsvoraussetzungen der Consensual Assessment Technique
Quelle: In Anlehnung an Amabile (1996, 41-43), Walcher (2007, 61), Bretschneider (2011, 67-71) und Blohm et al. (2011a, 286)

Im Vergleich zu Methoden aus dem Innovationsprozess und der CPSS, stellt die CAT für die Bewertung von Kundenideen aus OI-Communities im Rahmen der Experimente die am besten geeignete Methode dar. Sie besitzt ein umfassendes, theoretisches Fundament und wurde bereits im direkten Forschungskontext angewendet. Neben der Validität und Robustheit der CAT ist der Hauptvorteil dieser Methode die Möglichkeit, durch Berechnung der Übereinstimmung der Experten, Rückschlüsse auf die Güte der Kreativitätsbeurteilung zu ziehen. Zudem wären Alternativen, wie z.b. die CPSS, mit über 70 Bewertungskriterien aufgrund der hohen Anzahl von OI-Communities eingereichten Ideen nicht praktikabel und ineffizient (Blohm et al. 2011a, 286; Bretschneider 2011, 66f.).

Experten als Grundlage der Ideenbewertung

In Unternehmen werden in der Regel kleine Gruppen von unternehmensinternen oder externen Experten zur Bewertung von Innovationsideen eingesetzt (Toubia/Flores 2007, 342; Ozer 2005, 20f.; Ferioli et al. 2010, 70; Rochford 1991, 291f.). Die weitaus stärkere Verbreitung der CAT im Vergleich zur CPSS zeigt, dass auch in der Domäne der Kreativitätsforschung davon ausgegangen wird, dass kreative Produkte am besten durch Experten bewertet werden können (Amabile 1996, 61; Caroff/Besançon 2008, 368f.). Auch bei OI-Communities und OI-Ansätzen im Allgemeinen wird bei der Ideenbewertung auf Experten zurückgegriffen (vgl. z.B. Berg-Jensen/Hienerth/Lettl 2010; Jeppesen/Lakhani 2010; Bretschneider 2011; Füller/Hutter/Faullant 2011; Franke/Von Hippel/Schreier 2006; Franke/Hienerth 2006; Kristensson/Gustafsson/Archer 2004). In diesem Zusammenhang stellen die Bewertungen der Experten eine Approximation des *„wahren"* Wertes einer Idee dar. Dieser ist unbekannt, mit einer großen Unsicherheit behaftet und entspricht dem Wert einer Idee bei Verfolgen einer wertmaximierenden Strategie (Franke/Hienerth 2006, 53; Girotra/Terwiesch/Ulrich 2010, 594). Da es jedoch selbst nach Markteinführung bis zu neun Jahre dauert, bis dieser Wert bestimmt werden kann (Kamp/Koen 2009, 44; Beardsley/Mansfield 1978, 128), ist dessen genaue Vorhersage bei der Ideenselektion mit sehr großen, methodischen Schwierigkeiten verbunden. Der Erfolg eines Produktes wird durch eine Vielzahl von Faktoren beeinflusst, die über die Qualität der ursprünglichen Idee hinausgehen, wie z.B. die Schlagkräftigkeit der Vertriebsorganisation. Zudem hat ein marktfähiges Endprodukt oftmals nur noch sehr geringe Ähnlichkeit mit der ursprünglichen Idee, da diese, wie die Fallstudien in Forschungsfrage zwei gezeigt haben, in transformativen und exploitativen Lernphasen kontinuierlich weiterentwickelt wird.

5.1.3 Grundlagen der verwendeten Analysemethoden

Zur Analyse der durchgeführten Experimente werden im Rahmen dieser Arbeit unterschiedliche statistische Verfahren verwendet. Im Detail sind dies die exploratorische und konfirmatorische Faktoranalyse zur Validierung der verwendeten Konstrukte sowie lineare Regressionsmodelle zur Analyse der Haupt-, Moderations- und Mediationseffekte, die im Rahmen der Experimente überprüft werden. Des Weiteren wird auf die Natur von Dummyvariablen eingegangen, mit denen die experimentellen *"Treatments"* im Rahmen der Regressionsmodelle abgebildet werden, sowie der *"Mean Absolute Percentage Error (MAPE)"* als Möglichkeit zur Quantifizierung von Prognose- und Klassifikationsfehlern vorgestellt.

5.1.3.1 Konstruktvalidierung und Reliabilitätssicherung

Konstruktvalidität stellt eine wesentliche Voraussetzung für die interne und externe Validität von Experimenten dar. Sie ermöglicht einen Rückbezug der gemessenen Effekte in die Theorie und kann so einen Beitrag zu deren Überprüfung und Verfeinerung leisten (Shadish/Cook/Campbell 2002, 65). Konstruktvalidität liegt vor, wenn aus einem Konstrukt (im Sinne einer theoretischen Eigenschaftsdimension) empirisch überprüfbare Aussagen über die Zusammenhänge dieses Konstrukts mit anderen Konstrukten gemacht werden können (Schnell/Hill/

Esser 2011, 148). Dabei kann von Konstruktvalidität ausgegangen werden, wenn die zu messenden Konstrukte über Konvergenz- und Diskriminanzvalidität verfügen. Konvergente Validität liegt vor, wenn verschiedene Operationalisierungen eines Konstruktes stark korrelieren. Korrelieren diese Operationalisierungen mit denen eines anderen Konstruktes nicht oder nur sehr schwach, kann zusätzlich von Diskriminanzvalidität gesprochen werden (Campbell/Fiske 1959, 81; Bühner 2008, 64). Im Gegensatz dazu bezeichnet die Reliabilität die Genauigkeit einer Messung (Bühner 2008, 60).

Die Validierung der verwendeten Konstrukte erfolgt im Kontext dieser Arbeit mittels den Verfahren der Faktoranalyse (Schnell/Hill/Esser 2011, 153; Homburg/Giering 1996, 12f.). Die Faktoranalyse basiert auf der Annahme, dass Korrelationen zwischen Variablen durch eine hinter diesen stehende *„latente"* Hintergrundgröße (*„Faktoren"*) hervorgerufen werden (Schnell/Hill/Esser 2011, 153). Im Rahmen der Konstruktvalidierung dient die Faktoranalyse dazu, homogene, konstruktnahe Inhaltsbereiche zusammenzufassen und diese von heterogenen, konstruktfremden Bereichen zu trennen (Bühner 2008, 64). Dabei werden die zu validierenden Konstrukte als Faktoren aufgefasst, welche die Merkmalsausprägungen der einzelnen Indikatoren repräsentieren. In diesem Zusammenhang stellen *„Faktorladungen"* die Korrelationen zwischen den entsprechenden Variablen und dem Faktor dar (Backhaus et al. 2008, 328). Die *„exploratorische Faktoranalyse (EFA)"* ist ein Instrument zur Aufdeckung unbekannter Strukturen (Backhaus et al. 2008, 324), d.h. dass Anzahl und Zusammensetzung der Faktoren direkt aus der Datenstruktur errechnet werden. Im Gegensatz dazu werden bei der *„konfirmatorischen Faktoranalyse (KFA)"* die Beziehungen zwischen den einzelnen Indikatoren und den dahinter stehenden Faktoren in einem *„Messmodell"* genau spezifiziert. Die KFA ist daher im Gegensatz zur EFA ein strukturprüfendes Verfahren (Backhaus et al. 2008, 323f.). Ausgehend von dem Messmodell wird in der KFA versucht, die empirische Varianz-Kovarianz-Matrix der erhobenen Daten auf Basis der aus dem Messmodell abgeleiteten, theoretischen Varianz-Kovarianz-Matrix zu reproduzieren (Backhaus/Erichson/Weiber 2011, 133). Sie entspricht damit einem statistischen Test, ob das spezifizierte Messmodell den erhobenen Daten entspricht (Schnell/Hill/Esser 2011, 153).

Aufbauend auf den Empfehlungen von Homburg/Giering (1996, 12f.) können die Konvergenz- und Diskriminanzvalidität sowie die Reliabilität der gemessenen Konstrukte mit den Mitteln der EFA und KFA sichergestellt werden. Ein erstes Anzeichen für das Vorliegen von Konvergenz- und Diskriminanzvalidität ist die Ermittlung der Faktorenstruktur der erhobenen Variablen. Alle nicht eindeutig einem Faktor zuzuordnenden Items sind zu eliminieren. Darauf aufbauend ist mit einer KFA die lokale Güte der Faktoren zu untersuchen. Für die Überprüfung der Konvergenzvalidität stehen hierfür die *„Faktorreliabilität"* und die *„Durchschnittlich erfasste Varianz (DeV)"* eines Faktors zur Verfügung. Die Diskriminanzvalidität der Faktoren kann mittels des *„Fornell-Larcker-Kriteriums"* sichergestellt werden. Die Reliabilität der Faktoren kann mittels des Cronbach Alpha und der Indikatorreliabilität bestimmt werden. Ein Überblick über diese lokalen Gütekriterien wird in Tabelle 5-4 gegeben.

Kriterium	Kurzbeschreibung	Grenzwert
Eindeutige Faktorladungen	Hohe Faktorladungen der einzelnen Variablen auf den zugehörigen Faktor und geringe Querladungen auf andere Faktoren (Backhaus et al. 2008, 356).	$\geq 0,5$
Faktorreliabilität Durchschnittlich erfasste Varianz (DeV)	Die durch den Faktor erfasste Varianz der zugehörigen Indikatoren im Verhältnis zum Messfehler (Homburg/Giering 1996, 10).	$\geq 0,5$
Fornell-Larcker-Kriterium	Die DeV eines Faktors muss größer sein als die quadrierte Korrelation mit jedem anderen Faktor (Homburg/Giering 1996, 11; Fornell/Larcker 1981, 46).	-
Indikatorreliabilität	Anteil der Varianz einer Variable, der durch den Faktor erklärt wird, dem die entsprechende Variable zugeordnet ist (Homburg/Giering 1996, 10).	$\geq 0,4$
Chronbach Alpha	Durchschnitt der Korrelation aller Testhalbierungen. Bei Testhalbierungen werden die zu testenden Indikatoren in zwei Teile halbiert und dann deren Summe oder Mittelwert miteinander korreliert (Bühner 2008, 161-166).	$\geq 0,7$

Tabelle 5-4: Gütekriterien zur Überprüfung der lokalen Modellpassung
Quelle: In Anlehnung Backhaus/Erichson/Weiber (2011, 137-141), Homburg/Giering (1996, 8-11) und Bagozzi/Yi (1988, 82)

Die Faktorreliabilität und die DeV eines Faktors werden nicht von den später verwendeten Statistikprogrammen ermittelt und werden daher auf Basis der folgenden Formeln berechnet:

$$FR(\xi_j) = \frac{\left(\sum_{i=1}^{k}\lambda_{ij}\right)^2 \phi_{jj}}{\left(\sum_{i=1}^{k}\lambda_{ij}\right)^2 \phi_{jj} + \sum_{i=1}^{k}\theta_{ii}} \qquad DeV(\xi_j) = \frac{\sum_{i=1}^{k}\lambda_{ij}^2 \phi_{jj}}{\sum_{i=1}^{k}\lambda_{ij}^2 \phi_{jj} + \sum_{i=1}^{k}\theta_{ii}}$$

$FR(\xi_j)$ = Faktorreliabilität des Faktors ξ_j
$DeV(\xi_j)$ = DeV Faktors ξ_j
λ_{ij}^2 = geschätzte Faktorladung Faktors ξ_j
φ_{jj} = geschätzte Varianz des Faktors ξ_j
θ_{ii} = geschätzte Varianz des Messfehlers δ_i

Formel 5-1: Faktorreliabilität und Durchschnittlich erfasste Varianz
Quelle: Homburg/Giering (1996, 10f.)

Zur Sicherstellung von Konstruktvalidität müssen aber auch Gütekriterien zur globalen Modellpassung überprüft werden. Diese werden in Tabelle 5-5 überblicksartig dargestellt und können entweder auf interferenzstatistischen Tests (wie z.B. χ^2-Test) oder deskriptiven Gütekriterien zur Approximation der Modellpassung (wie z.B. GFI) basieren (Backhaus/Erichson/ Weiber 2011, 145). Diese globalen Gütemaße geben im Gegensatz zu den lokalen Gütemaße keinen Aufschluss über Validität und Reliabilität der einzelnen Faktoren. Sie beschreiben, wie gut die im Messmodell spezifizierten Zusammenhänge aus den Daten reproduziert werden können.

Kriterium	Kurzbeschreibung	Grenzwert
χ^2-Test	Interferenzstatistischer Test, in dem die empirische und modelltheoretische Kovarianz-Matrix auf Gleichheit getestet werden (Backhaus/Erichson/Weiber 2011, 143).	$p > 0,1$
χ^2/df	χ^2-Quadrat-Testgröße im Verhältnis zu den Freiheitsgraden des zu schätzenden Messmodells (Backhaus/Erichson/Weiber 2011, 143).	$\leq 2,5$
Goodness of Fit Index (GFI)	Anteil der Varianz an der Gesamtvarianz, der durch das Messmodell erklärt werden kann (Bühner 2008, 424).	$\geq 0,9$
Adjusted Goodness of Fit Index (AGFI)	Weiterentwicklung des GFI; Durch das Messmodell erklärbare Varianz im Verhältnis zu dessen Freiheitsgraden (Homburg/Baumgartner 1995, 167f.).	$\geq 0,9$
Standardized Root Mean Residual (SRMR)	Differenz zwischen der in den Daten gemessenen und der im Messmodell spezifizierten Varianz-Kovarianz der Variablen im Verhältnis zu den Freiheitsgraden des Modells (Backhaus/Erichson/Weiber 2011, 145).	$\leq 0,11$
Normed Fit Index (NFI)	Vergleich der χ^2-Testgröße des Messmodells mit einem Null-Modell, bei dem alle Parameter auf null fixiert werden und nur die Varianzen geschätzt werden müssen (Bühner 2008, 424-427).	$\geq 0,9$
Comparative Fit Index (CFI)	Weiterentwicklung des NFI unter Berücksichtigung der Freiheitsgrade von Messmodell und Nullmodell (Homburg/Baumgartner 1995, 168; Bühner 2008, 427).	$\geq 0,95$

Tabelle 5-5: Gütekriterien zur Überprüfung der globalen Modellpassung
Quelle: In Anlehnung an Bühner (2008, 419-427), Backhaus/Erichson/Weiber (2011, 143-146) und Homburg/Giering (1995, 167-169)

Anwendungsvoraussetzungen und -empfehlungen für EFA und KFA

Anwendungsvoraussetzungen für die EFA sind metrisch skalierte Daten, eine größere Anzahl an Fällen als zu verdichtende Variablen und eine ausreichende Korrelation der Variablen (Backhaus et al. 2008, 353). Mittels des *„Bartlett-Test auf Sphärizität"* und des *"Measure of Sampling Adequacy (MSA)"* kann bestimmt werden, ob die Datenstruktur für eine EFA geeignet ist und die Daten ausreichend hoch korrelieren. Der Bartlett-Test sollte signifikant sein und die MSA-Koeffizienten für die gesamte Datenstruktur als auch die einzelnen Indikatoren den Wert von 0,6 übersteigen (Backhaus et al. 2008, 336). Als Standards zur Durchführung einer EFA können das *„Hauptkomponentenverfahren"* in Kombination mit einer *„Varimax-Rotation"* angesehen werden. Die Anzahl der zu extrahierenden Faktoren wird in der Regel auf Basis des *„Eigenwert-Kriteriums"* bestimmt, das fordert, dass ein Faktor mehr Varianz erklären sollte, als eine einzelne Variable (Eigenwerte > 1) (Backhaus et al. 2008, 353; Bühner 2008, 148f.).

Im Rahmen der konfirmatorischen Faktoranalyse stehen unterschiedliche Schätzalgorithmen zur Reproduktion der empirischen Varianz-Kovarianz-Matrix zur Verfügung. Das *"Maximum Likelihood (ML)"*-Schätzverfahren wird am häufigsten angewendet und weist eine hohe Prognosegüte auf (West/Finch/Curran 1995, 57; Backhaus/Erichson/Weiber 2011, 137; Bühner 2008, 409). Zudem ist es auch für kleinere Stichproben (n ≥ 100) gut anwendbar (Bühner 2008, 433). Anwendungsvoraussetzung für dieses ist jedoch eine multivariate Normalverteilung der Daten (West/Finch/Curran 1995, 56). Eine Verletzung der zugrundeliegenden Verteilungsannahme kann nach West/Curran/Finch (1995, 59) zu drei möglichen Effekten führen:

- **Verzerrung des χ^2-Tests**, wodurch zu viele Modelle mit einer Wahrscheinlichkeit p > 0,1 abgelehnt werden

- **Unterschätzung von Standardfehlern**, wodurch nicht signifikante Pfade im Strukturmodell signifikant erscheinen können

- **Geringfügige Unterschätzung von NFI und CFI**

Leichte bis moderate Verletzungen der Verteilungsannahme haben jedoch nur geringe Verzerrung der Ergebnisse zur Folge (Backhaus/Erichson/Weiber 2011, 163; West/Finch/Curran 1995, 59), die durch *"Bollen-Stine-Bootstrapping"* korrigiert werden können (Bühner 2008, 450f.; Bollen/Stine 1992, 20-24). Als Alternative stehen zudem auch noch andere Schätzverfahren, wie z.B. das verteilungsannahmefreie *"Unweighted Least Square (ULS)"*-Verfahren, zur Verfügung, das jedoch mit einer geringeren Prognosegüte und zahlreichen Limitationen einhergeht (Bühner 2008, 412).

5.1.3.2 Lineare Regressionsanalyse

Die multiple, lineare Regression ist ein Verfahren zum Aufdecken von Kausalzusammenhängen zwischen einer bzw. mehreren Prädikatorvariablen (X) und einer Kriteriumsvariable (Y) (Cohen et al. 2003, 64f.). Im Rahmen dieser Analyse wird versucht, die empirisch erhobenen Daten durch eine lineare Regressionsgerade zu approximieren. Ziel der Schätzung dieser Regressionsfunktion ist die Minimierung der quadrierten Abweichung der einzelnen Datenpunkte von der geschätzten Regressionsgerade (*"Ordinary Least Squares (OLS)"*-Ansatz) (Backhaus et al. 2008, 63). Zur Überprüfung der globalen Passung der geschätzten Regressionsfunktion wird das *„Bestimmtheitsmaß (R^2)"* ermittelt, das den Anteil an Varianz angibt, der in den empirischen Ausgangsdaten erklärt werden kann. Die Signifikanz des Bestimmtheitsmaß wird im Rahmen einer Varianzanalyse (ANOVA) bestimmt, um die Ergebnisse der Regressionsanalyse über die Daten hinaus verallgemeinern zu können (Backhaus et al. 2008, 67-74). Der Anteil an der Varianz eines Datenpunkts, der nicht durch die Regressionsfunktion erklärt werden kann wird als *„Residium"* bezeichnet (Backhaus et al. 2008, 61). Im Rahmen der Regressionsanalyse werden für die einzelnen Prädikatoren *„Regressionskoeffizienten (B)"* berechnet, die angeben, wie stark sich das Kriterium ändert, wenn die Ausprägung eines Prädikators um eine Einheit steigt. Bei *„standardisierten Regressionskoeffizienten (β)"* erfolgt eine Eliminierung der Messdimensionen, so dass die β-Koeffizienten, im Vergleich zu den unstandardisierten Regressionskoeffizienten, unabhängig von der Skala sind, mit der sie aufgenommen wurden und daher miteinander verglichen werden können (Backhaus et al. 2008, 65f.).

Anwendungsvoraussetzungen und -empfehlungen für OLS-Regressionen
Die Anwendung einer multiplen, linearen Regression ist an mehrere Voraussetzungen geknüpft, die in Tabelle 5-6 dargestellt werden.

Voraussetzung	Kurzbeschreibung	Empfehlung
Linearität der Regressionsfunktion	Lineare Regressionsmodelle fußen auf der Annahme eines linearen Zusammenhangs zwischen Prädikator und Kriterium. Bei Verletzung kommt es zu einer Verzerrung der Schätzwerte (Cohen et al. 2003, 120).	Residuenanalyse (standardisierte Residuen sollten ± zwei Standardabweichungen um den Nullpunkt liegen) (Backhaus et al. 2008, 97-99).
Abwesenheit von Messfehlern	Systematische Messfehler bei den Prädikatoren verzerren die Schätzwerte des Regressionsmodells, so dass durch diese ein künstlicher Effekt erzeugt werden könnte (Cohen et al. 2003, 120).	Validitäts- und Reliabilitätssicherung der Variablen (Cohen et al. 2003, 129f.).
Korrekte Spezifikation	Das Auslassen relevanter (*"omitted variable bias"*) oder Hinzufügen irrelevanter Kriterien führt zu ineffizienten Schätzergebnissen (Cohen et al. 2003, 120).	Sorgfältige, theoretische Fundierung des Regressionsmodells (Backhaus et al. 2008, 83f.)
Keine Linearität der Prädikatoren	Kein Prädikator darf durch eine Kombination der anderen Variablen reproduzierbar sein (*"Multikollinearität"*), da es dadurch zu einer ineffizienten Schätzung kommt (Backhaus et al. 2008, 87-89).	Berechnung der *"Variance Inflation Factor"* für jeden Prädikator (≤ 10) (Cohen et al. 2003, 423)
Konstanz der Varianz	Residuenstreuung um die Regressionsgerade muss konstant sein. *"Heterokadestizität"* führt zu einer ineffizienten Schätzung des Regressionsmodells (Cohen et al. 2003, 120).	Optische Überprüfung (Streudiagramm aus Residuen und geschätzten Werten für das Kriterium) (Backhaus et al. 2008, 99).
Unabhängigkeit der Residuen	Residienstreuung der Kriterien sind voneinander abhängig (*"Autokorrelation"*). Ineffiziente Schätzung des Regressionsmodells ist die Folge (Cohen et al. 2003, 120; Backhaus et al. 2008, 85f.).	*"Durbin-Watson-Test"* Prüfstatistik entspricht in etwa dem Wert 2,0 (Gefen/Rigdon/Straub 2011, viii)
Normalverteilung der Residuen	Verletzung der Normalverteilung der Residuen führt zu einer Verzerrung der interferenzstatistischen Tests bei der Überprüfung	Genügend große Stichprobe; Auswirkungen bei Fallzahl von $n > 40$

Voraussetzung	Kurzbeschreibung	Empfehlung
	von Bestimmtheitsmaß und Regressionskoeffizienten (Cohen et al. 2003, 120).	vernächlassigbar (Backhaus et al. 2008, 90).

Tabelle 5-6: Anwendungsvoraussetzungen und -empfehlungen von OLS-Regressionen
Quelle: In Anlehnung an Backhaus (2008, 91) und Cohen et al. (2003, 117-150).

5.1.3.3 Dummykodierung kategorialer Daten

Dummyvariablen sind Variablen, die nur zwei Ausprägungen, in der Regel null und eins (Malhotra 2010, 464), annehmen können, die im Rahmen eines Kodierschemas systematisch den einzelnen Ausprägungen einer kategorialen Variable zugeordnet werden (z.b. weiblich = 1, männlich = 0) (West/Aiken/Krull 1996, 6). Bei der Darstellung von kategorialen Variablen mit n Ausprägungen sind n-1 Dummyvariablen notwendig (West/Aiken/Krull 1996, 6). Bei n Ausprägungen einer kategorialen Variable können n-1 statistisch unabhängige Variablen gebildet werden, aus denen die Informationen der n-ten Ausprägung generiert werden können (Cohen et al. 2003, 303). So kann bspw. die kategoriale Variable „*Geschlecht*" mit nur einem Dummy abgebildet werden, da der Anteil der Männer direkt aus dem Anteil der Frauen abgeleitet werden kann und umgekehrt (Malhotra 2010, 464; Cohen et al. 2003, 303). Die Gruppenausprägungen sind exklusiv, so dass ein Beobachtungspunkt, nur eine Ausprägung – männlich (= 0) oder weiblich (0 = 1) – aufweisen kann. Zur Darstellung einer kategorialen Variable mittels Dummyvariablen muss eine der Kategorien als Referenzkategorie definiert werden. Beobachtungen, die dieser Kategorie zugeordnet werden, nehmen in allen Dummyvariablen, die zur Darstellung der ursprünglichen, kategorialen Variable notwendig sind, den Wert null an. Referenzgruppen müssen einen sinnvollen Vergleich mit den anderen Kategorien ermöglichen (z.B. Kontrollgruppen im Rahmen von Experimenten), inhaltlich eindeutig definiert sein sowie eine ausreichend große Fallzahl umfassen (Cohen et al. 2003, 303f.; Hardy 1993, 10). Dummyvariablen können im Rahmen einer linearen Regression als unabhängige Variablen eingesetzt werden und ermöglichen so ein Testen kategorialer Daten (Hardy 1993, 2f.; Cohen et al. 2003, 302f.). Zudem besitzen sie bei der Analyse von Moderationseffekten eine hohe Teststärke und ermöglichen eine einfache Interpretation der Ergebnisse (West/Aiken/Krull 1996, 1).

5.1.3.4 Moderations- und Mediationsanalyse

Zur tiefergehenden Erklärung der in den Experimenten beobachteten Effekte der Mechanismen zur kollektiven Ideenbewertung und zur Ableitung von entsprechenden Gestaltungsempfehlungen werden im späteren Verlauf der Arbeit Moderations- und Mediationsanalysen durchgeführt, deren Natur im folgenden kurz vorgestellt wird.

Moderationsanalyse

„*Moderatoren (Z)*" können als qualitative (z.B. Geschlecht) oder quantitative Variablen (z.B. Einkommen) angesehen werden, welche die Richtung und/oder die Stärke eines Zusammenhangs zwischen einem Prädikator und einem Kriterium beeinflussen (Baron/Kenny 1986, 1174). Moderatoren werden als Interaktion von drei Variablen angesehen, bei denen die Ausprägungen eines Effektes zwischen zwei Variablen von der Ausprägung der dritten Variable beeinflusst wird (Hayes/Matthes 2009, 924). So können z.B. Kamis/Koufaris/Stern (2008, 170) zeigen, dass bei Online-Käufern der Einfluss von Aufgabenkomplexität auf die wahrgenommene Kontrolle beim Online-Shopping durch die Gestaltung des Online-Shops moderiert wird. Während eine Steigung der Aufgabenkomplexität in einem traditionellen Online-Shop zu einem wahrgenommenen Kontrollverlust führt, ist dieser negative Zusammenhang bei Verwendung eines Produktkonfigurators nicht existent. Moderatoren helfen daher zu beantworten „*wann*" oder „*für wen*" spezifische Effekte gelten (Frazier/Tix/Barron 2004, 116; Baron/Kenny 1986, 1176) und können daher helfen, Kontextfaktoren in eine Analyse einzuschließen und Gestaltungsempfehlungen zu verfeinern. Die Zusammenhänge der Moderation werden in Abbildung 5-1 dargestellt.

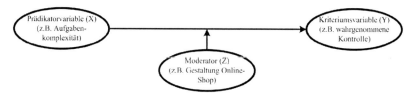

Abbildung 5-1: Moderationseffekt
Quelle: In Anlehnung an Kamis/Koufaris/Stern (2008, 162) und Frazier/Tix/Barron (2004, 116)

Moderationseffekte können auf der Basis multipler OLS-Regressionen getestet werden (Frazier/Tix/Barron 2004, 116; West/Aiken/Krull 1996, 13-18; Cohen et al. 2003, 255-270). Die Analyse von Moderationseffekten besteht aus mehreren Schritten:

- **Vorbereitung der Daten:** In einem ersten Schritt werden kategoriale Daten in Dummyvariablen umkodiert und metrisch skalierte Variablen standardisiert. Die Standardisierung vereinfacht die Interpretation der Ergebnisse und reduziert die Multikollinearität der Variablen, da die Prädikatorvariable, von der angenommen wird, dass sie moderiert wird und der entsprechende Moderator oftmals stark korrelieren (Frazier/Tix/Barron 2004, 120; Cohen et al. 2003, 266f.).

- **Bildung von Interaktionstermen:** Um den indirekten Effekt des Moderators testen zu können, wird durch die Multiplikation von Prädikator und Moderator ein Interaktionsterm gebildet (Frazier/Tix/Barron 2004, 120).

- **Multiple Regressionen**: In mehreren Regressionen können Moderationseffekte getestet werden. In einem schrittweisen Vorgehen werden zunächst dabei der Moderator, in einem zweiten Schritt Moderator und Prädikator und in einem dritten Schritt Moderator, Prädikator und Interaktionsterm in die Regressionsfunktion eingeschlossen (Frazier/Tix/Barron 2004, 120f.). Ergibt sich im dritten Schritt ein signifikanter Regressionskoeffizient für den Interaktionsterm, ist dies ein erster Hinweis auf einen Moderationseffekt. Schritt eins und zwei testen direkte Haupteffekte für den Prädikator und den Moderator, während in Schritt drei konditionale Effekte getestet werden. Durch die Inklusion des Interaktionsterms in Schritt drei, sind die beobachteten Effekte auf das Kriterium nicht mehr voneinander unabhängig und die ermittelten Effekte für eine bestimmte Variable gelten nur unter der Annahme, dass alle anderen Variablen den Wert null annehmen (vgl. Cohen et al. (2003, 256-260) für eine ausführliche Diskussion).

- **Omnibus F-Test:** Für das Vorliegen von signifikanten Moderationseffekten ist das Vorliegen eines signifikanten Regressionskoeffizienten für den Interaktionsterm noch nicht ausreichend. In einem „*Omnibus F-Test*" muss nachgewiesen werden, dass der Einschluss des Interaktionsterms zu einem signifikanten Anstieg an erklärter Varianz führt (West/ Aiken/Krull 1996, 17f.; Frazier/Tix/Barron 2004, 121f.). Formel 5-2 stellt den Zusammenhang dar, mit dem ein F-Wert für diesen Signifikanztest berechnet werden kann.

- **Visualisierung:** In einem letzten Schritt werden der Verlauf des Moderationseffekts graphisch dargestellt und entsprechende Werte für das Kriterium auf Basis der aufgestellten Regressionsgleichung für repräsentative Gruppen geschätzt (Frazier/Tix/Barron 2004, 124f.; Cohen et al. 2003, 269).

$$F_{(m,n-k-1)} = \frac{(R^2_{komplett} - R^2_{reduziert})/m}{(1 - R^2_{komplett})/(n-k-1)}$$

$R^2_{komplett}$ = Bestimmtheitsmaß vollständiges Modell mit Interaktionseffekt
$R^2_{reduziert}$ = Bestimmtheitsmaß reduziertes Modell ohne Interaktionseffekt
m = Anzahl Moderatoren
n = Anzahl Fälle
k = Anzahl der unabhängigen Variablen im Modell

Formel 5-2: Omnibus F-Test
Quelle: West/Aiken/Krull (1996, 18)

Mediationsanalyse

„Mediation (M)" ist das Ausmaß, in dem eine bestimmte Variable die Beziehung zwischen einer Prädikator- und einer Kriteriumsvariable erklären kann (Baron/Kenny 1986, 1176). Beispielsweise können Kamis/Koufaris/Stern (2008, 170) nachweisen, dass wahrgenommene Kontrolle beim Online-Shopping den Effekt von Aufgabenkomplexität auf die Kaufabsicht mediiert: Je schwieriger die Aufgabe des Online-Shoppens wahrgenommen wird, desto geringer ist die wahrgenommene Kontrolle über das eigene Tun, wodurch wiederum die Kaufabsicht negativ beeinflusst wird. Mediatorvariablen eignen sich daher in erster Linie dazu, zu erklären *„wie"* und *„warum"* bestimmte Effekte auftreten. Sie beschreiben den Mechanismus, über den ein Prädikator eine Kriteriumsvariable beeinflusst (Baron/Kenny 1986, 1176; Frazier/Tix/Barron 2004, 116). Sie eignen sich daher in besonderer Weise für die Entwicklung und Validierung neuer Theorien (Shrout/Bolger 2002, 422). Collins/Graham/Flaherty (1998, 297) vergleichen Mediationseffekte mit in einer Reihe aufgestellten, umfallenden Dominosteinen. Durch Veränderungen bei der Prädikatorvariable wird zwangsläufig die Mediatorvariable beeinflusst, die diesen Effekt an die Kriteriumsvariable überträgt. Nach Baron/Kenny (1986, 1177) bedingt Mediation folgende Voraussetzungen:

(1) Es gibt einen signifikanten Zusammenhang zwischen Prädikator (X) und Kriterium (Y) (vgl. Pfad c in Abbildung 5-2).

Methodische Grundlagen 169

(2) Es gibt einen signifikanten Zusammenhang zwischen Prädikator (X) und Moderator (M) (vgl. Pfad a in Abbildung 5-2).

(3) Es gibt einen signifikanten Zusammenhang zwischen Moderator (M) und Kriterium (Y), während der Prädikator (X) kontrolliert wird (vgl. Pfad b und c' in Abbildung 5-2).

Mediation liegt vor, wenn sich die Beziehung zwischen Prädikator- (X) und Kriteriumsvariable (Y) unter Einbeziehung des Moderators (M) abschwächt, d.h. dass der direkte Effekt von X auf Y ohne Mediator stärker ist als mit (c < c'). Die Zusammenhänge der Mediation werden in Abbildung 5-2 dargestellt.

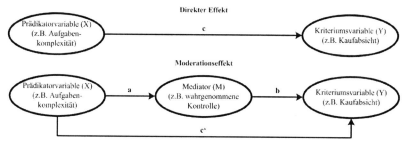

Abbildung 5-2: Mediationseffekt
Quelle: In Anlehnung an Kamis/Koufaris/Stern (2008, 162) und Frazier/Tix/Barron (2004, 116)

Ist die Beziehung zwischen Prädikator- und Kriteriumsvariable statistisch nicht mehr nachweisbar, spricht man von vollständiger, ansonsten von teilweiser Mediation (Shrout/Bolger 2002, 424). In aktuellen Forschungsarbeiten wird Bedingung (1) jedoch nicht mehr zwangsläufig als notwendig für das Vorliegen von Mediationseffekten erachtet, so dass auch von Mediationseffekten gesprochen werden kann, wenn kein statistischer Zusammenhang zwischen Prädikator und Kriterium besteht (Collins/Graham/Flaherty 1998, 296-303; MacKinnon 2000, 143-149; Shrout/Bolger 2002, 429f.).

Mediationseffekte können durch eine Reihe von OLS-Regressionen getestet werden und liegen vor, wenn mit diesen obige drei Voraussetzungen nachgewiesen werden können. Der Ansatz von Preacher/Hayes (2008) ermöglicht zudem das direkte Testen der Signifikanz von Mediationseffekten und zeichnet sich durch eine hohe Prognosegüte und Teststärke aus (MacKinnon et al. 2002, 98f.; MacKinnon/Lockwood/Williams 2004, 122-124). Dieser Ansatz testet die von Baron/Kenny (1986, 1176) definierten Voraussetzungen von Mediation in separaten Regressionsmodellen und berechnet mittels *"Bootstrapping"*, ob der Rückgang an Effektstärke zwischen Prädikator und Kriterium durch Einschluss des Mediators signifikant ist. Mittels Bootstrapping werden dabei für die Mediatorvariable Konfidenzintervalle berechnet, die angeben, ob zu der gewählten Vertrauenswahrscheinlichkeit ein signifikanter Mediationseffekt vorliegt, wenn diese nicht null enthalten (Preacher/Hayes 2008, 886).

5.1.3.5 Prognosefehler

In der Prognose- und Zukunftsforschung wird die Genauigkeit von Vorhersagen durch Fehlermaße ausgedrückt. Eines der am weitest verbreiteten Maße zur Bestimmung von Prognosefehlern ist der *"Mean Absolute Percentage Error (MAPE)"* (Armstrong/Collopy 1992, 70; Goodwin/Lawton 1999, 404). Dieses Fehlermaß ist ein dimensionsloses Maß und beschreibt die prozentuale Abweichung einer Vorhersage von ihrem wahren Wert. Der MAPE der unterschiedlichen Bewertungsmechanismen kann mittels Formel 5-3 berechnet werden, wobei im späteren Verlauf der Arbeit die Rangordnung der Ideen auf Basis der Expertenbewertungen als wahre Werte und die Rangordnung der Ideen auf Basis der Teilnehmerbewertungen als vorhergesagte Werte betrachtet werden (Blohm et al. 2012, 5).

$$MAPE = \frac{1}{n}\sum_{i=1}^{n}\left|\frac{W_i - V_i}{W_i}\right| \times 100$$

W_i = Rang der Idee i auf Basis der Expertenbewertung (wahrer Wert)
V_i = Rang der Idee i auf Basis der Teilnehmerbewertung (vorhergesagter Wert)
i = Laufindex der Ideen
n = Anzahl Fälle

Formel 5-3: Mean Absolute Percentage Error (MAPE)
Quelle: Blohm et al. (2012, 5) in Anlehnung an Armstrong/Collopy (1992, 78)

5.2 Theoretische und konzeptionelle Grundlagen

Im Folgenden werden die Eigenschaften von Bewertungsskalen und Informationsmärkten im Rahmen einer kollektiven Ideenbewertung diskutiert sowie deren Unterschiede herausgearbeitet. Zudem werden die Theorie der kognitiven Belastung, der Ideenbewertungsprozess von Individuen sowie die Konzepte Nutzereinstellung und -zufriedenheit als psychologische Erfolgsmaße für die Akzeptanz von Informationssystemen beleuchtet und damit ein theoretischer Bezugsrahmen für die Experimente aufgestellt.

5.2.1 Methoden der kollektiven Ideenbewertung

In Kapitel 2.6.1 (vgl. S. 41) wurden unterschiedliche Aggregationsverfahren zur Durchführung von kollektiven Ideenbewertungen diskutiert. Diese basieren in weiten Teilen auf Bewertungsskalen und Informationsmärkten, die im Folgenden näher erläutert werden.

5.2.1.1 Bewertungsskalen zur Ideenbewertung

Bei Bewertungsskalen evaluieren Nutzer ein gegebenes Bezugsobjekt, wie z.B. eine Aussage oder eine Idee, auf Basis einer Reihe fest definierter Kriterien. Durch das Zuweisen numerischer Werte auf Basis der Ausprägungen der einzelnen Bewertungskriterien in Bezug auf das Bezugsobjekt, z.B. die Qualität der Ideen, wird dabei versucht, die Alternativen mit der geringsten Abweichung von einem a priori definiertem Optimum zu identifizieren (Limayem/ DeSanctis 2000, 387f.; Gaspoz 2010, 113). Niedrige, numerische Werte weisen dabei eine niedrige Übereinstimmung mit dem Optimum auf und hohe, numerische Werte entsprechend eine hohe Übereinstimmung. Eine mittlere Bewertung kann dabei jedoch sowohl eine moderate Einstellung gegenüber dem Bewertungsobjekt (*„Indifferenz"*), als auch positive und negative Bewertungen darstellen, die sich gegenseitig ausgleichen (*„Ambivalenz"*) (Mudambi/

Schuff 2010, 188). Die einzelnen Bewertungen fallen immer auf der Ebene der Individuen an und können z.b. mit Hilfe von Verfahren der multiattributiven Entscheidungsfindung zu Gruppenentscheidungen aggregiert werden (vgl. z.B. Triantaphyllou 2000; Limayem/ DeSanctis 2000).

Neben ihrer klassischen Anwendung im Rahmen von Umfragen in den Sozialwissenschaften (vgl. z.B. Couper/Conrad/Tourangeau 2007; Christian/Dillman/Smyth 2007) wurden die psychometrischen Eigenschaften sowie die Akzeptanz und Nutzung von Bewertungsskalen im Internet in den Forschungsfeldern der Mensch-Maschine-Interaktion (*"Computer Human Interaction"*) (vgl. z.B. Van Schaik/Ling 2007; Knapp/Kirk 2003), des elektronischen Handels (vgl. z.B. Winkelmann et al. 2009; Cosley et al. 2003), des Wissensmanagements (vgl. z.B. Poston/Speier 2005) und der OI erforscht (vgl. z.B. Möslein/Haller/Bullinger 2010; Di Gangi/Wasko 2009; Walcher 2007; Franke/Hienerth 2006).

Aufbauend auf Möslein/Haller/Bullinger (2010, 27-29), Riedl (2009, 3) und Blohm et al. (2009, 366) können in OI Communities verwendeten Bewertungsskalen in zwei Gruppen unterteilt werden:

- **Eindimensionale (uniattributive) Skalen**, bei denen alle Facetten einer Ideenbewertung in ein einzelnes Bewertungskriterium, wie z.B. Ideenqualität, integriert werden müssen (Bretschneider 2011, 55).

- **Mehrdimensionale (multiattributive) Skalen**, bei denen Ideenqualität in mehreren Kriterien, wie z.B. Neuartigkeit und Umsetzbarkeit, bewertet wird, die sich an den Teildimensionen von Ideenqualität orientieren (Walcher 2007, 113; Leimeister et al. 2009, 219).

Skalenbasierte Bewertungsmechanismen sind heute ein wesentlicher Bestandteil von OI-Communities, wobei sich eindimensionale Skalen, wie es auch in den Fallstudien in Kapitel vier ersichtlich ist, einer weitaus stärkeren Verbreitung erfreuen (Möslein/Haller/Bullinger 2010, 27-29; Blohm et al. 2011e, 36; Riedl et al. 2009, 3).

5.2.1.2 Informationsmärkte zur Ideenbewertung

Informationsmärkte sind virtuelle Marktplätze, auf denen Aktien bezüglich des Eintritts eines zukünftigen Ereignisses gehandelt werden und deren Ziel die Sammlung, Aggregation und Evaluation der zwischen den Marktteilnehmern asymmetrisch verteilten Informationen ist (Spann/Skiera 2003, 1311; Arrow et al. 2008, 877; Wolfers/Zitzewitz 2004, 108). Die theoretische Grundlage von Informationsmärkten ist die sog. *„Hayek-Hypothese"*, die effiziente Märkte als das effizienteste Instrument zur Aggregation asymmetrisch verteilter Informationen ansieht (Hayek 1945, 524-527). Da auf Basis dieser Annahme Marktpreise auf effizienten Märkten alle verfügbaren Informationen widerspiegeln (Fama 1970, 413f.), besitzen sie eine hohe Prognosegüte im Hinblick auf die zukünftigen Ereignisse, an welche die handelbaren Aktien gebunden sind. Besitzen Nutzer von Informationsmärkten zu einem ex ante definierten Zeitpunkt Aktien eines Ereignisses, erhalten sie bei dessen Eintritt für ihre korrekte Vorhersage eine bestimmte Auszahlung bzw. Dividende (z.B. 100 EUR) (Spann/Skiera 2003, 1312f.). Halten die Nutzer zu dem definierten Zeitpunkt Aktien alternativer Ereignisse, die nicht eintreten, erhalten sie dementsprechend keine Auszahlung (Wolfers/Zitzewitz 2004, 109f.; Spann/Skiera 2003, 1313). Auf Basis dieser Auszahlungen stellen die Marktpreise Eintrittswahrscheinlichkeiten für die jeweiligen Ereignisse dar und die Marktteilnehmer können Profite erwirtschaften, wenn sie das Eintreten der Ereignisse korrekt vorhersagen (Wolfers/ Zitzewitz 2004, 109f.; Spann/Skiera 2003, 1312-1314). Dies kann an einem kleinem Beispiel veranschaulicht werden: Eine Aktie besitzt bspw. einen Marktpreis von 22 EUR. Ein gegebener Nutzer des Informationsmarktes schätzt nun jedoch die Eintrittswahrscheinlichkeit des Ereignisses, dass der Aktie zugrunde liegt als deutlich höher ein. Kauft er die Aktie und behält er recht, kann er durch die Auszahlung von 100 EUR einen Gewinn von 78 EUR erwirtschaften (Spann/Skiera 2003, 1313).

Informationsmärkte besitzen eine sehr gute Prognosegüte von Ereignissen in Bereichen wie Politik und Sport sowie konnten bereits erfolgreich zur Vorhersage von Verkaufszahlen, Umsätzen und Projektverzögerungen innerhalb von Unternehmen eingesetzt werden (Arrow et al. 2008, 877; Wolfers/Zitzewitz 2004, 110-115; Van Bruggen et al. 2010, 405; Spann/Skiera 2003, 1318-1224; Slamka/Jank/Skiera 2012, 5-7). Weiterhin konnte das Konzept auf die Bewertung von Innovationsideen (vgl. z.B. Soukhoroukova/Spann/Skiera 2012; Bothos/ Apostolou/Mentzas 2009; LaComb/Barnett/Qimei 2007), Produktkonzepten (vgl. Dahan/ Soukhoroukova/Spann 2010) und Technologien eingesetzt werden (vgl. Chen et al. 2009-10).

Viele Implementierungen von Informationsmärkten umfassen zwei handelbare Aktien. Eine stellt den Fall dar, dass das zugrundeliegende Ereignis eintritt und die andere damit zwangsläufig den Fall, dass das Ereignis nicht eintritt. Im Rahmen der Vorhersage des Endspiels einer Fußballweltmeisterschaft (mit Elfmeterschießen) könnten diese z.B. *„Mannschaft A gewinnt"* oder *„Mannschaft B gewinnt"* lauten (Luckner/Weinhardt 2007, 150). Um die Absorptionsfähigkeit von Betreibern von OI-Communities aber effektiv steigern zu können, muss eine Vielzahl von Ideen auf Informationsmärkten zur Ideenbewertung handelbar sein. In der bestehenden Forschung wurden diese nicht-binären Ereignisräume (jede Idee ein Ereignis dar) auf zwei unterschiedliche Wege implementiert (Christiansen 2007, 38). In *„Einzelmärkten"* umfasst ein Markt mehr als zwei handelbare Ereignisse (Stathel et al. 2010, 208f.; Stathel/van Dinther/Schönfeld 2009, 831-833; Soukhoroukova/Spann/Skiera 2012, 105f.; Gaspoz/Pigneur 2008, 8), d.h. dass alle handelbaren Ideen auf einem Markt gehandelt werden. Auf *„Multimärkten"* wird für jede einzelne Idee ein einzelner Markt aufgesetzt (Bothos/ Apostolou/Mentzas 2009, 31; LaComb/Barnett/Qimei 2007, 248). In diesen Märkten wird jede Idee durch zwei Aktien repräsentiert, die im Rahmen dieser Arbeit als *„Top-Aktien"* (z.B. *„Die Idee ist die Beste auf dem Markt"*) und *„Flop-Aktien"* (z.B. *„Die Idee ist nicht die beste Idee auf dem Markt"*) bezeichnet werden. Diese einzelnen Märkte werden dann unter einer einzelnen Benutzerschnittstelle zusammengefasst, so dass sie auf den Handelnden wie ein einzelner Markt wirken. Ein ähnlicher Effekt kann auf Einzelmärkten jedoch auch durch die Möglichkeiten von Leerverkäufen realisiert werden (Kamp/Koen 2009, 53; Wolfers/ Zitzewitz 2004, 118f.; LaComb/Barnett/Qimei 2007, 248), die jedoch aufgrund ihrer hohen Komplexität nur bedingt für OI-Communities geeignet sind.

Theoretische und konzeptionelle Grundlagen 173

Ein wesentliches Problem von Informationsmärkten ist mangelnde Liquidität. Dies bedeutet, dass die Möglichkeiten zur Sammlung, Aggregation und Austausch von Informationen aufgrund einer zu geringen Anzahl an Händlern stark eingeschränkt sind (Hanson 2003, 110f.; Healy et al. 2010, 1977f.). Automatische *"Market Maker"* erhöhen die Effizienz solcher Märkte (Hanson 2003, 110f.; Chen et al. 2010, 2-4; Boer/Kaymak/Spiering 2007, 159f.). Auf Basis eines fest definierten Algorithmus kaufen und verkaufen sie Aktien in Informationsmärkten. Zudem passen sie auf Basis der getätigten Transaktionen die Marktpreise der Aktien an. Nutzer von solchen Informationsmärkten sind daher nicht auf andere Nutzer als Handelspartner für die Durchführung von Transaktionen angewiesen und können diese jederzeit durchführen (Pennock/Sami 2008, 18f.; Berg/Proebsting 2009, 46-48), so dass diese Märkte im Prinzip mit einer unendlichen Liquidität versorgt werden können und effiziente Märkte entstehen können. Hansons (2003, 2007) *"Logarithmic Market Scoring Rules (LMSR)* Market Maker ist derzeit einer der am weitest verbreiteten Market Maker (Othman/Sandholm 2010, 2; Slamka/Jank/Skiera 2012, 11; Jian/Sami 2012, 2) und wurde in unterschiedlichen Bereichen wie Politik, Sport, betriebswirtschaftlichen Fragestellungen und zur Ideenbewertung eingesetzt (Slamka/Jank/Skiera 2012; Othman/Sandholm 2010; Mizuyama/Komatsu 2010). Darüber hinaus konnten mit ihm Experimente, bei denen eine Vielzahl von Versuchspersonen teilnahm, erfolgreich durchgeführt werden (Gaspoz/Pigneur 2008, 8; Othman/Sandholm 2010, 2). Wie der LMSR Market Maker umfassen die meisten aktuellen Market Maker eine Möglichkeit zum Anpassen der effektiven Liquidität des Market Maker bzw. der Elastizität der Marktpreise, die als das Ausmaß, in dem sich die Marktpreise auf Basis einer einzelnen Transaktion verändern, definiert werden kann. In diesem Zusammenhang umfasst der LMSR Market Maker eine Elastizitätskonstante b, deren Werte frei gewählt werden können.

5.2.1.3 Konzeptioneller Vergleich: Bewertungsskalen und Informationsmärkte

Bewertungsskalen und Informationsmärkte sind zwei fundamental unterschiedliche Mechanismen zur kollektiven Ideenbewertung, die sich im Wesentlichen in vier Punkten unterscheiden:

- **Bezugsobjekt:** Bewertungsskalen stellen immer eine absolute Bewertung eines Objekts dar, bei der dieses mit einer durch die Skala vorgegebenen Optimallösung verglichen wird. Durch den Vergleich mit dem Optimum hat jede einzelne Bewertung eine eigenständige Bedeutung. Informationsmärkte ermöglichen immer nur eine relative Bewertung der Bezugsobjekte untereinander. Der Marktpreis einer einzelnen Aktie ist in diesem Zusammenhang kaum aussagekräftig – nur im Vergleich mit den Marktpreisen der anderen Aktien kann dieser inhaltlich sinnvoll interpretiert werden (Blohm et al. 2011h, 4).

- **Soziale Ausrichtung:** Informationsmärkte sind per Definition ein sozialer Mechanismus zur Aggregation asymmetrisch verteilter Informationen mehrerer Marktteilnehmer. Die Bewertung der Bezugsobjekte entsteht hier auf Basis der Interaktion mehrerer Marktteilnehmer, während Bewertungen mittels einer Skala prinzipiell auch von einem einzelnen Nutzer durchgeführt werden können. Einen Sonderfall stellen in diesem Zusammenhang Market Maker dar. Diese sind ein künstlicher Marktteilnehmer und versetzen daher auch einzelne Individuen in die Lage, die Marktpreise für bestimmte Aktien ohne Interkation mit anderen Individuen zu verändern (Blohm et al. 2011h, 4).

- **Zeitbezug:** Bewertungsskalen stellen die Bewertung eines Bezugsobjekts zu einem bestimmten Zeitpunkt dar. Aufgrund der Interaktion mehrerer Marktteilnehmer erstrecken sich Bewertungen eines Informationsmarktes aber immer über eine gewisse Zeitdauer. Die Möglichkeit zur kontinuierlichen Informationsaufnahme wird in diesem Zusammenhang als einer der wesentlichen Vorteile von Informationsmärkten angesehen (Blohm et al. 2011h, 4f.).

- **Ergebnis:** Bewertungsskalen erheben Bewertungen eines bestimmten Nutzers zu einem bestimmten Bezugsobjekt, die für die Erstellung von Rangordnungen und gruppenbasierten Bewertungen in einem zweiten Schritt aggregiert werden müssen (z.b. über den arithmetischen Mittelwert). Im Gegensatz dazu wird diese Aggregation in Informationsmärkten automatisch durch den Marktmechanismus vollzogen (Blohm et al. 2011h, 5).

5.2.2 Theorie kognitiver Belastung

Forschung im Bereich der Mensch-Maschine-Interaktion suggeriert, dass die erfolgreiche Bearbeitung von Aufgaben eine Funktion der Informationsrepräsentation und der kognitiven Fähigkeiten eines Computernutzers ist (Nielsen 1994, 152-154; Shneiderman/Plaisant 2004, 1f.; Stewart/Travis 2003, 992; Schmutz et al. 2009, 1). In diesem Kontext geht die von Sweller (1988) entwickelte Theorie kognitiver Belastung (*"Cognitive Load Theory"*) davon aus, dass menschliche Individuen bei der Verarbeitung von Informationen und der Bearbeitung von Aufgaben auf ein Arbeits- und ein Langzeitgedächtnis zurückgreifen. Während das Langzeitgedächtnis Informationen dauerhaft abspeichert, beinhaltet das Arbeitsgedächtnis alle Informationen, die in einem bestimmten Augenblick einer bewussten, kognitiven Verarbeitung unterliegen (Baddeley 1992, 556f.). Die Anzahl an Informationen und deren gegenseitige Abhängigkeiten, die während dieser Prozesse im Arbeitsgedächtnis verarbeitet werden können, ist jedoch äußerst begrenzt (Miller 1956, 348-351; Cowan 2005, 1-3). Zur Erweiterung der Kapazität des Arbeitsgedächtnisses wird daher auf das Langzeitgedächtnis zurückgegriffen. Dafür werden im Langzeitgedächtnis spezielle, kognitive Strukturen angelegt, die als Schemata bezeichnet werden (Paas/Renkl/Sweller 2003, 2). Diese fassen einzelne, miteinander interagierende Elemente aus dem Arbeitsgedächtnis zusammen und weisen diesem eine spezifische Funktion zu. Durch den Einsatz dieser Schemata kann das Arbeitsgedächtnis entlastet und gebundene kognitive Ressourcen freigesetzt werden (Paas/Renkl/Sweller 2003, 2; Schmutz et al. 2009, 2).

Wenn die Anforderungen einer zu bearbeitenden Aufgabe die kognitiven Fähigkeiten eines Bearbeiters überschreiten, durchleben diese einen Zustand der kognitiven Überlastung (*"Cognitive Overload"*) (Mayer/Moreno 2003, 43). Kognitive Überlastung behindert die Aufnahme neuer Informationen und deren Verarbeitung im Arbeitsgedächtnis. Sie vermindert die Entscheidungsqualität von Individuen (Hwang/Lin 1999, 216f.). Aufgrund der Überforderung erleben diese eine Situation der limitierten Rationalität, in der sie nicht mehr alle verfügbaren Informationen bei ihrer Entscheidung berücksichtigen können (March 1978, 590-593). Die Theorie kognitiver Überlastung wurde ursprünglich im Bereich des schulischen und universitären Lernens entwickelt (Sweller 1988). Sie wurde aber bereits in einer Reihe von IT-basierten Kontexten eingesetzt, so dass sie sehr gut auf die Nutzung von Informationssystemen übertragen werden kann. Darunter fallen z.B. Studien zur Gestaltung von Anwendungen zum elektronisch gestütztem Lernen (z.B. Mayer/Moreno 2003; Brünken/Plass/Leutner 2003) und Handel (Schmutz et al. 2009), Suchfunktionalitäten (Gwizdka 2010), Multimodale Benutzerschnittstellen (Berthold/Jameson 1999; Leung et al. 2007) oder *"Usability"*-Forschung im Allgemeinen (DeStefano/LeFevre 2007; Chalmers 2003).

Kognitive Last ist ein additives Konzept und umfasst drei unterschiedlichen Quellen (Paas/ Renkl/Sweller 2003, 1f.):

- **Intrinsische, kognitive Last** bezieht sich auf die Komplexität einer Aufgabe, die aus Sicht der Theorie der kognitiven Belastung als die Anzahl der Informationen und dem Grad deren Wechselwirkung angesehen werden können, die im Rahmen des Lösungsprozesses im Arbeitsgedächtnis verarbeitet werden müssen (Mayer/Moreno 2003, 45). Diese Art von kognitiver Last erwächst direkt aus der zu bewältigenden Aufgabe und kann nur durch eine Vereinfachung der Aufgabe gesenkt werden (Paas/Renkl/Sweller 2003, 1).

- **Extrinsische, kognitive Last** umfasst die Gestaltung von Aufgaben, deren begleitende Instruktionen und der Arbeitsumgebung. Sie beinhalten die im Rahmen der Aufgabenlösung bereitgestellten Informationen und die durch diese ausgelöste, kognitive Prozesse, die zur Bearbeitung der gestellten Aufgaben nicht zwingend notwendig sind, aber durch die Aufgabengestaltung und Kontextfaktoren hervorgerufen werden (Mayer/Moreno 2003, 45; Schmutz et al. 2009, 2f.). Sie verringert die kognitive Kapazität von Individuen und wird auch als ineffektive kognitive Last bezeichnet (Paas/Renkl/Sweller 2003, 2f.).

- **Lernbezogene, kognitive Last** bezieht sich auf menschliches Lernen und die Einfachheit, mit der neue Schemata gebildet und bewusst durchgeführte, kognitive Arbeitsschritte zur Bewältigung einer Aufgabe automatisiert werden können (Paas/Renkl/Sweller 2003, 2f.). Lernbezogene Last wird daher auch als effektive kognitive Last bezeichnet und bezieht sich direkt auf die kognitiven Prozesse zur Bewältigung einer Aufgabe, wie z.B. das Verstehen der Aufgabenstellung (Mayer/Moreno 2003, 45).

5.2.3 Ideenbewertungsprozess

Für die Mitglieder einer OI-Community ist das Bewerten einer Idee in weiten Teilen vergleichbar mit dem Beantworten einer Umfrage (Riedl et al. 2010, 4). Dieser kognitive Prozess umfasst in vergleichbarer Weise das Verstehen einer Idee, das Bilden eines Urteils über deren Qualität sowie dessen Übertragung auf ein fest vorgegebenes Instrument zum Ausdrücken der individuellen Qualitätseinschätzung: Eine Bewertungsskala oder das Transaktionsformular eines Informationsmarktes. Aufbauend auf solchen Prozessmodellen zur Beschreibung des Antwortverhaltens in Umfragen (vgl. z.B. Tourangeau/Rips/Rasinski 2000, 8; Collins 2003, 231f.) kann daher angenommen werden, dass der Ideenbewertungsprozess aus vier Phasen besteht (Riedl et al. 2010, 4):

(1) Verstehen: Der erste Schritt der Ideenbewertung ist das Erarbeiten eines genauen Verständnisses der zu bewertenden Idee. Vor dem eigentlichen Lesen und der damit einhergehenden inhaltlichen Aufarbeitung erfolgt hier jedoch zunächst eine Interpretation der Kontextfaktoren. Dies impliziert eine Abschätzung der für die Bewertung der Idee aufzubringenden Zeit sowie eine Interpretation der visuellen Gestaltung und Formatierung einer Idee sowie eventuell vorhandener Illustrationen und anderer Gestaltungselemente (Ganassali 2008, 22f.; Tourangeau/Rips/Rasinski 2000, 31-34; Riedl et al. 2010, 4).

(2) Informationsabruf: Auf Basis des in der ersten Phase erarbeiteten Ideenverständnisses werden im Langzeitgedächtnis gespeicherte Informationen, die zur Bewertung der Idee hilfreich sein könnten, abgerufen und in das Arbeitsgedächtnis geladen, wo sie zur Beurteilung der Idee genutzt werden können. Dieser Informationsabruf umfasst nicht nur das Verarbeiten der Idee als kognitiven Stimulus, sondern auch das Fällen unbewusster Entscheidungen bezüglich der Art der abzurufenden Informationen (z.B. spezifische Informationen aus der subjektiven Erfahrung oder generische Informationen des Allgemeinwissens) sowie des Umgangs mit fehlenden oder fehlerhaften Informationen (Tourangeau/Rips/Rasinski 2000, 148-157; Collins 2003, 232f.; Riedl et al. 2010, 4).

(3) Beurteilung: Im Rahmen der Beurteilung formulieren Individuen eine subjektive Einschätzung der Qualität einer Idee (Collins 2003, 233). Während dieses Prozesses werden die abgerufen Informationen hinsichtlich Vollständigkeit und Relevanz bewertet und zu einem übergreifenden Urteil zusammengeführt (Tourangeau/Rips/Rasinski 2000, 180). Die Integration dieser Informationen in die Urteilsfindung ist ein iterativer Prozess. Auf Basis der abgerufenen Informationen bilden sich die Bewertenden ein Urteil hinsichtlich der Idee und ändern dieses später durch Integration von zusätzlich abgerufenen Informationen ab. Das finale Urteil kann daher als Durchschnitt aller abgerufenen Informationen angesehen werden (Tourangeau/Rips/Rasinski 2000, 180f.; Riedl et al. 2010, 4).

(4) Antwort: Im letzten Schritt übertragen die Bewertenden ihr Urteil auf die zur Verfügung stehenden Antwortoptionen des Bewertungsmechanismus. Bei Bewertungsskalen konvertieren sie ihr qualitatives Urteil in die Form einer geschlossenen Frage mit fest definierten Antwortkategorien, welche die zu bewertenden Merkmale darstellen (Biemer/Lyberg 2003, 140). Dabei werden die extremsten Ausprägungen von Ideenqualität bzw. ihrer Teildimensionen auf die Endpunkte der zur Verfügung stehenden Skala übertragen, die dann als Ankerwerte für die anderen Skalenwerte interpretiert werden (Tourangeau/Rips/Rasinski 2000, 239-246). In Informationsmärkten transformieren die Bewertenden ihre Qualitätseinschätzung in eine Kauf- oder Verkaufsentscheidung. Analog zu Bewertungsskalen konvertieren sie ihre Qualitätseinschätzung in eine binäre, geschlossene Frageform, wobei die zur Verfügung stehenden finanziellen Mittel eine zusätzliche Gewichtung der Antworten zulassen. Nach dieser Kodierung der Qualitätseinschätzung erfolgt die eigentliche Durchführung der Bewertung mittels des Mechanismus, wobei einmal durchgeführte Bewertungen häufig noch einmal geändert werden, z.B. um die soziale Akzeptanz der Bewertungen bzw. seiner eigenen Person zu erhöhen oder eine Konsistenz mit vorhergehenden Bewertungen herzustellen (Biemer/Lyberg 2003, 144f.; Riedl et al. 2010, 4).

Der skizzierte Prozess muss bei der Bewertung von Ideen nicht zwangsläufig in einer linearen Weise durchlaufen werden. Rücksprünge zur vorgelagerten Prozessphasen sind jederzeit möglich, so dass es sich eher um einen iterativen Prozess handelt (Tourangeau/Rips/Rasinski 2000, 8; Biemer/Lyberg 2003, 123).

5.2.4 Nutzereinstellungen und -zufriedenheit

Einstellungen und Zufriedenheit beschreiben aus einer psychologischen Perspektive die Akzeptanz von Informationssystemen durch ihre Nutzer. Sie dienen daher oftmals als Surrogate zur Messung des Erfolgs von Informationssystemen, da sie von den Nutzern direkt aus der Interaktionserfahrung abgeleitet werden und einen wichtigen Indikator für die zukünftige Nutzung darstellen (Galleta et al. 2004, 5; Geissler/Zinkhan/Watson 2006, 75f.; Delone/ McLean 2003, 12f.; Goodhue/Thompson 1995, 230; Au/Ngai/Cheng 2002, 451).

Einstellungen sind individuelle, interne Bewertungen einer Person bezüglich eines bestimmten Einstellungsobjekts (Mitchell/Olson 1981, 318). Einstellungen bestehen aus einer affektiven, kognitiven und verhaltensorientierten Komponente (Solomon et al. 2006, 277). Die affektive Dimension umfasst die Gefühle gegenüber dem Einstellungsobjekt, während die kognitive Dimension die Vorstellungen, Meinungen und Überzeugungen umfasst, die durch bewusste Überlegungen bezüglich des Einstellungsobjektes geformt werden. Die verhaltensorientierte Komponente stellt im weitesten Sinne eine verbale Formulierung der Verhaltensabsichten in Bezug auf das Einstellungsobjekt dar (Solomon et al. 2006, 277). Diese drei Teildimensionen können nicht isoliert betrachtet werden und stehen in enger Wechselwirkung, da Individuen bei der Bildung von Einstellung gegenüber einem bestimmten Objekt nach Konsistenz zwischen ihrem Fühlen, Denken und Handeln streben. Bei Inkonsistenz erleben Individuen einen Zustand der *„kognitiven Dissonanz"*, den sie durch nachträgliches Anpassen einer oder mehrerer der drei Teildimensionen zu reduzieren versuchen (Solomon et al. 2006, 284).

Als Maß für den Erfolg von Informationssystemen sind Nutzereinstellungen sehr eng mit dem Konstrukt Nutzerzufriedenheit verwandt. Zufriedenheit bezieht sich immer auf die Erfüllung eines speziellen Bedürfnisses bzw. a priori bestehender Erwartungen (Oliver/Swan 1989, 26; Au/Ngai/Cheng 2002, 456), während Einstellungen eher die generelle Prädisposition eines Individuums gegenüber einem speziellen Objekt umfassen (Galleta et al. 2004, 5f). Zufriedenheit kann daher als die kognitive und affektive Bewertung des Grades, zu dem die Erwartung einer angenehmen Nutzungserfahrung erfüllt wird, angesehen werden (Au/Ngai/Cheng 2002, 453).

5.3 Experiment I: Bewertungsgüte von Bewertungsskalen

Bewertungsskalen zur Bewertung von Produkten, Dienstleistungen, Informationen und anderen Nutzern sind heute fester Bestandteil einer Vielzahl von Internetapplikationen. Diese Bewertungsskalen unterscheiden sich jedoch nicht nur bezüglich ihres Bezugsobjekts, sondern auch hinsichtlich der Bewertungsoptionen, mit denen dessen einzelne Ausprägungen eingeschätzt werden sollen. Allgemein kann hier (1) in eindimensionale Skalen (alle Facetten einer Ideenbewertung müssen in ein einzelnes Bewertungskriterium wie Ideenqualität integriert werden) und (2) mehrdimensionale Skalen (Ideenqualität wird in mehreren Kriterien, die sich an den Teildimensionen von Ideenqualität, wie z.B. Neuartigkeit oder Umsetzbarkeit, orientieren, bewertet) (vgl. auch Kapitel 5.2.1.1 auf S. 170). Aufbauend auf der Definition von Cosley et al. (2003, 2) kann die *„Kriteriengranularität"* von Bewertungsskalen als die Anzahl der Bewertungskriterien definiert werden, die dem Nutzer einer Bewertungsskala zur Verfügung gestellt werden. Bestehende OI-Forschung und die vier Fallstudien aus Forschungsfrage zwei zeigen einerseits, dass in der Praxis vor allem eindimensionale Skalen von hoher Bedeutung sind. Anderseits implizieren diese Ergebnisse jedoch auch, dass sowohl Forscher als auch Praktiker gemeinhin davon ausgehen, dass die unterschiedlichen Bewertungsskalen im Rahmen von kollektiven Bewertungsmechanismen zu vergleichbaren Ergebnissen führen. Auch wenn in den Forschungsfeldern der Markt- und Konsumentenforschung sowie den Sozialwissenschaften eine Vielzahl von Studien zur Granularität von Skalen vorhanden ist, fehlt eine systematische Evaluation der Klassifikationsgüte und Nutzerakzeptanz von Bewertungsskalen zur Ideenqualität in OI-Communities. Des Weiteren implizieren Ansätze der kollektiven Intelligenz, dass die individuellen Kenntnisse der Gruppenmitglieder einen großen Effekt auf die Qualität der Ergebnisse sowie der aggregierten Gruppenentscheidungen haben. Die Wechselwirkung von Kundenwissen und Kriteriengranularität wurden in diesem Zusammenhang aber noch nicht untersucht.

Ziel des Experiments I ist es daher die Klassifikationsgüte und Akzeptanz von ein- und mehrdimensionalen Skalen zur Ideenbewertung in OI-Communities zu untersuchen. Um zu überprüfen, ob sich die Bewertungsskalen bezüglich ihrer Eignung für einzelne Teilnehmergruppen mit unterschiedlichen Niveaus an Kundenwissen unterscheiden, wurden die Effekte von Kundenwissen als potenzieller Moderator der Beziehung zwischen Kriteriengranularität und Klassifikationsgüte bzw. Einstellung der Teilnehmer untersucht. Im Detail werden daher in Experiment I folgende Fragen untersucht:

- Welchen Effekt hat eine steigende Kriteriengranularität auf die Klassifikationsgüte der Teilnehmer?

- Welchen Effekt hat eine steigende Kriteriengranularität auf die Einstellung gegenüber dem Bewertungsmechanismus und gegenüber dem Innovationsportal?

- Wie werden diese Beziehungen durch das Kundenwissen der Teilnehmer moderiert?

5.3.1 Hypothesen und Forschungsmodell

In Experiment I wird der Effekt von Kriteriengranularität auf die Klassifikationsgüte der Skalennutzer sowie auf deren Einstellung gegenüber dem Innovationsportal untersucht, die durch die, direkt aus der Interaktionserfahrung mit der Bewertungsskala stammende, Einstellung gegenüber der Bewertungsskala mediiert werden könnte. Zudem wird ein moderierender Einfluss von Kundenwissen untersucht (vgl. Abbildung 5-3).

Experiment I: Bewertungsgüte von Bewertungsskalen

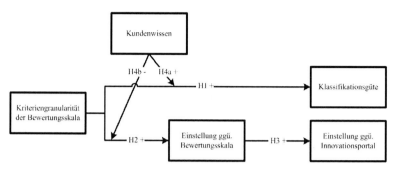

Abbildung 5-3: Forschungsmodell Experiment I
Quelle: Eigene Darstellung

5.3.1.1 Klassifikationsgüte

Aus der psychometrischen Forschung ist bekannt, dass die Validität und Reliabilität der Messung eines komplexen Konstrukts mit der Anzahl der Indikatoren steigt, mit denen das Konstrukt operationalisiert wurde. Aus Perspektive der Messtheorie ist jede Messung mit einem Messfehler behaftet, der sich in einen systematischen und zufälligen Messfehler unterteilen lässt. Die Verwendung mehrerer Indikatoren führt zu konsistenteren Ergebnissen, da der zufällige Messfehler durch Aggregation der Indikatoren verringert werden kann (Nunnally/ Bernstein 1994, 212f.; Rushton/Brainerd/Pressley 1983, 19; Churchill 1979, 65-68). Zudem repräsentieren einzelne Indikatoren die zu messenden, komplexen Konstrukte, wie z.B. Ideenqualität, selten in ihrer gesamten Breite, so dass die Selektionsentscheidungen auf Seiten der Forscher zu zusätzlichen, systematischen Messfehlern führen können (Bergkvist/Rossiter 2007, 176). Weiterhin führen mehrdimensionale Skalen mit mehreren Bewertungskriterien zu einer Vergrößerung der Varianz der Messung, wodurch die zu messenden Attribute eines Bewertungsobjekts genauer erfasst werden können (Churchill 1979, 66; Rossiter 2002, 324f.). Empirische Ergebnisse zeigen in diesem Zusammenhang, dass eindimensionale Skalen zwar für die Messung von einfachen und konkreten Konstrukten geeignet sind, jedoch für doppelt komplexe Konstrukte, wie z.B. Ideenqualität, mit einer geringeren Validität und Reliabilität behaftet sind (Bergkvist/Rossiter 2007, 183; Wanous/Reichers/Hudy 1997, 247).

Prozesstheorien der Fragebogenbeantwortung implizieren zudem, dass die Gestaltung von Bewertungsskalen das Antwortverhalten der Bewertenden entscheidend beeinflusst (vgl. z.B. Tourangeau/Rips/Rasinski 2000, 1-3). Skalennutzer agieren als *„kooperative Kommunikatoren"* (Schwarz 1996, 41) und betrachten im Rahmen der Ideenbewertung nicht nur die zu bewältigende Aufgabe an sich. Genauso beziehen sie alle verfügbaren Informationen, wie z.B. formale und graphische Charakteristika der Bewertungsskala oder die Verankerung der Skalenwerte (Christian/Dillman/Smyth 2007, 114f.), in ihre Qualitätseinschätzung mit ein. Diese aktive Informationssuche tritt verstärkt bei komplexen Fragen ohne *„richtige"* Antwort auf (Christian/Dillman 2004, 58) – wie z.B. bei der Einschätzung von Ideenqualität. Theorien aus der Kreativitätsforschung legen nahe, dass diese Gestaltungsoptionen von Bewertungsskalen bei der Ideenbewertung als kognitive Stimuli fungieren und Individuen darin unterstützen können, Innovationsideen genauer zu bewerten. Solche Stimuli können zusätzliche kognitive Strukturen und Schemata aktivieren, die vorher nicht angesprochen wurden (Finke/ Ward/Smith 1996, 17-26; Hender et al. 2002, 62f.; Santanen/Briggs/De Vreede 2004, 175-179). Die Einbindung der dadurch zusätzlich abgerufenen Informationen führt in einem kognitiven Kombinationsprozess zu einer fortlaufenden Exploration, Interpretation und Bewertung der untersuchten Innovationsideen (Finke/Ward/Smith 1996, 17-26). Mehrdimensionale Skalen können damit im Vergleich zu eindimensionalen Skalen helfen, bisher ungenutzte Wissensstrukturen abzurufen und ein holistischeres Verständnis der Ideen aufzubauen. Die zusätzlichen Bewertungskriterien stellen in diesem Zusammenhang Stimuli dar (Christian/ Dillman/Smyth 2007, 114f.; Conrad et al. 2006, 245-247), welche die Nutzer unter Umständen Informationen aus dem Langzeitgedächtnis abrufen lassen, an die sonst eventuell nicht gedacht hätten.

Letztlich suggeriert die multiattributive Entscheidungstheorie (*"Multi Attributive Decision Making"*) suggeriert, dass mehrere Entscheidungskriterien nicht nur als Entscheidungsunterstützung für Individuen dienen, sondern auch helfen, geteilte mentale Problemrepräsentationen zwischen mehreren Entscheidungsträgern aufzubauen (Limayem/DeSanctis 2000, 387f.). In diesem Zusammenhang erlauben mehrdimensionale Skalen eine tiefergehende Unterstützung der Bewertenden im Laufe des Bewertungsprozesses. So können Community-Betreiber mit diesen z.B. in stärkerem Maß determinieren, wie und aus welchen Blickwinkeln einzelne Community-Mitglieder die Qualität der eingereichten Ideen betrachten sollen. Zudem ermöglichen mehrdimensionale Skalen das Zerlegen der übergeordneten Ideenbewertungsaufgabe in einzelne Teilaufgaben (Keeney 1992, 42-52). Anstatt die Qualität der Idee als Ganzes zu bewerten, werden die einzelnen Teilaspekte von Ideenqualität separat bewertet. Aus Sicht der Theorie der kognitiven Belastung könnte dies zu einer Verringerung der intrinsischen, kognitiven Last führen. Anstatt in der Beurteilungsphase alle abgerufenen Informationen in ein Urteil integrieren zu müssen, bei dem dann z.B. Neuartigkeit gegen Umsetzbarkeit aufgewogen werden muss, werden diese Aspekte einzeln beurteilt und im Rahmen der Antwortphase auf separate Skalen übertragen. Auf Basis der frei werdenden kognitiven Ressourcen könnten Situationen der kognitiven Überlastung vermieden und damit die Klassifikationsgüte der Bewertenden verbessert werden. Zusammenfassend wird daher angenommen:

H1: Eine steigende Kriteriengranularität der Bewertungsskala führt bei den Teilnehmern zu einer Erhöhung der Klassifikationsgüte.

5.3.1.2 Einstellung gegenüber der Bewertungsskala und dem Innovationsportal

Für Betreiber von OI-Communities ist die Klassifikationsgüte nicht das einzige Kriterium, dem bei der Gestaltung von kollektiven Ideenbewertungsmechanismen Rechnung getragen werden muss. Im Idealfall sollten Bewertungsskalen nicht nur helfen, die besten Ideen zu identifizieren, sondern für deren Benutzer auch eine positive Interaktionserfahrung stiften, da positive Einstellungen gegenüber Informationssystemen ein wesentlicher Treiber der zukünftigen Nutzungsabsicht und Nutzung von Online-Angeboten darstellen (Jiang/Benbasat 2007, 465f.; Benbasat/Barki 2007, 213). Die Einstellung gegenüber Webseiten wird dabei jedoch nicht direkt durch einzelne Funktionalitäten der Website beeinflusst, sondern durch die Erfahrung, die aus der Interaktion mit diesen erwächst (Jiang/Benbasat 2007, 465; Teo et al. 2003, 296-298). Daher kann postuliert werden, dass Bewertungsskalen die Erfahrung bei der Ideenbewertung determinieren und diese den Effekt von Bewertungsskalen auf die Einstellung gegenüber dem Innovationsportal mediiert. In diesem Kontext kann angenommen werden, dass die Interaktionserfahrung mit einer Bewertungsskala aus zwei Gründen durch Kriteriengranularität beeinflusst wird:

(1) Erzwungene Integration abgerufener Informationen: Einstellungen bestehen aus einer affektiven, kognitiven und verhaltensbasierten Komponente (Solomon et al. 2006, 277). Ergebnisse aus der neuropsychologischen Forschung zeigen, dass kognitive Entscheidungen durch affektive Empfindungen überlagert werden (Zajonc 1980, 154-156). Diese Eindrücke, die wir als „Gefühle" bezeichnen, begleiten alle kognitiven Entscheidungen und damit auch die Einschätzung objektiver Kriterien, wie z.B. die Qualität von Innovationsideen. Im Rahmen des skizzierten Entscheidungsprozesses entstehen diese Emotionen bereits in den frühen Phasen des Verstehens und des Informationsabrufes und sind damit der eigentlichen Beurteilungsphase, in der die Qualität der Ideen eingeschätzt wird, vorgelagert (Biemer/Lyberg 2003, 129-132). Kognitive Urteile werden daher oftmals von affektiven Verhaltensweisen beeinflusst (LeDoux 1998, 267-269; Zajonc 1980, 151). Eindimensionale Skalen zwingen ihre Nutzer alle im Rahmen des Ideenbewertungsprozesses abgerufenen und evaluierten Informationen in eine einzelne Entscheidung zu integrieren. Aufgrund der Unschärfe und Vielschichtigkeit der Qualität von Innovationsideen könnten die bei dieser Bewertung auftretenden Emotionen aber widersprüchlicher Natur sein, so dass Nutzer von eindimensionalen Skalen daran scheitern könnten, alle kognitiven und affektiven Facetten ihrer Bewertung in eine einzelne Bewertung zu integrieren. In dieser Entscheidungssituation könnte es bei den Nutzern von eindimensionalen Skalen zu einer Diskrepanz zwischen der kognitiven Ideenbewertung, den dabei auftretenden Gefühlen sowie des Bewertungsverhaltens an sich kommen. Die Erwartung, die Qualität der Ideen richtig einzuschätzen, könnte daher von der wahrgenommenen Genauigkeit der eigenen Bewertung abweichen, so dass sich bei den Nutzern eine negative Einstellung gegenüber der Bewertungsskala manifestieren könnte. Zusätzliche Bewertungskriterien könnten daher zu Bewertungssituationen führen, mit denen Skalennutzer besser umgehen können, da sie nicht gezwungen werden, einzelne Bewertungskriterien gegeneinander aufzuwiegen.

(2) Interaktivität: In dem Bereich der Mensch-Maschine-Interaktion konnte gezeigt werden, dass eine zunehmende Interaktivität von Webseiten positiv mit der Zufriedenheit, wahrgenommener Freude, intrinsischen Motivation zur Bewältigung der auf der Webseite durchzuführenden Aufgaben und Aktivität von Websitenutzern im Allgemeinen korreliert (Wu 2005, 30f.; Teo et al. 2003, 296; Rafaeli 1988, 122). In diesem Zusammenhang kann Interaktivität als Anzahl der Interaktionsmöglichkeiten (Rafaeli 1988, 111f.) bzw. Möglichkeiten auf einer Website, Inhalte oder Nachrichten erstellen zu können, verstanden werden (Wu 2005, 30; Hoffman/Novak 1996, 52). Auf Basis dieser Definition besitzen mehrdimensionale Skalen eine höhere Interaktivität als Eindimensionale. Sie stellen zusätzliche Optionen bereit, mit der Community-Plattform zu interagieren und ermöglichen, eigene Qualitätsurteile vielschichtiger auszudrücken. Zusammenfassend kann daher gefolgert werden:

> *H2: Eine steigende Kriteriengranularität der Bewertungsskala führt bei den Teilnehmern zu einer Verbesserung der Einstellung gegenüber der genutzten Bewertungsskala.*

Arbeiten aus dem Gebiet des Marketing und der Konsumentenforschung suggerieren, dass die Bildung von neuen Einstellungen sehr stark von bereits bestehenden Einstellungen determiniert wird und dieser Effekt auch im Internet auftritt (Bruner II/Kumar 2000, 36-39; Sicilia/Ruiz/Reynolds 2006, 141). So werden z.B. Einstellungen gegenüber den Webseiten von Kaufhäusern in einem wesentlichen Maße durch die Erfahrungen beeinflusst, die mit den Kaufhäusern in der realen, physischen Welt gemacht wurden (Wang/Beatty/Mothersbaugh 2009, 514). Dieses Verhalten ist in dem großen kognitiven Aufwand begründet, der mit der Neubildung von Einstellungen bezüglich eines bestimmten Objekts einhergeht. Zur kognitiven Entlastung greifen Individuen daher häufig auf bereits existierende Einstellungen zu verwandten Objekten und Sachverhalten sowie vergleichbare, bereits gemachte Erfahrungen zurück (Wang/Beatty/Mothersbaugh 2009, 514; Sujan 1985, 31f.). Diese Entscheidungshilfen aus der persönlichen Erfahrung können mit einem geringen, kognitiven Aufwand verarbeitet werden (Meyers-Levy/Malaviya 1999, 50-53). Da Individuen versuchen, den kognitiven Aufwand bei der Einstellungsbildung zu minimieren (Eagly/Chaiken 1993, 674), kann davon ausgegangen werden, dass die Einstellung gegenüber der Bewertungsskala in einem hohen Maße auch die Einstellung gegenüber dem Innovationsportal determiniert. Zusammenfassend wird daher postuliert:

> *H3: Die Einstellung gegenüber der Bewertungsskala mediiert bei den Teilnehmern den positiven Effekt von Kriteriengranularität auf die Einstellung gegenüber dem Innovationsportal.*

5.3.1.3 Kundenwissen

Wie in Kapitel 2.4.4 dargestellt wird kommen in OI-Communities eine Vielzahl von Individuen mit unterschiedlichen Fähigkeiten und Kenntnissen zusammen. Zur Erarbeitung von Gestaltungsrichtlinien für Mechanismen zur kollektiven Ideenbewertung müssen daher auch solche Kontextfaktoren berücksichtigt werden. Bei der Verwendung von Skalen zur Messung von komplexen Konstrukten, sind dabei jedoch nicht nur der Abstraktionsgrad des zu bewertenden Objekts (z.B. Ideenqualität) und Kriterien zur Abbildung von dessen Attributen (z.B. Dimensionen von Ideenqualität), sondern auch die Zielgruppe der Bewertungsskala zu berücksichtigen (Rossiter 2002, 318f.). Mitglieder von OI-Communities besitzen in unterschiedlichem Ausmaß Produkt-, Verwendungs- und Marktwissen, so dass einzelne Mitgliedergruppen unterschiedliche Bewertungsskalen benötigen könnten. Zum Beispiel ist es denkbar, dass Community-Mitglieder mit hohem und niedrigem Kundenwissen mit Bewertungsskalen unterschiedlicher Granularität besser oder schlechter zurechtkommen. Dies impliziert einen Interaktionseffekt zwischen der verwendeten Bewertungsskala und dem Kundenwissen der Bewertenden.

Allgemein kann die Expertise eines Individuums in einer bestimmten Domäne als Umfang und Ausgereiftheit von problemspezifischen, kognitiven Strukturen definiert werden (Haerem/Rau 2007, 1321). Bestehende Forschung konnte zeigen, dass Experten für Problemstellungen einer bestimmten Domäne ausgereiftere Informationsverarbeitungs- und Problemlösungsansätze als Laien sowie über ein größeres Langzeitgedächtnis verfügen (Larkin et al. 1980, 1338-1341; Chase/Simon 1973, 76-80). Experten sind daher besser in der Lage, domänenspezifische Problemstellungen in ihrer vollen Tiefe und Breite zu erfassen. Im Gegensatz dazu entwickeln Laien eher oberflächliche, mentale Problemrepräsentationen. Während sich Laien häufig auf einzelne Schlüsselwörter oder Hinweise in der Aufgabenstellung beziehen, erfassen Experten domänenspezifische Problemstellungen in ihrer Tiefenstruktur, d.h. in ihren grundlegenden Prinzipien (Haerem/Rau 2007, 1321-1323). Dabei entwickeln sie oftmals eine große Bandbreite von subjektiven Evaluationsregeln und -kriterien, mit denen sie die erarbeitete Problemlösung bewerten (Park/Lessig 1981, 223f.). Bestehende Expertise fungiert daher als Moderator zwischen externen Stimuli – wie sie auch von Bewertungsskalen gesetzt werden können (Christian/Dillman/Smyth 2007, 114f.; Conrad et al. 2006, 245-247) – und der Qualitätsbewertung von Produkten bzw. Dienstleistungen (Rao/Monroe 1988, 260f.).

Wie in Hypothese eins angenommen können mehrdimensionale Skalen dazu führen, dass Skalennutzer in ihrem Urteil durch die bereitgestellten Kriterien beeinflusst werden und zusätzliche Bewertungskriterien in ihr Qualitätsurteil einschließen. Community-Mitglieder mit einem geringen Kundenwissen tendieren als Laien eher dazu, Ideen nur in ihrer oberflächlichen Struktur zu erschließen. Eine mehrdimensionale Skala könnte für diese Nutzer daher einen höheren Grad an Entscheidungsunterstützung bereitstellen, da die einzelnen Kriterien der mehrdimensionalen Skala als kognitive Stimuli helfen könnten, die Tiefenstruktur von Problemen zu erarbeiten. Einzelne Facetten von Ideenqualität, die sie mit einer eindimensionalen Skala nicht beachtet hätten, können so in das Urteil eingeschlossen werden. Im Gegensatz dazu tendieren Community-Mitglieder mit einem hohen Kundenwissen wahrscheinlich eher dazu, unabhängig von der genutzten Bewertungsskala die Tiefenstruktur der Ideen zu erfassen und die Ideen, mittels subjektiver Kriterien, mit einer großen Zahl an bekannten Alternativen zu vergleichen (Sujan 1985, 32). Aus diesem Grund ist anzunehmen, dass für diese Nutzergruppe die positiven Effekte einer hohen Kriteriengranularität begrenzt sind, da die wichtigsten Facetten der Ideenbewertung ohnehin in das Urteil aufgenommen worden wären. Zusammenfassend kann daher gefolgert werden, dass Kundenwissen die Beziehung zwischen Kriteriengranularität und Klassifikationsgüte der Skalennutzer moderiert. Daher wird postuliert:

H4a: Das Kundenwissen der Teilnehmer moderiert den Zusammenhang zwischen Kriteriengranularität der Bewertungsskala und Klassifikationsgüte negativ, so dass der positive Zusammenhang für hohe Niveaus von Kundenwissen geschwächt wird.

Zudem können Skalennutzer mit einem hohen und einem niedrigen Produktwissen die Kriteriengranularität von Bewertungsskalen unterschiedlich wahrnehmen. Die *"Elaboration Likelihood"*-Theorie (Petty/Cacioppo 1986) suggeriert zwei Pfade, auf denen sich Einstellungen auf der Basis externer Stimuli, wie z.b. bereitgestellten Informationen in einer Entscheidungssituation, bilden können:

- **Peripherer Pfad:** Auf dem peripheren Pfad aktivieren die externen Stimuli bereits vorhandene Einstellungen und übertragen diese auf diejenigen Objekte, zu denen neue Einstellungen gebildet werden sollen (Sicilia/Ruiz/Reynolds 2006, 141; Meyers-Levy/ Malaviya 1999, 47).

- **Zentraler Pfad:** Auf dem zentralen Pfad stimulieren die peripher abgerufenen Einstellungen einen neuen kognitiven Evaluationsprozess, in dem neue Einstellungen gebildet bzw. bestehende angepasst werden (Sicilia/Ruiz/Reynolds 2006, 141; Meyers-Levy/Malaviya 1999, 47).

Die Verarbeitung der aufgenommenen Stimuli als Auslöser dieser beiden Prozesse hängt dabei nicht nur von den Stimuli an sich, sondern auch sehr stark von bereits bestehenden, kognitiven Strukturen ab (Petty/Cacioppo 1986, 165; Sicilia/Ruiz/Reynolds 2006, 142). Eindimensionale Bewertungsskalen umfassen in diesem Zusammenhang eher einfache und unspezifische Stimuli, so dass diese eher den peripheren Weg der Einstellungsbildung aktivieren, während mehrdimensionale Skalen aufgrund der zusätzlichen Stimuli eher den zentralen Verarbeitungspfad ansprechen könnten (Petty/Cacioppo 1986, 165-168). Für Nutzer von Bewertungsskalen mit einem niedrigen Kundenwissen stellt der zentrale Verarbeitungspfad im Vergleich zu Nutzern mit einem hohen Kundenwissen jedoch einen größeren Aufwand dar, da entsprechende kognitive Strukturen zur Informationsverarbeitung eventuell erst noch aufgebaut werden müssen. Unsicherheit, Stress und kognitive Überforderung sind daher für diese Individuen oftmals die Folgen (Botti/Iyengar 2006, 26f.; Farhoomand/Drury 2002, 127). Auf der anderen Seite können eindimensionale Skalen für Nutzer mit hohem Kundenwissen eine negativere Interaktionserfahrung hervorrufen als für Nutzer mit niedrigem Kundenwissen. Im Rahmen der Ideenbewertung rufen diese aufgrund ihrer bestehenden, kognitiven Strukturen eine Vielzahl von Informationen ab, die sie in ein einzelnes Urteil integrieren müssen, was daher schnell zu Überforderung und Unzufriedenheit führen kann. Daher ist davon auszugehen, dass für diese Nutzer eine mehrdimensionale Skala zu einer positiveren Interaktionserfahrung führt. Daher wird angenommen:

H4b: Das Kundenwissen der Teilnehmer moderiert den Zusammenhang zwischen Kriteriengranularität der Bewertungsskala und Einstellung gegenüber der Bewertungsskala positiv, so dass der positive Zusammenhang für hohe Niveaus von Kundenwissen gestärkt wird.

5.3.2 Forschungsdesign

5.3.2.1 Aufgabe und Experimentalgruppen

Bei Experiment I handelt es sich um ein einfaktorielles Design mit zwei Faktorstufen von Kriteriengranularität: eine ein- und eine mehrdimensionale Bewertungsskala (vgl. Tabelle 5-7).

Experimentalgruppen	Anzahl Teilnehmer
Eindimensionale Skala	99
Mehrdimensionale Skala	110

Tabelle 5-7: Forschungsdesign und Teilnehmer von Experiment I
Quelle: Eigene Darstellung

Zur Durchführung des Experiments I wurde das von Riedl (2011, 138f.) entwickelte Innovationsportal verwendet. Standardfunktionalitäten dieses Portals, wie z.b. Ideeneingabe sowie Kommentar-, Such- und Sortierfunktionen, wurden ausgeschaltet. Für das Web-Experiment wurden zwei verschiedene Konfigurationen des Innovationsportals aufgesetzt, die sich ausschließlich durch die implementierte Bewertungsskala unterschieden. Die Reihenfolge der Ideen wurde für jeden einzelnen Teilnehmer randomisiert, d.h. alle Teilnehmer bewerteten die Ideen in einer unterschiedlichen Reihenfolge. Verzerrende Effekte durch einen Positionsbias können daher ausgeschlossen werden (Malhotra 2010, 344; Podsakoff et al. 2003, 884). Die zu bewertenden Ideen bestanden aus einem Titel und einer Ideenbeschreibung. Die Teilnehmer konnten die Ideen an ihren eigenen Computern bewerten. Vor Beginn des Experiments I wurde überprüft, dass alle gängigen Browser (insbesondere *„Microsoft Internet Explorer"* und *„Mozilla Firefox"*) das Innovationsportal und die Bewertungsskalen konsistent und fehlerfrei darstellen.

Zur Sicherstellung einer hohen Bedienbarkeit (*"Usability"*) und Unterstützung der Ideenbewertung gibt das verwendete Innovationsportal seinen Benutzern unmittelbar Rückmeldung zu dessen Benutzung. So werden z.b. nach Benutzung einzelne Buttons oder die Anzahl der als Bewertung vergebenen Sterne farblich hervorgehoben. Noch nicht bewertete Ideen konnten dadurch eindeutig von bereits bewerteten Ideen unterschieden werden, wodurch es für die Teilnehmer sehr einfach war, sich durch das System zu navigieren und noch nicht bewertete Ideen zu identifizieren. Teilnehmer konnten ihre Bewertungen im Verlauf des Experiments aktualisieren. In der Datenbank des Innovationsportals wurde dabei immer nur die aktuellste Bewertung gespeichert, so dass sichergestellt werden konnte, dass jeder Teilnehmer jede Idee nur einmal bewerten konnte. Zur Verhinderung von Informationskaskaden und daraus resultierenden Verzerrungen (Easley/Kleinberg 2010, 483-485; Lorenz et al. 2011, 3) waren die Bewertungen der anderen Teilnehmer des Experiments I nicht sichtbar. Im Rahmen des Experiments I mussten die Teilnehmer folgende Aufgabe durchführen:

> *„Please carefully read through all ideas and provide a rating of the idea quality as judged by your personal experience. Please consider an idea's overall quality in terms of its novelty, relevance, feasibility and elaborateness for your rating as indicated by the idea's title and description." (Riedl et al. 2010, 8).*

Da Web-Experimente das Einsatzszenario von OI-Communities sehr gut widerspiegeln, kann von einer hohen externen Validität der Ergebnisse ausgegangen werden. Die Teilnehmer können die Ideen in der von ihnen präferierten Umgebung bewerten und so viel Zeit für die Bewältigung dieser Aufgabe einsetzen, wie sie benötigen. Durch eine Analyse der Logdaten kann zudem die interne Validität der Ergebnisse erhöht werden und auffällige Verhaltensweisen der Nutzer, wie z.b. schnelles, zufälliges Bewerten der Ideen, identifiziert werden. Es wurden zwei verschiedene Konfigurationen des Innovationsportals aufgesetzt, auf der jeweils eine der beiden Bewertungsskalen getestet wurde. Jede Instanz des Innovationsportals war mittels einer eigenen URL zugänglich. Bei der eindimensionalen Skala (vgl. Abbildung 5-4) konnten die Teilnehmer den Ideen bis zu fünf Sterne zuweisen. Bei der mehrdimensionale Skala (vgl. Abbildung 5-5) konnten in jeder Dimension bis zu fünf Sterne vergeben werden.

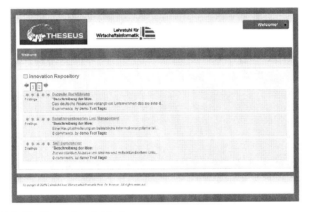

Abbildung 5-4: Eindimensionale Skala
Quelle: Riedl (2011, 195) und Riedl et al. (2010, 21)

Abbildung 5-5: Mehrdimensionale Skala
Quelle: Riedl (2011, 195) und Riedl et al. (2010, 21)

Die Randomisierung der Teilnehmergruppen wurde mittels einer Multivariaten Varianzanalyse (MANOVA) überprüft. Bei dieser konnten keine Unterschiede in Bezug auf Alter, Geschlecht und Bildungsniveau der Teilnehmer des Experiments festgestellt werden, so dass die Randomisierung erfolgreich war.

5.3.2.2 Teilnehmer

Die Teilnehmer von OI-Communities und virtuellen Communities im Allgemeinen können im weitesten Sinne als Grundgesamtheit des Experiments I angesehen werden. Bestehende Forschung zeigt, dass Mitglieder dieser Communities größtenteils jung, männlich und gut ausgebildet sind (vgl. z.B. Schulz/Wagner 2008, 407; Walcher 2007, 101; Bretschneider 2011, 128f.; Kristensson/Gustafsson/Archer 2004, 9; Franke/Shah 2003, 162; Jokisch 2007, 118f.). Insgesamt nahmen am Experiment I 231 Teilnehmer teil, von denen 219 in die Analyse eingeschlossen wurden. Die Teilnehmer bestanden aus Studenten aus vier Bachelor- und Mastervorlesungen der Technischen Universität München sowie Doktoranden aus dem Bereich Wirtschaftsinformatik. Zwei dieser Veranstaltungen befassten sich direkt mit der Vermittlung SAP-bezogener Inhalte. Studenten aus drei der vier Kurse erhielten für die Teilnahme Bonuspunkte, die auf die Abschlussklausur angerechnet wurden. Bei dem vierten Kurs war dies aus organisatorischen Gründen nicht möglich. In Bezug auf die untersuchten Variablen konnten keine Unterschiede zwischen Studenten mit Bonuspunkten und Teilnehmern ohne Bonuspunkte festgestellt werden.

Im Rahmen des durchgeführten Experiments I können die ausgewählten Studenten aus zwei Gründen als geeignete Studienteilnehmer angesehen werden:

- **Mindestmaß an SAP-Wissen:** Die Teilnahme bedarf eines gewissen Maßes an Wissen über grundsätzliche, betriebswirtschaftliche Zusammenhänge in Bezug auf Einsatz von Informationssystemen in Unternehmen sowie über SAP-Software. Da den Teilnehmern diese Kenntnisse in den ausgewählten Vorlesungen vermittelt wurden, kann in Bezug auf das Experiment von einer ausreichenden Expertise in Bezug auf die Bewertung von SAP-bezogenen Innovationsideen ausgegangen werden.

- **Vergleichbarkeit mit Grundgesamtheit:** Die Teilnehmer sind in einem hohen Maße mit den Mitgliedern von realen OI-Communities vergleichbar. Darüber hinaus können die Werte und Überzeugungen von Studenten in einer Vielzahl von unterschiedlichen Kontexten als repräsentativ angesehen werden (Voich 1995).

Das sozio-demographische Profil der Teilnehmer wird in Tabelle 5-8 dargestellt.

Teilnehmer	Durchschnittsalter	Geschlecht	Ausbildungsniveau
219	22,2 Jahre	Männlich: 67,1 % Weiblich: 32,9 %	Abitur: 71,2 % Bachelor: 22,8 % Master: 5,9 %

Tabelle 5-8: Soziodemographie der Teilnehmer von Experiment I
Quelle: Eigene Darstellung

5.3.2.3 Vorgehensweise

Die Teilnehmer wurden auf zufällige Weise einer der beiden Experimentalgruppen zugewiesen. Auf Basis dieser Einteilung erhielten die Teilnehmer eine personalisierte E-Mail, die einen Link auf die URL des zugewiesenen Innovationsportals und den Online-Fragebogen enthielt, der nach der Ideenbewertung ausgefüllt werden sollte. Im Rahmen ihrer jeweiligen Vorlesung erhielten die Teilnehmer eine Einweisung in die durchzuführende Aufgabe. In jeder Veranstaltung hatten die Teilnehmer zwei Wochen Zeit für die Teilnahme. Das Experiment wurde im November und Dezember 2009 durchgeführt.

5.3.2.4 Ideenauswahl

Die Ideen, deren Qualität von den Teilnehmern während des Experiments I bewertet werden sollte, stammen aus dem SAPiens 2008 Ideenwettbewerb. Dieser wurde im Sommer 2008 mit einer Laufzeit von 14 Wochen durchgeführt (Blohm et al. 2011b, 111f.; Blohm et al. 2010b, 4). In diesem Ideenwettbewerb wurden SAP-Nutzer aufgefordert, neue Ideen „*rund um SAP*" einzureichen, die das Ziel verfolgen, SAP-Software zu verbessern und Innovationen im SAP-Umfeld hervorzubringen. Insgesamt wurden in diesem Wettbewerb 58 neue Produktideen von 39 unterschiedlichen Ideengebern eingereicht. Die Qualität dieser Ideen ist normalverteilt (Kolmogorov-Smirnov-Z-Wert 0,654; p = 0,785) (Blohm et al. 2011b, 116; Blohm et al. 2010b, 6f.). Bezüglich ihrer Länge variieren die Ideen im Durchschnitt zwischen einer halben und einer ganzen DIN A4 Seite. Ein Beispiel für eine der verwendeten Ideen kann in Anhang B eingesehen werden.

Da für die Teilnehmer des Experiments I eine Bewertung aller 58 Ideen einen beträchtlichen Arbeitsaufwand bedeutet hätte, wurde aus dieser Grundgesamtheit eine geschichtete Zufallsstichprobe von 24 Ideen gezogen. Dadurch sollte eine Überforderung der Teilnehmer vermieden und eine hohe Teilnahme am Experiment sichergestellt werden, um eine bestmögliche Qualität der Daten zu erhalten. Dafür wurde die Grundgesamtheit der Ideen in drei gleichgroße Gruppen eingeteilt, die jeweils Ideen niedriger, mittlerer oder hoher Qualität enthielten (Runco/Smith 1992, 298). Aus diesen Gruppen wurden schließlich jeweils acht Ideen zufällig ausgewählt. Die Stichprobe wurde als ausreichend groß erachtet, da in der Kreativitätsforschung Stichproben von drei bis 72 Ideen zur Abschätzung der Varianz von Kreativitätsbewertungen verwendet werden (Runco/Basadur 1993, 168f.; Runco/McCarthy 1994, 26; Runco/Smith 1992, 297f.; Caroff/Besançon 2008, 369).

5.3.3 Datenquellen und Variablen

Um das aufgestellte Forschungsmodell zu überprüfen, wurden im Rahmen des Experiments I drei unterschiedliche Datenquellen und Forschungsmethoden kombiniert:

- **Unabhängige Expertenbewertung** zur Ermittlung der Qualität der von den Teilnehmern zu bewertenden Ideen auf Basis der *"Consensual Assessment Technique (CAT)"* (Amabile 1996)

- **Ideenbewertungen der einzelnen Teilnehmer** sowie von dem Innovationsportal erhobene Logdaten zum Verhalten der Teilnehmer

- **Quantitative Befragung der Teilnehmer** bezüglich ihrer Einstellung gegenüber der Bewertungsskala und dem Innovationsportal

Durch diese Methodentriangulation und die damit einhergehende Verknüpfung mehrerer, unabhängiger Datenquellen soll ein detailliertes und umfassendes Bild über die Effekte unterschiedlicher Bewertungsskalen auf ihre funktionale Eignung und Akzeptanz ermöglicht werden (Altrichter/Posch/Somekh 1996, 113-115; Cyr et al. 2009, 18). Methodentriangulation umfasst die Kombination mehrerer Forschungsmethoden zur Erklärung des selben Phänomens (Denzin 1978, 291-295) und erlaubt es durch die überlappenden Forschungsansätze, die Validität und die Genauigkeit der ermittelten Ergebnisse zu erhöhen (Jick 1979, 602-604). Durch die Kombination unabhängiger Datenquellen können weiterhin Methodeneffekte (*"Common Method Bias"*) verringert werden, da Prädikator- und Kriterumsvariablen auf voneinander unabhängigen Datenquellen basieren (Podsakoff et al. 2003, 887; Sharma/Yetton/Crawford 2009, 474f.).

5.3.3.1 Klassifikationsgüte: Experten- und Teilnehmerbewertung

Expertenbewertung

Um die Validität der einzelnen Bewertungsskalen bestimmen zu können, wurden die mit diesen Skalen durchgeführten Bewertungen mit einer unabhängigen Expertenjury verglichen. Die Ideen aus dem SAPiens 2008 Ideenwettbewerb wurden dafür mittels einer Expertenjury auf Basis der CAT (Amabile 1996) bewertet. Die Anwendungsvoraussetzungen der CAT können als erfüllt angesehen werden. Das Expertengremium bestand aus sieben Juroren, die entweder Mitarbeiter des F&E-Bereichs der SAP AG oder der deutschen SAP Hochschulkompetenzzentren darstellten, womit von einer hohen Vertrautheit der Jury-Mitglieder im Testfeld ausgegangen werden kann. Ideenqualität wurde mittels 15 Indikatoren in vier Dimensionen (Neuartigkeit, Umsetzbarkeit, Relevanz und Ausarbeitungsgrad) gemessen. Eine ausführliche Diskussion dieses Bewertungsinstruments für Ideenqualität erfolgt in Blohm et al. (2011b, 113-117; 2010b, 5f.). Die offene Aufgabenstellung des Ideenwettbewerbs ermöglichte für die Ideengeber ein Höchstmaß an freier Ideenentfaltung und verlangte keine speziellen Fähigkeiten. Auf Basis der Ideen wurden Bewertungsformulare erstellt, mit denen die Ideen durch die Experten bewertet wurden. Alle Ideen wurden von allen Jury-Mitgliedern unabhängig und in zufälliger Reihenfolge auf einer siebenstufigen Ratingskala von eins („sehr niedrig") bis sieben („sehr hoch") bewertet. Um die Validität und Reliabilität der Expertenbewertung sicherzustellen, wurden die Expertenbewertungen einer exploratorischen und konfirmatorischen Faktoranalyse unterzogen, in deren Rahmen insgesamt sechs Indikatoren eliminiert werden mussten. Für die verbleibenden neun Indikatoren konnte ein ausreichend hohes Maß an Interkoder-Reliabilität (ICC) erreicht werden (Blohm et al. 2011b, 116; Blohm et al. 2010b, 6).

Teilnehmerbewertung

Zwölf Teilnehmer, die nicht alle Ideen bewerteten, die Umfrage nicht vollständig ausfüllten oder die Ideen in weniger als fünf Minuten durchführten, wurden aus der Analyse ausgeschlossen. Die verbleibenden 219 Teilnehmer führten insgesamt 13.600 Ideenbewertungen durch. Die Medianzeit zur Bewertung der 24 Ideen umfasste 38 Minuten und 22 Sekunden.

Generell kann davon ausgegangen werden, dass Teilnehmer eine hohe Klassifikationsgüte aufweisen, wenn diese in der Lage sind, unter den eingereichten Ideen die besten zu identifizieren. Die Fallstudien haben gezeigt, dass kollektive Ideenbewertungsmechanismen in einem hohen Maße die Selektionsentscheidungen von Community-Betreibern beeinflussen. Daher ist für Community-Betreiber im Prinzip nur von Relevanz, dass die besten Ideen zielsicher durch die Teilnehmer identifiziert werden. In der Kreativitätsforschung wird die Klassifikationsgüte von Laien durch die Ermittlung der Übereinstimmungsvalidität mit einem Expertengremium ermittelt. Bei diesen Ansätzen werden die zu bewertenden, kreativen Produkte, wie z.B. Ideen, durch die Experten bewertet und anschließend ermittelt, wie viele dieser Ideen durch die Laien korrekt als „gut" bzw. „schlecht" klassifiziert wurden (Runco/Basadur 1993, 169; Runco/Smith 1992, 297).

Auf Basis dieses Ansatzes wurde im Experiment I die Klassifikationsgüte der Teilnehmer ermittelt. Arbeiten aus der OI-Forschung zeigen, dass ca. zehn bis 30 % von kundengenerierten Innovationsideen als qualitativ hochwertig einzuschätzen sind (Franke/Hienerth 2006, 54-56; Bartl/Ernst/Füller 2004, 160f.; Blohm et al. 2011b, 116; Piller/Walcher 2006, 315). Daher wurden von den 24 verwendeten Ideen jeweils die acht Ideen höchster und niedrigster Qualität laut Expertenbewertung als „gut" bzw. „schlecht" eingestuft und ermittelt, wie viele diese Ideen von den Teilnehmern korrekt klassifiziert wurden. Als zusätzliche Sensitivitätsanalyse wurden alle Analysen auch mit einem Grenzwert von fünf Ideen durchgeführt. Bei der mehrdimensionalen Skala wurden die einzelnen Subskalen auf Basis des arithmetischen Mittels aggregiert.

5.3.3.2 Teilnehmerbefragung und Konstruktvalidierung

Kundenwissen (KW)[3] sowie die Einstellungen gegenüber der Bewertungsskala (EBS) und dem Innovationsportal (EIP) wurden mittels einer Teilnehmerbefragung im Anschluss an die Ideenbewertung erhoben. Die verwendeten Skalen basieren auf bestehenden Instrumenten, die bereits in Arbeiten aus den Kontexten der OI und der Mensch-Maschine-Interaktion eingesetzt wurden. Alle Indikatoren wurden mittels einer fünfstufigen Likert-Skala erfasst.

Aufbauend auf den Facetten von innovationsrelevantem Kundenwissen (vgl. Kapitel 2.3.3.1 auf S. 18) basierte die Skala zur Messung von Kundenwissen auf validierten Instrumenten zur Messung von Objekt- (Lüthje 2004, 689; Flynn/Goldsmith 1999, 59; Walcher 2007, 186), Verwendungs- (Griffin/Babin/Attaway 1996, 321; Walcher 2007, 189; Soll 2006, 149; Spann et al. 2009, 330) und Marktwissen (Flynn/Goldsmith 1999, 59), die bereits in einem OI-Kontext zum Einsatz kamen. Die Skala zur Messung von Kundenwissen ist in Tabelle 5-9 einsehbar.

Label	Kundenwissen
KW1	I have a great deal of skill in using SAP software.
KW2	I have a good picture about the available solutions of SAP and the market for ERP solutions in general.
KW3	The features of SAP software are well-known to me.
KW4	I know how to operate SAP software.

Tabelle 5-9: Operationalisierung von Kundenwissen
Quelle: In Anlehnung an Lüthje (2004, 689), Flynn/Goldsmith (1999, 59), Walcher (2007, 186-189), Griffin/Babin/Attaway (1996), Soll (2006, 149) und Spann et al. (2009, 330)

Zur Messung der Einstellung der Teilnehmer gegenüber der Bewertungsskala bzw. gegenüber dem Innovationsportal wurden entsprechende Skalen von Galleta et al. (2004, 28) und Geissler/Zinkhan/Watson (2006, 79) für den vorliegenden Forschungskontext adaptiert, die bereits im Bereich der Mensch-Maschine-Interaktion eingesetzt wurden (vgl. Tabelle 5-10).

---

[3] Im eigentlichen Sinne handelt es sich bei den Teilnehmern nicht um Kunden der SAP AG. Um jedoch eine konsistente Bezeichnung des Konstrukts zu ermöglichen (vgl. Kapitel 2.3.3 auf S. 17), wurde diese Bezeichnung durchgehend in der gesamten Arbeit verwendet. Das Konstrukt Kundenwissen ist im vorliegenden Kontext anwendbar, da es sich aus den Teildimensionen Produkt-, Verwendungs- und Marktwissen zusammensetzt. Die Entwicklung dieser Wissensarten bedarf die Nutzung von SAP-Systemen und ist im Prinzip unabhängig von einem Kauf- bzw. Beschaffungsvorgang.

Einstellung ggü. der Bewertungsskala		Einstellung ggü. dem Innovationsportal	
Label	Using the rating scale was...	Label	Using the innovation portal was...
EBS1	Dull – Exciting	EIP1	Dull – Exciting
EBS2	Negative – Positive	EIP2	Negative – Positive
EBS3	Not entertaining – Entertaining	EIP3	Not entertaining – Entertaining
EBS4	Frustrating – Satisfying	EIP4	Frustrating – Satisfying

Tabelle 5-10: Operationalisierung der Konstrukte Einstellung ggü. der Bewertungsskala und ggü. dem Innovationsportal
Quelle: In Anlehnung an Galleta et al. (2004, 28) und Geissler/Zinkhan/Watson (2006, 79)

Der Fragebogen wurde mittels einer Stichprobe von zehn Teilnehmern, welche die verschiedenen Teilnehmergruppen widerspiegelten, einem Vortest unterzogen. Im Rahmen von kurzen Interviews wurden die Teilnehmer nach Beantwortung des Fragebogens gebeten, hinsichtlich Inhalt, Formulierung und Layout der Fragen Rückmeldung zu geben (Malhotra 2010, 354). Auf Basis dieses Feedbacks wurden einige, kleine Änderungen am Fragebogen vorgenommen.

Um die Reliabilität und die Validität der verwendeten Skalen für Kundenwissen, Einstellung gegenüber der Bewertungsskala und Einstellung gegenüber dem Innovationsportal zu überprüfen, wurde den Empfehlungen von Homburg/Giering (1996, 12f.) folgend eine exploratorische (EFA) und eine konfirmatorische Faktoranalyse (KFA) durchgeführt. In einem ersten Schritt wurde mit *„SPSS 19"* mit einer EFA die dimensionale Struktur der Faktoren überprüft. Gemäß den Empfehlungen von Backhaus et al. (2008, 383) wurde hier eine Hauptkomponentenanalyse mit Varimax-Rotation durchgeführt. Die Anzahl der extrahierten Faktoren wurde auf Basis des Eigenwertkriteriums bestimmt. Alle Indikatoren bis auf EIP4 luden eindeutig auf die drei Faktoren, die inhaltlich eindeutig interpretiert werden können. EIP4 wurde daher aus der Analyse ausgeschlossen. Mittels des MSA-Kriteriums wurde die Eignung der Datenstruktur für eine EFA getestet (vgl. Tabelle 5-11). Sowohl die gesamte Datenstruktur als auch die einzelnen Indikatoren überschreiten das Mindestniveau von 0,6. Mit Mindestwerten für Chronbach Alpha von 0,74 ist die Reliabilität der Faktoren als hoch einzuschätzen. Die Faktorladungsmatrix kann in Tabelle 5-11 eingesehen werden.

In einem zweiten Schritt wurde mit den in der EFA entdeckten Faktoren eine KFA auf Basis des ML-Schätzverfahrens mit dem Statistikprogramm *„AMOS 19.0"* durchgeführt. Eine multivariate Normalverteilung der Daten ist jedoch nur teilweise gegeben. Die Verletzung dieser Annahme ist jedoch relativ klein, so dass unter Verwendung des *"Bollen-Stine-Bootstrapping"* von robusten Ergebnissen ausgegangen werden kann. Zudem ergeben sich im Vergleich zum ULS-Schätzverfahren, dem keine Verteilungsannahme zugrunde liegt, nur minimale Unterschiede. Auf Basis der Indikatorreliabilität kann die hohe Reliabilität der Faktoren bestätigt werden, da alle Indikatoren den Mindestwert von 0,4 überschreiten. Die Konvergenzvalidität der Faktoren wurde auf Basis der Faktorreliabilität und der Durchschnittlich erfassten Varianz (DeV) bestätigt, für welche die in der Literatur geforderten Mindestwerte

Experiment I: Bewertungsgüte von Bewertungsskalen

von 0,5 überschritten werden. Der Faktor Einstellung gegenüber dem Innovationsportal liegt jedoch mit einer DeV von 0,49 an der Grenze des geforderten Schwellenwertes (vgl. Tabelle 5-11). Zusammenfassend kann aber von einer guten Konvergenzvalidität der Faktoren ausgegangen werden.

Indi-kator	Faktor			MSA ($\geq 0,6$)	Cron-bach's α ($\geq 0,7$)	Indikator-reliabilität ($\geq 0,4$)	Faktor-reliabilität ($\geq 0,5$)	DeV ($\geq 0,5$)
	KW (1)	EBS (2)	EIP (3)					
KW1	*0,90*	-0,08	0,02	0,81	0,90	0,78	0,91	0,71
KW4	*0,90*	-0,03	-0,03	0,81		0,76		
KW2	*0,87*	0,01	0,04	0,83		0,63		
KW3	*0,86*	-0,07	0,02	0,86		0,66		
EBS4	-0,09	*0,83*	0,11	0,81	0,79	0,52	0,79	0,49
EBS1	0,03	*0,77*	0,22	0,84		0,50		
EBS3	-0,16	*0,72*	0,32	0,84		0,57		
EBS2	0,01	*0,71*	0,23	0,80		0,40		
EIP1	0,08	0,25	*0,82*	0,79	0,76	0,64	0,76	0,51
EIP2	-0,13	0,24	*0,77*	0,76		0,47		
EIP3	0,10	0,23	*0,77*	0,81		0,46		
Eigen-Werte	3,59	3,10	1,02					
Erklärte Varianz	32,62 %	28,19 %	9,29 %					

KW = Kundenwissen; EBS = Einstellung ggü. der Bewertungsskala; EIP = Einstellung ggü. dem Innovationsportal; MSA = 0,84; Bartlett-Test auf Sphärizität: χ^2 = 1289,91, p = 0,000; Hauptkomponentenanalyse; Varimax-Rotation; n = 219; Die kursiven, fettgedruckten Werte stellen die Zugehörigkeit der einzelnen Indikatoren zu den Faktoren dar.

Tabelle 5-11: Faktoranalyse der in Experiment I verwendeten Konstrukte
Quelle: Eigene Darstellung

Die Diskriminanzvalidität der Faktoren wurden mit dem Fornell-Larcker-Kriterium bestimmt. In Tabelle 5-12 wird ersichtlich, dass allen drei Faktoren Diskriminanzvalidität unterstellt werden kann, da die DeV der Faktoren größer ist als die quadrierten Korrelationen mit den jeweils anderen Faktoren (Homburg/Giering 1996, 11; Fornell/Larcker 1981, 46).

Konstrukt	DeV	Quadrierte Korrelation		
		(1)	(2)	(3)
(1) Kundenwissen	0,71	-		
(2) Einstellung gegenüber der Bewertungsskala	0,50	0,01	-	
(3) Einstellung gegenüber dem Innovationsportal	0,49	0,00	0,09	-

Tabelle 5-12: Diskriminanzvalidität der Konstrukte Kundenwissen, Einstellung ggü. der Bewertungsskala und ggü. dem Innovationsportal
Quelle: Eigene Darstellung

Nach Untersuchung der lokalen Gütemaße erfolgte in einem letzten Schritt die Untersuchung der globalen Anpassungsgüte des aufgestellten Messmodells. Der durchgeführte Chi-Quadrat-Test (χ^2-Test) ist zwar signifikant (Bagozzi/Yi 1988, 82; Backhaus/Erichson/Weiber 2011, 143), das Verhältnis des Chi-Quadrat-Wertes zu den Freiheitsgraden des Modells ist mit 1,51 jedoch deutlich unterhalb dem Maximalwert von 2,5 (Homburg/Baumgartner 1995, 172). Darüber hinaus weisen auch die weiteren globalen Gütemaße sehr gute Werte auf, so dass das aufgestellte Messmodell erfolgreich validiert wurde (vgl. Tabelle 5-13).

p ($\geq 0,1$)	χ^2/df ($\leq 2,5$)	GFI ($\geq 0,9$)	AGFI ($\geq 0,9$)	NFI ($\geq 0,9$)	CFI ($\geq 0,9$)	SRMR ($\leq 0,11$)
0,01[4]	1,99	0,94	0,90	0,93	0,96	0,05

Tabelle 5-13: Gütekriterien zur globalen Modellanpassung in Experiment I
Quelle: Eigene Darstellung in Anlehnung an Bagozzi/Yi (1988, 82), Bühner (2008, 418-427) und Homburg/Baumgartner (1995, 168)

5.3.3.3 Dummykodierung von Kriteriengranularität

Aufgrund der Vorteile einer größeren Teststärke und einfacheren Interpretation von Interaktionseffekten im Rahmen von Regressionsmodellen (West/Aiken/Krull 1996, 1) wurde die Zuordnung der Teilnehmer zu den einzelnen Bewertungsskalen mittels einer Dummyvariable operationalisiert. Bei dieser fungierte die eindimensionale Skala als Referenzgruppe (0 = eindimensionale Skala; 1 = mehrdimensionale Skala).

5.3.4 Analyse und Ergebnisse

Im Rahmen des Experiments I wurden von jedem Teilnehmer 24 Ideenbewertungen durchgeführt, die zur Analyse einer möglichen Wechselwirkung zwischen Kundenwissen und Klassi-

---

[4] Der nicht Bollen-Stine-Bootstrapping-korrigierte Wert beträgt 0,00.

fikationsgüte auf die Ebene der Bewertenden aggregiert werden müssen. Aus diesem Grund wurde in einem ersten Schritt ein Indexwert gebildet, der es ermöglicht, die Klassifikationsgüte der Skalen auf dieser Ebene zu vergleichen.

5.3.4.1 Aggregierte Ebene: Klassifikationsgüte auf Skalenebene

Zur Bildung des Indexwertes wurden die einzelnen Ideenbewertungen zunächst als korrekt und inkorrekt klassifiziert (vgl. Kapitel 5.3.3.1auf S. 189). Für jeden Teilnehmer wurden dafür die Ideen analog zur Expertenbewertung eine Gruppe der besten fünf (acht) und schlechtesten fünf (acht) Ideen gebildet. Anschließend wurden für jeden Teilnehmer die Anzahl der korrekt und inkorrekt klassifizierten Ideen ermittelt (vgl. Abbildung 5-6). Eine Idee galt dabei als korrekt klassifiziert, wenn z.B. eine Idee aus der Top5-Gruppe eines Teilnehmers auch von den Experten als eine der besten fünf Ideen klassifiziert wurde. Ein einfacher Gruppenvergleich zeigt, dass die Nutzer der eindimensionalen Skala signifikant mehr Ideen als korrekt einschätzten ($p < 0{,}001$), aber gleichzeitig auch eine höhere Rate an Fehlklassifikationen aufweisen ($p < 0{,}001$). Aus diesem Grund wurde für den folgenden Hypothesentest ein Indexwert „*Klassifikationsgüte*" gebildet, der die Differenz von korrekt und inkorrekt klassifizierter Ideen darstellt (vgl. Abbildung 5-6). Dieser Indexwert ist bei der mehrdimensionalen Skala signifikant höher als bei der eindimensionalen Skala ($p < 0{,}001$).

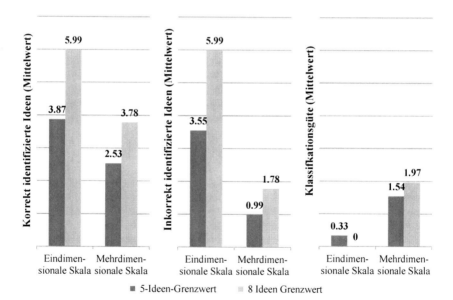

Abbildung 5-6: Klassifikationsgüte der Teilnehmer in Experiment I
Quelle: In Anlehnung an Riedl et al. (2010, 13)

Zum Vergleich wurden die Bewertungen aller Nutzer einer Bewertungsskala auf Basis des arithmetischen Mittelwertes aggregiert und in einer Korrelationsanalyse mit der Expertenbewertung verglichen. Dabei wurde auf „*Kendall-Tau-Rangkorrelation*" zurückgegriffen, die ausschließlich auf der Sortierung der einzelnen Ideen beruhen und dadurch im Gegensatz zu Pearson'schen Korrelationen unabhängig von Verzerrungen durch das Skalenniveau der Bewertungsskalen sind. Im Rahmen der Korrelationsanalyse zeigt die mehrdimensionale Skala eine starke signifikante Übereinstimmung mit der Expertenbewertung ($r = 0,46$; $p < 0,01$). Die eindimensionale Skala korreliert nicht mit der Expertenbewertung. Zudem wurde für beide Bewertungsskalen der *"Mean Absolute Percentage Error (MAPE)"* berechnet. Auch hier weist die mehrdimensionale Skala eine höhere Übereinstimmung mit den Experten auf als die eindimensionale Skala. Bezogen auf die Expertenbewertung sinkt der Bewertungsfehler um 41 %. Die Ergebnisse der Korrelations- und MAPE-Analyse sind in Tabelle 5-14 dargestellt.

Ideenbewertung	(1)	(2)	MAPE
(1) Expertenbewertung			-
(2) Eindimensionale Skala	0,02		1,43
(3) Mehrdimensionale Skala	0,46***	0,22	1,02
$n = 24$; *** signifikant mit $p < 0,01$; ** signifikant mit $p < 0,05$; * signifikant mit $p < 0,1$			

Tabelle 5-14: Korrelationen und MAPE von Experten- und Teilnehmerbewertung in Experiment I
Quelle: Eigene Darstellung

Zusammenfassend kann festgehalten werden, dass der entwickelte Indexwert zur Operationalisierung der Klassifikationsgüte der einzelnen Skalennutzer sehr gut mit den über alle Teilnehmer aggregierten Bewertungen übereinstimmt. In beiden Analyseebenen weist die mehrdimensionale Skala eine höhere Übereinstimmung mit der Expertenbewertung auf. Der entwickelte Indexwert kann daher als ein valides Maß zur Operationalisierung der Klassifikationsgüte auf Ebene der Skalennutzer angesehen werden.

5.3.4.2 Nutzerebene: Hypothesentest

Die direkten Effekte von Kriteriengranularität auf Klassifikationsgüte (H1) und Einstellungen gegenüber der Bewertungsskala (H2) sowie die Moderation dieser Effekte durch Kundenwissen (H4a und H4b) wurden aufbauend auf den Empfehlungen von Frazier/Barron/Tix (2004, 120-123) in einer multiplen, hierarchischen OLS-Regressionsanalyse getestet. Der Mediationseffekt von Einstellung gegenüber der Bewertungsskala und Einstellung gegenüber dem Innovationsportal (H3) wurde mittels der Prozedur von Preacher/Hayes (2008) getestet, die eine Bootstrapping-basierte Erweiterung des auf OLS-Regressionen basierenden Verfahrens von Baron/Kenny (1986, 1177) darstellt.

Als Alternative zu OLS-Regressionen wäre prinzipiell auch die Schätzung eines Strukturgleichungsmodells auf Basis des „*Partial Least Square (PLS)*"-Algorithmus möglich gewesen, da in diesem auch Dummy-Variablen modelliert werden können (vgl. z.B. Kamis/Koufaris/Stern 2008; Streukens et al. 2010). Klassifikationsgüte, der Hauptfokus dieser Analyse, ist jedoch nur durch einen einzelnen Indikator operationalisiert, so dass die Verwendung eines

PLS-Ansatzes aufgrund der Dummykodierung der Variable Kriteriengranularität aus mathematischer Sicht nur einen geringen Unterschied gemacht hätte (Krafft/Götz/Liehr-Gobbers 2005, 83f.). Auch im Rahmen der Mediationsanalyse hätte der PLS-Algorithmus keinen wesentlichen Vorteil gegenüber OLS-Regressionen aufgewiesen, da mit dem Bootsrapping-Ansatz von Preacher/Hayes (2008) eine Möglichkeit zur Verfügung steht, Mediationseffekte direkt zu testen, die in aktuellen PLS-Analysepaketen, wie z.B. *„SmartPLS"* oder *„PLS-Graph"*, noch nicht zur Verfügung steht (Streukens et al., 584).

Zur Analyse der direkten Effekte und der Moderationseffekte wurden für Klassifikationsgüte (H1 und H4a) und Einstellung gegenüber der Bewertungsskala (H2 und H4b) jeweils eigene Regressionsmodelle getestet. Zur Schätzung der Regressionsfunktion wurden die Faktorwerte der EFA verwendet, so dass von einer bei Moderationsanalysen empfohlenen Standardisierung der Variablen abgesehen werden konnte (West/Aiken/Krull 1996, 14f.; Frazier/Tix/Barron 2004, 120). Im Detail wurde dabei folgende Regressionsgerade geschätzt:

$$Y = b0 + b1 \text{ Kundenwissen} + b2 \text{ Kriteriengranularität (Dummy)} + b3 \text{ Kundenwissen} \times \text{Kriteriengranularität (Dummy)}$$

Formel 5-4: Regressionsfunktion Experiment I
Quelle: In Anlehnung an Riedl et al. (2010, 12)

In einem ersten Schritt wurde getestet, ob ein direkter Effekt von Kundenwissen (KW) auf Klassifikationsgüte vorliegt (Frazier/Tix/Barron 2004, 123f.). Es konnte jedoch kein Effekt nachgewiesen werden. In einen zweiten Schritt wurde die Dummyvariable für Kriteriengranularität (KG) in die Regression aufgenommen. In Bezug auf Klassifikationsgüte besitzt der Dummy einen statistisch signifikanten, positiven Einfluss, so dass die mehrdimensionale Skala im Vergleich zur eindimensionalen Skala zu einer signifikant höheren Klassifikationsgüte führt. Als dritter Schritt wurde der Interaktionsterm in die Regression eingeschlossen. Dieser ist nicht signifikant und auch mittels eines Omnibus F-Tests kann kein signifikanter Anstieg des Bestimmtheitsmaßes festgestellt werden. Es kann daher kein Moderationseffekt nachgewiesen werden. Die gefundenen Ergebnisse sind robust in Bezug auf die Operationalisierung von Klassifikationsgüte. Unabhängig von einem Grenzwert von fünf oder acht Ideen sind die beobachteten Effekte nahezu identisch (vgl. Tabelle 5-15). Zusammenfassend kann daher Hypothese eins angenommen werden, während Hypothese 3a verworfen werden muss.

Schritt	Prädikator	5-Ideen-Grenzwert			8-Ideen-Grenzwert		
		B	β	R^2 (ΔR^2)	B	β	R^2 (ΔR^2)
1	KW	-0,02	-0,01	0,00	-0,24	-0,08	0,01
2	KW	-0,03	-0,03	0,07***	-0,25	-0,08	0,12***
	KG	1,22***	0,27***	(0,07***)	1,98***	0,33***	(0,11***)
3	KW	0,21	0,09	0,08***	0,09	0,03	0,13***
	KG	1,22***	0,27***	(0,01)	1,98***	0,33***	(0,01)
	KW x KG	-0,43	-0,14		-0,61	-0,15	

KW = Kundenwissen; KG = Kriteriengranularität;
n = 219; *** signifikant mit p < 0,01; ** signifikant mit p < 0,05; * signifikant mit p < 0,1;
Durbin-Watson-Statistik (Gesamtmodell): 2,00 (5 Ideen) /2,12 (8 Ideen); VIF: < 2,31 (5 Ideen); < 2,31 (8 Ideen)

Tabelle 5-15: Regressionsergebnisse für Klassifikationsgüte in Experiment I
Quelle: Eigene Darstellung

Dieselbe Prozedur wurde für Einstellung gegenüber der Bewertungsskala wiederholt. Aus Tabelle 5-16 wird ersichtlich, dass Kriteriengranularität einen positiven, signifikanten Einfluss auf die Einstellungen gegenüber der Bewertungsskala ausübt. H2 kann daher angenommen werden. Auch hier kann kein Moderationseffekt von Kundenwissen gefunden werden, so dass Hypothese 3b verworfen werden muss.

Schritt	Prädikator	B	β	R^2 (ΔR^2)
1	KW	-0,11	-0,11	0,01
2	KW	-0,11	-0,11	0,03**
	KG	0,27***	0,13***	(0,02*)
3	KW	-0,18*	-0,18*	0,03*
	KG	0,27***	0,13***	(0,00)
	KW x KG	0,13	0,10	

KW = Kundenwissen; KG = Kriteriengranularität;
n = 219; *** signifikant mit p < 0,01; ** signifikant mit p < 0,05; * signifikant mit p < 0,1;
Durbin-Watson-Statistik (Gesamtmodell): 1,98; VIF: < 2,31

Tabelle 5-16: Regressionsergebnisse für Einstellung ggü. der Bewertungsskala in Experiment I
Quelle: Eigene Darstellung

Zur Überprüfung des Mediationseffektes von Einstellung gegenüber der Bewertungsskala (EBS) auf Einstellung gegenüber dem Innovationsportal (EIP) (H3) wurde auf den Ansatz von Preacher/Hayes (2008) zurückgegriffen. Dieser testet die Voraussetzungen von Mediation in separaten Regressionsmodellen (vgl. Abschnitt 5.1.3.4 auf S. 166) sowie berechnet mittels

Bootstrapping (n = 1000 Bootstrapping-Stichproben), ob der Rückgang an Effektstärke zwischen Prädikator (KG) und Kriterium (EIP) durch Einschluss des Mediators (EBS) signifikant ist. Mittels eines Bootstrapping-Ansatzes werden dabei für die Mediatorvariable Konfidenzintervalle berechnet, die angeben, ob zu der gewählten Vertrauenswahrscheinlichkeit ein signifikanter Mediationseffekt vorliegt, wenn diese nicht null enthalten (Preacher/Hayes 2008, 886). Auf Basis dieser Bootstrapping-Prozedur kann ein signifikanter Mediationseffekt (p < 0,05) nachgewiesen werden (vgl. Tabelle 5-17). Daraus kann gefolgert werden, dass eine Erhöhung der Kriteriengranularität zu einer Verbesserung der Einstellung gegenüber dem Innovationsportal führt und H3 angenommen werden kann.

Als letzter Analyseschritt wurden die Anwendungsvoraussetzungen von OLS-Regressionen überprüft (vgl. Kapitel 5.1.3.2 auf S. 164), die als erfüllt angesehen werden können.

Pfad	Effekte	B	SE B	R^2	Konfidenzintervall für M	
					95 %	99 %
a	Y: EBS			0.03**		
	X: KG	0.26**	0.13**			
c	Y: EIP			0.00	0,01; 0,27	-0,04; 0,34
	X: KG	0.11	0.05			
b	Y: EIP			0,29***		
	M: EBS	0.54***	0.54***			
c'	X: KG	-0.03	-0.02			

Y = Kriterium; X = Prädikator; M = Mediator;
EIP = Einstellung ggü. dem Innovationsportal; EBS= Einstellung ggü. der Bewertungsskala; KG = Kriteriengranularität
n = 219; *** Signifikant mit p < 0,01; ** Signifikant mit p < 0,05; * Signifikant mit p < 0,1

Tabelle 5-17: Mediation von Einstellung ggü. der Bewertungsskala in Experiment I
Quelle: Eigene Darstellung

In Tabelle 5-18 werden die Ergebnisse der Hypothesentests zusammenfassend dargestellt.

#	Hypothese	Angenommen?
H1	Eine steigende Kriteriengranularität der Bewertungsskala führt bei den Teilnehmern zu einer Erhöhung der Klassifikationsgüte.	Ja
H2	Eine steigende Kriteriengranularität der Bewertungsskala führt bei den Teilnehmern zu einer Verbesserung der Einstellung gegenüber der genutzten Bewertungsskala.	Ja
H3	Die Einstellung der Teilnehmer gegenüber der Bewertungsskala mediiert bei den Teilnehmern den positiven Effekt von Kriteriengranularität auf Einstellung gegenüber dem Innovationsportal.	Ja
H4a	Das Kundenwissen der Teilnehmer moderiert den Zusammenhang zwischen Kriteriengranularität der Bewertungsskala und Klassifikationsgüte negativ, so dass der positive Zusammenhang für hohe Niveaus von Kundenwissen geschwächt wird.	Nein
H4b	Das Kundenwissen der Teilnehmer moderiert den Zusammenhang zwischen Kriteriengranularität der Bewertungsskala und Einstellung ggü. der Bewertungsskala positiv, so dass der positive Zusammenhang für hohe Niveaus von Kundenwissen gestärkt wird.	Nein

Tabelle 5-18: Überblick über die in Experiment I getesteten Hypothesen
Quelle: Eigene Darstellung

5.3.5 Diskussion der Ergebnisse

Im Rahmen der Analyse konnte gezeigt werden, dass mehrdimensionale Skalen eine höhere Klassifikationsgüte als eindimensionale Skala besitzen (H1) und einen positiven Effekt auf die Einstellung gegenüber dem Innovationsportal ausüben, der durch die Einstellung gegenüber der Bewertungsskala mediiert wird (H2 und H3). Darüber hinaus wurde ein moderierender Effekt von Kundenwissen postuliert, der nicht bestätigt werden konnte (H4a und H4b).

In Bezug auf Klassifikationsgüte kann eine hohe Übereinstimmung der unterschiedlichen Analyseebenen beobachtet werden. Die Ergebnisse des Experiments I zeigen, dass die in der Praxis so häufig verwendeten, eindimensionalen Skalen mit einigen Einschränkungen bezüglich der Messung von Ideenqualität behaftet sind und einen 41 % höheren Bewertungsfehler als mehrdimensionale Skalen hervorrufen. Prinzipiell weisen eindimensionale Skalen eine hohe Genauigkeit hinsichtlich der Klassifikation der besten und schlechtesten Ideen auf. Jedoch weisen sie auch gleichzeitig einen sehr großen Klassifikationsfehler auf, so dass sie unter dessen Berücksichtigung zu einem ungenaueren Ergebnis als mehrdimensionale Skalen führen. Dies basiert zu weiten Teilen auf einem extremeren Antwortverhalten, bei dem Ideen verstärkt als besonders gut eingeschätzt werden. In der Skalenliteratur ist ein solches Verhalten als *"Positivity Bias"* bekannt, das aus der Abneigung von Skalennutzern resultiert, andere Personen oder Gegenstände als schlecht zu beurteilen, um eine größere soziale Akzeptanz der eigenen Antworten sicherzustellen (Tourangeau/Rips/Rasinski 2000, 240f.). Die besseren psychometrischen Eigenschaften der mehrdimensionalen Skalen sind dabei direkt in dem kognitiven Ideenbewertungsprozess der Skalennutzer verankert. Bereits in den frühen Phasen dieses Prozesses ermöglichen die zusätzlichen Bewertungskriterien eine bessere Entscheidungsunterstützung, so dass im Rahmen der Phase des Informationsabrufes ein breiteres Spektrum an Informationen aktiviert werden kann, die auf verschiedene Dimensionen von Ideenqualität übertragen werden können und nicht in ein einzelnes Urteil integriert werden müssen.

Die Mediationsanalyse demonstriert, dass mehrdimensionale Skalen eine höhere Akzeptanz aufweisen. Durch die Erhöhung der Interaktivität der Ideenbewertung können Entscheidungskonflikte auf Seiten der Skalennutzer vermieden werden, so dass der Prozess der Ideenbewertung angenehmer empfunden wird. Als Folge wird auch das Innovationsportal positiver eingeschätzt. Kundenwissen übt im Rahmen des Experiments I keinen moderierenden Effekt aus, so dass keine signifikanten Unterschiede zwischen Teilnehmern mit hohem und niedrigem Kundenwissen hinsichtlich der Bewertungsskalen vorliegen. Mehrdimensionale Skalen sind daher unabhängig vom Kundenwissen für alle Mitglieder von OI-Communities gleichermaßen gut geeignet und eindimensionalen Skalen in beiden Untersuchungsdimensionen überlegen. Damit zeigt die Analyse, dass Bewertungsskalen grundsätzlich einen geeigneten Mechanismus zur kollektiven Ideenbewertung darstellen können, mit denen Community-Mitglieder zu einem ähnlichen Ergebnis kommen können wie unternehmensinterne Experten.

5.4 Experiment II: Gestaltung von Informationsmärkten

In Experiment II werden die Einflüsse zweier Alternativen zur Gestaltung von Informationsmärkten und der Elastizität der durch einen Market Maker festgesetzten Marktpreise auf die Klassifikationsgüte der Teilnehmer untersucht. Um das Erkennen von Wissensarbitrage und die Ideenselektion effektiv unterstützen zu können, müssen Informationsmärkte die Bewertung einer Vielzahl von Ideen ermöglichen. In der bestehenden Forschung wurden solche Märkte durch zwei unterschiedliche „*Marktdesigns*" umgesetzt. Auf „*Einzelmärkten*" werden alle Ideen auf einem einzelnen Markt gehandelt (vgl. z.B. Soukhoroukova/Spann/Skiera 2012), während auf „*Multimärkten*" für jede Idee ein separater Markt für die einzelnen Ideen aufgesetzt wird (vgl. z.B. Bothos/Apostolou/Mentzas 2009; LaComb/Barnett/Qimei 2007). Weiterhin konnte gezeigt werden, dass durch den Einsatz von Algorithmen zur automatischen Festlegung der Marktpreise auf Basis der Transaktionen der Marktnutzer, so genannte *"Market Maker"*, die Effektivität von Informationsmärkten gesteigert werden kann. In diesem Zusammenhang kann das Ausmaß, in dem die Marktpreise auf Basis einer Transaktion verändert werden, als die Elastizität der Marktpreise definiert werden. Diese hat eine starke Auswirkung auf die Genauigkeit von Informationsmärkten und kann bei deren Implementierung im Prinzip frei bestimmt werden. Bestehende Arbeiten zeigen, dass beide Marktdesigns valide Konfigurationen für die Gestaltung von Informationsmärkten zur Ideenbewertung darstellen können. Es ist jedoch noch nicht in ausreichendem Maße erforscht, welches dieser Marktdesigns zur kollektiven Ideenbewertung besser geeignet ist und wie die Genauigkeit dieser Märkte bei einer variierenden Elastizität der Marktpreise einzuschätzen ist.

Ziel des Experiments II ist daher ein besseres Verständnis der beiden Designparameter Marktdesign und Preiselastizität im Rahmen einer kollektiven Ideenbewertung zu entwickeln. Im Detail werden folgende Fragestellungen untersucht:

- Wie beeinflussen die beiden unterschiedlichen Marktdesigns die Klassifikationsgüte der Teilnehmer in Informationsmärkten?
- Wie wird die Beziehung zwischen den Marktdesigns und der Klassifikationsgüte der Teilnehmer durch die Elastizität der Marktpreise beeinflusst?

5.4.1 Hypothesen und Forschungsmodell

In Experiment II wird die Genauigkeit von Informationsmärkten für die Ideenbewertung untersucht. Im Detail wird der Effekt zweier Marktdesigns (Einzel- und Multimärkte) auf die Klassifikationsgüte der Teilnehmer sowie eine Moderation dieser Beziehung durch die Elastizität der Marktpreise untersucht (Abbildung 5-7).

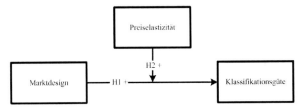

Abbildung 5-7: Forschungsmodell Experiment II
Quelle: Blohm et al. (2012)

5.4.1.1 Klassifikationsgüte

Die Gestaltung des Marktmechanismus und der auf diesem handelbaren Aktien sind eine der wesentlichen Determinanten der Klassifikationsgüte von Informationsmärkten (Wolfers/ Zitzewitz 2004, 120; Spann/Skiera 2003, 1313-1318). Diese ist jedoch nicht nur davon abhängig, wie effizient der Marktmechanismus asymmetrisch verteilte Informationen aggregieren kann, sondern auch von den einzelnen Transaktionsentscheidungen seiner Benutzer im Ideenbewertungsprozess. Geeignete Informationsmärkte erleichtern es ihren Nutzern, ein genaueres Verständnis der Qualität der einzelnen Ideen zu entwickeln sowie dieses in effektivere Kauf- und Verkaufsentscheidungen zu überführen. Vor diesem Hintergrund kann daher davon ausgegangen werden, dass Multimärkte aus drei Gründen zu einer höheren Klassifikationsgüte der Teilnehmer führen:

(1) Abmilderung *"Favorite Longshot Bias"*: Multimärkte könnten die negativen Effekte eines *"Favorite Longshot Bias"* (Griffith 1949) abmildern, der entsteht, weil Individuen dazu neigen, die Siegeswahrscheinlichkeit von Favoriten zu unter- und die von Außenseitern zu überschätzen (Snowberg/Wolfers 2010, 724). Dieser Effekt ist empirisch robust und konnte auch in Informationsmärkten nachgewiesen werden (Wolfers/Zitzewitz 2004, 117). Er basiert auf einer fehlerhaften Wahrnehmung von Wahrscheinlichkeiten bei der menschlichen Informationsverarbeitung (Snowberg/Wolfers 2010, 724). Da Individuen kaum zwischen kleinen und sehr kleinen Wahrscheinlichkeiten unterscheiden können, werden diese in der Regel als identisch eingeschätzt. Als Konsequenz wird die kleinere Wahrscheinlichkeit systematisch überschätzt. Verstärkt wird dieser Effekt durch die Tatsache, dass sehr hohen Wahrscheinlichkeiten oftmals misstraut wird und damit Favoriten systematisch unterschätzt werden (Snowberg/Wolfers 2010, 724). Der LMSR Market Maker betrachtet Aktienpreise als Eintrittswahrscheinlichkeiten für die zugrundeliegenden Ereignisse, so dass die Summe der Marktpreise aller auf einem Markt gehandelten Ideen dem Wert 1 entspricht (bzw. 100 wenn ein entsprechender Skalierungsfaktor verwendet wird) (Pennock/Sami 2008, 19; Hanson 2007, 5). Informationsmärkte für den Einsatz in OI-Communities müssen in der Lage sein, eine große Anzahl an Ideen in die kollektive Ideenbewertung zu integrieren. Auf Einzelmärkten werden die Aktien all dieser Ideen in einem einzelnen Markt zusammengeführt (mit einem einzelnen Market Maker), während Multimärkte für jede Idee einen eigenen Markt aufsetzen (mit jeweils einen eigenen Market Maker). Als Konsequenz sollten Einzelmärkte eine größere Anzahl von so genannten *"Penny-Stocks"*, Aktien mit einem sehr geringen Marktpreis, kreieren, welche die Fähigkeit von Nutzern von Informationsmärkten beeinträchtigen, die Qualität der Ideen richtig einzuschätzen.

(2) Geringere, kognitive Last: Die Theorie der kognitiven Belastung postuliert, dass sich die Kapazität des menschlichen Informationsverarbeitungssystems auf das Langzeitgedächtnis ausweitet, um das Arbeitsgedächtnis zu entlasten (Paas/Renkl/Sweller 2003, 2). Dies geschieht durch die Bildung kognitiver Schemata, zu denen einzelne Elemente des Arbeitsgedächtnisses zusammengefasst werden, um eine spezifische Funktion auszuführen und damit das Arbeitsgedächtnis zu erweitern. Auf Einzelmärkten beeinflusst jede Transaktion die Preise aller auf dem Markt gehandelter Ideenaktien, während auf Multimärkten jeweils immer nur das Gegenstück der gehandelten Aktie beeinflusst wird (z.B. die Flop-Aktie einer bestimmten Top-Aktie). Dies führt zu einer Vergrößerung der intrinsischen, kognitiven Last von Informationsmärkten, da die Marktteilnehmer in diesen volatileren Marktverhältnissen eine größere Anzahl, sich schneller ändernder Informationen verarbeiten müssen (Paas/Renkl/Sweller 2003, 1f.). Zudem steigt auch die extrinsische Last, da die zusätzlichen Informationen durch zusätzliche Abbildungen und Graphiken visualisiert werden müssen (Paas/Renkl/Sweller 2003, 1f.). Diese zusätzlichen Anforderungen an die Informationsverarbeitungskapazität können eher zu einer kognitiven Überforderung der Teilnehmer führen und deren Fähigkeit einschränken, genaue Transaktionsentscheidungen treffen zu können. Diese kognitive Überlastung behindert darüber hinaus die Bildung neuer Schemata. Im Rahmen der Bewältigung neuer Aufgaben erfordert dies einen hohen, kognitiven Aufwand und erfolgt je einfacher, desto geringer die kognitive Belastung der Individuen ist (Paas/Renkl/Sweller 2003, 1f.). Als Folge sollten Nutzer von Multimärkten leistungsfähigere Schemata zur Nutzung von Informationsmärkten ausbilden können, die ihnen erlauben, die Qualität der gehandelten Ideenaktien genauer einzuschätzen.

(3) Bessere Entscheidungsunterstützung: Multimärkte sollten eine bessere Entscheidungsunterstützung für die Marktteilnehmer bereitstellen als Einzelmärkte. Beim Kauf von Aktien auf Einzelmärkten können die Nutzer von Informationsmärkten im Prinzip nur darauf setzen, ob eine Idee relativ gesehen besser ist als die anderen Ideen, deren Aktien auf dem Markt gehandelt werden. Auf Multimärkten können die Aktienpreise von Top-Aktien einer Idee jedoch auch aktiv durch den Kauf von Flop-Aktien gesenkt werden, wenn Marktteilnehmer der Meinung sind, dass die Top-Aktien überbewertet sind. Top-Aktien ähneln damit im weitesten

Sinne den Ideenaktien auf Einzelmärkten und eignen sich damit für das Setzen auf Ideen hoher Qualität, während Flop-Aktien die Identifikation Ideen geringer Qualität unterstützen. Daher helfen Flop-Aktien Preisverzerrungen zu reduzieren und die Klassifikationsgüte von Nutzern von Multi-Märkten zu erhöhen (Kamp/Koen 2009, 53; Wolfers/Zitzewitz 2004, 118f.; LaComb/Barnett/Qimei 2007, 248). Zusammenfassend wird daher angenommen:

> *H1:* *Das Marktdesign beeinflusst die Klassifikationsgüte der Teilnehmer von Informationsmärkten in der Art, dass „Multimärkte" zu einer höheren Klassifikationsgüte führen als „Einzelmärkte".*

5.4.1.2 Preiselastizität

Automatische Market Maker passen die Preise in Informationsmärkten auf Basis eines fest definierten Preisalgorithmus an (Hanson 2003, 110f.; Chen et al. 2010, 2-4; Boer/Kaymak/ Spiering 2007, 159f.; Pennock/Sami 2008, 18f.; Berg/Proebsting 2009, 46-48). Market Maker verkaufen Aktien an andere Marktteilnehmer und heben anschließend aufgrund der gestiegenen Nachfrage die Preise für Aktien der entsprechenden Ideen. Auf analoge Weise senken sie Marktpreise für Aktien einer bestimmten Idee, wenn sie Aktien aufkaufen. So stellen sie für den Aktienhandel in Informationsmärkten eine unbegrenzte Liquidität zur Verfügung, welche die Sammlung, Aggregation und Verteilung von Informationen unterstützt und damit die Klassifikationsgüte der Marktmechanismen verbessert (Van Bruggen et al. 2010, 406f.).

Bei zu geringer Elastizität der Marktpreise, die als das Ausmaß, in dem die Marktpreise durch einen Market Maker als Reaktion auf eine einzelne Transaktion angepasst werden, definiert wird, können die Marktpreise durch die einzelnen Nutzer kaum verändert werden. Als Folge verhalten sich Informationsmärkte sehr statisch, was zu einer Verringerung der Klassifikationsgüte der Marktteilnehmer führen könnte. Der Informationsaustausch über den Marktmechanismus wird limitiert, so dass nicht mehr genug Informationen für die Bildung effizienter Marktpreise gesammelt werden könnten. Durch die eingeschränkte Interaktion der Marktteilnehmer können Informationen von gut informierten Händlern mit spezifischen, privaten Informationen nur noch in begrenztem Ausmaß erhoben und auf Basis der Marktpreise an andere Marktteilnehmer kommuniziert werden (Hayek 1945, 524-527). Als Folge sind die aus der Nutzung der Informationsmärkte entstehenden Lerneffekte begrenzt, so dass das die Marktteilnehmer nur unzureichend in der Lage sind, ihre ursprünglichen Qualitätseinschätzungen zu aktualisieren (Pennock/Sami 2008, 21f.; Chen et al. 2010, 30). Weiterhin könnte auch die Aggregation von Information eingeschränkt sein, da Informationsmärkte mit zu geringer Preiselastizität nicht in der Lage sind, Verzerrungen der Marktpreise zu korrigieren. Als Konsequenz beeinträchtigen geringere Preiselastizitäten die Bildung effizienter Marktpreise, welche die Grundlage für genaue Prognosen mittels Informationsmärkten darstellen. Es ist jedoch davon auszugehen, dass der Effekt von Preiselastizität auf die Klassifikationsgüte abhängig vom Marktdesign des Informationsmarktes ist. Ist dieses für die zu bewältigende Aufgabe ungeeignet, werden die positiven Effekte einer hohen Preiselastizität nur einen geringen Einfluss auf die Klassifikationsgüte der Teilnehmer haben. Auf der einen Seite haben Nutzer von Multimärkten durch die Möglichkeit Top- und Flop-Aktien kaufen und verkaufen zu können, bessere Möglichkeiten auf hohe Preiselastizitäten zu reagieren. Auf der anderen Seite führen hohe Preiselastizitäten aber auch zu volatileren Marktbedingungen, welche die kognitive Belastung für die Marktteilnehmer erhöhen. Gerade auf Einzelmärkten sollte dies ein Problem darstellen, da auf diesen, wie in Hypothese eins beschrieben wird, von einer höheren kognitiven Grundlast auszugehen ist. Damit werden auf Einzelmärkten die Potenziale einer höheren Preiselastizität eingeschränkt. Als Konsequenz kann daher davon ausgegangen werden, dass die Leistungsunterschiede hinsichtlich der Klassifikationsgüte zwischen den beiden Marktdesigns durch eine hohe Elastizität der Marktpreise verstärkt werden. Daher kann angenommen werden:

> *H2: Die durch einen Market Maker determinierte Elastizität der Marktpreise moderiert den Effekt von Marktdesign auf Klassifikationsgüte positiv, so dass der Leistungsunterschied zwischen Multi- und Einzelmärkten bei einer hohen Preiselastizität größer wird.*

5.4.2 Forschungsdesign

5.4.2.1 Aufgabe und Experimentalgruppen

In Experiment II wurden sechs Konfigurationen eines Informationsmarktes mit Hansons (2003, 2007) LMSR Market Maker in einem 2x3 faktoriellem Design getestet (vgl. Tabelle 5-19). Die beiden Faktoren umfassen das Marktdesign (Einzel- und Multimärkte) und die durch den Market Maker determinierte Elastizität der Marktpreise. Der Faktor Preiselastizität besitzt drei Faktorstufen mit einem niedrigen (b = 877), moderaten (b = 548) und hohen Niveau an Preiselastizität (b = 219) im Verhältnis zu der Anzahl der Teilnehmer in jedem Markt. Zur Abschätzung dieser Niveaus wurde auf den Ansatz von Berg/Proebsting (2009, 51f.) zurückgegriffen. Jeder Informationsmarkt umfasste mindestens 38 Händler, so dass von effizienten Informationsmärkten ausgegangen werden kann, die ein Minimum von 16 Teilnehmern benötigen (Christiansen 2007, 37).

		Preiselastizität		
		Hoch	Moderat	Niedrig
Marktdesign	Einzelmarkt	IM1 n = 53	IM2 n = 64	IM3 n = 38
	Multimarkt	IM4 n = 65	IM5 n = 54	IM6 n = 49
	IM = Informationsmarkt; n = Anzahl der Teilnehmer			

Tabelle 5-19: Forschungsdesign und Teilnehmer von Experiment II
Quelle: Blohm et al. (2012, 4)

Prognoseziel aller sechs Informationsmärkte war es, unter den 24 Ideen die fünf besten zu identifizieren. Ein ausführliches Testen der Informationsmärkte vor dem durchgeführten Experiment ergab, dass das Identifizieren der besten fünf Ideen von den Teilnehmern als deutlich leichter eingeschätzt wurde als das Identifizieren der besten Idee. Auf allen Märkten erhielten die Teilnehmer ein Startkapital von 5.000 TUM $ – eine virtuelle Währung zum Handel von Ideenaktien auf den Informationsmärkten. Für jede gehaltene Aktie einer korrekt klassifizierten Idee erhielten die Teilnehmer eine Auszahlung von 100 TUM $. Für Aktien von Ideen, die nicht korrekt klassifiziert wurden, erhielten die Teilnehmer 0 TUM $. Im Rahmen des Experiments II mussten die Teilnehmer folgende Aufgabe durchführen:

You receive a seed capital of 5000 TUM $. Please carefully read through all ideas and start trading. Try to identify the five best ideas in order to maximize your bonus payment.

Im Gegensatz zu Experiment I wurden in Experiment II zur Motivation der Teilnehmer neben Bonuspunkten auch zwei MP3-Spieler im Wert von je 400 EUR verlost. An dieser Lotterie partizipierten alle Teilnehmer, die in ihrer Experimentalgruppe jeweils zu den 20 % mit der höchsten Übereinstimmung mit der Expertenbewertung zählten (vgl. Slamka/Jank/Skiera (2012, 14) für ein ähnliches Auszahlungsverfahren). Diese Auszahlungsfunktion entspricht im weitesten Sinne einem Rang-Reihenfolge-Turnier (*"Rank-Order-Tournament"*), bei dem die Teilnehmer in Abhängigkeit von ihrem Handelsergebnis monetäre und nicht-monetäre Preise gewinnen können. Luckner/Weinhardt (2007, 153f.) konnten zeigen, dass durch eine solche leistungsbasierte Anreizstruktur die Klassifikationsgüte von Informationsmärkten erhöht werden kann.

Um eine möglichst hohe Vergleichbarkeit der Ergebnisse mit denen aus Experiment I zu gewährleisten, wurde erneut auf das von Riedl (2011) entwickelte Innovationsportal zurückgegriffen und das Experiment als Web-Experiment durchgeführt (vgl. Kapitel 5.3.2.1 auf S. 185 für eine Diskussion der Vorteile eines solchen Vorgehens). Standardfunktionalitäten des Innovationsportal, wie z.B. Ideeneingabe, wurden wie in Experiment I abgeschaltet, so dass ausschließlich Ideen gehandelt werden konnten und die einzelnen Experimentalplattformen, abgesehen vom implementierten Informationsmarkt, identisch waren. Das Portal umfasste eine Übersichtsseite mit den zu handelnden Ideen, eine persönliche Portfolio-Seite und eine Hilfeseite (*"Frequently Asked Questions (FAQ)"*), in der die Experimentalaufgabe und die Funktionsweise des Informationsmarktes erklärt wurden. Die Portfolio-Seite stellte für jeden Teilnehmer die relevanten Finanzinformationen dar. Darunter fielen eine persönliche Transaktionshistorie, Transaktionspreise, Bar- und Aktienvermögen sowie ein Diagramm, das den Verlauf des Gesamtvermögens veranschaulicht. Direktes, visuelles Feedback sollte die Interaktion so einfach wie möglich gestalten (Riedl 2011, 149).

In Abbildung 5-8 wird ein Einzelmarkt exemplarisch dargestellt. Abbildung 5-9 zeigt einen Multimarkt. Diese enthalten im Vergleich zu den Einzelmärkten ein zusätzliches Transaktionsformular und eine zusätzliche Visualisierung der Marktpreisentwicklung.

Experiment II: Gestaltung von Informationsmärkten 207

Abbildung 5-8: Einzelmarkt
Quelle: Blohm et al. (2011h, 17)

Abbildung 5-9: Multimarkt
Quelle: Blohm et al. (2011h, 17)

Zur Kontrolle der Randomisierung der Teilnehmer wurde eine Multivariate Varianzanalyse (MANOVA) durchgeführt. Zwischen den einzelnen Experimentalgruppen wurden keine Unterschiede in Bezug auf Geschlecht, Alter oder Ausbildungsniveau festgestellt, so dass von einer erfolgreichen Randomisierung ausgegangen werden kann. Auch zwischen Studenten und wissenschaftlichen Mitarbeitern wurden in Bezug auf die betrachteten Variablen keine Unterschiede festgestellt.

5.4.2.2 Vorgehensweise

Die Teilnehmer wurden zufällig auf einen der sechs Informationsmärkte verteilt. Auf Basis der Zufallsverteilung erhielten die Teilnehmer eine personalisierte E-Mail mit einem Link zum zugewiesenen Informationsmarkt. Die E-Mail umfasste eine Beschreibung der Experimentalaufgabe. Von einer Einweisung in die Funktionsweise von Informationsmärkten im Rahmen der Vorlesungen wurde bewusst abgesehen, da Informationsmärkte zur Ideenbewertung in OI-Communities im weitesten Sinne selbsterklärend sein müssen. Weiterhin erhielten alle Teilnehmer in einer separaten E-Mail einen Aktivierungscode, der zur Registrierung auf den Experimentalplattformen notwendig war, um Mehrfachanmeldungen sowie Manipulationsversuche zu unterbinden. In Informationsmärkten können durch das Anlegen mehrerer Benutzerzugänge Marktpreise durch gezieltes Handeln manipuliert und Geld mehrerer Zugänge in einen Zugang transferiert werden (siehe Blume/Luckner/Weinhardt (2010, 398-401) für eine Diskussion von Manipulationsmöglichkeiten). Experiment II wurde im November 2010 mit einer Dauer von insgesamt drei Wochen durchgeführt. Nach dem Experiment füllten die Teilnehmer einen Online-Fragebogen aus, um einen Vergleich mit der mehrdimensionalen Skala aus Experiment I in Experiment III zu ermöglichen.

5.4.2.3 Teilnehmer

Wie in Experiment I wurde auch in Experiment II auf Studenten zweier Vorlesungen mit SAP-Bezug sowie wissenschaftliche Mitarbeiter der Lehrstühle für Wirtschaftsinformatik der Technischen Universität München (117) und der Universität Kassel zurückgegriffen. Von den 405 Teilnehmern des Experiments II wurden 323 in die Analyse eingeschlossen. Wie in Experiment I wurden diese als geeignete Teilnehmer angesehen, da sie einerseits ein notwendiges Mindestmaß an SAP-Kenntnissen besaßen und in ihrer Struktur den Mitgliedern von OI-Communities ähneln. Eine ausführliche Diskussion der Eignung der Teilnehmer kann in Kapitel 5.3.2.2 auf S. 187 eingesehen werden. Das soziodemographische Profil der Teilnehmer wird in Tabelle 5-20 dargestellt.

Teilnehmer	Durchschnittsalter	Geschlecht	Ausbildungsniveau
323	22,4 Jahre	Männlich: 75,9 % Weiblich: 24,1 %	Abitur: 60,4 % Bachelor: 26,3 % Master: 5,9 %

Tabelle 5-20: Soziodemographie der Teilnehmer von Experiment II
Quelle: Eigene Darstellung

Experiment II: Gestaltung von Informationsmärkten

5.4.2.4 Ideenauswahl

Die im Experiment II verwendeten Ideen bestanden aus einem Titel sowie einer textuellen Ideenbeschreibung und stammen aus der SAPiens OI-Community. Diese Community entwickelte sich aus den gleichnamigen, in den Jahren 2007 (vgl. Ebner/Leimeister/Krcmar 2009; Ebner 2008) und 2008 (vgl. Blohm et al. 2011b, 111f.; Leimeister 2009b; Blohm et al. 2010b, 4) durchgeführten Ideenwettbewerben. Die Ideen sind daher in einem hohen Maße mit den Ideen aus Experiment I vergleichbar (vgl. Anhang B). Genau wie diese Ideenwettbewerbe verfolgt die SAPiens OI-Community das Ziel, SAP-Endnutzer in das Innovationsmanagement von SAP zu integrieren und mit diesen gemeinschaftlich neue Innovationen zu entwickeln (Bretschneider 2011, 53f.). Zum Zeitpunkt des Experiments II besaß die SAPiens-Community 285 Nutzer, die insgesamt 218 Ideen einreichten. Diese besaßen eine durchschnittliche Länge von bis zu einer DIN-A4 Seite.

Eine Zufallsauswahl von 88 Ideen wurde aus der SAPiens-Community entnommen von einem unabhängigen Expertengremium bewertet. Die Qualität dieser Ideen ist normalverteilt (Kolmogorov-Smirnov-Z-Wert: 0,56, p = 0,91). Wie in Experiment I wurden daher die bewerteten Ideen in Bezug auf ihre Qualität in drei 33,3 % Perzentile geteilt und aus diesen eine geschichtete Zufallsstichprobe mit jeweils acht Ideen niedriger, mittlerer und hoher Qualität gezogen. Die Ideenstichprobe der zu bewertenden Ideen umfasste damit wie in Experiment I 24 Ideen (vgl. Kapitel 5.3.2.4 auf S. 188 für eine Diskussion der Größe der Ideenstichprobe).

Auch wenn es aus Gesichtspunkten der Vergleichbarkeit prinzipiell vielversprechend gewesen wäre, in Experiment II die gleiche Ideenstichprobe zu verwenden wie in Experiment I, wurde davon bewusst abgesehen. Zum Durchführungszeitpunkt des Experiments II waren die im Experiment I verwendeten Ideen des SAPiens 2008 Ideenwettbewerbes im Schnitt bereits zweieinhalb Jahre alt. Ideen, die im Jahr 2008 noch als originell und wertvoll eingeschätzt worden sind, wären im Experiment II unter Umständen sowohl von den Teilnehmern als auch der Jury als überholt angesehen worden und hätten daher eventuell zu Verzerrungen der Ergebnisse auf Seiten der Expertenjury und der Teilnehmer geführt (Kristensson/Gustafsson/Archer 2004, 13).

5.4.3 Datenquellen und Variablen

Analog zu Experiment I wird in Experiment II auf eine Triangulation einer unabhängigen Expertenbewertung und den im Experiment erhobenen Teilnehmerdaten zurückgegriffen, um Methodeneffekte zu vermeiden und die interne Validität des Experiments zu erhöhen. Die Experimentalmanipulationen werden ebenfalls durch Dummyvariablen umgesetzt.

5.4.3.1 Klassifikationsgüte: Experten- und Teilnehmerbewertung

Expertenbewertung

Im Rahmen des Experiments II wurde die Qualität der verwendeten Ideen erneut auf Basis der CAT (Amabile 1996) bestimmt. Das Vorgehen orientierte sich dabei exakt an dem Vorgehen, das bei der Expertenbewertung in Experiment I angewendet wurde. Die Jury bestand jedoch aus elf Mitgliedern, die jeweils nur einen Teil der Ideen bewerteten. Die Jury umfasste Universitätsprofessoren der Wirtschaftsinformatik sowie Mitarbeiter von SAPs Marketing und F&E-Abteilung sowie der deutschen SAP Hochschulkompetenzzentren. Die Qualität der Ideen wurde mit vier Indikatoren für Neuartigkeit, Relevanz, Umsetzbarkeit und Ausarbeitung gemessen, die in Zusammenarbeit mit der SAP entwickelt wurden und eine weiterentwickelte Version des in der Expertenbewertung von Experiment I verwendeten Messinstruments für Ideenqualität darstellt (vgl. Blohm et al. (2011a) für eine ausführliche Diskussion). Die ICC-Koeffizienten der einzelnen Indikatoren können für alle verwendeten Items als näherungsweise erfüllt angesehen werden (Blohm et al. 2011a, 296).

Teilnehmerbewertung

Teilnehmer, die den Fragebogen nicht vollständig ausfüllten und/oder weniger als zwei Transaktionen durchgeführt haben, wurden aus der Analyse ausgeschlossen, da sie die Experimentalaufgabe nicht in einem ausreichenden Maß bearbeitet haben. Die 323 Teilnehmer führten insgesamt 12.583 Transaktionen durch. Durchschnittlich vollzog jeder Nutzer 38,9 Transaktionen in ca. 93 Minuten.

In Experiment II wurde die Klassifikationsgüte der Benutzer als die Summe der Barvermögen zuzüglich der Auszahlungen am Marktende definiert. Die Auszahlungen wurden auf Basis der Expertenbewertungen für Ideenqualität berechnet. Auf Einzelmärkten erhielten Teilnehmer eine Auszahlung von 100 TUM $ für Aktien in ihren Portfolien, die von den Experten als eine der besten fünf klassifiziert wurden. Auf Multimärkten deckte sich dies mit der Auszahlungsfunktion für Top-Aktien. Für Flop-Aktien konnten zusätzliche Auszahlungen für Aktien der schlechtesten fünf Aktien realisiert werden. Die Auszahlungen wurden jedoch mit der durchschnittlichen Anzahl der Transaktionen pro Markt normalisiert, da die absolute Anzahl an Aktien pro Informationsmarkt auf Basis des Marktdesigns variierte (Multimärkte umfassen doppelt so viele Aktien wie Einzelmärkte).

5.4.3.2 Dummykodierung von Marktdesign und Preiselastizität

Marktdesign

Im Rahmen des Experiments wurde das Marktdesign als Dummyvariable operationalisiert, bei der Einzelmärkte als Referenzgruppe fungierten (Einzelmärkte = 0, Multimärkte = 1).

Preiselastizität

Da der Faktor Preiselastizität drei Faktorstufen umfasst, sind insgesamt zwei Dummyvariablen notwendig, um ihn zu operationalisieren. Bei der Kodierung der Variable Preiselastizität wurde das Kodierschema von Kamis/Koufaris/Stern (2008, 170) verwendet (vgl. Tabelle 5-21). Bei diesem dient die Faktorstufe *„hohe Preiselastizität"* als Referenzgruppe und die beiden Dummyvariablen spiegeln einen schrittweisen Abfall an Preiselastizität wider:

Dummy 1 bezieht sich dabei auf die Elastizitätssenkung von *„hoch"* auf *„moderat"* und Dummy 2 entsprechend von *„moderat"* auf *„niedrig"*.

Faktorstufe	Dummy 1	Dummy 2
Hohe Preiselastizität	0	0
Moderate Preiselastizität	1	0
Niedrige Preiselastizität	1	1

Tabelle 5-21: Kodierschema für Preiselastizität
Quelle: In Anlehnung an Kamis/Koufaris/Stern (2008, 170)

5.4.4 Analyse und Ergebnisse

Um das konzeptionelle Modell des Experiments II zu testen, erfolgt zunächst eine Analyse der Klassifikationsgüte auf Ebene der Informationsmärkte und anschließend der Hypothesentests auf Ebene der einzelnen Nutzer der Informationsmärkte. Durch dieses Vorgehen kann die Aussagekraft der Ergebnisse gestärkt sowie die Validität der Operationalisierung von Klassifikationsgüte auf Nutzerebene überprüft werden.

5.4.4.1 Aggregierte Ebene: Klassifikationsgüte auf Marktebene

In einem ersten Schritt wurde die Klassifikationsgüte der sechs Informationsmärkte auf aggregierter Ebene untersucht (vgl. Tabelle 5-22). Dabei wurde untersucht, ob die Informationsmärkte auf Basis von Kendall-Tau Rangkorrelationen mit der Expertenbewertung übereinstimmen und sich dieses Ergebnis mit dem Bewertungsfehler (MAPE) im Vergleich zur Expertenbewertung deckt. Im Rahmen dieser Analysen wurde die Rangordnung der Ideen auf Basis der Marktpreise der Ideenaktien verwendet und dies mit der Reihenfolge der Expertenbewertung verglichen. Die Analyse zeigt, dass der Multimarkt mit einem moderaten Preiselastizitätsniveau (IM5) die höchste Korrelation mit der Expertenbewertung (r = 0,33; p < 0,05) und den drittniedrigsten MAPE aufweist, der nur 9 % unter dem Niedrigsten liegt. Die Korrelation von IM5 mit der Expertenbewertung liegt zudem in einem von anderen Forschern berichteten Bereich, wie z.B. 0,43 (LaComb/Barnett/Qimei 2007, 252) oder 0,10, 0,39 und 0,47 (Soukhoroukova/Spann/Skiera 2012, 109). Eine mögliche Erklärung für die geringfügig geringere Korrelation des vorliegenden Informationsmarktes ist, dass diese innerhalb der Grenzen von Unternehmen mit Mitarbeitern durchgeführt wurden und nicht mit externen Laien, wie sie in OI-Communities anzutreffen sind und sie auch Teilnehmer des Experiments II darstellten.

Marktdesign	Preiselastizität	IM1	IM2	IM3	IM4	IM5	Experten	MAPE
Einzelmärkte	Hoch (IM1)	-					-0.01	1.77
	Moderat (IM2)	0,29**	--				0.14	1.79
	Niedrig (IM3)	0.49***	0.29**	-			0.22	1.22
Multimärkte	Hoch (IM4)	0.48***	0.38**	0.45***	-		0.02	1.89
	Moderat (IM5)	0.49***	0.37**	0.37**	0.53***	-	0.33**	1.31
	Niedrig (IM6)	0.27*	0.05	0.21	0.30**	0.19	0.03	1.24

IM = Informationsmarkt; MAPE = Mean Absolute Percentage Error;
n = 24; ***signifikant mit $p < 0,01$; **signifikant mit $p < 0,05$; **signifikant mit $p < 0,1$

Tabelle 5-22: Korrelationen und MAPE auf Marktebene in Experiment II
Quelle: Blohm et al. (2011h, 11) und (2012, 5f.)

In Abbildung 5-10 wird die Verteilung der Marktpreise dargestellt. Die Marktpreise aller Ideenaktien sind in absteigender Reihenfolge sortiert (bei Multimärkten werden nur Preise von Top-Aktien gezeigt). Aus der Abbildung wird ersichtlich, dass Multimärkte zu einer größeren, durchschnittlicher Spannweite (R) zwischen teuerster und billigster Aktie ($R_{Multimärkte}$ = 30,04 TUM \$; $R_{Einzelmärkte}$ = 25,30 TUM \$) und zu einer gleichmäßigeren Verteilung der Aktienpreise führen. Zwar ist die mittlere Standardabweichung (σ) der Aktienpreise auf Multimärkten über alle drei Märkte hinweg ($\sigma_{Multimärkte}$ = 6,35) zwar nur minimal höher als auf Einzelmärkten ($\sigma_{Einzelmärkte}$ = 6,12). Einzelmärkte bilden im Gegensatz zu Multimärkten jedoch eher eine exponentiellen Verteilung der Marktpreise mit einem deutlichen *"Longtail"* heraus. Betrachtet man die Verteilung der Marktpreise der fünf teuersten Ideen (*"Kopf"*) und der restlichen Ideen auf den Informationsmärkten (*"Schwanz"*), ergeben sich deutliche Unterschiede zwischen den Marktdesigns in Bezug auf die mittleren Standardabweichungen in diesen beiden Bereichen. Während auf Multimärkten die mittlere Standardabweichung in beiden Bereichen nahezu identisch ist (σ_{Kopf} = 4,67; $\sigma_{Schwanz}$ = 4,50), kreieren Einzelmärkte eine große Anzahl von *"Penny-Stocks"* mit sehr geringen Preisunterschieden (σ_{Kopf} = 8,95; $\sigma_{Schwanz}$ = 0,83). IM1 umfasst z.B. 14 Ideenaktien mit einem Marktpreis von unter 2 TUM \$. Zudem ist die Preisdifferenz zwischen der teuersten und billigsten Aktie im Schwanz der Verteilung auf Multimärkten mehr als sechsmal so groß ($R_{Einzelmärkte, Schwanz}$ = 2,83; $R_{Multimärkte, Schwanz}$ = 17,51).

Experiment II: Gestaltung von Informationsmärkten

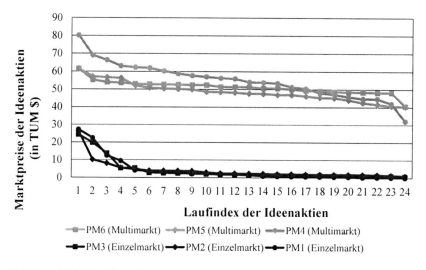

Abbildung 5-10: Verteilung der Marktpreise in Experiment II
Quelle: Eigene Darstellung

5.4.4.2 Nutzerebene: Hypothesentest

Zur Überprüfung des Forschungsmodells aus Experiment II wurde erneut auf multiple OLS-Regressionen zurückgegriffen (siehe Kapitel 5.3.4.2 auf S. 196 für eine grundsätzliche Diskussion der Methodeneignung) und den Empfehlungen von Frazier/Tix/Barron (2004) gefolgt. Im Detail wurde dabei folgende Regressionsfunktion geschätzt:

$Y =$ $b0 + b1$ *Marktdesign (Dummy)* $+ b2$ *Preiselastizität (Dummy 1)* $+$
       $b3$ *Preiselastizität (Dummy 2)* $+$
       $b4$ *Marktdesign (Dummy) x Preiselastizität (Dummy 1)* $+$
       $b4$ *Marktdesign (Dummy) x Preiselastizität (Dummy 2)*

Formel 5-5: Regressionsfunktion Experiment II
Quelle: Eigene Darstellung

In Tabelle 5-23 wird ersichtlich, dass ein direkter Haupteffekt von Marktdesign (MD) auf Klassifikationsgüte beobachtet werden kann ($\beta = 0{,}25$; $p < 0{,}01$). Hypothese eins kann damit angenommen werden. Die beiden Dummyvariablen für Preiselastizität (PE) üben wie erwartet einen indirekten und keinen direkten Effekt auf Klassifikationsgüte aus. Beide Interaktionsterme sowie der Omnibus F-Test sind mit $p < 0{,}05$ signifikant. Anders als in H2 angenommen, ist der Regressionskoeffizient des Interaktionsterms für Preiselastizitätsdummy 1 jedoch positiv ($\beta = 0{,}23$), d.h. dass die Klassifikationsgüte von Nutzern von Multimärkten im Vergleich zu Nutzern von Einzelmärkten steigt, wenn die Preiselastizität von „*hoch*" auf „*moderat*" gesenkt wird. Wird die Elastizität der Marktpreise weiter von „*moderat*" auf „*niedrig*" gesenkt, gleicht sich die Klassifikationsgüte der Teilnehmer auf den beiden Marktdesigns wieder aneinander an.

Schritt	Prädikator	B	β	R^2 (ΔR^2)
1	MD	15,27***	0,25***	0,06***
2	MD	15,53***	0,25***	0,07*** (0,004)
	PE1 (Dummy 1)	0,95	0,02	
	PE2 (Dummy 2)	4,56	-0,07	
3	MD	10,26*	0,06*	0,08*** (0,015**)
	PE1 (Dummy 1)	-6,50	-0,10	
	PE2 (Dummy 2)	3,55	0,05	
	MD x PE1 (Dummy 1)	15,19**	0,23**	
	MD x PE2 (Dummy 2)	-16,30**	-0,19**	

MD = Marktdesign; PE = Preiselastizität;
n = 323; *** signifikant mit p < 0,01 ,, ** signifikant mit p < 0,05; * signifikant mit p < 0,1
Durbin-Watson-Statistik (Gesamtmodell): 1,79; VIF < 2,31

Tabelle 5-23: Regressionsergebnisse für Klassifikationsgüte in Experiment II
Quelle: Eigene Darstellung

Zur graphischen Überprüfung der Richtung des Moderationseffekts wurde dieser auf Basis der geschätzten Mittelwerte für Klassifikationsgüte visualisiert. In Abbildung 5-11 ist ersichtlich, dass die Klassifikationsgüte auf Multimärkten bei einer Absenkung der Klassifikationsgüte im weitesten Sinne einer umgekehrten U-Form folgt. Im Gegensatz dazu hat eine Variation der Klassifikationsgüte auf Einzelmärkten eher einen geringeren Einfluss. Auf Basis dieser Ergebnisse kann Hypothese zwei jedoch nur teilweise angenommen werden.

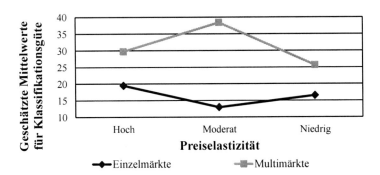

Abbildung 5-11: Geschätzte Mittelwerte für Klassifikationsgüte in Experiment II
Quelle: Blohm et al. (2012, 6)

Als letzer Analyseschritt wurden die Anwendungsvoraussetzungen von OLS-Regressionen überprüft (vgl. Kapitel 5.1.3.2 auf S. 164), die als erfüllt angesehen werden können.

In Tabelle 5-24 werden die Ergebnisse des Hypothesentests zusammenfassend dargestellt.

#	Hypothese	Angenommen?
H1	Das Marktdesign beeinflusst die Klassifikationsgüte der Teilnehmer von Informationsmärkten in der Art, dass „Multimärkte" zu einer höheren Klassifikationsgüte führen als „Einzelmärkte".	Ja
H2	Die durch einen Market Maker determinierte Elastizität der Marktpreise moderiert den Effekt von Marktdesign auf Klassifikationsgüte positiv, so dass der Leistungsunterschied zwischen „Multi-" und „Einzelmärkten" bei einer hohen Preiselastizität größer wird.	Teilweise; umgekehrte U-Form anstelle linearer Verlauf

Tabelle 5-24: Überblick über die in Experiment II getesteten Hypothesen
Quelle: Eigene Darstellung

5.4.5 Diskussion der Ergebnisse

In Experiment II wurden die Effekte von zwei zentralen Gestaltungsparametern von Informationsmärkten zur Ideenbewertung auf die Klassifikationsgüte der Marktteilnehmer getestet. Dies umfasste zum einen die Gestaltung des Marktmechanismus, bei dem Einzel- und Multimärkte getestet wurden, sowie die Variation der Elastizität der Marktpreise, die durch den LMSR Market Maker determiniert wurde.

Die Analyse zeigt, dass Multimärkte sowohl auf der aggregierten als auch auf der Ebene der einzelnen Nutzer eine höhere Klassifikationsgüte besitzen. Auf der aggregierten Ebene führen Multimärkte zu einer größeren Spannweite der Marktpreise und zu weniger *"Penny-Stocks"*, wodurch sie im Vergleich zu Einzelmärkten eine bessere Differenzierung der Qualität der einzelnen Ideen ermöglichen. Aus der Perspektive der Theorie der kognitiven Belastung entspricht unser Experiment einer objektiven, indirekten Messung von kognitiver Last (Brünken/Plass/Leutner 2003, 56; Schmutz et al. 2009, 3). Auf Basis dieser Theorie kann daher geschlossen werden, dass diese gleichmäßigere Verteilung der Aktienpreise kognitive Ressourcen freisetzt und damit die Teilnehmer in die Lage versetzt werden, ausgereifte kognitive Schemata zu entwickeln. Diese reduzieren die Gefahr einer kognitiven Überlastung und ermöglichen den Teilnehmern, die Qualität der eingereichten Ideen genauer mittels eines Informationsmarktes einzuschätzen. Dadurch entwickeln die Teilnehmer die kognitiven Fähigkeiten zur Nutzung der zusätzlichen Handelsmöglichkeiten durch Top- und Flop-Aktien, die es ihnen aus Sicht des Ideenbewertungsprozesses erlauben, ihre genaueren Qualitätseinschätzungen effektiver auf die Informationsmärkte zu übertragen.

Darüber hinaus konnte ein signifikanter Interaktionseffekt zwischen Marktdesign und Preiselastizität nachgewiesen werden. Die Analyse zeigt, dass beide Marktdesigns zu einer geringen Klassifikationsgüte führen, wenn die Preiselastizität falsch kalibriert wird. Anders als postuliert, ist dieser Moderationseffekt jedoch nicht nur rein positiv. Auf Multimärkten ist dieser Effekt nicht-linearer Natur und kann im weitesten Sinne durch eine auf dem Kopf stehende U-Kurve charakterisiert werden. Eine Verringerung der Preiselastizität von „hoch" auf „moderat" führt zu einem signifikanten Anstieg der Klassifikationsgüte der Teilnehmer, während ein weiteres Absenken von „moderat" auf „niedrig" zu einem signifikanten Abfall der Klassifikationsgüte führt. Diese Ergebnisse lassen den Schluss zu, dass zu hohe Preiselastizitäten äußerst volatile Informationsmärkte kreieren, in denen sich die Marktpreise sehr dynamisch ändern (Pennock/Sami 2008, 19f.; Berg/Proebsting 2009, 51) und damit die Bewertungsaufgabe für die Teilnehmer deutlich erschweren. Zu hohe Preiselastizitäten könnten in diesem Zusammenhang zu einem verstärkten Auftreten von Situationen der kognitiven Überlastung führen. In diesen ist das Urteilsvermögen der Teilnehmer getrübt, so dass die positiven Effekte einer hohen Preiselastizität konterkariert werden und die Klassifikationsgüte der Teilnehmer wieder abnimmt. Folglich sinkt im Experiment II die Klassifikationsgüte der Teilnehmer, wenn auf Multimärkten die Preiselastizität von „moderat" auf „hoch" gesteigert wird. Wenn die Preiselastizität jedoch zu weit abgesenkt wird, sind Multimärkte nicht mehr in der Lage, ausreichend Informationen zu sammeln, zu aggregieren und zu verteilen, so dass keine effizienten Marktpreise mehr geformt werden können. Ein moderates Niveau für Preiselastizität führt demnach zu der höchsten Klassifikationsgüte auf Multimärkten. Wie angenommen hat eine Variation der Preiselastizität auf Einzelmärkten nur eine untergeordnete Rolle. Durch eine Manipulation ändert sich die Klassifikationsgüte nur minimal, wobei die geringste Klassifikationsgüte bei einer moderaten Preiselastizität auszumachen ist. Dieser mangelnde Einfluss von Preiselastizität unterstreicht jedoch die Limitationen von Einzelmärkten zur Ideenbewertung und die Interaktion der beiden Parameter Marktdesign und Preiselastizität, so dass beide Faktoren bei der Gestaltung von Informationsmärkten zur Ideenbewertung simultan betrachtet werden müssen.

5.5 Experiment III: Bewertungsskala vs. Informationsmarkt

In Experiment III werden die Ergebnisse aus den Experimenten I und II zusammengeführt und die relative Klassifikationsgüte einer mehrdimensionalen Bewertungsskala und eines Multimarktes mit moderater Preiselastizität verglichen. Dabei wird nicht nur auf die funktionale Eignung im Hinblick auf die Klassifikationsgüte der beiden Mechanismen eingegangen, sondern auch auf Zufriedenheit der Nutzer als Ausdruck der Akzeptanz der beiden Bewertungsmechanismen. Aus diesem Grund erfolgt der Vergleich der beiden Mechanismen vor dem Hintergrund der kognitiven Belastung der Teilnehmer, die direkt durch den genutzten Bewertungsmechanismus beeinflusst wird. Ziel von Experiment III ist daher die Beantwortung der folgenden Frage:

- Wie ist die relative Klassifikationsgüte und Zufriedenheit der Nutzer der beiden Bewertungsmechanismen?

5.5.1 Hypothesen und Modellentwicklung

Das konzeptionelle Modell des Experiments III umfasst zwei Hypothesen (vgl. Abbildung 5-12). Im Detail wird auf Basis der Theorie der kognitiven Belastung gefolgert, dass eine mehrdimensionale Bewertungsskala zu einer höheren Klassifikationsgüte und -zufriedenheit der Teilnehmer führt.

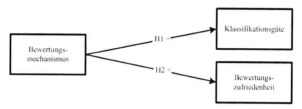

Abbildung 5-12: Forschungsmodell Experiment III
Quelle: Blohm et al. (2011h, 7)

5.5.1.1 Klassifikationsgüte

Befürworter von Informationsmärkten vertreten die Auffassung, dass diese aufgrund zwei zentraler Eigenschaften ein äußerst leistungsfähiges Instrument zur Vorhersage, Einschätzung und Bewertung von Ereignissen bzw. Sachverhalten darstellen. Zum einen sind sie in der Lage, asymmetrisch verteilte Informationen von einer Vielzahl unterschiedlicher Informanten zu sammeln, zu aggregieren und zu verteilen. Zum anderen haben Marktteilnehmer aufgrund der Marktstruktur einen Anreiz, ihre wahren Präferenzen und Überzeugungen preiszugeben (Van Bruggen et al. 2010, 405f.; Arrow et al. 2008, 877). Jedoch gehen diese Mechanismen aus Sicht der Nutzenden aber auch zwangsläufig mit einer hohen Komplexität einher, die die Marktteilnehmer kognitiv überlasten und damit die Effizienz des Mechanismus limitieren könnte. Die Bewertung von kundengenerierten Innovationsideen ist eine komplexe Aufgabe und induziert daher eine hohe kognitive Belastung (Van Merrienboer/Kirschner/Kester 2003, 5). Aufgrund der Additivität von kognitiver Belastung können fehlerhaft gestaltete Bewertungsmechanismen die Bewertung von Innovationsideen zusätzlich verkomplizieren und eine höhere, kognitive Last hervorrufen:

(1) Intrinsische, kognitive Last: Während Bewertungsskalen im heutigen Internet eine weite Verbreitung erfahren haben und daher für die meisten Benutzer einfach und intuitiv zu bedienen sind (Winkelmann et al. 2009, 3f.; Cosley et al. 2003, 2f.; Malone/Laubacher/Dellarocas 2010, 30), stellen Informationsmärkte einen deutlich komplexeren Mechanismus zur Bewertung von Ideen dar (Kamp/Koen 2009, 57f.; Graefe 2009, 8). Ein Verstehen und Anwenden der Marktlogik zum Bewerten der Ideen erhöht die aufgabeninhärente Komplexität. Im Vergleich zu Bewertungsskalen impliziert die Nutzung von Informationsmärkten die Notwendigkeit, mehr interagierende Informationen im Arbeitsgedächtnis verarbeiten zu müssen, was die intrinsische, kognitive Last der Bewertungsaufgabe steigert (Mayer/Moreno 2003, 45).

(2) Extrinsische, kognitive Last: Im Gegensatz zu intrinsischer, kognitiver Last bezieht sich extrinsische, kognitive Last nicht auf die Komplexität einer Aufgabe, sondern auf die Vielschichtigkeit ihrer Repräsentation (Paas/Renkl/Sweller 2003, 1f.). Extrinsische, kognitive Last steigt durch Veränderungen in der Informationsarchitektur, komplexe Visualisierungen, den Einsatz zusätzlicher Medien (Mayer/Moreno 2003, 45) sowie einer steigenden Quantität an Informationen („Informationsüberflutung") (Kirsh 2000, 21f.; Eppler/Mengis 2004, 326). Zur Interpretation der Marktpreise und Entscheidungsunterstützung umfassen Informationsmärkte neben den zu handelnden Ideenaktien eine Vielzahl von zusätzlichen Informationen, wie z.b. Finanzkennzahlen oder graphische Visualisierungen von Marktpreisen. Diese Informationen sind auf Basis der Transaktionen der Marktteilnehmer einem konstanten Wechsel unterworfen und stellen daher im Vergleich zu Bewertungsskalen eine deutlich höhere, extrinsische, kognitive Last dar.

(3) Lernbezogene, kognitive Last: Die Leichtigkeit mit der kognitive Schemata aufgebaut, umgebaut und erweitert werden können, umfasst die lernbezogene, kognitive Last einer Aufgabe (Paas/Renkl/Sweller 2003, 2). Grundsätzlich kann davon ausgegangen werden, dass die meisten potenziellen Nutzer von OI-Communities bereits in irgendeiner Form Bewertungsskalen benutzt haben, z.b. im Rahmen des Beantwortens von Fragebögen oder der Nutzung von anderen Internetapplikationen. Im Gegensatz dazu werden Informationsmärkte nur vereinzelt in der Praxis eingesetzt, so dass erst wenige Teilnehmer mit der Nutzung von Informationsmärkten vertraut sein werden. Während Nutzer von Bewertungsskalen bereits auf entwickelte, kognitive Schemata für die Ideenbewertung zurückgreifen können, müssen solche Schemata von Marktteilnehmern in Informationsmärkten erst noch aufgebaut werden. Dieser Prozess der Schemaneubildung ist sehr viel aufwendiger als die Nutzung bzw. Erweiterung bestehender, kognitiver Strukturen, so dass Informationsmärkte eine höhere, lernbezogene, kognitive Last hervorrufen als Bewertungsskalen und die Lerngeschwindigkeit verlangsamt wird (Paas/Renkl/Sweller 2003, 2). Zusammenfassend kann daher gefolgert werden, dass Informationsmärkte im Rahmen der Ideenbewertung eine höhere intrinsische, extrinsische und lernbezogene, kognitive Last hervorrufen. Daher wird postuliert:

H1: Der verwendete Bewertungsmechanismus beeinflusst die Klassifikationsgüte der Teilnehmer in dem Sinne, dass eine „Bewertungsskala" zu einer genaueren Bewertung der Ideen führt als ein „Informationsmarkt".

5.5.1.2 Bewertungszufriedenheit

Im Gegensatz zu Kundenzufriedenheit nach dem Erwerb von Produkten, deren Entstehung eine gewisse Erfahrung im Umgang mit dem erworbenen Produkt benötigt, entsteht Zufriedenheit in Entscheidungssituationen, wie z.b. der Ideenbewertung, nahezu unmittelbar nach Treffen der Entscheidung (Sainfort/Booske 2000, 60). Janis/Mann (1977, 45-51) postulieren, dass Entscheidungszufriedenheit in einem hohem Maße vom Stress bestimmt wird, der mit der Entscheidungssituation einhergeht. Höchste Entscheidungszufriedenheit entsteht bei einem moderaten Stresslevel, da dies einen Konflikt darstellt, der erfolgreich von einem Entscheider gelöst werden konnte. Zu niedrige oder zu hohe Stresslevel führen hingegen zu Gefühlen der Unter- und Überforderung, die einen negativen Einfluss auf Entscheidungszufriedenheit besitzen. Bestehende Forschung hat gezeigt, das kognitive Überforderung negativ mit Entscheidungszufriedenheit assoziiert ist (Grise/Gallupe 2000, 178). In diesem Zusammenhang führt eine kognitive Überlastung zu Gefühlen von Unsicherheit, kognitiver Dissonanz und Frustration (Farhoomand/Drury 2002, 127; Botti/Iyengar 2006, 27; Malhotra 1984, 438f.), die alle Anzeichen einer stressvollen Entscheidungssituation darstellen. Aufgrund der höheren, kognitiven Last ist es sehr viel wahrscheinlicher, dass Nutzer von Informationsmärkten im Vergleich zu Nutzern von Bewertungsskalen ein hohes Stressniveau bei der Ideenbewertung empfinden, das aus der Diskrepanz zwischen der persönlichen Erwartung, die Qualität der Ideen richtig einzuschätzen und der wahrgenommen Genauigkeit der eigenen Bewertung resultiert.

Wie in Hypothese eins ausgeführt haben die meisten Nutzer von Bewertungsskalen bereits persönliche Erfahrungen mit diesen gesammelt. Sie besitzen daher auch nur eine geringe Unsicherheit in Bezug auf deren richtige Verwendung. Nutzer von Bewertungsskalen können daher ihre volle Aufmerksamkeit auf die Bewertung der Qualität der Ideen fokussieren. Im Vergleich zu Nutzern von Informationsmärkten kann dadurch der mit der Entscheidung einhergehende Stress reduziert werden, da Nutzer von Informationsmärkten über die Ideenbewertung hinaus, zusätzliche kognitive Ressourcen für die Anwendung des Marktmechanismus aufbringen müssen. Zudem ermöglichen Bewertungsskalen eine direkte Bewertung der Ideen, bei der Nutzer auf Basis ihrer Überzeugungen niedrige Werte für schlechte und hohe Werte für gute Ideen vergeben können. Nutzer von Informationsmärkten hingegen müssen bei ihrer Bewertung zahlreiche Kontextfaktoren, z.B. ihre verfügbaren Barressourcen, berücksichtigen, wenn sie den indirekten Marktmechanismus zur Bewertung der Ideen heranziehen. Diese Kontextfaktoren können die Qualitätsbeurteilungen der Nutzer von Informationsmärkten beeinflussen und ein höheres Stressniveau hervorrufen. Es ist daher wahrscheinlich, dass Nutzer von Informationsmärkten in einem höheren Ausmaß mit Unzufriedenheit und Frustration konfrontiert sind, die aus dem Gefühl erwachsen, nicht in der Lage gewesen zu sein, die eigene Entscheidung auf den zur Verfügung stehenden Bewertungsmechanismus zu übertragen. Zusammenfassend kann daher davon ausgegangen werden, dass Informationsmärkte zu einer geringeren Zufriedenheit ihrer Nutzer als Bewertungsskalen führen, da sie ein höheres Stressniveau bei der Ideenbewertung hervorrufen, mit dem die Marktteilnehmer aufgrund des indirekten Marktmechanismus nicht umgehen können. Daher wird angenommen:

H2:   Der verwendete Bewertungsmechanismus beeinflusst die Bewertungszufriedenheit der Teilnehmer in dem Sinne, dass eine „Bewertungsskala" zu einer höheren Bewertungszufriedenheit der Teilnehmer führt als ein „Informationsmarkt".

5.5.2 Forschungsdesign

5.5.2.1 Aufgabe und Experimentalgruppen

Experiment III umfasst ein 2x1 faktorielles Design, in dem die effektivsten Konfigurationen einer Bewertungsskala und eines Informationsmarktes aus den beiden vorherigen Experimenten miteinander verglichen werden. Im Detail handelte es sich dabei um die mehrdimensionale Skala des Experiments I und den Multimarkt mit moderater Preiselastizität (IM5) aus Experiment II. Die beiden Experimentalgruppen sind in Tabelle 5-25 darstellt.

Experimentalgruppen	Anzahl Teilnehmer
Mehrdimensionale Skala	66
Multimarkt mit moderater Preiselastizität (IM5)	54

Tabelle 5-25: Forschungsdesign und Teilnehmer von Experiment III
Quelle: Eigene Darstellung

Für den Informationsmarkt wurde auf die Daten des Experiments II zurückgegriffen. Die Daten für die Bewertungsskala wurden zeitgleich neu erhoben. Die Teilnehmer der Experimente II und III wurden daher zufällig einer der sechs Konfigurationen des Informationsmarktes oder einer siebten Bewertungsskalengruppe zugeordnet. Im Rahmen dieser Experimente nahm jeder Teilnehmer nur einmal an der Ideenbewertung in einer der Experimentalgruppen teil. Die Daten der Teilnehmer auf IM5 wurden daher in Experiment II im Vergleich zu den Nutzern der anderen Informationsmärkte und in Experiment III im Vergleich zu den Nutzern der mehrdimensionalen Bewertungsskala analysiert. Teilnehmer der Bewertungsskalengruppe erhielten ebenso wie die Teilnehmer auf den Informationsmärkten Bonuspunkte. Sofern sie zu den 20 % der Teilnehmer mit der höchsten Klassifikationsgüte in ihrer Gruppe gehörten, konnten sie ebenfalls an der Verlosung der beiden MP3-Spieler teilnehmen. Die Aufgabe für die Teilnehmer der Bewertungsskalengruppe entspricht der in Experiment I, jedoch mit dem entscheidenden Unterschied, dass die Anzahl der zu bewertenden Ideen von den Teilnehmern frei bestimmbar war. Für die Bewertungsskalengruppe wurde erneut das Innovationsportal von Riedl (2011) aus Experiment I verwendet, ohne dessen Konfiguration zu verändern. Die beiden verwendeten Implementierungen des Innovationsportals für den Informationsmarkt und die mehrdimensionale Skala waren damit bis auf die unterschiedlichen Bewertungsmechanismen identisch.

5.5.2.2 Vorgehensweise, Teilnehmer und Ideenauswahl

Experiment II und III wurden zeitgleich durchgeführt. Die Vorgehensweise während des Experiments III war daher mit der in Experiment II identisch. Es wurden dieselben Ideen verwendet (vgl. Kapitel 5.4.2.4 auf S. 209). Die Teilnehmer des Experiments setzen sich aus den Nutzern des Informationsmarktes mit moderater Preiselastizität (IM5) und den der Bewertungsskalengruppe zugewiesenen Teilnehmern zusammen (vgl. Tabelle 5-26).

Teilnehmer	Durchschnittsalter	Geschlecht	Ausbildungsniveau
120	23,3 Jahre	Männlich: 78,3 % Weiblich: 21,7 %	Abitur: 46,7 % Bachelor: 28,3 % Master: 19,2 %

Tabelle 5-26: Soziodemographie der Teilnehmer von Experiment III
Quelle: Eigene Darstellung

5.5.3 Datenquellen und Variablen

Wie in Experiment I wurde auch in Experiment III auf die Triangulation der Teilnehmerbewertungen mit einer Umfrage der Teilnehmer und zwei unabhängigen Expertenbewertungen kombiniert.

5.5.3.1 Klassifikationsgüte: Experten- und Teilnehmerbewertung

Expertenbewertung

Im Rahmen des Experiments III wurde dieselbe Expertenbewertung als Grundlage des Mechanismenvergleichs herangezogen wie in Experiment II (vgl. 5.4.3.1 auf S. 209).

Aufbauend auf den Gedanken von Campbell/Fiske (1959) wurde auch eine alternative, marktbasierte Expertenbewertung durchgeführt, um potenzielle Methodeneffekte kontrollieren zu können. Die Ideen wurden von vier Experten, die auch an der Expertenbewertung im Rahmen der CAT teilnahmen, auf einem Informationsmarkt gehandelt. Dabei handelte es sich um einen Multimarkt mit moderater Preiselastizität, der auf die vier Marktteilnehmer angepasst wurde (b = 44). Auf diesem wurden die Ideen eine Stunde lang gehandelt.

Teilnehmerbewertungen

Die Teilnehmer machten insgesamt 1.507 Transaktionen auf dem Informationsmarkt und gaben 1.118 Bewertungen mit der mehrdimensionalen Bewertungsskala ab. Die Medianzeit zur Durchführung der Bewertungsaufgabe betrug 65 Minuten.

Zur Messung der Klassifikationsgüte der Teilnehmer wurde der Ansatz aus Experiment I weiterentwickelt und für die Verwendung im Kontext von Informationsmärkten angepasst. Daher wurden die besten fünf (ca. 21 %) bzw. acht (ca. 33 %) Ideen der Expertenbewertung als „*gut*" und dementsprechend die fünf bzw. acht Ideen mit der niedrigsten Qualität als „*schlecht*" klassifiziert. Auf Basis dieser Klassifikation wurden für jeden Teilnehmer die richtig klassifizierten Ideen ermittelt. Auf dem Informationsmarkt galten Ideen als richtig klassifiziert, wenn Nutzer am Marktende Top-Aktien von „*guten*" und Flop-Aktien von „*schlechten*" Ideen besaßen. Bei der mehrdimensionalen Skala wurden jeweils die fünf (acht) besten bzw. schlechtesten Ideen, über bzw. unter den durchschnittlichen Ideenbewertungen eines jeden Nutzers mit der Expertenklassifikation verglichen. In beiden Experimentalgruppen wurden die richtig klassifizierten Ideen um Fehlklassifikationen bereinigt (z.B. Klassifikation von „*guten*" Ideen als „*schlecht*"). Zudem wurden die Werte mit der Anzahl der durchgeführten Bewertungen eines jeden Nutzers normalisiert, da anders als in Experiment I die zu bewertende Anzahl der Ideen nicht vorgegeben war.

Wesentliche Informationen bzgl. des Handelsverhaltens von Nutzern von Informationsmärkten umfassen nicht nur, welche Aktien in den finalen Nutzerportfolios vorhanden sind, sondern auch wie viele dieser Aktien. Diese Volumina entsprechen einer Gewichtung der Transaktionsentscheidungen mit der Stärke der Zuversicht (*"Confidence"*) der Nutzer in ihre eigenen Entscheidungen (Servan-Schreiber et al. 2004, 244). Um vergleichbare Informationen für die Bewertungsskala erheben zu können, stand den Nutzern neben den vier Bewertungskriterien für Ideenqualität, ein fünftes Bewertungskriterium hinsichtlich ihrer Zuversicht zur Verfügung (vgl. Abbildung 5-5 auf S. 187). Bestehende Arbeiten zeigen, dass Informationen über die Zuversicht von Bewertenden die Genauigkeit von Gruppenentscheidungen verbessern können (vgl. z.b. Zarnoth/Sniezek 1997; Sniezek/Henry 1989). Um einen genaueren Vergleich der beiden Mechanismen erstellen zu können, wurde daher der nach Anzahl der Bewertungen normalisierte Indexwert für Klassifikationsgüte mit der Zuversicht der Bewertenden gewichtet. Bei den Nutzern der Bewertungsskala wurde für jede Idee die durchschnittliche Zuversicht aller Nutzer berechnet. Konfidenzbewertungen, die diesen Mittelwert um mehr als eine halbe Standardabweichung überschritten, entsprachen dem Gewichtungsfaktor drei („*hohe Zuversicht*"). Bewertungen, die den Mittelwert um mehr als eine halbe Standardabweichung unterschritten, entsprachen dem Faktor eins („*geringe Zuversicht*"). Bewertungen zwischen diesen beiden Grenzwerten entsprachen dem Faktor zwei („*mittlere Zuversicht*"). Auf analoge Weise wurden auf dem Informationsmarkt ausgehend von der durchschnittlichen Häufigkeit der Aktien einer Idee in den finalen Nutzerportfolios Gewichte für die Zuversicht bestimmt.

5.5.3.2 Teilnehmerbefragung und Konstruktvalidierung

Bewertungszufriedenheit (SAT) wurde nach der Bewertungsphase mittels eines Online-Fragebogens erhoben. Bewertungszufriedenheit wurde mit einer angepassten Version der Skala von Briggs/Reinig/de Vreede (2006, 603) gemessen, die im Rahmen von IT-basierten Gruppenunterstützungssystemen entwickelt wurde und daher gut auf den vorliegenden Kontext übertragen werden kann (vgl. Tabelle 5-27).

Label	Bewertungszufriedenheit
SAT1	I feel satisfied with my idea transactions / evaluations.
SAT2	Trading / Evaluating the ideas met my expectations.
SAT3	I feel confident that my idea transactions / evaluations are correct.
SAT4	I feel happy with my idea transactions / evaluations.

Tabelle 5-27: Operationalisierung von Bewertungszufriedenheit
Quelle: In Anlehnung an Briggs/Reinig/de Vreede (2006, 603)

Alle Indikatoren wurden auf einer fünfstufigen Likert-Skala gemessen. Analog zur Vorgehensweise in Experiment I wurde der Fragebogen auf Basis der Erfahrungen eines kurzen Vortests verfeinert. Die Skala wurden den Empfehlungen von Homburg/Giering (1996, 12f.) folgend mittels einer EFA und KFA mit den Softwareprogrammen „*SPSS*" und „*AMOS 19*" validiert. Im Rahmen der EFA luden alle Indikatoren auf einen, eindeutig identifizierbaren Faktor. Die Anforderungen der MSA-Werte bezüglich der Datenstruktur und der einzelnen Indikatoren können als erfüllt angesehen werden ($\geq 0{,}6$). Die Konvergenzvalidität des Faktors kann auf Basis der DeV und der Faktorreliabilität als hoch eingeschätzt werden. Auch die Reliabilität des Faktors „*Zufriedenheit*" ist sehr hoch.

Indikator	Faktor „Zufriedenheit"	MSA ($\geq 0,6$)	Cronbach's α ($\geq 0,7$)	Indikatorreliabilität ($\geq 0,4$)	Faktorreliabilität ($\geq 0,5$)	DeV ($\geq 0,5$)
SAT4	0,87	0,72	0,87	0,76	0,84	0,58
SAT1	0,84	0,71		0,66		
SAT3	0,83	0,79		0,53		
SAT2	0,77	0,77		0,39		
Eigenwerte	2,78					
Erklärte Varianz	39,37 %					

SAT = Bewertungszufriedenheit;
MSA = 0,75; Bartlett-Test auf Sphärizität: $\chi^2 = 276,38$, $p < 0,000$; Hauptkomponentenanalyse; Varimax-Rotation; n = 120; Die kursiven, fett gedruckten Werte stellen die Zugehörigkeit der einzelnen Indikatoren zu den Faktoren dar.

Tabelle 5-28: Faktoranalyse der in Experiment III verwendeten Konstrukte
Quelle: In Anlehnung an Blohm et al. (2011h, 12)

Auch die globalen Gütekriterien der Modellpassung können als gut bezeichnet werden. Die verwendete Skala wurde damit erfolgreich validiert.

p ($\geq 0,1$)	χ^2/df ($\leq 2,5$)	GFI ($\geq 0,9$)	AGFI ($\geq 0,9$)	NFI ($\geq 0,9$)	CFI ($\geq 0,9$)	SRMR ($\leq 0,11$)
0,00	7,61	0,94	0,74	0,94	0,94	0,05

Tabelle 5-29: Gütekriterien zur globalen Modellpassung in Experiment III
Quelle: Eigene Darstellung in Anlehnung an Bagozzi/Yi (1988, 82), Bühner (2008, 418-427) und Homburg/Baumgartner (1995, 168)

5.5.3.3 Dummykodierung von Bewertungsmechanismus

Im Rahmen des Experiments III wurden die verwendeten Bewertungsmechanismen als Dummyvariable operationalisiert, bei welcher der Informationsmarkt als Referenzgruppe definiert wurde (Informationsmarkt (IM5) = 0; mehrdimensionale Skala = 1).

5.5.4 Analyse und Ergebnisse

In Analogie zu den vorhergehenden beiden Experimenten werden die Daten des Experiment III auf der aggregierten Ebene der Bewertungsmechanismen und der Bewertenden analysiert.

5.5.4.1 Aggregierte Ebene: Klassifikationsgüte auf Mechanismenebene

Zur Untersuchung der Klassifikationsgüte auf der aggregierten Ebene der Bewertungsmechanismen wurden auf der Basis beider Expertenbewertungen eine Analyse der Kendall-Tau-Korrelationen und der Bewertungsfehler (MAPE) durchgeführt. Für diese Analyse wurden bei der mehrdimensionalen Skala die durchgeführten Bewertungen aller Teilnehmer auf Basis des arithmetischen Mittelwertes aggregiert und eine Rangordnung der Ideen erstellt. Für den Informationsmarkt (IM5) wurde diese Rangordnung auf Basis der Marktpreise der Top-Aktien am Ende des Experiments erstellt.

Betrachtet man die CAT-basierte Expertenbewertung (EXP_{CAT}) als Grundlage, besitzt die mehrdimensionale Skala eine höhere Korrelation (r = 0,40; p < 0,01) mit dieser als der Informationsmarkt (r = 0,33, p < 0,05) sowie einen um 37 % geringeren MAPE. Ein gemischtes Bild ergibt sich jedoch mit der marktbasierten Expertenbewertung (EXP_{IM}) als Grundlage. Hier korrelieren Skala (r = 0,39; p < 0,01) und Informationsmarkt (r = 0,41; p < 0,01) in etwa gleicher Stärke mit der marktbasierten Expertenbewertung. Auch ergeben sich keine nennenswerten Unterschiede zwischen den MAPEs. Die Ergebnisse würde daher den Schluss einer leichten Methodenverzerrung nahelegen.

	(1)	(2)	(3)	MAPE (EXP_{CAT})	MAPE (EXP_{IM})
(1) Experten (CAT)	-				
(2) Experten (IM)	0,39***	-			
(3) Informationsmarkt (IM5)	0,33**	0,41***	-	1,05	0,73
(4) Mehrdimensionale Skala	0,40***	0,39***	0,30**	0,68	0,72
n = 24 *** Signifikant mit p < 0,01; ** Signifikant mit p < 0,05; * Signifikant mit p < 0,1					

Tabelle 5-30: Korrelationen und MAPE auf Mechanismenebene in Experiment III
Quelle: Blohm et al. (2011h, 11)

5.5.4.2 Nutzerebene: Hypothesentest

Wie in den vorherigen Experimenten wurde das Forschungsmodell von Experiment III nicht nur auf einer Mechanismenebene untersucht, sondern mittels multiplen, hierarchischen OLS-Regressionen auch auf Ebene der einzelnen Nutzer (siehe Kapitel 5.3.4.2 auf S. 196 für eine grundsätzliche Diskussion der Methodeneignung). Dieses Vorgehen erlaubt eine tiefergehende Analyse eines potentiellen Methodeneffektes als die aggregierte Analyse und der entwickelten Operationalisierung von Übereinstimmung zwischen den Experten und den Nutzern der Skala bzw. des Informationsmarktes. In Bezug auf die beiden abhängigen Variablen wurden jeweils einzelne Regressionsmodelle für Klassifikationsgüte (H1) sowie Bewertungszufriedenheit (H2) getestet. Dieses Vorgehen entspricht einer objektiven, indirekten Messung von kognitiver Last (Brünken/Plass/Leutner 2003, 56; Schmutz et al. 2009, 3). Auch für Klassifikationsgüte wurden dabei jeweils separate Modelle geschätzt, da das Übereinstimmungsmaß zwischen Teilnehmern und Experten sowohl auf Basis der CAT-basierten als auch der marktbasierten Expertenbewertung operationalisiert wurde. Zudem wurden alle Modelle mit und ohne zuversichtsgewichtete Übereinstimmungsmaße gerechnet. Hier ergaben sich jedoch nur geringe Unterschiede. Im Folgenden werden daher nur die Ergebnisse für die gewichteten Übereinstimmungsmaße vorgestellt, da diese eine genauere Operationalisierung der Übereinstimmung zwischen Experten und Teilnehmern darstellen. Im Detail wurde dabei jeweils folgende Regressionsgerade geschätzt:

| $Y =$ | $b0 + b1$ Bewertungsmechanismus (Dummy) |

Formel 5-6: Regressionsfunktion Experiment III
Quelle: Eigene Darstellung

In der Tabelle 5-31 ist ersichtlich, dass der verwendete Dummy zur Darstellung des Bewertungsmechanismus einen positiven, signifikanten Effekt auf die Klassifikationsgüte der Teilnehmer ausübt. Dies bedeutet, dass die mehrdimensionale Bewertungsskala zu einer höheren Klassifikationsgüte führt als der verwendete Informationsmarkt. Dieser Effekt ist unabhängig von der Operationalisierung des Übereinstimmungsmaßes für Klassifikationsgüte sowie der als Grundlage verwendeten Expertenbewertung. Das Ausmaß der Veränderungen der Regressionskoeffizienten sowie der Bestimmtheitsmaße sind minimal. Die Effektstärken ($f^2_{5\,Ideen} = 0,01$; $f^2_{8\,Ideen} = 0,03$) dieser Veränderungen sind gering (Chin 1998, 316). Damit kann auch unter Kontrolle von Methodeneffekten davon ausgegangen werden, dass die mehrdimensionale Bewertungsskala zu einer höheren Klassifikationsgüte führt als der Informationsmarkt. Damit kann Hypothese eins angenommen werden.

EXP_{CAT}			EXP_{IM}		
B	β	R^2	B	β	R^2
Teil A: Operationalisierung mit einem Grenzwert von fünf Ideen					
2,76***	0,37***	0,14***	2,51***	0,36***	0,13***
Teil B: Operationalisierung mit einem Grenzwert von acht Ideen					
3,01***	0,32***	0,10***	3,82***	0,39***	0,14***

n = 120; *** signifikant mit p < 0,01, ** signifikant mit p < 0,05, * signifikant mit p < 0,1
Durbin-Watson-Statistik (Gesamtmodelle): 1,93 - 2,06; VIF = 1,00 für alle Modelle

Tabelle 5-31: Regressionsergebnisse für Klassifikationsgüte in Experiment III
Quelle: Eigene Darstellung

In Tabelle 5-32 ist ersichtlich, dass in Bezug auf Bewertungszufriedenheit ein signifikanter, positiver Haupteffekt von Bewertungszufriedenheit auf Klassifikationsgüte in Schritt 2 (β = 0,26; p < 0,01) der Analyse nachgewiesen werden. Hypothese zwei kann damit angenommen werden.

B	β	R²
0,38*	0,19*	0,04*
n = 120, ** signifikant mit p < 0,01, * signifikant mit p < 0,05 Durbin-Watson-Statistik (Gesamtmodell): 2,11; VIF = 1,00		

Tabelle 5-32: Regressionsergebnisse für Bewertungszufriedenheit in Experiment III
Quelle: Eigene Darstellung

Um zu überprüfen, ob es in der vorliegenden Analyse bezüglich Bewertungszufriedenheit auf dem Informationsmarkt zu Verzerrungen gekommen ist, wurde als nachgelagerter Analyseschritt eine Varianzanalyse (ANOVA) durchgeführt, in der auf Unterschiede bezüglich Bewertungszufriedenheit auf allen sechs Informationsmärkten getestet wurde. Konstruktvalidität und Reliabilität der Bewertungszufriedenheitsskala wurden mittels den Verfahren der EFA und KFA sichergestellt. Es konnten jedoch keine Unterschiede zwischen den einzelnen Informationsmärkten festgestellt werden (Blohm et al. 2011h, 11). Zudem wurden die Anwendungsvoraussetzungen von OLS-Regressionen überprüft (vgl. Kapitel 5.1.3.2 auf S. 164), die auch hier als erfüllt angesehen werden können.

In Tabelle 5-33 werden die Hypothesen und die Ergebnisse von Experiment III zusammengefasst.

#	Hypothese	Angenommen?
H1	Der verwendete Bewertungsmechanismus beeinflusst die Klassifikationsgüte der Teilnehmer in dem Sinne, dass eine „Bewertungsskala" zu einer genaueren Bewertung der Ideen führt als ein „Informationsmarkt".	Ja
H2	Der verwendete Bewertungsmechanismus beeinflusst die Bewertungszufriedenheit der Teilnehmer in dem Sinne, dass eine „Bewertungsskala" zu einer höheren Bewertungszufriedenheit der Teilnehmer führt als ein „Informationsmarkt".	Ja

Tabelle 5-33: Überblick über die in Experiment III getesteten Hypothesen
Quelle: Eigene Darstellung

5.5.5 Diskussion der Ergebnisse

In Experiment III konnte gezeigt werden, dass die mehrdimensionale Skala zu einer höheren Klassifikationsgüte führt als der Informationsmarkt. Dieses Ergebnis ist unabhängig von Methodeneffekten und kann daher als sehr robust bezeichnet werden. Die Nutzer einer mehrdimensionalen Bewertungsskala besitzen zudem eine höhere Zufriedenheit mit ihren Ideenbewertungen.

In einer Vielzahl von Kontexten konnten Informationsmärkte ein großes Potenzial zur Aggregation asymmetrisch verteilter Informationen unter Beweis stellen, so dass mit diesen Mechanismen zum Teil sehr genaue Prognosen erstellt werden können. Während Informationsmärkte in diesen Kontexten ein effizientes Instrument zur Sammlung, Aggregation und Verteilung von Informationen darstellen, zeigen die Ergebnisse von Experiment III, dass die relative Klassifikationsgüte einer mehrdimensionalen Bewertungsskala im Rahmen einer kollektiven Bewertung von kundengenerierten Innovationsideen als höher einzuschätzen ist ($p < 0,01$). Drei Gründe könnten hierfür ausschlaggebend sein:

- **Komplexität von Ideenqualität:** Auf Basis der C-OAR-SE Einteilung von Rossiter (2002) kann Ideenqualität als ein doppelt komplexes Konstrukt angesehen werden (vgl. Kapitel 5.1.2.1 auf S. 155). Es beschreibt ein abstraktes Konzept, das keine reale oder physische Repräsentation besitzt und sich aus der Interaktion mehrerer Bewertungsdimensionen zusammensetzt. Die Wahrnehmung von Ideenqualität ist daher hochgradig subjektiv und aus Sicht der Bewertenden immer mit einer gewissen Unschärfe behaftet. Zur Bewertung von Ideenqualität könnte daher ein direkter Bewertungsmechanismus auf Basis einer mehrdimensionalen Bewertungsskala vorteilhaft sein, da Informationsmärkte durch die indirekte Bewertung mittels eines Marktmechanismus zu viele „*Störgeräusche*" zur Bewertung hinzufügen. Als Konsequenz kann keine valide Bewertung der Ideen vorgenommen werden.

- **Kognitive Komplexität von Informationsmärkten:** Im Vergleich zu Bewertungsskalen sind Informationsmärkte ein deutlich komplexerer Mechanismus, der eine höhere kognitive Last induziert. Das Handeln von Ideen könnte daher die Nutzer von Informationsmärkten davon abhalten, umfassende, mentale Repräsentationen der Ideen zu entwickeln, die jedoch die Grundlage einer genauen Bewertung darstellen. In diesem Kontext könnte das Arbeitsgedächtnis durch die Benutzung des Marktes bereits voll ausgelastet sein, so dass im Rahmen des Ideenbewertungsprozesses zur Bewertung der Ideen notwendige Informationen nicht mehr aufgenommen werden könnten. Diese negativen Effekte könnten dann das Potenzial von Informationsmärkten zur Aggregation verteilter Informationen limitieren.

- **Entscheidungsunterstützung von mehrdimensionalen Bewertungsskalen:** Mehrdimensionale Bewertungsskalen können für Bewertende durch die einzelnen Bewertungskriterien einen höheren Grad an Entscheidungsunterstützung bereitstellen, so dass ein umfassenderes Problemverständnis aufgebaut und gezielter Informationen aus dem Langzeitgedächtnis abgerufen werden können (Limayem/DeSanctis 2000, 387-389).

Alle drei potenziellen Begründungen führen zu dem Schluss, dass eine höhere Komplexität der Bewertungsmechanismen im Rahmen einer kollektiven Ideenbewertung nicht zu einer genaueren Bewertung der Ideen führt. Durch die Komplexität von Informationsmärkten steigt die kognitive Belastung der Handelnden, wodurch deren Klassifikationsgüte gegenüber Nutzern einer mehrdimensionalen Bewertungsskala eingeschränkt wird.

In Bezug auf die Akzeptanz der Bewertungsmechanismen führen mehrdimensionale Bewertungsskalen zu einer höheren Zufriedenheit der Nutzer mit ihren Bewertungen. In diesem Zusammenhang könnte der Informationsmarkt zu einem höheren Stressniveau bei der Ideenbewertung geführt haben. Dieser Stress führte zu negativen Assoziationen und folglich zu einer geringen Bewertungszufriedenheit der Teilnehmer.

5.6 Schlussfolgerung und Implikationen der Ergebnisse

5.6.1 Zusammenfassung der Ergebnisse

Im Rahmen von Kapitel fünf dieser Arbeit wurden drei aufeinander aufbauende Experimente zur Gestaltung von Mechanismen zur kollektiven Ideenbewertung durchgeführt. Die Experimente kombinieren unterschiedliche Forschungsmethoden und Datenquellen, wie z.B. experimentell erhobene Daten zum Bewertungsverhalten der Teilnehmer, Fragebögen zur Erhebung von Daten bezüglich der Akzeptanz der Bewertungsmechanismen und unabhängigen Expertenbewertungen zur Bestimmung der Qualität der zu bewertenden Ideen. Die Analyse dieser Daten erfolgt sowohl auf der aggregierten Ebene der Bewertungsmechanismen als auch der individuellen Nutzer. Durch diese Triangulation der Datenquellen können die Robustheit der Ergebnisse verbessert und Probleme der Methodenverzerrung vermieden werden (vgl. z.B. Sharma/Yetton/Crawford 2009).

Experiment I untersuchte die funktionale Eignung und die Akzeptanz einer ein- und einer mehrdimensionalen Bewertungsskala für die kollektive Ideenbewertung. Hier konnte gezeigt werden, dass die mehrdimensionale Skala zu einer höheren Klassifikationsgüte der Teilnehmer und einer positiveren Einstellung gegenüber dem verwendeten Innovationsportal führt. Dieser Effekt auf die Einstellung gegenüber dem Innovationsportal ist jedoch indirekter Natur, da er durch die Einstellung gegenüber der Bewertungsskala mediiert wird, die wiederum direkt durch die Bewertungsskala beeinflusst wird. Darüber hinaus wurde der Einfluss von Kundenwissen als potenzieller Moderator zwischen den Bewertungsskalen und der Klassifikationsgüte der Teilnehmer sowie der Einstellung gegenüber der Bewertungsskala überprüft. Hier konnte jedoch kein signifikanter Zusammenhang aufgedeckt werden.

Experiment II verglich sechs unterschiedliche Konfigurationen von Informationsmärkten. Im Detail wurden hier die Effekte der beiden Gestaltungsparameter Marktdesign (Einzel- und Multimärkte) und Preiselastizität auf die Klassifikationsgüte der Teilnehmer untersucht. Hier konnte gezeigt werden, dass Multimärkte zu einer höheren Klassifikationsgüte führen als Einzelmärkte und der Zusammenhang zwischen Marktdesign und Klassifikationsgüte durch den Faktor Preiselastizität moderiert wird. Auf Multimärkten ist der Effekt von Preiselastizität am ehesten mit einer umgekehrten U-Funktion zu vergleichen. Zu hohe und zu niedrige Preiselastizitäten führen zu einer geringeren Klassifikationsgüte als eine moderate Preiselastizität. Im Gegensatz dazu hat eine Manipulation der Preiselastizität auf Einzelmärkten nur einen untergeordneten Effekt auf die Klassifikationsgüte der Teilnehmer.

Experiment III setzt auf den Experimenten I und II auf und vergleicht die jeweils überlegenen Konfigurationen einer mehrdimensionalen Skala und eines Multimarktes mit mittlerer Preiselastizität. Hier konnte gezeigt werden, dass die mehrdimensionale Skala auch unter Kontrolle potenzieller Methodeneffekte zu einer höheren Klassifikationsgüte und Bewertungszufriedenheit der Teilnehmer führt.

5.6.2 Theoretische Implikationen

Im Rahmen der drei Experimente konnte gezeigt werden, dass die Gestaltung von kollektiven Bewertungsmechanismen einen großen Einfluss auf Klassifikationsgüte und Akzeptanz der Mechanismen besitzt. Aufbauend auf diesen Ergebnissen können folgende Beiträge für die bestehende Forschung im Bereich der kollektiven Intelligenz und der Kreativitätsforschung gemacht werden:

(1) Theoriebildung kollektive Intelligenz: Im Rahmen dieser Arbeit wurden insgesamt drei Modelle zu Klassifikationsgüte und Akzeptanz zweier Mechanismen zur kollektiven Ideenbewertung aufgestellt und getestet. Die Ergebnisse leisten einen Erklärungsbeitrag zur Funktionsweise dieser Mechanismen. Sie helfen zu verstehen, *„warum"* und *„wie"* diese Mechanismen funktionieren und *„wie"* sie von ihren Nutzern wahrgenommen werden. Damit trägt diese Arbeit dazu bei, die Limitationen der im Forschungsgebiet der kollektiven Intelligenz stark verbreiteten Einzelberichte sowie den oftmals rein empirischen bzw. technischen Fokus bestehender Arbeiten zu überwinden (Zwass 2010; Bonabeau 2009). Damit können Informationssysteme zur Nutzbarmachung der kollektiven Intelligenz einer Vielzahl von Teilnehmern effektiver gestaltet werden.

Experiment I untersucht den Einsatz von Bewertungsskalen zur kollektiven Ideenbewertung. Während die Gestaltung und Verwendung von Skalen im Rahmen der Marktforschung und den Sozialwissenschaften bereits intensiv erforscht wurde (vgl. z.B. Churchill 1979; Nunnally/Bernstein 1994), wurde deren Effektivität im Rahmen der Aggregation einer großen Anzahl von kundengenerierten Ideenbewertungen noch nicht ausreichend evaluiert (Bonabeau 2009; Malone/Laubacher/Dellarocas 2010). Darüber hinaus wird in der vorliegenden Arbeit die Interaktion der verwendeten Bewertungsskalen mit den Charakteristiken der Bewertenden im Sinne ihres Kundenwissens berücksichtigt. Aus diesem Grund werden auch nicht nur aus anderen Forschungsbereichen bereits bekannte Forschungsergebnisse repliziert, sondern diese in einen breiteren Kontext gesetzt. Die Ergebnisse des Experiments I implizieren, dass mehrdimensionale Skalen die Klassifikationsgüte ihrer Nutzer erhöhen, bei diesen eine positive Einstellung gegenüber dem Innovationsportal hervorrufen und dass diese Effekte unabhängig vom Kundenwissen der Nutzer sind. Die Ergebnisse substantiieren damit bestehende Forschung im Bereich der kollektiven Intelligenz und zeigen, dass Individuen aller Art mit entsprechenden Informationssystemen einen wichtigen Beitrag zu einer Gruppenentscheidung beitragen können.

Experiment II trägt zur wachsenden Forschungsströmung bezüglich der Gestaltung von Informationsmärkten (vgl. z.B. Luckner/Weinhardt 2007; Spann/Skiera 2003; Slamka/Jank/Skiera 2012) und Market Maker (vgl. z.B. Berg/Proebsting 2009; Van Bruggen et al. 2010; Hanson 2003) bei. Experiment II zeigt, wie zwei fundamentale Gestaltungsoptionen, das Marktdesign und die Elastizität der durch einen Market Maker determinieren Marktpreise, im Kontext der Ideenbewertung interagieren. Bestehende Forschung geht in diesem Zusammenhang davon aus, dass Informationsmärkte über eine hohe Klassifikationsgüte verfügen, solange die Nutzer die zu handelnden Aktien verstehen (Wolfers/Zitzewitz 2004, 120f.) und genügend Informationen durch den Marktmechanismus aggregiert werden können. Experiment II erweitert diese Arbeiten und impliziert, dass durch eine entsprechende Konfiguration des Informationsmarktes und der Preiselastizität, die Nutzer von Informationsmärkten dabei unterstürzt werden können, genauer zwischen den einzelnen Eigenschaften der Ideen zu unterscheiden und diese mittels eines Informationsmarktes ausdrücken zu können. Die Ergebnisse des Experiments II demonstrieren, dass Multimärkte mit einer moderaten Preiselastizität hierfür am besten geeignet sind. Die Elastizität der Marktpreise kann hier als kognitiv stimulierende Rückmeldung des Informationsmarktes angesehen werden, die den Nutzern hilft, die Qualität der zu handelnden Ideen genauer einschätzen zu können (Bajaj/ Nidumolu 1998; Kim/Malhotra 2005).

Experiment III führt bislang zwei miteinander unverbundene Forschungsströmungen über Bewertungsskalen (vgl. z.b. Di Gangi/Wasko 2009) und Informationsmärkte (vgl. z.B. Soukhoroukova/Spann/Skiera 2012; LaComb/Barnett/Qimei 2007) am Beispiel der kollektiven Ideenbewertung zusammen. Beide Mechanismen wurden bereits als Instrument zur Aggregation von Einstellungen und Präferenzen einer großen Menge von Individuen beforscht, doch fehlten bislang Untersuchungen zum Vergleich der relativen Klassifikationsgüte der beiden Mechanismen. Wie Experiment II trägt auch Experiment III zu dem Forschungsfeld über Informationsmärkte bei, da es hilft zu verstehen, wie Informationsmärkte von ihren Nutzern wahrgenommen werden und warum Informationsmärkte in der Praxis oftmals eine geringe Akzeptanz besitzen (Graefe 2009, 8-11).

Bei den Experimenten wird in einem wesentlichen Maße auf die Theorie kognitiver Belastung zurückgegriffen, die in einer neuen Domäne angewendet wird – dem Forschungsgebiet der *"Open Innovation"*. Sie ermöglicht ein Verstehen der Klassifikationsgüte und der Akzeptanz der untersuchten Bewertungsmechanismen. So zeigten alle drei Experimente übereinstimmend, dass jeweils der Mechanismus, der die geringste kognitive Last erzeugte zur höchsten Klassifikationsgüte führte. Vor diesem Hintergrund sind insbesondere die Ergebnisse aus den Experimenten I und II von Relevanz, da in diesen jeweils der auf den ersten Blick einfachere Mechanismus schlechter abschnitt.

(2) Theorieerweiterung Kreativitätsforschung: Im Rahmen dieser Arbeit wurden bestehende Maße zur Messung der Übereinstimmung zwischen Experten und Teilnehmern aus der Kreativitätsforschung durch Berücksichtigung eines Klassifikationsfehlers weiterentwickelt. Auf Basis dieser Operationalisierung von Klassifikationsgüte konnten Ergebnisse, die teilweise nur auf einer aggregierten Ebene vorliegen, wie z.B. Marktpreise in einem Informationsmarkt, auf Nutzerebene heruntergebrochen werden. Dadurch wird es möglich, die Effekte der Bewertungsmechanismen in Bezug auf die Eigenschaften der Teilnehmer (z.B. Kundenwissen) und deren Akzeptanz (z.B. Einstellung gegenüber dem Innovationsportal) aufzulösen und deren Wechselwirkungen mit den Bewertungsmechanismen zu bestimmen, um Gestaltungsempfehlungen für kollektive Bewertungsmechanismen ableiten zu können (Benbasat/Zmud 2003, 186f.).

5.6.3 Praktische Implikationen und Gestaltungsempfehlungen

Auf Basis der Experimente können Empfehlungen für die Gestaltung von Mechanismen zur kollektiven Ideenbewertung abgeleitet werden. Die Ergebnisse der Experimente implizieren, dass solche Mechanismen bei einer angemessenen Gestaltung in der Lage sind, eine mit Experten vergleichbare Einschätzung von Ideenqualität zu ermöglichen. Dadurch können sie als Mechanismen zur Durchführung kollektiver Bewertungsaufgaben eingesetzt werden, so dass sie ein effektives Instrument zur Vergrößerung der limitierten AC der Betreiber von OI-Communities darstellen können. Darüber hinaus können die Ergebnisse auf alle Kontexte verallgemeinert werden, in denen aus einer großen Anzahl von Ideen, ein kleiner Bruchteil ausgewählt werden muss, wie z.b. Brainstorming-Sitzungen (vgl. z.b. Girotra/Terwiesch/ Ulrich 2010; Santanen/Briggs/De Vreede 2004; Barki/Pinsonneault 2001) oder Ideenwettbewerbe (vgl. z.b. Leimeister et al. 2009; Jeppesen/Lakhani 2010; Bullinger et al. 2010; Blohm et al. 2011b). Auf Basis der Ergebnisse der Experimente können hierfür folgende Gestaltungsempfehlung abgeleitet werden:

(1) Nutzung mehrdimensionaler Bewertungsskalen: Die Ergebnisse der Experimente I und III implizieren, dass mehrdimensionale Skalen sowohl eindimensionalen Skalen als auch Informationsmärkten in Bezug auf Klassifikationsgüte und Akzeptanz überlegen sind. Daher sollten sie auch in OI-Communities eingesetzt werden. Zudem konnte in Experiment III die Klassifikationsgüte der verwendeten Skala im Vergleich zu Experiment I um 34 % gesteigert werden. Jedoch wurden bei Experiment III experimenteller Aufbau und Aufgabe gleichermaßen verändert. So wurde zum einen durch die Verlosung eines hochwertigen Abspielgeräts für MP3-Dateien eine zusätzliche, extrinsische Teilnahmemotivation geschaffen. Zum anderen konnten die Teilnehmer die zu bewertenden Ideen frei auswählen, so dass nicht mehr alle Ideen bewertet werden mussten. So lange nicht eindeutig geklärt werden kann, welcher Effekt überwiegt, sollten Betreiber von OI-Communities beide Ansätze gleichermaßen implementieren. Während die freie Auswahl der zu bewertenden Ideen einfach umzusetzen ist und in der Praxis oftmals die Regel darstellt, können zusätzliche extrinsische Motivatoren, wie z.B. die Verlosung von Preisen unter den bewertenden Community-Mitgliedern, eingesetzt werden. Die in den Fallstudien eingesetzten Aktivitätsrankings könnten einen ähnlichen Effekt ausüben. Des Weiteren zeigen die Ergebnisse des Experiments I, dass die mehrdimensionale Skala unabhängig vom Kundenwissen der Teilnehmer ist und daher für alle Kundengruppen verwendet werden sollte.

(2) Moderate Preiselastizität für Multimärkte: Die Ergebnisse des Experiments II suggerieren, dass Multimärkte mit einer moderaten Preiselastizität für die Bewertung von Ideen am besten geeignet sind. Die Ergebnisse dieses Experiments dürften in einer weiteren Betrachtung für alle Informationsmärkte übertragbar sein, auf denen Aktien für abstrakte Güter gehandelt werden, denen keine beobachtbaren, zukünftigen Ereignisse zur Bestimmung der Auszahlungen zugrundeliegen und für deren Konfiguration noch viele Details unbekannt sind (Slamka/Jank/Skiera 2012, 2f.). In diesem Zusammenhang konnte der Ansatz von Berg/Proebsting (2009) zur Abschätzung einer moderaten Preiselastizität von Informationsmärkte validiert werden.

(3) Minimierung kognitiver Last bei der Ideenbewertung: In einer Gesamtbetrachtung kann aus den Ergebnissen der drei Experimente gefolgert werden, dass die durch die Bewertungsmechanismen induzierte kognitive Last einen hohen Einfluss auf die Klassifikationsgüte der Teilnehmer hat. Daher sollten zusätzliche Funktionalitäten und Informationen im Rahmen dieser Mechanismen nur sehr spärlich eingesetzt werden, um eine kognitive Überlastung der Community-Mitglieder zu vermeiden.

Der praktische Nutzen dieser Ergebnisse hängt jedoch in einem hohen Maße von den Kosten der Ideenbewertung im Vergleich zum Potenzial der Ideen und den Folgen von Fehlklassifikationen ab (Franke/Hienerth 2006, 60). Bei der Entwicklung von Innovationen können sich die Kosten einer fälschlicher Weise als *„gut"* klassifizierten *„schlechten"* Idee (Fehler 1. Art) beträchtlich von den Kosten unterscheiden, eine *„gute"* Idee als *„schlecht"* klassifiziert zu haben (Fehler 2. Art). Während der Fehler 1. Art eine ineffiziente Allokation von Ressourcen darstellt, umfasst der zweite Fall möglicherweise das Übergehen einer lukrativen Möglichkeit, was sich kritisch auf den zukünftigen Fortbestand des Unternehmens auswirken könnte. Das Risiko von Fehlklassifikationen steigt dabei allgemein in Situationen, in denen die Qualität der Ideen sehr konzentriert ist und gute Ideen *„Diamanten unter Tonnen von Steinen"* (Franke/Hienerth 2006, 60) darstellen. Auf der einen Seite haben die Fallstudien jedoch gezeigt, dass solche Ideen in der Regel Kristallisationspunkte intensiver Diskussionen der Community-Mitglieder darstellen. Die Risiken von Fehlern 2. Art können daher sehr effektiv durch das Einbeziehen dieser qualitativer Daten minimiert werden (Mühlbacher/Füller/Huber 2011, 231f.). Auf der anderen Seite sind die finanziellen Folgen von Fehlklassifikationen geringer, wenn die Kosten der Ideenbewertung sehr hoch sind. Da in OI-Communities sehr schnell mehrere tausend Ideen eingereicht werden und Experten eine rare Ressource darstellen, sind diese Kosten von großer praktischer Bedeutung (Blohm et al. 2011f, 100f.; Blohm/Leimeister/Krcmar 2011b, 365).

6 Zusammenfassung und Ausblick

Im folgenden Kapitel sechs werden die zentralen Ergebnisse sowie die theoretischen und praktischen Implikationen der vorliegenden Arbeit abschließend zusammengefasst. Darüber hinaus werden die Limitationen der Arbeit diskutiert und zukünftiger Forschungsbedarf aufgezeigt.

6.1 Zusammenfassung der Ergebnisse

Ziel dieser Arbeit war es, zu untersuchen, wie die kollektive Intelligenz der Mitglieder von „*Open Innovation (OI)-Communities*" genutzt werden kann, um mittels einer kollektiven Ideenbewertung die limitierte „*Absorptive Capacity (AC)*" des Community-Betreibers zu vergrößern.

In **Kapitel zwei** wurden die konzeptionellen Grundlagen dieser Arbeit erarbeitet. Dabei werden Softwareunternehmen definiert, die Rolle der Ideenselektion im Innovationsprozess beleuchtet sowie dessen Öffnung diskutiert. OI-Communities werden von anderen Methoden der OI abgegrenzt und in den Kontext der kollektiven Intelligenz eingeordnet. Auf Basis dieser Grundlagen kann gefolgert werden, dass sich bestehende OI-Ansätze in erster Linie auf die Generierung von Innovationsideen fokussieren und Ansätze der kollektiven Intelligenz ein komplementäres Gegenstück zur Bewertung der in OI-Ansätzen generierten Ideen darstellen können.

In **Kapitel drei** erfolgt ein systematischer Review der AC-Literatur auf Basis der Empfehlungen von Webster/Watson (2002) und Torraco (2005), um die Bedeutung einer kollektiven Ideenbewertung bei der Implementierung von Kundenideen aus OI-Communities und die damit einhergehende Ideenselektion aus einer theoretischen Perspektive beleuchten zu können. Einer prozessorientieren Betrachtungsweise folgend wurde der aktuelle Forschungsstand zu AC herausgearbeitet, systematisch mit OI-Communities verbunden und ein domänenspezifisches Ideenabsorptionsmodell entwickelt. Im Rahmen dieses Reviews konnte AC als ein dreistufiger, organisationaler Lernprozess charakterisiert werden, bei dem die Kunden den lehrenden und Community-Betreiber den lernenden Part einnehmen. In der Phase des explorativen Lernens werden Ideen in der OI-Community gesammelt und bewertet. In der sich anschließenden transformativen Lernphase werden diese Ideen dann für die in der Phase des exploitativen Lernens stattfindende Implementierung aufbereitet. Im Rahmen dieses Transformationsprozesses werden die Bedürfnis-, Lösungs-, und Präferenzinformationen der Community-Mitglieder als Inputs angesehen, die in strategische Wettbewerbsvorteile, wie z.B. eine Steigerung der Innovationskraft, einer Erhöhung der strategischen Flexibilität sowie Erarbeitung neuen Wissens als Outputs, transformiert werden.

Aufbauend auf der Konzeptualisierung von AC als *"Dynamic Capability"* wurden die von Jansen/Van den Bosch/Volberda (2005) eingeführten Systematisierungs-, Koordinations- und Sozialisierungskompetenzen auf den Kontext von OI-Communities übertragen. In Bezug auf Gestaltung und Management dieser sozio-technischen Systeme wurden die Unterstützungspotenziale von IT für diese Kompetenzen herausgearbeitet und diese als IT- Kompetenzen – im Detail IT-basierte Systematisierungs-, Koordinations- und Sozialisierungskompetenzen – rekonzeptualisiert. Dabei wurde insbesondere auf die Potenziale dieser Kompetenzen im Rahmen einer kollektiven Ideenbewertung eingegangen.

In **Kapitel vier** wurde das in Kapitel drei entwickelte Ideenabsorptionsmodell im Rahmen von vier qualitativen Fallstudien empirisch überprüft und verfeinert. Alle drei Phasen des explorativen, transformativen und exploitativen Lernens konnten eindeutig in den untersuchten OI-Communities identifiziert werden. Es konnte gezeigt werden, dass Mechanismen zur kollektiven Ideenbewertung bei der Erkennung von Möglichkeiten zur Wissensarbitrage und der Ideenselektion eine große Rolle spielen sowie dass Ideen nach der Selektion zwei unterschiedliche Absorptionspfade durchlaufen können. Der zentrale Absorptionspfad entspricht im weitesten Sinne der in der AC-Forschung verbreiteten Prozesslogik. Absorbierte Ideen werden mit intern bereits existierenden Ideen verdichtet oder im Rahmen von Folgeprojekten weiterentwickelt, anschließend mit der Produkt- und Unternehmensstrategie abgeglichen und bei einer ausreichenden strategischen Passung implementiert. Alternativ kommt es auf dem peripheren Absorptionspfad zur Umsetzung von Ideen, wenn einzelne Mitarbeiter in einem hohen Maße von dem Potenzial einer Idee überzeugt sind und diese ohne eine Abstimmung mit den Vorgesetzen oder dem Community-Betreiber im Allgemeinen umsetzen. Darüber hinaus werden domänenspezifische Kontingenzfaktoren herausgearbeitet. So kann z.B. gezeigt werden, dass das auf dem peripheren Absorptionspfad notwendige individuelle Promotorentum in einem hohen Ausmaß von der Autonomie der Mitarbeiter abhängt.

Weiterhin wurde der Einfluss der IT-basierten Absorptionskompetenzen bei der Ideenabsorption untersucht. IT-basierte Systematisierungskompetenzen verbessern die Erhebung von Bedürfnis-, Lösungs- und Präferenzinformationen. In diesem Zusammenhang demonstrieren die Fallstudien, dass die Gestaltung von Mechanismen zur kollektiven Ideenbewertung einen großen Einfluss auf deren Effektivität hat. IT-basierte Koordinationsmöglichkeiten ermöglichen die Integration von OI-Communities in den Innovationsprozess der Community-Betreiber sowie das Aufbauen von Strukturen zum bidirektionalen Austausch mit den Community-Mitgliedern, so dass die Informationen der Mitglieder innerhalb und außerhalb der Unternehmensgrenzen auf effizientere Weise verteilt werden können. IT-basierte Sozialisierungsmechanismen umfassen die emotionale Integration der Community-Mitglieder in eine Gemeinschaft, ein kontinuierliches Community-Building und den Aufbau selbstverwaltender Strukturen. Dadurch kann das Innovationspotenzial der OI-Community nachhaltig ausgebaut und ein effizienterer Betrieb der OI-Community ermöglicht werden.

In **Kapitel fünf** wurden drei aufeinander aufbauende Experimente zur kollektiven Ideenbewertung durchgeführt, um zu analysieren, wie kollektive Ideenbewertungsmechanismen gestalten werden müssen, um die limitierte AC der Betreiber von OI-Communities zu vergrößern. In Experiment I konnte gezeigt werden, dass eine mehrdimensionale Skala zu einer höheren Klassifikationsgüte und einer positiveren Einstellung gegenüber dem in den Experimenten verwendeten Innovationsportal führen als eine eindimensionale Skala. Weiterhin wurde Kundenwissen als potenzieller Moderator untersucht, wobei jedoch kein signifikanter Zusammenhang aufgedeckt werden konnte. In Experiment II wurden der Einfluss der beiden Gestaltungsparameter Marktdesign (Einzel- und Multimärkte) und Preiselastizität auf die Klassifikationsgüte der Teilnehmer in Informationsmärkten untersucht. Hier konnte nachgewiesen werden, dass Multimärkte zu einer höheren Klassifikationsgüte führen und der Zusammenhang zwischen Marktdesign und Klassifikationsgüte durch die Preiselastizität moderiert wird. Auf Multimärkten folgt der Einfluss von Preiselastizität im weitesten Sinne einer umgekehrten U-Funktion. Eine anfängliche Steigerung der Preiselastizität führt zu einer Vergrößerung der Klassifikationsgüte der Teilnehmer, die wieder sinkt, wenn die Preiselastizität ein zu hohes Niveau annimmt. Im Gegensatz dazu führt eine Manipulation der Preiselastizität auf Einzelmärkten nur zu geringfügigen Änderungen der Klassifikationsgüte. Aufbauend auf den Experimenten I und II vergleicht Experiment III eine mehrdimensionale Skala und einen Multimarkt mit mittlerer Preiselastizität. Auch unter Kontrolle potenzieller Methodeneffekte führt die mehrdimensionale Skala zu einer höheren Klassifikationsgüte sowie zu einer höheren Bewertungszufriedenheit der Teilnehmer.

6.2 Theoretische Implikationen

Aufgrund des kumulativen Charakters dieser Arbeit wurden die theoretischen Implikationen jeweils am Ende der einzelnen Kapitel intensiv diskutiert. An dieser Stelle erfolgt daher eine zusammenfassende Gesamtbetrachtung dieser Implikationen. Für eine detaillierte Diskussion wird an die entsprechenden Kapitel verwiesen (vgl. Kapitel 3.4.2 (S. 71), 4.5.2 (S. 146) und 5.6.2 (S. 229) für eine ausführlichere Diskussion). In einer Gesamtbetrachtung offeriert die vorliegende Arbeit drei Hauptbeiträge für die bestehende Forschung:

(1) Theorieintegration Absorptive Capacity und Open Innovation: Das aus der Literatur abgeleitete und empirisch verfeinerte Ideenabsorptionsmodell integriert die beiden Konzepte *"Absorptive Capacity"* und *"Open Innovation"* und stellt eine domänenspezifische Konzeptualisierung von AC dar. Durch die integrierte Sichtweise der OI- und AC-Forschung kann einerseits die AC-Theorie auf Basis des Ideenabsorptionsmodells bestätigt und andererseits durch ein qualitatives Prozessverständnis sowie IT-basierte Absorptionskompetenzen erweitert werden. Implikationen ergeben sich aber auch für die OI-Forschung. Im Detail wird die Frage der Wertaneignung in OI-Communities untersucht, so dass damit zu der Entwicklung einer umfassenden OI-Theorie beigetragen werden kann (Lichtenthaler 2011, 87). Damit können drei Teilbeiträge herausgearbeitet werden:

- **Qualitatives Verständnis von Absorptionsprozessen:** Das Ideenabsorptionsmodell trägt zu einem tieferen Verständnis von realen Absorptionsprozessen bei, das von mehreren Autoren gefordert wurde (Lane/Koka/Pathak 2006, 833f.; Lichtenthaler 2009b, 822; Easterby-Smith et al. 2008, 499). Dabei ermöglicht der qualitative Forschungsansatz neue Einblicke zur Weiterentwicklung des meist quantitativ erforschten AC-Konstrukts und Überkommen dessen Reifikation. Die Sichtweise dieser Arbeit kann damit helfen, die multi-dimensionale Natur des AC-Konstrukts genauer erfassen und operationalisieren zu können (Volberda/Foss/Lyles 2010, 937).

- **IT-basierte Absorptionskompetenzen:** Aufbauend auf der Arbeit von Jansen/Van den Bosch/Volberda (2005) wurden Systematisierungs-, Koordinations- und Sozialisierungskompetenzen als IT-basierte Absorptionskompetenzen rekonzeptualisiert. Diese erweitern bestehende Forschung zum Management von Absorptionsprozessen (Jansen/Van den Bosch/Volberda 2005; Lewin/Massini/Peeters 2011) sowie des internen und externen

Wissensmanagements im Allgemeinen (Alavi/Leidner 2001; Kogut/Zander 1992; Escribano/Fosfuri/Tribó 2009), indem sie die Bedeutung und Unterstützungspotenziale von IT für diese Prozesse am Beispiel von OI-Communities herausarbeiten. Systematisierungs-, Koordinations- und Sozialisierungskompetenzen werden auf die Domäne OI-Communities übertragen und somit um Gestaltung und Management eines soziotechnischen Systems erweitert. Diese umfassen damit nicht nur organisatorische Komponenten des IT-Managements, sondern auch eine ausgeprägte, gestaltungsorientierte Komponente zur Steigerung der AC eines Unternehmens.

- **Wertaneignung in OI-Communities:** Bisherige OI-Forschung untersuchte OI-Communities als ein Phänomen der unternehmerischen Praxis und fokussiert dabei in erster Linie auf wertgenerierende Aktivitäten. Im Gegensatz dazu untersucht die vorliegende Arbeit, wie sich Unternehmen den Wert aneignen, der durch die Umsetzung von Ideen entsteht, die in OI-Communities eingereicht werden. Absorptionsprozesse und IT-basierte Absorptionskompetenzen stellen in diesem Zusammenhang *"Complimentary Assets"* zur Nutzung und Kommerzialisierung des akquirierten Kundenwissens dar (Teece 1986, 288f.). Die identifizierten IT-basierten Absorptionskompetenzen helfen AC im Kontext von OI-Communities als *"Dynamic Capability"* (Zahra/George 2002b, 195) zu verstehen, in der ressourcenbasierten Ansicht der Unternehmung zu verankern und somit in einen breiteren, theoretischen Kontext einzubetten (Eisenhardt/Martin 2000; Teece/Pisano/Shuen 1997; Barney 1991).

(2) Theoriebildung kollektive Intelligenz: In dieser Arbeit wurden insgesamt drei Modelle zu Klassifikationsgüte und Akzeptanz von Mechanismen zur kollektiven Ideenbewertung entwickelt und getestet. Diese tragen dazu bei, die Limitationen der im Forschungsgebiet der kollektiven Intelligenz stark verbreiteten Einzelberichte bzw. den oftmals rein empirischen bzw. rein technischen Fokus dieser Forschungsrichtung zu überwinden (Zwass 2010; Bonabeau 2009). Die Ergebnisse dieser Arbeit helfen an den Beispielen von Bewertungsskalen und Informationsmärkten zur Ideenbewertung zu erklären, „wie" und „warum" solche Mechanismen funktionieren sowie „wie" sie von den Nutzenden wahrgenommen werden. Die Ergebnisse vertiefen damit bestehende Forschung im Bereich der kollektiven Intelligenz und zeigen, dass Individuen aller Art einen wichtigen Beitrag zu einer Gruppenentscheidung beitragen können, wenn sie durch entsprechende Informationssysteme unterstützt werden.

- **Experiment I** fokussiert auf den Einsatz von Bewertungsskalen zur kollektiven Ideenbewertung. In der vorliegenden Arbeit wird eine Interaktion der verwendeten ein- und mehrdimensionalen Bewertungsskalen mit den Charakteristiken der Bewertenden im Sinne ihres Kundenwissens berücksichtigt. Daher werden nicht nur aus anderen Forschungsbereichen bereits bekannte Forschungsergebnisse repliziert (z.B. Churchill 1979; Nunnally/Bernstein 1994), sondern diese in einen breiteren Kontext gesetzt.

- **Experiment II** trägt zu der wachsenden Forschungsströmung bezüglich der Gestaltung von Informationsmärkten (z.B. Spann/Skiera 2003; Slamka/Jank/Skiera 2012; Luckner/Weinhardt 2007) und Market Maker (Berg/Proebsting 2009; Van Bruggen et al. 2010; Hanson 2003) bei. Experiment II zeigt, wie zwei fundamentale Gestaltungsoptionen, das

Marktdesign und die Elastizität der durch einen Market Maker determinierten Marktpreise, im Kontext der Ideenbewertung interagieren. Experiment II erweitert diese Forschung und impliziert, dass durch eine entsprechende Abstimmung von Informationsmarkt und Preiselastizität, die Nutzer von Informationsmärkten dabei unterstützt werden können, genauer zwischen den einzelnen Eigenschaften der Ideen zu unterscheiden und diese Qualitätseinschätzungen effektiver ausdrücken zu können.

- **Experiment III** führt bislang zwei miteinander unverbundene Forschungsströmungen über Bewertungsskalen (vgl. z.b. Di Gangi/Wasko 2009) und Informationsmärkte (vgl. z.B. Soukhoroukova/Spann/Skiera 2012; LaComb/Barnett/Qimei 2007) am Beispiel der kollektiven Ideenbewertung zusammen. Wie Experiment II trägt auch Experiment III zu dem Forschungsfeld über Informationsmärkte bei, da es z.b. hilft zu verstehen, wie Informationsmärkte von ihren Nutzern wahrgenommen werden und warum Informationsmärkte in der Praxis oftmals eine geringe Akzeptanz erfahren (Graefe 2009, 8-11).

Im Rahmen der Experimente wird auf die Theorie der kognitiven Belastung zurückgegriffen, die in einer neuen Domäne angewendet wird. Sie ermöglicht ein besseres Verstehen der Klassifikationsgüte und Akzeptanz der Bewertungsmechanismen, die in den Experimenten jeweils die höchste Klassifikationsgüte und Akzeptanz aufwiesen, wenn sie eine geringe kognitive Last erzeugten.

(3) Theorieerweiterung Kreativitätsforschung: Zur Bestimmung der Klassifikationsgüte der Teilnehmer wurden in dieser Arbeit bestehende Übereinstimmungsmaße aus der Kreativitätsforschung zum Vergleich der Bewertungen von Experten und Laien durch Berücksichtigung von Klassifikationsfehlern erweitert. Dies erlaubt eine genauere Abbildung der Klassifikationsgüte von Mechanismen der kollektiven Ideenbewertung. Es veranschaulicht wie Daten, die teilweise nur auf einer aggregierten Ebene vorliegen, wie z.B. Marktpreise in einem Informationsmarkt, auf einzelne Nutzer bezogen werden können, um die Effekte von Informationssystemen auf dieser Ebene genauer analysieren zu können.

6.3 Praktische Implikationen

Das Ideenabsorptionsmodell veranschaulicht, welche Prozessschritte Ideen während ihrer Absorption durchlaufen und welche IT-basierten Absorptionskompetenzen Community-Betreiber für eine möglichst verlustfreie Absorption entwickeln müssen. Daraus können wesentliche Aktivitäten für das Management von OI-Communities abgeleitet werden, die im Folgenden kurz dargestellt werden (vgl. Kapitel 4.5.3 auf S. 147 für eine ausführliche Diskussion):

- **Umsetzung technischer *"Best Practices"*:** In Bezug auf die Gestaltung der IT-basierten Systematisierungs-, Koordinations- und Sozialisierungskompetenzen konnten eindeutige *"Best Practices"* identifiziert werden, die Betreiber von OI-Communities umsetzen sollten, um ihre AC zu steigern.

- **Entscheidungsunterstützung durch kollektive Ideenbewertung:** Die Fallstudien zeigen, dass Mechanismen zur kollektiven Ideenbewertung eine zentrale Rolle beim Erkennen von Wissensarbitrage und der Selektion von Ideen spielen. Diese Mechanismen richten die Aufmerksamkeit der Community-Betreiber auf die populärsten Ideen und stellen ein umfassendes Entscheidungsunterstützungssystem dar. Dadurch können Ressourcen bei der Ideenselektion eingespart und der Suchradius der Community-Betreiber ausgeweitet werden.

- **Aktive Gestaltung und Integration von Absorptionsprozessen:** OI-Communities müssen in die alltäglichen Arbeitsabläufe der Community-Betreiber integriert werden. Zudem muss Mitarbeitern ausreichend Freiraum gelassen werden, um mit der OI-Community arbeiten und Ideen aus dieser implementieren zu können. Community-Betreiber müssen genügend Ressourcen zur Verfügung stellen, damit Ideen grundsätzlich beide Absorptionspfade offenstehen.

- **Interdisziplinäres Community-Management als Promotor des Wandels:** Das Community-Management besitzt bei der Ideenabsorption eine übergeordnete Bedeutung und muss dabei oftmals etablierte Strukturen aufbrechen, so dass es mit ausreichenden Ressourcen und Instrumenten zur Überzeugung der beteiligten Abteilungen versorgt werden muss.

- **IT-basierte Absorptionskompetenzen als Schutzmechanismus:** Wettbewerbsvorteile ergeben sich für Community-Betreiber nicht durch die reine Exposition zu einer OI-Community, sondern werden durch den Aufbau IT-basierter Absorptionskompetenzen generiert. Da diese sich aus der Interaktion mit den Community-Mitgliedern entwickeln, können diese nicht kopiert werden. Daher bedarf es keiner besonderer Mechanismen zum Schutz des in der Community akquirierten geistigen Eigentums.

Auf Basis der Experimente kann die aus den Fallstudien abgeleitete Gestaltungsempfehlung *„Entscheidungsunterstützung durch kollektive Ideenbewertung"* verfeinert werden. Es kann demonstriert werden, dass Mechanismen zur kollektiven Ideenbewertung eine mit Experten vergleichbare Einschätzung von Ideenqualität ermöglichen. Damit stellen sie ein effektives Instrument zur Vergrößerung der limitierten AC der Betreiber von OI-Communities dar. Zusammenfassend können dabei folgende Gestaltungsempfehlungen angeboten werden (vgl. Kapitel 5.6.3 auf S. 231 für eine ausführliche Diskussion):

- **Nutzung mehrdimensionaler Bewertungsskalen:** Auf Basis der Ergebnisse sollten mehrdimensionale verwendet werden, da sie den anderen getesteten Ansätzen (eindimensionale Skalen und Informationsmärkte) in Punkto Klassifikationsgüte und Nutzerakzeptanz überlegen sind. Des Weiteren sollten die Bewertenden zu einer verstärkten Teilnahme an der kollektiven Ideenbewertung motiviert werden, z.B. durch Aktivitätsrankings oder spezielle Preise, und die Anzahl der zu bewertenden Ideen durch die Bewertenden frei bestimmbar sein.

- **Moderate Preiselastizität für Multimärkte:** Multimärkte mit einer moderaten Preiselastizität sind am besten für die Bewertung von Ideen bzw. komplexen Konstrukten wie Ideenqualität, die als handelbares Gut auf Informationsmärkten nicht an ein reales Ereignis gebunden werden können, geeignet. In diesem Zusammenhang konnte der Ansatz von Berg/Proebsting (2009) zur Abschätzung einer moderaten Preiselastizität von Informationsmärkte validiert werden.

- **Minimierung kognitiver Last bei der Ideenbewertung:** Da die kognitive Last der Bewertungsmechanismen einen negativen Einfluss auf Klassifikationsgüte und Akzeptanz der Teilnehmer hat, sollte bei der Gestaltung von kollektiven Bewertungsmechanismen versucht werden, diese zu minimieren. Dabei ist jedoch zu beachten, dass dies nicht mit einer möglichst simplen Gestaltung der Mechanismen gleichzusetzen ist.

Die Ergebnisse der Experimente sind im Prinzip für alle Kontexte generalisierbar, in denen aus einer großen Anzahl an Ideen nur ein kleiner Bruchteil von Interesse ist, wie z.b. in Brainstorming-Sitzungen (vgl. z.B. Girotra/Terwiesch/Ulrich 2010; Santanen/Briggs/De Vreede 2004; Barki/Pinsonneault 2001) oder Ideenwettbewerben (vgl. z.B. Leimeister et al. 2009; Jeppesen/Lakhani 2010; Bullinger et al. 2010; Blohm et al. 2011b). Bei dem Einsatz kollektiver Ideenbewertungsmechanismen sind jedoch auch die finanziellen Folgen von Klassifikationsfehlern im Vergleich zu den Kosten der Ideenbewertung zu berücksichtigen.

6.4 Limitationen und zukünftiger Forschungsbedarf

Aufgrund der unterschiedlichen Zielsetzungen und Analysemethoden werden die Limitationen der Arbeit und daraus abgeleiteter Forschungsbedarf getrennt nach Absorptionsprozessen bzw. IT-basierten Absorptionskompetenzen auf der einen Seite und Mechanismen zur kollektiven Ideenbewertung auf der anderen Seite herausgearbeitet.

6.4.1 Absorptionsprozesse und IT-basierte Absorptionskompetenzen

Das Ideenabsorptionsmodell sowie die abgeleiteten IT-basierten Absorptionskompetenzen sind prinzipiell mit den Limitationen qualitativer Forschung verbunden. Die hier ermittelten Ergebnisse sind daher mit zusätzlichen Fallstudien und/oder quantitativen Arbeiten zu replizieren. Großzahlige, quantitative Studien würden dabei nicht nur in der Lage sein, das Modell an sich zu überprüfen, sondern auch die relative Stärke des Einflusses der IT-basierten Absorptionskompetenzen auf die einzelnen Prozessphasen (Langley 1999). Dafür ist jedoch das entwickelte Prozessmodell in eine Varianztheorie zu überführen. Des Weiteren kann das Ideenabsorptionsmodell einen Ausgangspunkt für eine umfassende Betrachtung der organisationalen Voraussetzungen und Strukturen für die Absorption externen Wissens sowie deren Verknüpfung mit Unternehmensgrenzen überschreitenden Absorptionsprozessen darstellen – Forschungslücken, die in der bisherigen AC-Literatur nur unsystematisch betrachtet wurden (Volberda/Foss/Lyles 2010, 945-947).

Eine zweite Limitation geht mit dem Fokus auf Softwareunternehmen einher. So ist es in dieser Domäne bspw. relativ einfach Kundenideen im Alleingang umzusetzen. In anderen Branchen, wie z.B. dem Maschinenbau, könnte es dahingegen sehr viel schwieriger sein, Ideen ohne Abstimmung mit dem Unternehmen auf der Basis individuellen Promotorentums umzusetzen. Daher könnte der periphere Absorptionspfad prinzipiell ein spezifisches Artefakt der Softwarebranche darstellen. Auch hier könnten daher quantitative Studien den Einfluss unterschiedlicher Branchenstrukturen als Kontingenzfaktoren der Absorption von Innovationsideen untersuchen. Auch wird in der Softwarebranche die Aneignungsfähigkeit von Innovationsrenten aufgrund der spezifischen Eigenschaften des Produktes „Software", wie z.B. Intangibilität, beeinflusst. Als Folge könnten sich auch die Absorptionsprozesse von Softwareunternehmen bezüglich OI-Communities im Vergleich zu denen von Unternehmen aus anderen Branchen unterscheiden. In diesem Zusammenhang wurde in der vorliegenden Arbeit aus Sichtweise der AC-Forschung untersucht, wie sich Unternehmen den Wert von den in OI-Communities generierten Inhalten aneignen können. Aus einer juristischen Perspektive ist der Begriff Wertaneignung jedoch deutlich weiter gefasst, so dass sich in diesem Bereich weitreichende Forschungsmöglichkeiten, z.B. in Bezug auf Instrumente zur Wertaneignung, ergeben. Darunter fallen z.B. Fragestellungen der Urheber- und Eigentumsrechte (Leimeister et al. 2011, 424; Blohm/Leimeister/Krcmar 2009, 7; Leimeister 2009a, 7), die auf offenen Interaktionsplattformen im Internet derzeit oftmals durch sog. „Teilnahmevereinbarungen" geregelt werden (Roquilly 2011, 655f.; Bretschneider 2011, 38). Weiterhin zeigte sich in den Fallstudien Indizien dafür, dass die Absorption der Kundenideen in Wechselwirkung mit den Architekturen der Produkte stehen, die in den OI-Communities verbessert werden sollen, so dass sich weitreichende Konsequenzen für die Wertaneignung ergeben (Baldwin/Henkel 2011, 32-38). Die Zusammenhänge zwischen Produktarchitekturen und AC sind aber noch nicht eingehend erforscht.

Die Fallstudien haben zudem gezeigt, dass die Absorption von Kundenideen in einem hohen Ausmaß von individuellem Promotorentum abhängt. In der bestehenden AC-Forschung wurde diese individuelle Ebene bisher kaum erforscht (Volberda/Foss/Lyles 2010, 932). OI-Communities könnten hierfür einen äußerst geeigneten Forschungskontext darstellen. Eine interessante Fragestellung ergibt sich hier auch in Bezug auf die Persönlichkeitsmerkmale der beteiligten Mitarbeiter. So wäre es z.B. denkbar, dass extrovertierte Individuen insbesondere die Absorption von radikalen Innovationsideen fördern, da diese ihnen helfen, ihr Selbstkonzept und ihre gewünschte Außenwahrnehmung durch die anderen Mitarbeiter zu untermauern. Introvertiertere und risikoaversere Menschen könnten hingegen leicht zu implementierende, inkrementelle Innovationsideen bevorzugen, die z.B. die Effizienz der internen Prozesse verbessern.

6.4.2 Mechanismen zur kollektiven Ideenbewertung

Grundsätzlich ist kritisch anzumerken, dass im Rahmen der Experimente auf Studenten als Teilnehmer zurückgegriffen wurde. Auch wenn die Experimente so gestaltet wurden, dass sie der realen Nutzungssituation von kollektiven Bewertungsmechanismen so weit wie möglich ähneln, könnte es durch die kontrollierten Bedingungen eines Web-Experiments zu Verzerrungen gekommen sein. Insbesondere die Analyse des Einflusses von Kundenwissen im Rahmen von Experiment I könnte in diesem Zusammenhang anfällig sein und sollte daher in einer realen OI-Community einer wiederholten Untersuchung unterzogen werden.

Eine weitere Limitation dieser Arbeit stellt die Verwendung von Experten als Grundlage für die Bewertung der Klassifikationsgüte der Bewertungsmechanismen dar. Dem Grundgedanken der kollektiven Intelligenz folgend berichtet z.B. Surowicki (2005) von einer Reihe von Einzelberichten, in denen eine große Anzahl von Laien bestimmte Aufgaben zur Vorhersage bestimmter Ereignisse besser erledigen als Experten konnten. Auch wenn Experten in ihrer Domäne, Laien in der Regel überlegen sind (vgl. Ericson/Lehman (1996) für eine Übersicht), könnten Experten aufgrund einer hohen funktionalen Gebundenheit (*"Functional Fixedness"*) (Franke/Von Hippel/Schreier 2006, 302) insbesondere radikale Innovationsideen falsch einschätzen. Die wahre Qualität der Ideen ist jedoch nicht direkt beobachtbar. Unternehmensinterne und -externe Experten werden daher in der Regel auch in der Praxis für die Bewertung von Innovationsideen herangezogen. Aber auch wenn die Einschränkungen einer Expertenbewertung akzeptiert werden, behalten die Ergebnisse dieser Arbeit ihre Gültigkeit, da sie Einblicke darüber ermöglichen, wie kollektive Bewertungsmechanismen die Effizienz der Ideenbewertung erhöhen und Experten bei der Bewertung von Ideen aus OI-Communities unterstützen bzw. ersetzen können. Diese stellen eine teure und knappe Ressource dar, so dass diese in der Praxis kaum in der Lage sein werden, alle in OI-Communities eingereichten Ideen, bewerten zu können. Eine weitere interessante Fragestellungen könnte in diesem Zusammenhang auch sein, wie kollektive Ideenbewertungen einer OI-Community mit den Bewertungen von Experten kombiniert werden müssen (Surowiecki 2005, 34), um die Klassifikationsgüte auf einem aggregierten Niveau zu verbessern. Auch eine Kombination mit qualitativen Daten, wie z.B. Kommentaren, im Rahmen eines *"Textmining"*-Ansatzes könnte in diesem Zusammenhang vielversprechend sein (Mühlbacher/Füller/Huber 2011, 221f.).

In Bezug auf die Akzeptanz der Bewertungsmechanismen zeigen die Ergebnisse der Experimente, dass die Nutzenden die Bewertungsmechanismen kognitiv unterschiedlich wahrnehmen und diese Wahrnehmungen die Klassifikationsgüte der Teilnehmer beeinflussen. Zukünftige Studien könnten die relative Klassifikationsgüte der Bewertungsmechanismen auf Basis eines direkteren Nachweises der kognitiven Belastung untersuchen (Brünken/Plass/Leutner 2003, 55-56), um genauere Erklärungen für die Funktionsweise und Wirkung dieser Mechanismen zu erarbeiten. Auch eine genauere Kenntnis der kognitiven Prozesse bei der Ideenbewertung ist hier vielversprechend, um leistungsfähigere Mechanismen zur kollektiven Ideenbewertung zu gestalten. Hier erscheint insbesondere eine quantitative Überprüfung des Ideenbewertungsprozesses vielversprechend. Weiterer Forschungsbedarf ergibt sich auch in Bezug auf die Konstrukte Ideenqualität und Ideenpopularität. So könnte es z.B. sein, dass eindimensionale Skalen eher die Popularität einer Idee erfassen und mehrdimensionale Skalen deren Qualität. An dieser Stelle ist durch zukünftige Forschung die Frage zu beantworten, ob durch es sich dabei um unterschiedliche Konstrukte handelt. In diesem Zusammenhang wäre dann auch die Frage, welche Auswirkungen eine Vergrößerung des Suchfokus von Community-Betreibern auf dessen AC und Innovationskraft besitzt, zu klären.

Eine weitere Einschränkung ergibt sich aus der Tatsache, dass auf Informationsmärkten keine realen Ereignisse existieren, an denen sich die Auszahlungsfunktion für die Teilnehmer orientieren kann. Daher könnten die Teilnehmer nicht auf Basis ihrer eigenen Präferenzen und Überzeugungen handeln, sondern auf Basis der antizipierten Expertenbewertung (Kamp/Koen 2009, 47). Daher sind zukünftige Forschungsarbeiten notwendig, die adressieren, wie Informationsmärkte in solchen Kontexten eingesetzt werden können (Slamka/Jank/Skiera 2012, 1-3).

Wie im qualitativen Teile dieser Arbeit fokussieren die Experimente die Softwarebranche, d.h. die verwendeten Ideen stammen aus dem Kontext der Softwareentwicklung. Daher sind die Ergebnisse dieser Arbeit erst in anderen Kontexten zu replizieren, bevor sie generalisiert werden können. Jedoch kann davon ausgegangen werden, dass die Ergebnisse der Experimente auf alle Ideen, die auf textuellen Beschreibungen basieren, übertragbar sind. Unterschiede könnte es jedoch in OI-Communities geben, in denen die Ideen eher graphische Produktdesigns darstellen (vgl. z.B. Füller/Hutter/Faullant 2011; Berg-Jensen/Hienerth/Lettl 2010). Die Theorie der doppelten Kodierung (Paivio 1986) suggeriert, dass textuelle und graphische Reize von Individuen kognitiv unterschiedlich verarbeitet werden und es daher zu unterschiedlichen Ideenbewertungen kommen könnte.

Literaturverzeichnis

Mit einem * markierte Arbeiten wurden in den Literaturreview in Forschungsfrage zwei eingeschlossen.

*Abecassis-Moedas, C.; Mahmoud-Jouini, S.B. (2008): Absorptive Capacity and Source-Recipient Complementarity in Designing New Products: An Empirically Derived Framework. In: Journal of Product Innovation Management, Vol. 25 (2008), S. 473-490.

Abts, D.; Mülder, W. (2009): Grundkurs Wirtschaftsinformatik. Eine kompakte und praxisorientierte Einführung. 6. Aufl., Vieweg, Wiesbaden 2009.

Agarwal, R.; Gupta, A.K.; Kraut, R. (2008): The Interplay Between Digital and Social Networks. In: Information Systems Research, Vol. 19 (2008) Nr. 3, S. 243-252.

Alavi, M.; Leidner, D.E. (2001): Knowledge Management and Knowledge Management Systems: Conceptual Foundations and Reserach Issues. In: MIS Quarterly, Vol. 25 (2001) Nr. 1, S. 107-136.

Alba, J.W.; Hutchinson, J.W. (1987): Dimensions of Consumer Expertise. In: Journal of Consumer Research, Vol. 13 (1987) Nr. 4, S. 411-454.

Alexy, O.; Henkel, J. (2011): Intraorganizational Implications of Open Innovation: The Case of Corporate Engagement in Open Source Software SSRN Working Paper 988363, http://ssrn.com/abstract=988363, zugegriffen am 19.02.2012.

Altrichter, H.; Posch, P.; Somekh, B. (1996): Teachers investigate their work. An introduction to the methods of action research. 1. Aufl., Routledge, London 1996.

Amabile, T.M. (1996): Creativity in Context. Update to Social Psychology of Creativity. 1. Aufl., Westview Press, Oxford, UK 1996.

Amabile, T.M.; Conti, R.; Coon, H.; Lazenby, J.; Herron, M. (1996): Assessing the work environment for creativity. In: Academy of Management Journal, Vol. 39 (1996) Nr. 5, S. 1154-1184.

Ang, S.H.; Low, S.Y.M. (2000): Exploring the dimensions of ad creativity. In: Psychology & Marketing, Vol. 17 (2000) Nr. 10, S. 835-854.

*Arbussa, A.; Coenders, G. (2007): Innovation Activities, Use of Appropriation Instruments and Absorptive Capacity: Evidence from Spanish Firms. In: Research Policy, Vol. 36 (2007) Nr. 10, S. 1545-1558.

Armstrong, J.S. (1980): The Seer-Sucker Theory: The Value of Experts in Forecasting. In: Technology Review, Vol. 83 (1980) Nr. 7, S. 16-24.

Armstrong, J.S.; Collopy, F. (1992): Error measures for generalizing about forecasting methods: Empirical comparisons. In: International Journal of Forecasting, Vol. 8 (1992) Nr. 1, S. 69-80.

Arrow, K.J.; Forsythe, R.; Gorham, M.; Hahn, R.; Ledyard, J.O.; Levmore, S.; Litan, R.; Milgrom, P.; Nelson, F.D.; Neumann, G.R.; Ottaviani, M.; Schelling, T.C.; Shiller, R.J.; Smith, V.L.; Snowberg, E.; Sunstein, C.R.; Tetlock, P.C.; Tetlock, P.E.; Varian, H.R.; Wolfers, J.; Zitzewitz, E. (2008): The Promise of Prediction Markets. In: Science, Vol. 320 (2008) Nr. 5878, S. 877-878.

Au, N.; Ngai, E.W.T.; Cheng, T.C.E. (2002): A critical review of end-user information system satisfaction research and a new research framework. In: Omega, Vol. 30 (2002) Nr. 6, S. 451-478.

Back, A.; Wagner, C. (2008): Group Wisdom Support Systems: Aggregating the Insights of Many through Information Technology. In: Issues in Information Systems, Vol. 9 (2008) Nr. 2, S. 343-350.

Backhaus, K.; Erichson, B.; Plinke, W.; Weiber, R. (2008): Multivariate Analysemethoden: Eine Anwendungsorientierte Einführung. 12. Aufl., Springer, Berlin 2008.

Backhaus, K.; Erichson, B.; Weiber, R. (2011): Fortgeschrittene Multivariate Analysemethoden. Eine Anwendungsorientierte Einführung. 1. Aufl., Springer, Berlin 2011.

Baddeley, A. (1992): Working memory. In: Science, Vol. 255 (1992) Nr. 5044, S. 556-559.

Bagozzi, R.P.; Yi, Y. (1988): On the evaluation of Structural Equatation Models. In: Journal of the Academy of Marketing Sciences, Vol. 16 (1988) Nr. 1, S. 74-94.

Bajaj, A.; Nidumolu, S.R. (1998): A feedback model to understand information system usage. In: Information & Management, Vol. 33 (1998) Nr. 4, S. 213-224.

Baldwin, C.Y.; Henkel, J. (2011): The Impact of Modularity on Intellectual Property and Value Appropriation. Harvard Business School Finance Working Paper No. 12-040, http://papers.ssrn.com/sol3/papers.cfm?abstract_id=1971203, zugegriffen am 19.02.2012.

Banerjee, A. (1992): A simple model of herd behavior. In: Quarterly Journal of Economics, Vol. 107 (1992) Nr. 3, S. 797-817.

Barki, H.; Pinsonneault, A. (2001): Small group brainstorming and idea quality: Is electronic brainstorming the most effective approach? In: Small Group Research, Vol. 32 (2001) Nr. 2, S. 158-205.

Barney, J.B. (1991): Firm resources and sustained competitive advantage. In: Journal of Management, Vol. 17 (1991) Nr. 1, S. 99-120.

Baron, R.M.; Kenny, D.A. (1986): The Moderator-Mediator Variable Distinction in Social Psychological Research: Conceptual, Strategic, and Statistical Considerations. In: Journal of Personality and Social Psychology, Vol. 51 (1986) Nr. 6, S. 1173-1182.

Bartl, M.; Ernst, H.; Füller, J. (2004): Community Based Innovation - eine Methode zur Einbindung von Online Communities in den Innovationsprozess. In: Produktentwicklung mit virtuellen Communities. Kundenwünsche erfahren und Innovationen realisieren. Hrsg.: Herstatt, C.; Sander, J.G. 1. Aufl., Gabler, Wiesbaden 2004, S. 141-167.

Beardsley, G.; Mansfield, E. (1978): A Note on the Accuracy of Industrial Forecasts of the Profitability of New Products and Processes. In: Journal of Business, Vol. 51 (1978) Nr. 1, S. 127-135.

Benbasat, I.; Zmud, R. (2003): The identity crisis within the IS discipline: Defining and communicating the discipline's core properties. In: MIS Quarterly, Vol. 27 (2003) Nr. 2, S. 183-194.

Benbasat, I.; Barki, H. (2007): Quo Vadis, TAM? In: Journal of the Association for Information Systems, Vol. 8 (2007) Nr. 4, S. 211-218.

Berg-Jensen, M.; Hienerth, C.; Lettl, C. (2010): Forecasting the Attractiveness of User-generating Designs via Online-Data. Academy of Management Annual Meeting (AOMM'10), Montreal, Kanada.

Berg, H.; Proebsting, T.A. (2009): Hanson's Automated Market Maker. In: Journal of Prediction Markets, Vol. 3 (2009) Nr. 1, S. 45-59.

Berg, J.E.; Rietz, T.A. (2003): Prediction Markets as Decision Support Systems. In: Information Systems Frontiers, Vol. 5 (2003) Nr. 1, S. 79-93.

Bergkvist, L.; Rossiter, J.R. (2007): The Predictive Validity of Multiple-Item Versus Single-Item Measures of the Same Constructs. In: Journal of Marketing Research, Vol. 44 (2007) Nr. 2, S. 175-184.

Berthold, A.; Jameson, A. (1999): Interpreting symptoms of cognitive load in speech input. In: Tagungsband 7th International Conference on User Modeling (UM'99). Springer-Verlag, Banff, Kanada 1999.

Besemer, S.P.; O'Quin, K. (1986): Analyzing creative products: Refinement and test of a judging tool. In: Creativity Research Journal, Vol. 20 (1986) Nr. 2, S. 115-126.

Besemer, S.P.; O'Quin, K. (1999): Confirming the three-factor creative product analysis matrix model in an american sample. In: Creativity Research Journal, Vol. 12 (1999) Nr. 4, S. 287-296.

Bessant, J.; von Stamm, B.; Möslein, K.M.; Neyer, A.-K. (2010): Backing outsiders: Selection strategies for discontinuous innovation. In: R&D Management, Vol. 40 (2010) Nr. 4, S. 345-356.

Biemer, P.; Lyberg, L.E. (2003): Introduction to Survey Quality. 1. Aufl., John Wiley & Sons, Hoboken, New Jersey 2003.

Bikhchandani, S.; Hirshleifer, D.; Welch, I. (1992): A theory of fads, fashion, custom and cultural change as information cascades. In: Journal of Political Economy, Vol. 100 (1992) Nr. 5, S. 992-1026.

Bjelland, O.M.; Wood, R.C. (2008): An Inside View of IBM's 'Innovation Jam'. In: MIT Sloan Management Review, Vol. 50 (2008) Nr. 1, S. 32-40.

Bloch, P.; Ridgway, N.; Sherrell, D. (1989): Extending the concept of shopping: An investigation of browsing activity. In: Journal of the Academy of Marketing Science, Vol. 17 (1989) Nr. 1, S. 13-21.

Blohm, I.; Bretschneider, U.; Huber, J.M.; Leimeister, J.M.; Krcmar, H. (2009): Collaborative Filtering in Ideenwettbewerben - Evaluation zweier Skalen zur Teilnehmer-Bewertung in Ideenwettbewerben. In: Tagungsband GeNeMe 2009 - Gemeinschaften in neuen Medien: Virtual Enterprises, Communities & Social Networks. Hrsg.: Engelien, M.; Homann, J., Joseph Eul Verlag, Dresden 2009, S. 365-378.

Blohm, I.; Leimeister, J.M.; Krcmar, H. (2009): IT-basierte, gemeinschaftsgestützte Innovationsentwicklung für Softwareunternehmen. Technische Universität München, Lehrstuhl für Wirtschaftsinformatik, Arbeitspapier Nr. 36, http://vmkrcmar23.informatik.tu-muenchen.de/18/1/ArbeitspapierNr.36_BlohmEtAl.pdf, zugegriffen am 05.06.2012.

Blohm, I.; Bretschneider, U.; Huber, M.; Möslein, K.; Koch, M.; Glatz, F.; Rieger, M.; Leimeister, J.M.; Krcmar, H. (2010a): IT als Enabler für offene Innovationsprozesse. In: Tagungsband 1. BMBF Förderschwerpunkttagung Innovationsstrategien jenseits traditionellen Managements. Fraunhofer Verlag, Berlin 2010a.

Blohm, I.; Bretschneider, U.; Leimeister, J.M.; Krcmar, H. (2010b): Does collaboration among participants lead to better ideas in IT-based idea competitions? An empirical investigation. In: Tagungsband 43rd Hawaii International Conference on System Science (HICSS'10). IEEE Computer Society Press, Kauai, HI, USA 2010b.

Blohm, I.; Fähling, J.; Leimeister, J.M.; Krcmar, H.; Fischer, J. (2010c): Accelerating customer integration into innovation processes using pico jobs. XXI International Society for Professional Innovation Management Conference (ISPIM'10), Bilbao, Spanien.

Blohm, I.; Ott, F.; Bretschneider, U.; Huber, M.; Rieger, M.; Glatz, F.; Koch, M.; Leimeister, J.M.; Krcmar, H. (2010d): Extending Open Innovation Platforms into the Real World – Using Large Displays in Public Spaces. 10th European Academy of Management Conference (EURAM'10), Rom, Italien.

Blohm, I. (2011): Absorptive Capacity and Collective Intelligence for Open Innovation Communities of Software Enterprises. OCIS Division Doctoral Consortium - Academy of Management Annual Meeting (AOMM'11), San Antonio, TX, USA.

Blohm, I.; Bretschneider, U.; Leimeister, J.M.; Krcmar, H. (2011a): Entwicklung eines Instruments zur Qualitätsmessung von kundengenerierten Innovationsideen. In: Gemeinschaftsgestützte Innovationsentwicklung für Softwareunternehmen. Hrsg.: Leimeister, J.M.; Krcmar, H.; Möslein, K.; Koch, M., EUL Verlag, Lohmar 2011a, S. 277-302.

Blohm, I.; Bretschneider, U.; Leimeister, J.M.; Krcmar, H. (2011b): Does collaboration among participants lead to better ideas in IT-based idea competitions? An empirical investigation. In: International Journal of Networking and Virtual Organizations, Vol. 9 (2011b) Nr. 2, S. 106-122.

Blohm, I.; Ebner, W.; Leimeister, J.M.; Krcmar, H. (2011c): Was bringen die aktivsten Teilnehmer in IT-gestützten Ideenwettbewerben? Der Einfluss von Teilnehmer-Aktivität auf Ideengenerierung und Ideenbewertung. VHB Jahrestagung 2011, Kaiserslautern.

Blohm, I.; Fähling, J.; von Wallis, J.; Birnkammerer, S.; Fuchs, C.; Leimeister, J.M.; Krcmar, H. (2011d): Kundenintegration bei Softwareunternehmen: Eine empirische Bestandsaufnahme. In: Gemeinschaftsgestützte Innovationsentwicklung für Software-unternehmen. Hrsg.: Leimeister, J.M.; Krcmar, H.; Möslein, K.; Koch, M., EUL Verlag, Lohmar 2011d, S. 40-56.

Blohm, I.; Köroglu, O.; Leimeister, J.M.; Krcmar, H. (2011e): Absorptive Capacity for Open Innovation Communities - Learnings from Theory and Practice. Academy of Management Annual Meeting (AOMM'11), San Antonio, TX, USA.

Blohm, I.; Leimeister, J.M.; Krcmar, H. (2011a): Wertaneignung in Innovations-communities. In: Gemeinschaftsgestützte Innovationsentwicklung für Softwareunter-nehmen. Hrsg.: Leimeister, J.M.; Krcmar, H.; Möslein, K.; Koch, M., EUL Verlag, Lohmar 2011a, S. 303-349.

Blohm, I.; Leimeister, J.M.; Krcmar, H. (2011b): Controlling von Innovationscommunities - Entwicklung und Test einer Innovationscommunity-Scorecard. In: Gemeinschafts-gestützte Innovationsentwicklung für Softwareunternehmen. Hrsg.: Leimeister, J.M.; Krcmar, H.; Möslein, K.; Koch, M., EUL Verlag, Lohmar 2011b, S. 351-379.

Blohm, I.; Leimeister, J.M.; Krcmar, H. (2011c): Managing Open Innovation Communities - Development and Test of an Innovation Community Scorecard. R&D Management Conference (RND'11), Norrköping, Schweden.

Blohm, I.; Leimeister, J.M.; Rieger, M.; Krcmar, H. (2011f): Controlling von Ideencommunities – Entwicklung und Test einer Ideencommunity-Scorecard. In: Controlling, Vol. 23 (2011f) Nr. 2, S. 96-103.

Blohm, I.; Ott, F.; Bretschneider, U.; Huber, M.; Rieger, M.; Glatz, F.; Koch, M.; Leimeister, J.M.; Krcmar, H. (2011g): Gemeinschaftsgestützte Ideenbewertung. In: Gemeinschaftsgestützte Innovationsentwicklung für Softwareunternehmen. EUL Verlag, Lohmar 2011g, S. 175-199.

Blohm, I.; Riedl, C.; Leimeister, J.M.; Krcmar, H. (2011h): Idea Evaluation Mechanisms for Collective Intelligence in Open Innovation Communities: Do Traders Outperform Raters? In: Tagungsband International Conference on Information Systems (ICIS'11). AIS, Shanghai, China 2011h.

Blohm, I.; Riedl, C.; Füller, J.; Köroglu, O.; Leimeister, J.M.; Krcmar, H. (2012): The Effects of Prediction Market Design and Price Elasticity on Trading Performance of Users: An Experimental Analysis. In: Tagungsband Collective Intelligence 2012. Cambridge, MA, USA 2012.

Blohm, I.; Kahl, V.; Leimeister, J.M.; Krcmar, H. (2013): How to make the most out of open innovation communities - A synthetic view of absorptive capacity and open innovation. In: Virtual Communities. Hrsg.: Leimeister, J.M.; Rajagopalan, B., ME. Sharpe, Armonk, NY, USA 2013, S. 1-12 (im Erscheinen).

Blume, M.; Luckner, S.; Weinhardt, C. (2010): Fraud detection in play-money prediction markets. In: Information Systems and E-Business Management, Vol. 8 (2010) Nr. 4, S. 395-413.

Boer, K.; Kaymak, U.; Spiering, J. (2007): From Descrete-time Models to Continuous-time Asynchronous Modeling of Financial Markets. In: Computational Intelligence, Vol. 23 (2007) Nr. 2, S. 142-161.

Bogers, M.; Afuah, A.; Bastian, B. (2010): Users as Innovators: A Review, Critique, and Future Research Directions. In: Journal of Management, Vol. 36 (2010) Nr. 4, S. 857-875.

Böhm, M.; Nomincher, B.; Fähling, J.; Yetton, P.; Leimeister, J.M.; Krcmar, H. (2010): IT Challenges in M&A Transactions – The IT Carve-Out View on Divestments. In: Tagungsband International Conference on Information Systems (ICIS'10). AIS, St. Louis, MI, USA 2010.

Bollen, K.A.; Stine, R.A. (1992): Bootstrapping Goodness-of-Fit Measures in Structural Equation Models. In: Sociological Methods & Research, Vol. 21 (1992) Nr. 2, S. 205-229.

Bonabeau, E.; Dorigo, M.; Theraulaz, G. (2000): Inspiration for optimization from social insect behaviour. In: Nature, Vol. 406 (2000) Nr. 6791, S. 39-42.

Bonabeau, E.; Meyer, C. (2001): Swarm Intelligence: A Whole New Way to Think About Business. In: Harvard Business Review, Vol. 79 (2001) Nr. 5, S. 106-114.

Bonabeau, E. (2009): Decision 2.0: The Power of Collective Intelligence. In: MIT Sloan Management Review, Vol. 50 (2009) Nr. 2, S. 44-52.

Bortz, J.; Döring, N. (2005): Forschungsmethoden und Evaluation für Human- und Sozialwissenschaftler. 3. Aufl., Springer, Heidelberg 2005.

Bothos, E.; Apostolou, D.; Mentzas, G. (2009): Collective intelligence for idea management with Internet-based information aggregation markets. In: Internet Research, Vol. 19 (2009) Nr. 1, S. 26-41.

Botti, S.; Iyengar, S.S. (2006): The Dark Side of Choice: When Choice Impairs Social Welfare. In: Journal of Public Policy & Marketing, Vol. 25 (2006) Nr. 1, S. 24-38.

*Boynton, A.C.; Zmud, R.W.; Jacobs, G.C. (1994): The Influence of IT Management Practice on IT Use in Large Organizations. In: MIS Quarterly, Vol. 18 (1994) Nr. 3, S. 299-318.

Bretschneider, U. (2011): Die Ideen Community zur Integration von Kunden in die frühen Phasen des Innovationsprozesses. Empirische Analysen und Implikationen für Forschung und Praxis. Diss., Lehrstuhl für Wirtschaftsinformatik (117), Technische Universität München, Garching b. München 2011.

Bretschneider, U.; Leimeister, J.M.; Blohm, I.; Fähling, J.; Huber, M.; Krcmar, H.; Riedl, C. (2011): IT zur Unterstützung der Kundenintegration in den Innovationsprozess. In: Information Management und Consulting, Vol. 26 (2011) Nr. 1, S. 52-57.

Briggs, R.O.; De Vreede, G.-J.; Nunamaker, J.F. (2003): Collaboration Engineering with ThinkLets to Pursue Sustained Success with Group Support Systems. In: Journal of Management Information Systems, Vol. 19 (2003) Nr. 4, S. 31-64.

Briggs, R.O.; Reinig, B.A.; de Vreede, G.-J. (2006): Meeting Satisfaction for Technology-Supported Groups: An Empirical Validation of a Goal-Attainment Model. In: Small Group Research, Vol. 37 (2006) Nr. 6, S. 585-611.

Brucks, M. (1985): The effects of product class knowledge on information search behavior. In: Journal of Consumer Research, Vol. 12 (1985) Nr. 1, S. 1-16.

Bruhn, M. (2010): Marketing. Grundlagen für Studium und Praxis. 10. Aufl., Gabler, Wiesbaden 2010.

Bruner II, G.C.; Kumar, A. (2000): Web Commercials and Advertising Hierarchy-of-Effects. In: Journal of Advertising Research, Vol. 40 (2000) Nr. 1/2, S. 35-42.

Brünken, R.; Plass, J.L.; Leutner, D. (2003): Direct Measurement of Cognitive Load in Multimedia Learning. In: Educational Psychologist, Vol. 28 (2003) Nr. 1, S. 53-61.

Buckner, K. (1996): Computer user groups: The advantage of successful partnership. In: International Journal of Information Management, Vol. 16 (1996) Nr. 3, S. 195-204.

Bueren, A.; Schierholz, R.; Kolbe, L.; Brenner, W. (2004): Customer Knowledge Management - Improving Performance of Customer Relationship Management with Knowledge Management. In: Tagungsband 37th Hawaii International Conference on System Sciences (HICSS'04). Big Island, HI, USA 2004.

Bühner, M. (2008): Einführung in die Test- und Fragebogenkonstruktion. 2. Aufl., Pearson Studium, München et. al. 2008.

Bullinger, A.; Neyer, A.K.; Rass, M.; Möslein, K. (2010): Community-Based Innovation Contests: Where Competition Meets Cooperation. In: Creativity & Innovation Management, Vol. 19 (2010) Nr. 3, S. 290-303.

Bullinger, A.C.; Haller, J.; Möslein, K. (2009): Innovation Mobs - Unlocking the Innovation Potential of Virtual Communities. In: Tagungsband 15h Americas Conference on Information Systems (AMCIS'09). San Francisco, CA, USA 2009, S. 6-9.08.

Bullinger, H.-J. (2005): VDI Nachrichten Nr. 17.
Bürgel, H.D.; Zeller, A. (1997): Controlling kritischer Erfolgsfaktoren in der Forschung und Entwicklung. In: Controlling, Vol. 9 (1997) Nr. 4, S. 218-225.
Buxmann, P.; Diefenbach, H.; Hess, T. (2011): Die Softwareindustrie. Ökonomische Prinzipien, Strategien, Perspektiven. 2. Aufl., Springer, Berlin 2011.
Cady, S.H.; Valentine, J. (1999): Team innovation and perceptions of consideration. What difference does diversity make? In: Small Group Research, Vol. 30 (1999) Nr. 6, S. 730-750.
Campbell, D.T.; Fiske, D.W. (1959): Convergent and Discriminant Validation by the Multitrait-Multimethod Matrix. In: Pychological Bulletin, Vol. 56 (1959) Nr. 2, S. 81-105.
Caroff, X.; Besançon, M. (2008): Variability of creativity judgments. In: Learning and Individual Differences, Vol. 18 (2008) Nr. 4, S. 367-371.
*****Cassiman, B.; Veugelers, R. (2006):** In Search of Complementarity in Innovation Strategy: Internal R&D and External Knowledge Acquisition. In: Management Science, Vol. 52 (2006) Nr. 1, S. 68-82.
Chalmers, P.A. (2003): The role of cognitive theory in human-computer interface. In: Computers in Human Behavior, Vol. 19 (2003) Nr. 5, S. 593-607.
Chase, W.G.; Simon, H.A. (1973): Perception in chess. In: Cognitive Psychology, Vol. 4 (1973) Nr. 1, S. 55-81.
Chen, J.; Xu, H.; Whinston, A.B. (2009): Moderated Online Communities and Quality of User-Generated Content. In: Journal of Management Information Systems, Vol. 28 (2009) Nr. 2, S. 237-268.
Chen, K.-Y.; Fine, L.R.; Huberman, B.A. (2004): Eliminating Public Knowledge Biases in Information-Aggregation Mechanisms. In: Management Science, Vol. 50 (2004) Nr. 7, S. 983-994.
Chen, L.; Goes, P.; Marsden, J.R.; Zhang, Z. (2009-10): Design and use of preference markets for evaluation of early stage technologies. In: Journal of Management Information Systems, Vol. 26 (2009-10) Nr. 3, S. 45-70.
Chen, Y.; Chu, C.-H.; Mullen, T.; Pennock, D.M. (2005): Information markets vs. opinion pools: an empirical comparison. 6th ACM Conference on Electronic Commerce (EC'05), Vancouver, BC, Kanada.
Chen, Y.; Dimitrov, S.; Sami, R.; Reeves, D.M.; Pennock, D.M.; Hanson, R.D.; Fortnow, L.; Gonen, R. (2010): Gaming Prediction Markets: Equilibrium Strategies with a Market Maker. In: Algorithmica, Vol. 58 (2010) Nr. 4, S. 930-969.
Chesbrough, H.W. (2003a): Open Innovation. The new imperative for creating and profiting from technology. Harvard Business School Press: 1. Aufl., Boston MA 2003a.
Chesbrough, H.W. (2003b): The era of open innovation. In: MIT Sloan Management Review, Vol. 44 (2003b) Nr. 3, S. 35-41.
Chesbrough, H.W. (2006): Open Innovation. A New Paradigm for Understanding Industrial Innovation. In: Open Innovation. Researching a New Paradigm. Hrsg.: Chesbrough, H.W.; Vanhaverbeke, W.; West, J., Oxford University Press, Oxford, UK 2006, S. 1-12.

Chesbrough, H.W.; Crowther, A.K. (2006): Beyond high tech: Early adopters of open innovation in other industries. In: R&D Management, Vol. 36 (2006) Nr. 3, S. 229-236.

Chesbrough, H.W. (2007a): Why companies should have open innovation business models. In: MIT Sloan Management Review, Vol. 48 (2007a) Nr. 2, S. 22-28.

Chesbrough, H.W. (2007b): Open Business Models. 1. Aufl., Mcgraw-Hill Professional, Boston, MA, USA 2007b.

Chesbrough, H.W.; Schwartz, K. (2007): Innovationg business models with co-development partnerships. In: Research-Technology Management, Vol. 50 (2007) Nr. 1, S. 55-59.

Chevalier, J., and Mayzlin, D. (2006): The effect of word of mouth on sales: Online book reviews. In: Journal of Marketing Research, Vol. 43 (2006) Nr. 3, S. 345-354.

Chiaroni, D.; Chiesa, V.; Frattini, F. (2010): Unravelling the process from closed to open innovation: Evidence from mature, asset-intensive industries. In: R&D Management, Vol. 40 (2010) Nr. 3, S. 222-245.

Chin, W.W. (1998): The Partial Least Square Approach for Structural Equation Modelling. In: Modern Methods for Business Research. Hrsg.: Marcoulides, G.A., Lawrence Erlbaum Associates, Mahwah, New Jersey 1998, S. 295-336.

Christian, L.M.; Dillman, D.A. (2004): The Influence of Graphical and Symbolic Language Manipulations on Responses to Self-Administered Questions. In: Public Opinion Quarterly, Vol. 68 (2004) Nr. 1, S. 57-80.

Christian, L.M.; Dillman, D.A.; Smyth, J.D. (2007): Helping respondents get it right the first time: The influence of words, symbols, and graphics in web surveys. In: Public Opinion Quarterly, Vol. 71 (2007) Nr. 1, S. 113-125.

Christiansen, J.D. (2007): Prediction markets: Practical, experiments in small markets and behaviors observed. In: Journal of Prediction Markets, Vol. 1 (2007) Nr. 1, S. 17-41.

Churchill, G.A. (1979): A Paradigm for Developing Better Measures of Marketing Constructs. In: Journal of Marketing Research, Vol. 16 (1979) Nr. 1, S. 64-73.

Clemons, E.K.; Gao, G.; Hitt, L.M. (2006): When online reviews meet hyperdifferentation: A study of the craft beer industry. In: Journal of Management Information Systems, Vol. 23 (2006) Nr. 2, S. 149-171.

***Cockburn, I.M.; Henderson, R.M. (1998)**: Absorptive Capacity, Coauthoring Behavior, and the Organization of Research in Drug Discovery. In: Journal of Industrial Economics, Vol. 46 (1998) Nr. 2, S. 157-182.

Cohen, J.; Cohen, P.; West, S.G.; Aiken, L.S. (2003): Applied Multiple Regression / Correlation Analysis for the Behavorial Sciences. 3. Aufl., Lawrence Erlbaum Associates, Mahwah, NJ, USA 2003.

Cohen, W.M.; Levinthal, D.A. (1989): Innovation and Learning: The Two Faces of R&D. In: The Economic Journal, Vol. 99 (1989) Nr. 397, S. 569-596.

***Cohen, W.M.; Levinthal, D.A. (1990)**: Absorptive Capacity: A New Perspective On Learning And Innovation. In: Administrative Science Quarterly, Vol. 35 (1990) Nr. 1, S. 128-152.

Collins, D. (2003): Pretesting survey instruments: An overview of cognitive methods. In: Quality of Life Research, Vol. 12 (2003) Nr. 3, S. 229-238.

Collins, L.M.; Graham, J.W.; Flaherty, B.P. (1998): An Alternative Framework for Defining Mediation. In: Multivariate Behavioral Research, Vol. 33 (1998) Nr. 2, S. 295-312.

Conrad, F.G.; Couper, M.P.; Tourangeau, R.; Peytchev, A. (2006): Use and Non-use of Clarification Features in Web Surveys. In: Journal of Official Statistics, Vol. 22 (2006) Nr. 2, S. 245-269.

Cooper, R.G. (2008): The Stage-Gate Idea-to-Launch Process - Update, What's New, and NexGen Systems. In: Journal of Product Innovation Management, Vol. 25 (2008) Nr. 3, S. 213-232.

Cosley, D.; Lam, S.K.; Albert, I.; Konstan, J.A.; Riedl, J. (2003): Is seeing believing? How recommender system interfaces affect users' opinions. In: Tagungsband SIGCHI Conference on Human Factors in Computing Systems (CHI'03). ACM, Ft. Lauderdale, FL, USA 2003.

Cothrel, J.P. (2000): Measuring the success of an online community. In: Strategy & Leadership, Vol. 28 (2000) Nr. 2, S. 17-21.

Couper, M.P.; Conrad, F.G.; Tourangeau, R. (2007): Visual Context Effects in Web Surveys. In: Public Opinion Quarterly, Vol. 71 (2007) Nr. 4, S. 623-634.

Cowan, N. (2005): Working Memory Capacity, Essays in Cognitive Psychology. Psychology Press, New York, NY, USA 2005.

Crawford, M.; Di Benedetto, C.A. (2008): New Products Management. 9. Aufl., McGraw-Hill/Irwin, Boston, MA, USA 2008.

Cyr, D.; Head, M.; Larios, H.; Pan, B. (2009): Exploring Human Images in Website Designs: A Multi-Method Approach. In: MIS Quarterly, Vol. 33 (2009) Nr. 3, S. 530-566.

Dahan, E.; Soukhoroukova, A.; Spann, M. (2010): New Product Developement 2.0: Preference Markets How Scalable Securities Markets Identify Winning Product Concepts & Attributes. In: Journal of Product Innovation Management, Vol. 27 (2010) Nr. 2, S. 937-954.

Dahlander, L.; Gann, D.M. (2010): How Open is Open Innovation? In: Research Policy, Vol. 39 (2010) Nr. 6, S. 699-709.

Dalle, J.-M.; den Besten, M. (2010): Voting for bugs in Firefox. In: Tagungsband Open Soure Software: New Horizons; 6th International IFIP WG 2.13 Conference on Open Source Systems (OSS'10). Hrsg.: Agerfalk, P.; Boldyreffm, C.; Gonzalez-Barahona, J.M.; Madey, G.R.; Noll, J., Springer, Notre Dame, IN, USA 2010, S. 73-84.

Darkow, I.-L. (2007): Bewertung, Auswahl und Entwicklung von Ideen. In: Innovationsmanagement in der Serviceindustrie. Grundlagen, Praxisbeispiele und Perspektive. Hrsg.: Schmidt, K.; Gleich, R.; Richter, A. 1. Aufl., Rudolf Haufe Verlag, Freiburg i. Br. 2007, S. 127-138.

Davenport, T. (1993): Process Innovation: Reengineering Work Through Information Technology. Harvard Business Review Press, Cambridge, MA, USA 1993.

De Vreede, G.J.; Briggs, R.O.; Massey, A.P. (2009): Collaboration Engineering: Foundations and Opportunities: Editorial to the Special Issue on the Journal of the Association of Information Systems. In: Journal of the Association for Information Systems, Vol. 10 (2009) Nr. 3.

Dean, D.L.; Hender, J.M.; Rodgers, T.L.; Santanen, E.L. (2006): Identifying quality, novel, and creative ideas: Constructs and scales for idea evaluation. In: Journal of the Association for Information Systems, Vol. 7 (2006) Nr. 10, S. 646-698.

Delone, W.; McLean, E.R. (2003): The DeLone and McLean Model of Information Systems Success: A Ten-Year Update. In: Journal of Management Information Systems, Vol. 19 (2003) Nr. 4, S. 9-30.

Dennis, A.R.; Valacich, J.S.; Connolly, T.; Wynne, B.E. (1996): Process Structuring in Electronic Brainstorming. In: Information Systems Research, Vol. 7 (1996) Nr. 2, S. 268-277.

Dennis, A.R.; Valacich, J.S.; Carte, T.A.; Garfield, M.J.; Haley, B.J.; Aronson, J.E. (1997): Research Report: The Effectiveness of Multiple Dialogues in Electronic Brainstorming. In: Information Systems Research, Vol. 8 (1997) Nr. 2, S. 203.

Denzin, N. (1978): The Research Act. A Theoretical Introduction to Sociological Methods. 2. Aufl., McGraw Hill, New York, NY, USA 1978.

Deshpande, R.; Zaltman, G. (1982): Factors Affecting the Use of Market Research Information: A Path Analysis. In: Journal of Marketing Research, Vol. 19 (1982) Nr. 1, S. 14-31.

DeStefano, D.; LeFevre, J.-A. (2007): Cognitive load in hypertext reading: A review. In: Computers in Human Behavior, Vol. 23 (2007), S. 1616–1641.

***Di Gangi, P.M.; Wasko, M.M. (2009)**: Steal my idea! Organizational adoption of user innovations from a user innovation community: A case study of Dell IdeaStorm. In: Decision Support Systems, Vol. 48 (2009) Nr. 1, S. 303-312.

Di Gangi, P.M.; Wasko, M.M.; Hooker, R.E. (2010): Getting customers' ideas to work for you: Learning from Dell how to succeed with online user innovation communities. In: MIS Quarterly Executive, Vol. 9 (2010) Nr. 4, S. 213-228.

Dietl, H. (1993): Institutionen und Zeit. 1. Aufl., J.C.B. Mohr (Paul Siebeck), Tübingen 1993.

Dorigo, M.; Birattari, M.; Caro, G.A.D.; Doursat, R.; Engelbrecht, A.P.; Floreano, D. (Hrsg.) (2010): Proceedings of the 7th International Conference on Swarm Intelligence (ANTS'10). SpringerLink, Brüssel, Belgien 2010.

Dyer, J.H.; Singh, H. (1998): The relational view: Cooperative strategy and sources of interorganizational competitive advantage. In: Academy of Management Review, Vol. 23 (1998) Nr. 4, S. 660-679.

Eagly, A.; Chaiken, S. (1993): The psychology of attitudes. 1. Aufl., Harcourt Brace Jovanovich College Publishers, Fort Worth, TX, USA 1993.

Easley, D.; Kleinberg, J. (2010): Networks, Crowds, and Markets: Reasoning about a Highly Connected World. 1. Aufl., Cambridge University Press, Cambridge, MA, USA 2010.

***Easterby-Smith, M.; Graca, M.; Antonacopoulou, E.; Ferdinand, J. (2008)**: Absorptive Capacity: A Process Perspective. In: Management Learning, Vol. 39 (2008) Nr. 5, S. 483-501.

Ebner, W. (2008): Community Building for Innovations. Der Ideenwettbewerb als Methode für die Entwicklung und Einführung einer virtuellen Innovationsgemeinschaft. Diss., Lehrstuhl für Wirtschaftsinformatik (I17), Technische Universität München, München 2008.

Ebner, W.; Leimeister, J.M.; Krcmar, H. (2009): Community Engineering for Innovations: The Ideas Competition as a Method to Nurture a Virtual Community for Innovations. In: R&D Management, Vol. 39 (2009) Nr. 4, S. 342-356.

Ehara, Y.; Shimizu, N.; Ninomiya, T.; Nakagawa, H. (2010): Personalized reading support for second-language web documents by collective intelligence. In: Tagungsband 15th International Conference on Intelligent User Interfaces (IUI'10). ACM, Hong Kong, China 2010, S. 51-60.

Eisenhardt, K.M. (1989): Building Theory from Case Study Research. In: Academy of Management Review, Vol. 14 (1989) Nr. 4, S. 532-550.

Eisenhardt, K.M.; Martin, J.A. (2000): Dynamic capabilities: What are they? In: Strategic Management Journal, Vol. 21 (2000) Nr. 10-11, S. 1105–1121.

Eisenhardt, K.M.; Graebner, M.E. (2007): Theory building from cases: Opportunities and challenges. In: Academy of Management Journal, Vol. 50 (2007) Nr. 1, S. 25-32.

Engelbart, D.; Ruilifson, J. (1999): Bootstrapping our collective intelligence. In: Computing Surveys, Vol. 31 (1999) Nr. 4, S. 1-21.

Engelbrecht, A.P. (2005): Fundamentals of computational swarm intelligence. John Wiley & Sons, Chichester 2005.

Enkel, E.; Perez-Freije, J.; Gassmann, O. (2005): Minimizing Market Risks through Customer Integration in New Product Development: Learning from Bad Practice. In: Creativity and Innovation Management, Vol. 14 (2005) Nr. 4, S. 425-437.

Eppler, M.J.; Mengis, J. (2004): The concept of information overload: A review of literature from organization science, accounting, marketing, MIS, and related disciplines. In: The Information Society: An International Journal, Vol. 20 (2004) Nr. 5, S. 325-344.

Ericsson, K.A.; Lehmann, A.C. (1996): Experts an exceptional performance: Evidence of maximal adaption to task constraints. In: Annual Review of Psychology, Vol. 47 (1996) Nr. 1, S. 273-305.

Ernst, H.; Soll, J.H.; Spann, M. (2004): Möglichkeiten der Lead-User-Identifikation in Online-Medien. In: Produktentwicklung mit virtuellen Communities. Hrsg.: Herstatt, C.; Sander, J. 1. Aufl., Gabler, Wiesbaden 2004, S. 121-140.

*****Escribano, A.; Fosfuri, A.; Tribó, J.A. (2009)**: Managing external knowledge flows: The moderating role of absorptive capacity. In: Research Policy, Vol. 38 (2009) (2009), S. 96-105.

Fähling, J.; Blohm, I.; Leimeister, J.M.; Krcmar, H.; Fischer, J. (2011): Accelerating customer integration into innovation processes using pico jobs. In: International Journal of Technology Marketing, Vol. 6 (2011) Nr. 2, S. 130-147.

Fama, E.F. (1970): Efficient Capital Markets: A Review of Theory and Empirical Work. In: The Journal of Finance, Vol. 25 (1970) Nr. 2, S. 383-417.

Farhoomand, A.F.; Drury, D.H. (2002): Managerial Information Overload. In: Communications of the ACM, Vol. 45 (2002) Nr. 10, S. 127-131.

Ferguson, R. (2008): Word of mouth and viral marketing: Taking the temperature of the hottest trends in marketing. In: Journal of Consumer Marketing, Vol. 25 (2008) Nr. 3, S. 179-182.

Ferioli, M.; Dekoninck, E.; Culley, S.; Roussel, B.; Renaud, J. (2010): Understanding the rapid evaluation of innovative ideas in the early stages of design. In: International Journal of Product Development, Vol. 12 (2010) Nr. 1, S. 67-83

Finke, R.A.; Ward, T.B.; Smith, S.M. (1996): Creative cognition. Theory, research and applications. 1. Aufl., MIT Press, Cambrigde, MA, USA 1996.

Flanagan, J.C. (1954): The Critical Incident Technique. In: Psychological Bulletin, Vol. 51 (1954) Nr. 4, S. 327-358.

Fleming, L.; Waguespack, D.M. (2007): Brokerage, Boundary Spanning, and Leadership in Open Innovation Communities. In: Organization Science, Vol. 18 (2007) Nr. 2, S. 165-180.

Flynn, L.R.; Goldsmith, R.E. (1999): A Short, Reliable Measure of Subjective Knowledge. In: Journal of Business Research, Vol. 46 (1999) Nr. 1, S. 57-66.

Fornell, C.; Larcker, D.F. (1981): Evaluating Structural Equation Models with Unobservable Variables and Measurement Error. In: Journal of Marketing Research, Vol. 18 (1981) Nr. 2, S. 39-50.

Forte, A.; Larco, V.; Bruckman, A. (2009): Decentralization in Wikipedia Governance. In: Journal of Management Information Systems, Vol. 26 (2009) Nr. 1, S. 49-72.

*Foss, N.J.; Laursen, K.; Pedersen, T. (2011): Linking Customer Interaction and Innovation: The Mediating Role of New Organizational Practices. In: Organization Science, Vol. 22 (2011) Nr. 4, S. 980-999.

Franke, N.; Shah, S. (2003): How communities support innovative activities: An exploration of assistance and sharing among end-users. In: Research Policy, Vol. 32 (2003) Nr. 1, S. 157-178.

Franke, N.; Von Hippel, E. (2003): Satisfying heterogeneous user needs via innovation toolkits: The case of Apache security software. In: Research Policy, Vol. 32 (2003) Nr. 7, S. 1199-1215.

Franke, N.; Schreier, M. (2005): Die Qualität der Zeitschriften im Bereich Technologie- / Innovationsmanagement und Entrepreneurship: ein integrierendes und kalibriertes „Meta-Ranking". In: http://www.tim-kommission.de/ressourcen/ Methodischer%20 Hintergrund%20des%20TIM-Rankings.pdf, zugegriffen am 19.02.2012.

Franke, N.; Gruber, M.; Harhoff, D.; Henkel, J. (2006): What you are is what you like - Similarity biases in venture capitalists' evaluations of start-up teams. In: Journal of Business Venturing, Vol. 21 (2006) Nr. 6, S. 802-826.

Franke, N.; Hienerth, C. (2006): Prädikatoren der Qualität von Geschäftsideen: Eine empirische Analyse eines Online-Ideen-Forums. In: Zeitschrift für Betriebswirtschaft Special Issue, Vol. 6 (2006) Nr. 4, S. 47-68.

Franke, N.; Von Hippel, E.; Schreier, M. (2006): Finding commercially attractive user innovations: A test of lead-user theory. In: Journal of Product Innovation Management, Vol. 23 (2006) Nr. 4, S. 301-315.

Frazier, P.A.; Tix, A.P.; Barron, K.E. (2004): Testing Moderator and Mediator Effects in Counseling Psychology Research. In: Journal of Counseling Psychology, Vol. 51 (2004), S. 115-134.

Fuchs, C.; Schreier, M. (2011): Customer Empowerment in New Product Development. In: Journal of Product Innovation Management, Vol. 28 (2011) Nr. 1, S. 17-32.

Füller, J.; Matzler, K. (2007): Virtual product experience and customer participation - A chance for customer-centred, really new products. In: Technovation, Vol. 27 (2007) Nr. 6-7, S. 378-387.

Füller, J.; Mühlbacher, H.; Matzler, K.; Jawecki, G. (2009): Consumer Empowerment Through Internet-Based Co-creation. In: Journal of Management Information Systems, Vol. 26 (2009) Nr. 3, S. 71-102.

Füller, J.; Möslein, K.; Hutter, K.; Haller, J.B.A. (2010): Evaluation Games - How to Make the Crowd your Jury. In: Tagungsband Service Science - Neue Perspektiven für die Informatik. Lecture Notes in Informatics (LNI). Hrsg.: Fähnrich, K.-P.; Franczyk, B., Springer, Leipzig 2010, S. 1040-1049.

Füller, J.; Hutter, K.; Faullant, R. (2011): Co-Creation Experience and its Impact on the Quantity and Quality of Creative Contributions. In: R&D Management, Vol. 41 (2011) Nr. 3, S. 259-273.

Galleta, D.F.; Henry, R.; McCoy, S.; Polak, P. (2004): Web Site Delays: How Tolerant are Users? In: Journal of the Association for Information Systems, Vol. 5 (2004) Nr. 1, S. 1-24.

Galton, F. (1907): Vox populi. In: Nature, Vol. 75 (1907) Nr. 7, S. 450f.

Ganassali, S. (2008): The Influence of the Design of Web Survey Questionnaires on the Quality of Responses. In: Survey Research Methods, Vol. 2 (2008) Nr. 1, S. 21-32.

Gaspoz, C.; Pigneur, Y. (2008): Preparing a Negotiated R&D Portfolio with a Prediction Market. In: Tagungsband 41st Hawaii International Conference on System Science (HICSS'08). IEEE Computer Society Press, Waikoloa, HI, USA 2008.

Gaspoz, C. (2010): Prediction Markets Supporting Technology Assessment. Diss., Fakultät für Handel, Université de Lausanne, Lausanne, Schweiz 2010.

Gassmann, O.; Enkel, E. (2004): Towards a theory of open innovation: Three core process archetypes. In: Tagungsband R&D Management Conference (RND'04). Lissabon 2004.

Gassmann, O. (2006): Opening up the innovation process: Towards an agenda. In: R&D Management, Vol. 36 (2006) Nr. 3, S. 223-228.

Gassmann, O.; Enkel, E.; Chesbrough, H. (2010): The future of open innovation. In: R&D Management, Vol. 40 (2010) Nr. 3, S. 213-221.

Gefen, D.; Rigdon, E.E.; Straub, D. (2011): An Update and Extension to SEM Guidelines for Administrative and Social Science Research. In: MIS Quarterly, Vol. 35 (2011) Nr. 2, S. iii-A7.

Geissler, G.L.; Zinkhan, G.M.; Watson, R.T. (2006): The Influence of Home Page Complexity on Consumer Attention, Attitudes and Purchase Intent. In: Journal of Advertising, Vol. 35 (2006) Nr. 2, S. 69-80.

Genest, C.; Zidek, J.V. (1986): Combining Probability Distributions: A Critique and an Annotated Bibliography. In: Statistical Science, Vol. 1 (1986) Nr. 1, S. 114-135.

Gerybadze, A. (2007): Gruppendynamik und Verstehen in Innovation Communities. In: Management der frühen Innovationsphasen. Hrsg.: Herstatt, C.; Verworn, B. 2. Aufl. Aufl., Gabler, Wiesbaden 2007, S. 199-213.

Giles, J. (2005): Internet encyclopaedias go head to head In: Nature, Vol. 438 (2005), S. 900-901.

Gilliam, E.; Sluzenski, S. (1990): CD ROM User Groups - The Experiences of Digital Equipment Corporation's Digital Library Network. In: Database, Vol. 13 (1990) Nr. 6, S. 105-108.

Girotra, K.; Terwiesch, C.; Ulrich, K.T. (2010): Idea Generation and the Quality of the Best Idea. In: Management Science, Vol. 56 (2010) Nr. 4, S. 591-605.

Gläser, J.; Laudel, G. (2009): Experteninterviews und qualitative Inhaltsanalyse als Instrumente rekonstruierender Untersuchungen. 3. Aufl., VS Verlag für Sozialwissenschaften, Wiesbaden 2009.

Gloor, P.A.; Cooper, S.M. (2007): The New Principles of a Swarm Business. In: MIT Sloan Management Review, Vol. 48 (2007) Nr. 3, S. 81-84.

Goel, S.; Reeves, D.M.; Watts, D.J.; Pennock, D.M. (2010): Prediction Without Markets. 11th ACM Conference on Electronic Commerce (EC'10), Cambridge, MA, USA.

Goodhue, D.; Thompson, R. (1995): Task-technology fit and individual performance. In: MIS Quarterly, Vol. 19 (1995) Nr. 2, S. 213-236.

Goodwin, P.; Lawton, R. (1999): On the asymmetry of the symmetric MAPE. In: International Journal of Forecasting, Vol. 15 (1999) Nr. 4, S. 405-408.

Goswami, S.; Köbler, F.; Leimeister, J.M.; Krcmar, H. (2010): Using Online Social Networking to Enhance Social Connectedness and Social Support for the Elderly. In: Tagungsband International Conference on Information Systems (ICIS'10). AIS, Saint Louis, MI, USA 2010.

Graefe, A. (2009): Prediction Markets versus Alternative Methods. Empirical Tests of Accuracy and Acceptability. Diss., Fakultät für Wirtschaftswissenschaften, Universität Karlsruhe (TH), Karlsruhe 2009.

Gregg, D.G. (2009): Developing a collective intelligence application for special education. In: Decision Support Systems, Vol. 47 (2009) Nr. 4, S. 455-465.

Gregg, D.G. (2010): Designing for Collective Intelligence. In: Communication of the ACM, Vol. 53 (2010) Nr. 4, S. 134-138.

Griffin, M.; Babin, B.; Attaway, J. (1996): Anticipation of injurious consumption outcomes and its impact on consumer attributions of blame. In: Journal of the Academy of Marketing Science, Vol. 24 (1996) Nr. 4, S. 314-327.

Griffith, R.M. (1949): Odds Adjustments by American Horse-Race Bettors. In: The American Journal of Psychology, Vol. 62 (1949) Nr. 2, S. 290-294.

Grise, M.-L.; Gallupe, R.B. (2000): Information Overload: Addressing the Productivity Paradox in Face-to-Face Electronic Meetings. In: Journal of Management Information Systems, Vol. 16 (2000) Nr. 3, S. 157-185.

Gwizdka, J. (2010): Distribution of cognitive load in web search. In: Journal of the American Society for Information Science Technology, Vol. 61 (2010) Nr. 11, S. 2167-2187.

Habermeier, K.F. (1990): Product use and product improvement. In: Research Policy, Vol. 19 (1990) Nr. 3, S. 271-283.

Habicht, H.; Möslein, K.M. (2011): Open Innovation Maturity: Ein Reifegradkonzept zum Controlling von Open Innovation. In: Controlling, Vol. 23 (2011) Nr. 2, S. 91-97.

Haerem, T.; Rau, D. (2007): The Influence of Degree of Expertise and Objective Task Complexity on Perceived Task Complexity and Performance. In: Journal of Applied Psychology, Vol. 92 (2007) Nr. 5, S. 1320–1331.

Hagel, J.I.; Armstrong, A.G. (1997): Net Gain. Expanding Markets through Virtual Communities. 1. Aufl., Harvard Business Press, Boston, MA, USA 1997.

Hansen, H.R.; Neumann, G. (2009): Wirtschaftsinformatik 1. Grundlagen und Anwendungen. 10. Aufl., Lucius & Lucius, Stuttgart 2009.

Hanson, R. (2003): Combinatorial Information Market Design. In: Information Systems Frontiers, Vol. 5 (2003) Nr. 1, S. 107-119.

Hanson, R. (2007): Logarithmic Market Scoring Rules for Modular Combinatorial Information Aggregation. In: Journal of Prediction Markets, Vol. 1 (2007) Nr. 1, S. 3-15.

Hardy, M.A. (1993): Regression with Dummy Variables. 1. Aufl., Sage Publications, Newbury Park, CA, USA 1993.

Haritos-Fatouros, M.; Child, I.L. (1977): Transcultural Similarity in Personal Significance of Esthetic Interests. In: Journal of Cross-Cultural Psychology, Vol. 8 (1977) Nr. 3, S. 285-298.

Hauschildt, J.; Salomo, S. (2011): Innovationsmanagement. 5. Aufl., Vahlen, München 2011.

Hautz, J.; Matzler, K.; Hutter, K.; Rieger, M.; Füller, J. (2010): How to Establish an Online Innovation Community? The Role of Users and their Innovative Content. In: Tagungsband 43rd Hawaii International Conference on System Sciences (HICSS'10). Kauai, HI, USA 2010.

Hayek, F.A. (1945): The Use of Knowledge in Society. In: American Economic Review, Vol. 35 (1945) Nr. 4, S. 519-530.

Hayes, A.F.; Matthes, J. (2009): Computational procedures for probing interactions in OLS and logistic regression: SPSS and SAS implementations. In: Behavior Research Methods, Vol. 41 (2009) Nr. 3, S. 924-936.

Healy, P.J.; Linardi, S.; Lowery, J.R.; Ledyard, J.O. (2010): Prediction Markets: Alternative Mechanisms for Complex Environments with Few Traders. In: Management Science, Vol. 56 (2010) Nr. 11, S. 1977-1996.

Heinrich, L.J.; Heinzl, A.; Roithmayr, F. (2004): Wirtschaftsinformatiklexikon. 7. Aufl., Oldenbourg, München 2004.

Hender, J.M.; Dean, D.L.; Rodgers, T.L.; Nunamaker, J.F. (2002): An Examination of the Impact of Stimuli Type and GSS Structure on Creativity: Brainstorming Versus Non-Brainstorming Techniques in a GSS Environment. In: Journal of Management Information Systems, Vol. 18 (2002) Nr. 4, S. 59-85.

Henkel, J. (2006): Selective Revealing in Open Innovation Processes: The Case of Embedded Linux. In: Research Policy, Vol. 35 (2006) Nr. 7, S. 953-969.

Herstatt, C.; Verworn, B. (2007): Bedeutung und Charakteristika der frühen Phasen des Innovationsprozesses. In: Management der frühen Innovationsphasen. Hrsg.: Herstatt, C.; Verworn, B. 2. Aufl., Gabler, Wiesbaden 2007, S. 3-19.

Hickey, M. (2001): An Application of Amabile's Consensual Assessment Technique for Rating the Creativity of Children's Musical Compositions. In: Journal of Research in Music Education, Vol. 49 (2001) Nr. 3, S. 234-244.

Hilgers, D.; Piller, F.T. (2009): Controlling for Open Innovation - Theoretische Grundlagen und praktische Konsequenzen. In: Controlling, Vol. 21 (2009) Nr. 2, S. 5-11.

Hintikka, K.A. (2008): Web 2.0 and the Collective Intelligence. In: Tagungsband 12th International Conference on Entertainment and Media in the Ubiquitous Era (MindTrek'08). ACM, Tampere, Finland 2008, S. 163-166.

Hirsch, P.M.; Levin, D.Z. (1999): Umbrella Advocates Versus Validity Police: A Life-Cycle Model. In: Organization Science, Vol. 10 (1999) Nr. 2, S. 199-212.

Hoch, S.J.; Deighton, J. (1989): Managing What Consumers Learn from Experience. In: Journal of Marketing, Vol. 53 (1989) Nr. 1, S. 1-20.

Hoffman, D.L.; Novak, T.P. (1996): Marketing in Hypermedia Computer-Mediated Environments: Conceptual Foundations. In: Journal of Marketing, Vol. 60 (1996) Nr. 3, S. 50-68.

Homburg, C.; Baumgartner, H. (1995): Beurteilung von Kausalmodellen. Bestandsaufnahme und Anwendungsempfehlungen. In: Marketing Zeitschrift für Forschung und Praxis, Vol. 17 (1995) Nr. 3, S. 162-176.

Homburg, C.; Giering, A. (1996): Konzeptioalisierung und Operationalisierung komplexer Konstrukte. Ein Leitfaden für die Marketingforschung. In: Marketing Zeitschrift für Forschung und Praxis, Vol. 18 (1996) Nr. 1, S. 5-24.

Horn, D.; Salvendy, G. (2006): Product creativity: Conceptual model, measurement and characteristics. In: Theoretical Issues in Ergonomics Science, Vol. 7 (2006) Nr. 4, S. 395-412.

Howden, D.; Hendtlass, T. (2008): Collective Intelligence and Bush Fire Spotting. In: Tagungsband 10th Annual Conference on Genetic and Evolutionary Computation (GECCO'08). ACM, Atlanta, GA, USA 2008, S. 41-48.

Howe, J. (2006): The rise of crowdsourcing. In: Wired, Vol. 6 (2006) Nr. 6, S. 180.

Howe, J. (2008): Crowdsourcing: Why the power of the crowd is driving the future of business. 1. Aufl., Crown Publishing Group, New York 2008.

Hoyer, W.D.; Chandy, R.; Dorotic, M.; Krafft, M.; Singh, S.S. (2010): Consumer Cocreation in New Product Development. In: Journal of Service Research, Vol. 13 (2010) Nr. 3, S. 283-296.

*****Huang, F.; Rice, J. (2009)**: The role of absorptive capacity in facilitating "open innovation" outcomes: A study of australian SMEs in the manufacturing sector. In: International Journal of Innovation Management, Vol. 13 (2009) Nr. 3, S. 201-220.

Huber, M.J.; Bretschneider, U.; Blohm, I.; Leimeister, J.M.; Krcmar, H. (2011): Gemeinschaftsgestütztes Innovationsmanagement: Anforderungen und ein Referenzmodell. In: Gemeinschaftsgestützte Innovationsentwicklung für Softwareunternehmen. Hrsg.: Leimeister, J.M.; Krcmar, H.; Möslein, K.; Koch, M., EUL Verlag, Lohmar 2011, S. 59-96.

*****Hughes, B.; Wareham, J. (2010)**: Knowledge arbitrage in global pharma: A synthetic view of absorptive capacity and open innovation. In: R&D Management, Vol. 40 (2010) Nr. 3, S. 324-343.

Huizingh, E.K.R.E. (2011): Open innovation: State of the art and future perspectives. In: Technovation, Vol. 31 (2011) Nr. 1, S. 2-9.

Hwang, M.I.; Lin, J.W. (1999): Information dimension, information overload and decision quality. In: Journal of Information Science, Vol. 25 (1999) Nr. 3, S. 213-218.

Im, S.; Workman, J.P. (2004): Market orientation, creativity, and new product performance in high-technology firms. In: Journal of Marketing, Vol. 68 (2004) Nr. 2, S. 114-132.

Janis, I.L.; Mann, L. (1977): Decision Making. A Psychological Analysis of Conflict, Choice, and Commitment. 1. Aufl., The Free Press, New York, NY, USA 1977.

*****Jansen, J.J.P.; Van den Bosch, F.A.J.; Volberda, H.W. (2005)**: Managing potential and realized absorptive capacity: How do organizational antecedents matter. In: Academy of Management Journal, Vol. 48 (2005) Nr. 6, S. 999-1015.

Jeppesen, L.B. (2005): User Toolkits for Innovation: Consumers Support Each Other. In: Journal of Product Innovation Management, Vol. 22 (2005) Nr. 4, S. 347-362.

Jeppesen, L.B.; Frederiksen, L. (2006): Why do users contribute to firm-hosted user communities? The case of computer-controlled music instruments. In: Organization Science, Vol. 17 (2006) Nr. 1, S. 45-63.

Jeppesen, L.B.; Lakhani, K.R. (2010): Marginality and Problem-Solving Effectiveness in Broadcast Search. In: Organization Science, Vol. 21 (2011) Nr. 5, S. 1016-1033.

Jian, L.; Sami, R. (2012): Aggregation and manipulation in prediction markets: effects of trading mechanism and information distribution. In: Management Science, im Erscheinen.

Jiang, Z.; Benbasat, I. (2007): Investigating the Influence of the Functional Mechanisms of Online Product Presentations. In: Information Systems Research, Vol. 18 (2007) Nr. 4, S. 454-470.

Jick, T.D. (1979): Mixing Qualitative and Quantitative Methods: Triangulation in Action. In: Adminstrative Science Quarterly, Vol. 24 (1979) Nr. 4, S. 602-612.

Jokisch, M. (2007): Active Integration of Users into the Innovation Process of a Manufacturer. The BMW Customer Innovation Lab. 1. Aufl., Verlag Dr. Hut, München 2007.

*****Jones, O. (2006)**: Developing Absorptive Capacity in Mature Organizations. In: Management Learning, Vol. 37 (2006) Nr. 3, S. 355-376.

Joshi, A.W.; Sharma, S. (2004): Customer Knowledge Development: Antecedents and Impact on New Product Performance. In: Journal of Marketing, Vol. 68 (2004) Nr. 4, S. 47-59.

*****Joshi, K.D.; Chi, L.; Datta, A.; Han, S. (2010)**: Changing the Competitive Landscape: Continuous Innovation Through IT-Enabled Knowledge Capabilities. In: Information Systems Research, Vol. 21 (2010) Nr. 3, S. 472-495.

Kamis, A.; Koufaris, M.; Stern, T. (2008): Using an attribute-based decision support system for user-customized products online: An experimental Investigation. In: MIS Quarterly, Vol. 32 (2008) Nr. 1, S. 158-177.

Kamp, G.; Koen, P.A. (2009): Improving the Idea Screening Process within Organizations using Prediction Markets: A Theoretical Perspective. In: Journal of Prediction Markets, Vol. 3 (2009) Nr. 2, S. 39-64.

Kapetanios, E. (2008): Quo vadis computer science: From turing to personal computer, personal content and collective intelligence. In: Data & Knowledge Engineering, Vol. 67 (2008) Nr. 2, S. 286-92.

Katz, R.; Allen, T.J. (1982): Investigating the Not Invented Here (NIH) syndrome: A look at the performance, tenure, and communication patterns of 50 R&D Project Groups. In: R&D Management, Vol. 12 (1982) Nr. 1, S. 7-20.

Kaufman, J.C.; Gentile, C.A.; Baer, J. (2005): Do Gifted Student Writers and Creative Writing Experts Rate Creativity the Same Way? In: Gifted Child Quarterly, Vol. 49 (2005) Nr. 3, S. 260-265.

Keeney, R.L. (1992): Value-focused thinking: A path to creative decision-making. 1. Aufl., Harvard University Press, Cambridge, MA, USA 1992.

Khandwalla, P.N. (1977): Design of Organizations. 1. Aufl., Harcourt Brace Jovanovich, New York, NY, USA 1977.

Khurana, A.; Rosenthal, S.R. (1998): Towards holistic "front ends" in new product development. In: Journal of Product Innovation Management, Vol. 15 (1998) Nr. 1, S. 57-74.

Kim, A.J. (2000): Community Building on the Web: Secret Strategies for Successful Online Communities. 1. Aufl., Addison-Wesley Longman Publishing, Boston, MA, USA 2000.

Kim, B.; Barua, A.; Whinston, A.B. (2002): Virtual field experiments for a digital economy: A new research methodology for exploring an information economy. In: Decision Support Systems, Vol. 32 (2002) Nr. 3, S. 215-231.

*Kim, L. (1998): Crisis Construction and Organizational Learning: Capability Building in Catching-up at Hyundai Motor. In: Organization Science, Vol. 9 (1998) Nr. 4.

Kim, S.S.; Malhotra, N.K. (2005): A Longitudinal Model of Continued IS Use: An Integrative View of Four Mechanisms Underlying Postadoption Phenomena. In: Management Science, Vol. 51 (2005) Nr. 5, S. 741-755.

*King, A.; Lakhani, K.R. (2011): The Contingent Effect of Absorptive Capacity: An Open Innovation Analysis. Harvard Business School Technology & Operations Management Unit Working Paper No. 11-102 http://papers.ssrn.com/sol3/papers.cfm?abstract_id=1802696#, zugegriffen am 19.02.2012.

Kirsh, D. (2000): A few thoughts on cognitive overload. In: Intellectica, Vol. 30 (2000) Nr. 1, S. 19-51.

Kittur, A.; Lee, B.; Kraut, R.E. (2009): Coordination in collective intelligence: the role of team structure and task interdependence. In: Tagungsband SIGCHI Conference on Human Factors in Computing Systems (CHI'09). ACM, Boston, MA, USA 2009, S. 1495-1504.

Knapp, H.; Kirk, S.A. (2003): Using Pencil and Paper, Internet and Touch-Tone Phones for Self-Administered Surveys: Does Methodology Matter? In: Computers in Human Behavio, Vol. 19 (2003) Nr. 1, S. 117-134.

Koch, M.; Möslein, K. (2007): Diskontinuierliche Innovation fördern: Die Rolle von Idea Mirrors zur Unterstützung von Innovation und Kooperation im Unternehmen. In: Tagungsband Wirtschaftsinformatik 2007. Karlsruhe 2007, S. 787-804.

Kogut, B.; Zander, U. (1992): Knowledge of the Firm, Combinative Capabilities, and the Replication of Technology. In: Organization Science, Vol. 3 (1992) Nr. 3, S. 383-397.

Kohler, T.; Füller, J.; Matzler, K.; Stieger, D. (2011): Co-creation in virtual worlds: The design of the user experience. In: MIS Quarterly, Vol. 35 (2011) Nr. 3, S. 773 - 778.

Kozinets, R. (2002): The Field Behind the Screen: Using Netnography for Marketing Research in Online Communications. In: Journal of Marketing Research, Vol. 39 (2002) Nr. 1, S. 61-72.

Krafft, M.; Götz, O.; Liehr-Gobbers, K. (2005): Die Validierung von Strukturgleichungsmodellen mit Hilfe des Partial-Least-Squares (PLS)-Ansatzes. In: Handbuch PLS - Pfadmodellierung - Methode Anwendung Praxisbeispiele. Hrsg.: Bliemel, F.; Eggert, A.; Fassott, G.; Henseler, J. 1. Aufl., Schäffer-Poeschel, Stuttgart 2005.

Kristensson, P.; Gustafsson, A.; Archer, T. (2004): Harnessing the creative potential among users. In: Journal of Product Innovation Management, Vol. 21 (2004) Nr. 1, S. 4-14.

Kroeber-Riel, W.; Weinberg, P.; Gröppel-Klein, A. (2009): Konsumentenverhalten. 9. Aufl., Vahlen, München 2009.

LaComb, A.C.; Barnett, A.; Qimei, P. (2007): The imagination market. In: Information Systems Frontiers, Vol. 9 (2007) Nr. 2-3, S. 245-256.

Lakhani, K.R.; von Hippel, E. (2003): How open source software works: "free" user-to-user assistance. In: Research Policy, Vol. 32 (2003) Nr. 7, S. 923–943.

Landis, J.R.; Koch, G.G. (1977): The measurement of observer agreement for categorical data. In: Biometrics, Vol. 33 (1977) Nr. 1, S. 159-174.

*****Lane, P.J.; Lubatkin, M. (1998):** Relative absorptive capacity and interorganizational learning. In: Strategic Management Journal, Vol. 19 (1998) (1998), S. 461-477.

*****Lane, P.J.; Salk, J.E.; Lyles, M.A. (2001):** Absorptive capacity, learning, and performance in international joint ventures. In: Strategic Management Journal, Vol. 22 (2001), S. 1139-1161.

*****Lane, P.J.; Koka, B.R.; Pathak, S. (2006):** The Reification of Absorptive Capacity: A Critical Review and Rejuvenation of the Construct. In: Academy of Management Review, Vol. 31 (2006) Nr. 4, S. 863-883.

Langley, A. (1999): Strategies for Theorizing from Process Data. In: Academy of Management Journal, Vol. 24 (1999) Nr. 4, S. 691-710.

Larkin, J.; McDermott, J.; Simon, D.P.; Simon, H.A. (1980): Expert and Novice Performance in Solving Physics Problems. In: Science, Vol. 208 (1980) Nr. 4450, S. 1335-1342.

Laudon, K.C.; Laudon, J.P.; Schoder, D. (2010): Wirtschaftsinformatik. Eine Einführung. 2. Aufl., Pearson Education, München 2010.

Laursen, K.; Salter, A. (2006): Open for Innovation: The Role of Openess in Explaining Innovation Performance Among U.K. Manufacturing Firms. In: Strategic Management Journal, Vol. 27 (2006) Nr. 2, S. 131-150.

LeDoux, J. (1998): The Emotional Brain. The Mysterious Underpinning of Emotional Life. 1. Aufl., Weidenfeld & Nicolson, London, UK 1998.

Lee, J.-H.; Chang, M.-L. (2010): Stimulating designers' creativity based on a creative evolutionary system and collective intelligence in product design. In: International Journal of Industrial Ergonomics, Vol. 40 (2010) Nr. 3, S. 295-305.

Leimeister, J.M.; Ebner, W.; Krcmar, H. (2005): Design, Implementation, and Evaluation of Trust-Supporting Components in Virtual Communities for Patients. In: Journal of Management Information Systems, Vol. 21 (2005) Nr. 4, S. 101-135.

Leimeister, J.M. (2009a): IT-basierte, gemeinschaftsgestützte Innovationsentwicklung für Softwareunternehmen. In: Arbeits- und Dienstleistungsforschung als Innovationstreiber. Hrsg.: Spath, D., Fraunhofer Verlag, Stuttgart 2009a.

Leimeister, J.M.; Huber, M.; Bretschneider, U.; Krcmar, H. (2009): Leveraging Crowdsourcing - Activation-Supporting Components for IT-based Idea Competitions. In: Journal of Management Information Systems, Vol. 26 (2009) Nr. 1, S. 197-224.

Leimeister, J.M. (2010): Kollektive Intelligenz. In: Wirtschaftsinformatik, Vol. 52 (2010) Nr. 4, S. 239-242.

Leimeister, J.M.; Blohm, I.; Bretschneider, U.; Huber, M.; Krcmar, H. (2010): IT-basierte, gemeinschaftsgestützte Innovationsentwicklung für Softwareunternehmen. In: Neue Arbeits- und Lebenswelten gestalten. Bericht zum 56. Kongress der Gesellschaft für Arbeitsforschung vom 24.-26.03.2010. Hrsg.: GFA. GFA Press, Dortmund 2010, S. 211-215.

Leimeister, J.M.; Krcmar, H.; Koch, M.; Möslein, K. (2011): Ausblick und zukünftiger Forschungsbedarf. In: Gemeinschaftsgestützte Innovationsentwicklung für Softwareunternehmen. Hrsg.: Leimeister, J.M.; Krcmar, H.; Möslein, K.; Koch, M., EUL Verlag, Lohmar 2011, S. 415-427.

Leimeister, S. (2009b): Successful Governance of Information Systems Outsourcing Relationships. Diss., Lehrstuhl für Wirtschaftsinformatik (I17), Technische Universität München, Garching b. München 2009b.

***Lenox, M.; King, A. (2004)**: Prospects for developing absorptive capacity through internal information provision. In: Strategic Management Journal, Vol. 25 (2004), S. 331-345.

Leung, R.; MacLean, K.; Bertelsen, M.B.; Saubhasik, M. (2007): Evaluation of haptically augmented touchscreen GUI elements under cognitive load. In: Tagungsband 9th International Conference on Multimodal Interfaces (ICMI'07). ACM, Nagoya, Aichi, Japan 2007.

Lévy, P. (1997): Die Kollektive Intelligenz. Für eine Antropologie des Cyberspace. 1. Aufl., Bollmann Verlag, Mannheim 1997.

***Lewin, A.Y.; Massini, S.; Peeters, C. (2011)**: Microfoundations of Internal and External Absorptive Capacity Routines. In: Organization Science, Vol. 22 (2011) Nr. 1, S. 81-98.

Lewis, M.O.; Mathiassen, L.; Rai, A. (2011): Scalable growth in IT-enabled service provisioning: A sensemaking perspective. In: European Journal of Information Systems, Vol. 20 (2011) Nr. 3, S. 285-302.

Libert, B.; Spector, J. (2008): We are smarter than me. How to unleash the power of crowds in your business. 1. Aufl., Wharton School Publications, Upper Saddle River, NJ, USA 2008.

Lichtenthaler, U. (2009a): Outbound open innovation and its effect on firm performance: Esxamining environmental influences. In: R&D Management, Vol. 39 (2009a) Nr. 4, S. 317-330.

***Lichtenthaler, U. (2009b)**: Absorbtive capacity, environmental turbulence, and the complementarity of organizational learning processes. In: Academy of Management Journal, Vol. 52 (2009b) Nr. 4, S. 822-846.

***Lichtenthaler, U.; Lichtenthaler, E. (2009)**: A Capability-Based Framework for Open Innovation: Complementing Absorptive Capacity. In: Journal of Management Studies, Vol. 46 (2009) Nr. 8, S. 1315-1338.

Lichtenthaler, U. (2011): Open Innovation: Past Research, Current Debates, and Future Directions. In: Academy of Management Perspectives, Vol. 25 (2011) Nr. 1, S. 75-93.

Lilien, G.L.; Morrison, P.D.; Searls, K.; Sonnack, M.; von Hippel, E. (2002): Performance assessment of the lead user idea-generation process for new product development. In: Management Science, Vol. 48 (2002) Nr. 8, S. 1042–1059.

Lintott, C.J.; Schawinski, K.; Slosar, A.; Land, K.; Bamford, S.; Thomas, D.; Raddick, M.J.; Nichol, R.C.; Szalay, A.; Andreescu, D.; Murray, P.; Vandenberg, J. (2008): Galaxy Zoo: Morphologies derived from visual inspection of galaxies from the Sloan Digital Sky Survey. In: Monthly Notices of the Royal Astronomical Society, Vol. 389 (2008) Nr. 3, S. 1179-1189.

Limayem, M.; DeSanctis, G. (2000): Providing Decisional Guidance for Multicriteria Decision Making in Groups. In: Information Systems Research, Vol. 11 (2000) Nr. 4, S. 386.

Lorenz, J.; Rauhut, H.; Schweitzer, F.; Helbing, D. (2011): How social influence can undermine the wisdom of crowd effect. In: Proceedings of National Acadamy of Science, Vol. 108 (2011) Nr. 22, S. 9020-9025.

Luckner, S.; Weinhardt, C. (2007): How to Pay Traders in Information Markets: Results from a Field Experiment. In: Journal of Prediction Markets, Vol. 1 (2007) Nr. 2, S. 147-156.

Lüthje, C. (2000): Kundenorientierung im Innovationsprozess. Eine Untersuchung der Kunden-Hersteller-Interaktion in Konsumgütermärkten. Deutscher Universitäts-Verlag, Wiesbaden 2000.

Lüthje, C. (2004): Characteristics of innovating users in a consumer goods field. An empirical study of sport-related product consumers. In: Technovation, Vol. 24 (2004) Nr. 9, S. 683-695.

Lüthje, C.; Herstatt, C. (2004): The Lead User Method: An Outline of Empirical Findings and Issues for Future Research. In: R&D Management, Vol. 34 (2004) Nr. 5, S. 553-568.

MacCrimmon, K.R.; Wagner, C. (1994): Stimulating ideas through creative software. In: Management Science, Vol. 40 (1994) Nr. 11, S. 1514-1532.

MacKinnon, D.P. (2000): Contrasts in multiple mediator models. In: Multivariate applications in substance use research: New methods for new questions. Hrsg.: Rose, J.S.; Chassin, L.; Presson, C.C.; Sherman, S.J., Erlbaum, Mahwah, NJ, USA 2000.

MacKinnon, D.P.; Lockwood, C.M.; Hoffman, J.M.; West, S.G.; Sheets, V. (2002): A comparison of methods to test mediation and other intervening variable effects. In: Psychological Methods, Vol. 7 (2002) Nr. 1, S. 83-104.

MacKinnon, D.P.; Lockwood, C.M.; Williams, J. (2004): Confidence Limits for the Indirect Effect: Distribution of the Product and Resampling Method. In: Multivariate Behavioral Research, Vol. 39 (2004) Nr. 1, S. 99-128.

MacQueen, K.M.; McLellan, E.; Kay, K.; Milstein, B. (1998): Codebook Development for Team-Based Qualitative Analysis. In: Field Methods, Vol. 10 (1998) Nr. 2, S. 31-36.

Majchrzak, A.; Cherbakov, L.; Ives, B. (2009): Harnessing the Power of the Crowds with Corporate Social Networking Tools: How IBM Does It. In: MIS Quarterly Executive Vol. 8 (2009) Nr. 2.

*Malhotra, A.; Gosain, S.; El Sawy, O.A. (2005): Absorptive Capacity Configurations in Supply Chains: Gearing for Partner-Enabled Market Knowledge Creation. In: MIS Quarterly, Vol. 29 (2005) Nr. 1, S. 145-187.

Malhotra, N.K. (1984): Reflections on the Information Overload Paradigm in Consumer Decision Making. In: Journal of Consumer Research, Vol. 10 (1984) Nr. 4, S. 436-440.

Malhotra, N.K. (2010): Marketing Research. An applied orientation. 6. Aufl., Pearson, Upper Saddle River, NJ, USA 2010.

Malone, T.W.; Crowston, K. (1994): The interdisciplinary study of coordination. In: ACM Computing Surveys, Vol. 26 (1994) Nr. 1, S. 87-119.

Malone, T.W.; Klein, M. (2007): Harnessing Collective Intelligence to Address Global Climate Change. In: Innovations: Technology, Governance, Globalization, Vol. 2 (2007) Nr. 3, S. 15-26.

Malone, T.W.; Laubacher, R.; Dellarocas, C. (2009): Harnessing crowds: Mapping the genome of collective intelligence. Center for Collective Intelligence, Massachusetts Institute of Technology.

Malone, T.W.; Laubacher, R.; Dellarocas, C. (2010): The Collective Intelligence Genome. In: Sloan Management Review, Vol. 51 (2010) Nr. 3, S. 21-31.

Mannes, A.E. (2009): Are We Wise About the Wisdom of Crowds? The Use of Group Judgments in Belief Revision. In: Manage. Sci., Vol. 55 (2009) Nr. 8, S. 1267-1279.

March, J.G. (1978): Bounded rationality, ambiguity and the engineering of choice. In: The Bell Journal of Economics, Vol. 9 (1978) Nr. 2, S. 587-608.

Masunaga, Y.; Shoji, Y.; Ito, K. (2010): A wiki-based collective intelligence approach to formulate a body of knowledge (BOK) for a new discipline. In: Tagungsband 6th International Symposium on Wikis and Open Collaboration. ACM, Danzig, Polen 2010.

Mataric, M.J. (Hrsg.) (1993): Designing Emergent Behaviors: From Local Interactions to Collective Intelligence. From animals to animats 2: Proceedings of the Second International Conference on Simulation of Adaptive Behavior (SAB'93), MIT Press, Cambridge, MA, USA 1993.

Matthing, J.; Kristensson, P.; Gustafsson, A.; Parasuraman, A. (2006): Developping succesful technology-based services: The issue of identifying and involving innovative users. In: Journal of Services Marketing, Vol. 20 (2006) Nr. 5, S. 288-297.

*Matusik, S.F.; Heeley, M.B. (2005): Absorptive Capacity in the Software Industry: Identifying Dimensions That Affect Knowledge and Knowledge Creation Activities. In: Journal of Management, Vol. 31 (2005) Nr. 4, S. 549-572.

Mayer, R.E.; Moreno, R. (2003): Nine Ways to Reduce Cognitive Load in Multimedia Learning. In: Educational Psychologist, Vol. 38 (2003) Nr. 1, S. 43-52.

Mayring, P. (2002): Einführung in die qualitative Sozialforschung: Eine Anleitung zu qualitativem Denken. 2. Aufl., Beltz, Weinheim 2002.

Mayring, P. (2008): Qualitative Inhaltsanalyse. 10. Aufl., Beltz, Weinheim 2008.

Meng, M.; Agarwal, R. (2007): Through a Glass Darkly: Information Technology Design, Identity Verification, and Knowledge Contribution in Online Communities. In: Information Systems Research, Vol. 18 (2007) Nr. 1, S. 42-67.

Meyers-Levy, J.; Malaviya, P. (1999): Consumers' Processing of Persuasive Advertisements: An Integrative Framework of Persuasion Theories. In: Journal of Marketing, Vol. 60 (1999) Nr. 1, S. 45-60.

Miller, G.A. (1956): The magical number seven, plus or minus two: Some limits on our capacity for processing information. In: Psychological Review, Vol. 63 (1956) Nr. 2, S. 81-97.

Mitchell, A.A.; Olson, J.C. (1981): Are product attribute beliefs the only mediator of advertising effects on brand attitude? In: Journal of Marketing Research, Vol. 18 (1981) Nr. 3, S. 318-332.

Mitchell, A.A.; Dacin, P.A. (1996): The Assessment of Alternative Measures of Consumer Expertise. In: Journal of Consumer Research, Vol. 23 (1996) Nr. 3, S. 219-239.

Mizuyama, H.; Komatsu, T. (2010): A Prediction Market Approach to Facilitating Consensus Building among Supply Chain Partners. In: E-Journal of Advanced Maintenance, Vol. 2 (2010) Nr. 1, S. 149-159.
Mohr, L.B. (1982): Explaining Organizational Behavior. 1. Aufl., Jossey-Bass, San Francisco, CA, USA 1982.
Morrison, P.D.; Roberts, J.H.; Midgley, D.F. (2004): The nature of lead users and measurement of leading edge status. In: Research Policy, Vol. 33 (2004) Nr. 2, S. 351-362.
Möslein, K.M.; Haller, J.; Bullinger, A.C. (2010): Open Evaluation: ein IT-basierter Ansatz für die Bewertung innovativer Konzepte. In: HMD - Praxis der Wirtschaftsinformatik, Vol. 47 (2010) Nr. 273, S. 21-34.
Mudambi, S.M.; Schuff, D. (2010): What Makes a Helpful Online Review? A Study of Customers Reviews on Amazon.com. In: MIS Quarterly, Vol. 34 (2010) Nr. 1, S. 185-200.
Mühlbacher, H.; Füller, J.; Huber, L. (2011): Online Forum Discussion-Based Forecasting of New Product Market Performance. In: Marketing ZFP, Vol. 33 (2011) Nr. 3, S. 221-234.
Nagasundaram, M.; Bostrom, R.P. (1994): The structuring of creative processes using GSS: A framework for research. In: Journal of Management Information Systems, Vol. 11 (1994) Nr. 3, S. 87-114.
Nambisan, S. (2003): Information systems as a reference discipline for new product development. In: MIS Quarterly, Vol. 27 (2003) Nr. 1, S. 1-18.
Neyer, A.K.; Bullinger, A.C.; Möslein, K.M. (2009): Integrating inside and outside innovators: A sociotechnical systems perspective. In: R&D Management, Vol. 39 (2009) Nr. 4, S. 410-419.
Nichols, D.M. (1997): Implicit Rating and Filtering. In: Tagungsband 5th DELOS Workshop on Filtering and Collaborative Filtering. Budapest, Ungarn 1997, S. 31-36.
Nickerson, R.S. (1999): Enhancing Creativity. In: Handbook of Creativity. Hrsg.: Sternberg, R.J. 1. Aufl., Cambridge New University Press, Cambridge, UK 1999, S. 392-430.
Nielsen, J. (1994): Enhancing the explanotory power of usability heuristics. In: Tagungsband SIGCHI Conference on Human Factors in Computing Systems (CHI'94). Boston, MA, USA 1994, S. 152-158.
Niu, W.; Sternberg, R.J. (2001): Cultural influences on artistic creativity and its evaluation. In: International Journal of Psychology, Vol. 36 (2001) Nr. 1, S. 225-241.
Noveck, S.B. (2006): "Peer to Patent": Collective Intelligence, Open Review, and Patent Reform. In: Harvard Journal of Law & Technology, Vol. 20 (2006) Nr. 1, S. 123-162.
Nunnally, J.C.; Bernstein, I.H. (1994): Psychometric Theory. 3. Aufl., McGraw-Hill, New York, NY, USA 1994.
o.V. (2008): WI-Orientierungslisten. In: Wirtschaftsinformatik, Vol. 50 (2008) Nr. 2, S. 155-163.
o.V. (2009): Announcing Project 10^100 idea themes. In: http://googleblog.blogspot.de/ 2009/09/announcing-project-10100-idea-themes.html, zugegriffen am 03.06.2012.
o.V. (2011): Statistisches Jahrbuch 2011 für die Bundesrepublik Deutschland mit »Internationalen Übersichten«. Statistisches Bundesamt, Wiesbaden 2011.

o.V. (2012a): Handbook of Collective Intelligence. In: http://scripts.mit.edu/~cci/HCI/index.php?title=Main_Page, zugegriffen am 19.02.2012.
o.V. (2012b): Google Scholar. In: http://scholar.google.com, zugegriffen am 19.02.2012.
o.V. (2012c): Thompson Reuters ISI Web of Knowledge. In: http://www.isiwebofknowledge.com/, zugegriffen am 19.02.2012.
o.V. (2012d): Homepage der ERP Steampunk Community [Name wurde aus Gründen der Anonymisierung geändert]. In: [URL wird aus Gründen der Anonymisierung nicht aufgeführt], zugegriffen am 19.02.2012.
o.V. (2012e): Homepage der Lifecycle World Community [Name wurde aus Gründen der Anonymisierung geändert]. In: [URL wird aus Gründen der Anonymisierung nicht aufgeführt], zugegriffen am 19.02.2012.
o.V. (2012f): Homepage der ERP IdeaZone Community [Name wurde aus Gründen der Anonymisierung geändert]. In: [URL wird aus Gründen der Anonymisierung nicht aufgeführt], zugegriffen am 19.02.2012.
o.V. (2012g): Homepage der OSS Brainstorm Community [Name wurde aus Gründen der Anonymisierung geändert]. In: [URL wird aus Gründen der Anonymisierung nicht aufgeführt], zugegriffen am 19.02.2012.
Oliver, R.L.; Swan, J.E. (1989): Consumer Perceptions of Interpersonal Equity and Satisfaction in Transactions: A Field Survey Approach. In: Journal of Marketing, Vol. 53 (1989) Nr. 2, S. 21-35.
Othman, A.; Sandholm, T. (2010): Automated market-making in the large: The gates hillman prediction market. 11th ACM Conference on Electronic Commerce (EC'10), Cambridge, MA, USA.
Ozer, M. (2005): What do we know about new product idea selection? City University of Hongkong, Center for Innovation Management Studies, http://cims.ncsu.edu/documents/newproduct.pdf, zugegriffen am 19.02.2012.
Ozer, M. (2007): Reducing the demand uncertainties at the fuzzy-front-end of developing new online services. In: Research Policy, Vol. 36 (2007) Nr. 9, S. 1372–1387.
Ozer, M. (2009): The roles of product lead-users and product experts in new product evaluation. In: Research Policy, Vol. 38 (2009) Nr. 8, S. 1340–1349.
Paas, F.; Renkl, A.; Sweller, J. (2003): Cognitive Load Theory and Instructional Design: Recent Developments. In: Educational Psychologist, Vol. 38 (2003) Nr. 1, S. 1-4.
Paivio, A. (1986): Mental representations: A dual coding approach. 1. Aufl., Oxford University Press, Oxford, UK 1986.
Park, C.W.; Lessig, V.P. (1981): Familiarity and Its Impact on Consumer Decision Biases and Heuristics. In: Journal of Consumer Research, Vol. 8 (1981) Nr. 2, S. 223-230.
Pavlou, P.A.; El Sawy, O.A. (2006): From IT Leveraging Competence to Competitive Advantage in Turbulent Environments: The Case of New Product Development. In: Information Systems Research, Vol. 17 (2006) Nr. 3, S. 198-227.
Pennock, D.M.; Sami, R. (2008): Computational Aspects of Prediction Markets. In: Algorithmic Game Theory. Cambridge University Press, Cambridge, UK 2008, S. 651-678.
Pettigrew (1992): The Character and Significance of Strategy Process Research. In: Strategic Management Journal, Vol. 13 (1992) Nr. 2, S. 5.

Petty, R.E.; Cacioppo, J.T. (1986): The Elaboration Likelihood Model of Persuasion. In: Advances in Experimental Social Psychology, Vol. 19 (1986), S. 123-162.

Piller, F.T.; Walcher, D. (2006): Toolkits for idea competitions: A novel method to integrate users in new product development. In: R&D Management, Vol. 36 (2006) Nr. 3, S. 307-318.

Plucker, J.A.; Kaufman, J.C.; Temple, J.S.; Qian, M. (2009): Do experts and novices evaluate movies the same way? In: Psychology and Marketing, Vol. 26 (2009) Nr. 5, S. 470-478.

Podsakoff, P.M.; MacKenzie, S.B.; Lee, J.-Y.; Podsakoff, N.P. (2003): Common Method Biases in Behavioral Research: A Critical Review of the Literature and Recommended Remedies. In: Journal of Applied Psychology, Vol. 88 (2003) Nr. 5, S. 879-903.

Poston, R.S.; Speier, C. (2005): Effective Use of Knowledge Management Systems: A Process Model of Content Ratings and Credibility Indicators. In: MIS Quarterly, Vol. 29 (2005) Nr. 2, S. 221-244

Preacher, K.J.; Hayes, A.F. (2008): Asymptotic and resampling strategies for assessing and comparing indirect effects in multiple mediator models. In: Behavior Research Methods, Vol. 40 (2008) Nr. 3, S. 879-891.

Preece, J. (2000): Online communities: Designing usability, supporting sociability. 1. Aufl., John Wiley & Sons, Chichester, UK 2000.

Preece, J. (2004): Etiquette, Empathy and Trust in Communities of Practice: Stepping-Stones to Social Capital. In: Journal of Universal Computer Science, Vol. 10 (2004) Nr. 3, S. 294-302.

Preece, J.; Shneiderman, B. (2009): The Reader-to-Leader Framework: Motivating Technology-Mediated Social Participation. In: AIS Transactions on Human-Computer Interaction, Vol. 1 (2009) Nr. 1, S. 12-32.

Raddick, M., Jordan; Bracey, G.; Gay, P.L.; Lintott, C., J.; Murray, P.; Schawinski, K.; Szalay, A., S.; Vandenberg, J. (2009): Galaxy Zoo: Exploring the Motivations of Citizen Science Volunteers In: Astronomy Education Review, Vol. 9 (2009) Nr. 1.

Rafaeli, S. (1988): Interactivity: From new media to communication. In: Sage Annual Review of Communication Research: Advancing Communication Science. Vol. 16, Hrsg.: Hawkins, R.P.; Wiemann, J.M.; Pingree, S. 1988, S. 110-134.

Raju, P.S.; Lonial, S.C.; Mangold, W.G. (1995): Differential Effects of Subjective Knowledge, Objective Knowledge, and Usage Experience on Decision Making: An Exploratory Investigation. In: Journal of Consumer Psychology, Vol. 2 (1995) Nr. 4, S. 153-180.

Rao, A.R.; Monroe, K.B. (1988): The Moderating Effect of Prior Knowledge on Cue Utilization in Product Evaluations. In: Journal of Consumer Research, Vol. 15 (1988) Nr. 2, S. 253-264.

Rehäuser, J.; Krcmar, H. (1996): Wissensmanagement im Unternehmen. In: Managementforschung. 6 Band. Wissensmanagement. Hrsg.: Schreyögg, G.; Conrad, P. 1. Aufl., Walter de Gruyter GmbH, Berlin 1996, S. 1-40.

Reichwald, R.; Piller, F. (2009): Interaktive Wertschöpfung. 2. Aufl., Gabler, Wiesbaden 2009.

Reips, U.-D. (2002a): Standards for Internet-Based Experimenting. In: Experimental Psychology, Vol. 49 (2002a) Nr. 4, S. 243-256.

Reips, U.-D. (2002b): Internet-Based Psychological Experimenting: Five Dos and Five Don'ts. In: Social Science Computer Review, Vol. 20 (2002b) Nr. 3, S. 241-249.

Rheingold, H. (2003): Smart Mobs: The Next Social Revolution. 1. Aufl., Basic Books, Cambridge, MA, USA 2003.

Riedl, C.; May, N.; Finzen, J.; Stathel, S.; Kaufman, V.; Krcmar, H. (2009): An Idea Ontology for Innovation Management. In: International Journal on Semantic Web and Information Systems, Vol. 5 (2009) Nr. 4, S. 1-18.

Riedl, C.; Blohm, I.; Leimeister, J.M.; Krcmar, H. (2010): Rating Scales for Collective Intelligence in Innovation Communities: Why Quick and Easy Decision Making Does Not Get it Right. In: Tagungsband International Conference on Information Systems (ICIS'10). AIS, St. Louis, MI, USA 2010.

Riedl, C. (2011): Tool-Supported Innovation Management in Service Ecosystems. 1. Aufl., Gabler, Wiesbaden 2011.

Rochford, L. (1991): Generating and screening new product ideas. In: Industrial Marketing Management, Vol. 20 (1991) Nr. 4, S. 287-296.

Rogers, E.M. (1994): Diffusion of Innovation. 4. Aufl., Free Press, New York, NY, USA 1994.

Roquilly, C. (2011): Control Over Virtual Worlds by Game Companies: Issues and Recommendations. In: MIS Quarterly, Vol. 35 (2011) Nr. 3, S. 653-671.

Ross, J.W.; Beath, C.M.; Goodhue, D.L. (1996): Develop long-term competitiveness through IT assets. In: Sloan Management Review, Vol. 38 (1996) Nr. 1, S. 31-45.

Rossiter, J. (2002): The C-OAR-SE procedure for scale development in marketing. In: International Journal of Research in Marketing, Vol. 19 (2002) Nr. 4, S. 305-335.

Runco, M.A.; Smith, W.R. (1992): Interpersonal and intrapersonal evaluations of creative ideas. In: Personality and Individual Differences, Vol. 13 (1992) Nr. 3, S. 295-302.

Runco, M.A.; Basadur, M. (1993): Assessing ideational and evaluative skills and creative styles and attitudes. In: Creativity and Innovation Management, Vol. 2 (1993) Nr. 3, S. 166-173.

Runco, M.A.; McCarthy, K.A. (1994): Judgments of the creativity of artwork from students and professional artists. In: Journal of Psychology, Vol. 128 (1994) Nr. 1, S. 23.

Runco, M.A.; Sakomoto, S.O. (1999): Experimental studies of creativity. In: Handbook of Creativity. Hrsg.: Sternberg, R. 1. Aufl., Cambridge University Press, Cambridge, UK 1999, S. 62-92.

Rushton, J.P.; Brainerd, C.J.; Pressley, M. (1983): Behavioral Development and Construct Validity: The Principle of Aggregation. In: Psychological Bulletin, Vol. 94 (1983) Nr. 1, S. 18-38.

Sainfort, F.; Booske, B. (2000): Measuring post-decisions satisfaction. In: Medical Decision Making, Vol. 20 (2000) Nr. 1, S. 51-61.

Salganik, M.; Levy, K.C. (2012): Wiki surveys: Open and quantifable social data collection. arXiv:1202.0500v1, http://arxiv.org/abs/1202.0500, zugegriffen am 24.05.2012.

Santanen, E.L.; Briggs, R.O.; De Vreede, G.-J. (2000): The Cognitive Network Model of Creativity: A New Causal Model of Creativity and a New Brainstorming Technique. In: Tagungsband 33rd Hawaii International Conference on System Sciences (HICSS'00). IEEE Computer Society Press, Maui, HI, USA 2000.

Santanen, E.L.; Briggs, R.O.; De Vreede, G.-J. (2004): Causal Relationships in Creative Problem Solving: Comparing Facilitation Interventions for Ideation. In: Journal of Management Information Systems, Vol. 20 (2004) Nr. 4, S. 167-197.

Sawhney, M.; Prandelli, E. (2000): Communities of creation: Managing distributed innovation in turbulent markets. In: California Management Review, Vol. 42 (2000) Nr. 4, S. 24-54.

Schachtner, K. (2001): Ideenmanagement im Produktinnovationsprozess. Zum wirtschaftlichen Einsatz der Informationstechnologie. 1. Aufl., Deutscher Universitäts-Verlag, Wiesbaden 2001.

Schätzing, F. (2004): Der Schwarm. 1. Aufl., Kiepenheuer & Witsch, Köln 2004.

Schira, J. (2009): Statistische Methoden der VWL und BWL: Theorie und Praxis. 3. Aufl., Pearson Studium, München 2009.

Schmidt, R. (1996): Marktorientierte Konzeptfindung für langlebige Gebrauchsgüter. Messung und QFD-gestützte Umsetzung von Kundenanforderungen und Kundenurteilen. 1. Aufl., Gabler, Wiesbaden 1996.

Schmutz, P.; Heinz, S.; Métrailler, Y.; Opwis, K. (2009): Cognitive Load in eCommerce Applications - Measurement and Effects on User Satisfaction. In: Advances in Human-Computer Interaction (2009).

Schnell, R.; Hill, P.B.; Esser, E. (2011): Methoden der empirischen Sozialforschung. 9. Aufl., Oldenbourg, München 2011.

Schrader, U.; Hennig-Thurau, T. (2009): VHB-JOURQUAL2: Method, Results, and Implications of the German Academic Association for Business Research's Journal Ranking. In: Business Research, Vol. 2 (2009) Nr. 2, S. 180-204.

Schreier, M.; Prügl, R. (2008): Extending Lead-User Theory: Antecedents and Consequences of Consumers' Lead Userness. In: Journal of Product Innovation Management, Vol. 25 (2008) Nr. 4, S. 331-346.

Schulz, C.; Wagner, S. (2008): Outlaw Community Innovations. In: International Journal of Innovation Management, Vol. 12 (2008) Nr. 3, S. 399-418.

Schwarz, N. (1996): Cognition and Communication: Judgmental Biases, Research Methods, and the Logic of Conversation Lawrence Erlbaum, Hillsdale, NJ, USA 1996.

Schwarzer, B.; Krcmar, H. (2010): Wirtschaftsinformatik. Grundlagen betrieblicher Informationssysteme. 4. Aufl., Schäffer-Poeschel, Stuttgart 2010.

Schweiger, A. (2007): Agentenbasiertes Konstruieren von verteilten Systemen am Beispiel des Gesundheitswesen. Diss., Lehrstuhl für Wirtschaftsinformatik (I17), Technische Universität München, Garching b. München 2007.

Servan-Schreiber, E.; Wolfers, J.; Pennock, D.M.; Galebach, B. (2004): Prediction Markets: Does Money Matter? In: Electronic Markets, Vol. 14 (2004) Nr. 3, S. 243-251.

Shadish, W.R.; Cook, T.D.; Campbell, D.T. (2002): Experimental and Quasi-Experimental Designs for Generalized Causal Interference. 1. Aufl., Houghton Mifflin Company, Boston, MA, USA 2002.

Shah, S. (2000): Sources and patterns of innovation in a consumer products field: Innovations in sporting equipment. Massuchussets Institute of Technology, Sloan School of Management, Sloan Working Paper #4105, http://flosshub.org/system/files/shah sportspaper.pdf, zugegriffen am 19.02.2012.

Shannon, C.E. (1948): A mathematical theory of communication. In: Bell System Technical Journal, Vol. 27 (1948), S. 379-423 & 623-656.

Sharma, R.; Yetton, P.; Crawford, J. (2009): Estimating the Effect of Common Method Variance: The Method-Method Pair Technique with an Illustration from TAM Research. In: MIS Quarterly, Vol. 33 (2009) Nr. 3, S. 473-480.

Shneiderman, B.; Plaisant, C. (2004): Designing the User Interface. Addison-Wesley, Reading, MA, USA 2004.

Shrestha, S.; Lenz, K.; Chaparro, B.; Owens, J. (2007): "F" Pattern Scanning of Text and Images in Web Pages. In: Proceedings of the Human Factors and Ergonomics Society Annual Meeting, Vol. 51 (2007) Nr. 18, S. 1200-1204.

Shrout, P.E.; Bolger, N. (2002): Mediation in Experimental and Nonexperimental Studies: New Procedures and Recommendations. In: Psychological Methods, Vol. 7 (2002) Nr. 4, S. 422-445.

Sicilia, M.; Ruiz, S.; Reynolds, N. (2006): Attitude formation online: How the consumer's need for cognition affects the relationship between attitude towards the website and attitude towards the brand. In: International Journal of Market Research, Vol. 48 (2006) Nr. 2, S. 139-154.

Siggelkow, N. (2007): Persuation with Case Studies. In: Academy of Management Journal, Vol. 50 (2007) Nr. 1, S. 20-24.

*****Sims, J.; Crossland, C. (2010)**: Partners or Pariahs? Firm Engagement with Open Innovation Communities. Academy of Management Annual Meeting (AOMM'10), Montreal, Kanada.

Singh, V.; Gautam, D.; Singh, R.; Gupta, A. (2009): Agent-Based Computational Modeling of Emergent Collective Intelligence. In: Computational Collective Intelligence. Semantic Web, Social Networks and Multiagent Systems. Vol. 5796, Hrsg.: Nguyen, N.; Kowalczyk, R.; Chen, S.-M. Lecture Notes in Computer Science, Springer, Berlin 2009, S. 240-251.

Slamka, C.; Jank, W.; Skiera, B. (2012): Second-Generation Prediction Markets for Information Aggregation: A Comparison of Payoff Mechanisms. In: Journal of Forecasting, im Erscheinen.

Smith, J.B. (1994): Collective Intelligence in Computer-Based Collaboration. 1. Aufl., Lawrence Erlbaum Associates, Hillsdale, NJ, USA 1994.

*****Smith, K.G.; Collins, C.J.; Clark, K.D. (2005)**: Existing knowledge, knowledge creation capability, and the rate of new product introduction in high-technology firms. In: Academy of Management Journal, Vol. 48 (2005) Nr. 2, S. 346-357.

Sniezek, J.A.; Henry, R.A. (1989): Accuracy and confidence in group judgment. In: Organizational Behavior and Human Decision Processes, Vol. 43 (1989) Nr. 1, S. 1-28.

Snowberg, E.; Wolfers, J. (2010): Explaining the Favorite–Long Shot Bias: Is it Risk-Love or Misperceptions? In: Journal of Political Economy, Vol. 118 (2010) Nr. 4, S. 723-746.

Soll, J.H. (2006): Ideengenerierung mit Konsumenten im Internet. 1. Aufl., Deutscher Universitäts-Verlag, Wiesbaden 2006.

Solomon, M.; Bamossy, G.; Askegaard, S.; Hogg, M.K. (2006): Consumer Behavior. An European Perspective. 3. Aufl., Prentice Hall International, Harlow, UK 2006.

Soukhoroukova, A.; Spann, M.; Skiera, B. (2012): Sourcing, Filtering, and Evaluating New Product Ideas: An Empirical Exploration of the Performance of Idea Markets. In: Journal of Product Innovation Management, Vol. 29 (2012) Nr. 1, S. 100-112.

Spann, M.; Skiera, B. (2003): Internet-Based Virtual Stock Markets for Business Forecasting. In: Management Science, Vol. 49 (2003) Nr. 10, S. 1310-1326.

Spann, M.; Ernst, H.; Skiera, B.; Soll, J.H. (2009): Identification of lead users for consumer products via virtual stock markets. In: Journal of Product Innovation Management, Vol. 26 (2009) Nr. 3, S. 322-355.

*****Spithoven, A.; Clarysse, B.; Knockaert, M. (2011)**: Building absorptive capacity to organise inbound open innovation in traditional industries. In: Technovation, Vol. 31 (2011) Nr. 1, S. 10-21.

Stathel, S.; van Dinther, C.; Schönfeld, A. (2009): Service Innovation with Information Markets. In: Tagungsband Wirtschaftsinformatik. Wien, Österreich 2009.

Stathel, S.; Kranz, T.; Teschner, F.; Dinther, C.v.; Weinhardt, C.; Kullnig, T. (2010): Innovation Assessment via Enterprise Information Markets. In: Tagungsband International Multi Conference on Innovative Developments in ICT (INNOV'10). Athen, Griechenland 2010, S. 206-216.

Stevens, G.A.; Burley, J. (1997): 3,000 raw ideas = 1 commercial success! In: Research Technology Management, Vol. 40 (1997) Nr. 3, S. 16-27.

Stewart, T.; Travis, D. (2003): Guidelines, standards, and style guides. In: The Human-Computer Interaction Handbook. Hrsg.: Jacko, J.; Sears, A., Lawrence Erlbaum Associates, London, UK 2003.

Stoller-Shai, D. (2003): E-Collaboration: Die Gestaltung internetgestützter kollaborativer Handlungsfelder. Diss., Institut für Wirtschaftsinformatik, Universität St. Gallen, Hochschule für Wirtschafts-, Rechts- und Sozialwissenschaften (HSG), St. Gallen, Schweiz 2003.

Streukens, S.; Wetzels, M.; Daryanto, A.; Ruyter, K. (2010): Analyzing Factorial Data Using PLS: Application in an Online Complaining Context. In: Handbook of Partial Least Squares. Hrsg.: Esposito Vinzi, V.; Chin, W.W.; Henseler, J.; Wang, H. Springer Handbooks of Computational Statistics, Berlin, Springer 2010, S. 567-587.

Sujan, M. (1985): Consumer Knowledge: Effects on Evaluation Strategies Mediating Consumer Judgments. In: Journal of Consumer Research, Vol. 12 (1985) Nr. 1, S. 31-46.

Sulis, W. (1997): Fundamental Concepts of Collective Intelligence. In: Nonlinear Dynamics, Psychology, and Life Sciences, Vol. 1 (1997) Nr. 1, S. 35-53.

Surowiecki, J. (2005): The wisdom of crowds. 1. Aufl., Anchor Books, New York, NY, USA 2005.

Sweller, J. (1988): Cognitive load during problem solving: Effects on learning. In: Cognitive Science, Vol. 12 (1988) Nr. 2, S. 257-285.

Szuba, T.M. (2001): Computational Collective Intelligence. John Wiley Sons, New York, NY, USA 2001.

Tanriverdi, H. (2005): Information Technology Relatedness, Knowledge Management Capability, and Performance of Multibusiness Firms. In: MIS Quarterly, Vol. 29 (2005) Nr. 2, S. 311-334.

Teece, D.J. (1986): Profiting from technological innovation: implications for integration collaboration, licensing and public policy. In: Research Policy, Vol. 15 (1986), S. 285-305.

Teece, D.J.; Pisano, G.; Shuen, A. (1997): Dynamic capabilities and strategic management. In: Strategic Management Journal, Vol. 18 (1997) Nr. 7, S. 509-533.

Teo, H.-H.; Oh, L.-B.; Liu, C.; Wei, K.-K. (2003): An empirical study of the effects of interactivity on web user attitude. In: International Journal of Human-Computer Studies, Vol. 58 (2003) Nr. 3, S. 281-305.

*****Tiwana, A.; McLean, E.R. (2005)**: Expertise Integration and Creativity in Information Systems Development. In: Journal of Management Information Systems, Vol. 22 (2005) Nr. 1, S. 13-43.

*****Todorova, G.; Durisin, B. (2007)**: Absorptive Capacity: Valuing a Reconceptualization. In: Academy of Management Review, Vol. 32 (2007) Nr. 3, S. 774-786.

Torraco, R.J. (2005): Writing Integrative Literature Reviews: Guidelines and Examples. In: Human Resource Development Review, Vol. 4 (2005) Nr. 3, S. 356-367.

Toubia, O.; Flores, L. (2007): Adaptive idea screening using consumers. In: Marketing Science, Vol. 26 (2007) Nr. 3, S. 342-360.

Tourangeau, R.; Rips, L.J.; Rasinski, K. (2000): The Psychology of Survey Response. 1. Aufl., Cambridge University Press, Cambridge, MA, USA 2000.

Triantaphyllou, E. (2000): Multi-criteria Decision Making Methods: A Comparative Study. 1. Aufl., Kluwer, Dordrecht, Niederlande 2000.

*****Tsai, W. (2001)**: Knowledge Transfer in Interorganizational Networks: Effects of Network Position and Absorptive Capacity on Business Unit Innovation and Performance. In: Academy of Management Journal, Vol. 44 (2001) Nr. 5, S. 996-1004.

Ulrich, K.T.; Eppinger, S.D. (2008): Product design and development. 4. Aufl., McGraw-Hill/Irwin, Boston, MA, USA 2008.

Urban, G.I.; Von Hippel, E. (1988): Lead User Analyses for the Development of New Industrial Products. In: Management Science, Vol. 34 (1988) Nr. 5, S. 569-582.

Van Bruggen, G.H.; Lilien, G.L.; Kacker, M. (2002): Information in Organizational Marketing Research: Why Use Multiple Informants and How to Aggregate Responses. In: Journal of Marketing Research, Vol. 39 (2002), S. 469-478.

Van Bruggen, G.H.; Spann, M.; Lilien, G.L.; Skiera, B. (2010): Prediction Markets as Institutional Forecasting Support Systems. In: Decision Support Systems, Vol. 49 (2010) Nr. 4, S. 404-416.

Van de Vrande, V.; De Jong, J.P.J.; Vanhaverbeke, W.; De Rochemont, M. (2009): Open innovation in SMEs: Trends, motives and management challenges. In: Technovation, Vol. 29 (2009) Nr. 6-7, S. 423-437.

*****Van Den Bosch, F.A.J.; Volberda, H.W.; de Boer, M. (1999)**: Coevolution of Firm Absorptive Capacity and Knowledge Environment: Organizational Forms and Combinative Capabilities. In: Organization Science, Vol. 10 (1999) Nr. 5, S. 551-568.

Van Den Ven, A.H. (1992): Suggestions for Studying Strategy Process: A Research Note. In: Strategic Management Journal. Special Issue: Strategy Process: Managing Corporate Self-Renewal, Vol. 13 (1992), S. 169-191.

Van Merrienboer, J.J.G.; Kirschner, P.A.; Kester, L. (2003): Taking the Load Off a Learner's Mind: Instructional Design for Complex Learning. In: Educational Psychologist, Vol. 38 (2003) Nr. 1, S. 5-13.

Van Schaik, P.; Ling, J. (2007): Design Parameters of Rating Scales for Web Sites. In: ACM Transactions on Computer-Human Interaction, Vol. 14 (2007) Nr. 1, S. 35.

*Vanhaverbeke, W.; Cloodt, M.; Van de Vrande, V. (2007): Connecting absorptive capacity and open innovation. CAS Workshop on Innovation in firms, Oslo, Norwegen.

Vanhaverbeke, W.; Van de Vrande, V.; Chesbrough, H. (2008): Understanding the Advantages of Open Innovation Practices in Corporate Venturing in Terms of Real Options. In: Creativity and Innovation Management, Vol. 17 (2008) Nr. 4, S. 251-258.

Vergados, D.J.; Lykourentzou, I.; Kapetanios, E. (2010): A resource allocation framework for collective intelligence system engineering. Proceedings of the International Conference on Management of Emergent Digital EcoSystems (MEDES'10), Bangkok, Thailand.

Vieweg, S.; Palen, L.; Liu, S.; Hughes, A.; Sutton, J. (2008): Collective Intelligence in Disaster: An Examination of the Phenomenon in the Aftermath of the 2007 Virginia Tech Shooting. 5th International Information Systems for Crisis Response and Management Conference (ISCRAM'08), Washington DC, USA.

Villaroel, J.A.; Reis, F. (2011): A Stock Market Approach to Online Distributed Innovation: The trade-off between speculation and innovation performance. 12th ACM Conference on Electronic Commerce (EC'11), Cambridge, MA, USA.

Vivacqua, A.S.; Borges, M.R.S. (2010): Collective intelligence for the design of emergency response. In: Tagungsband 14th International Conference on Computer Supported Cooperative Work in Design (CSCWD'10). 2010, S. 623-628.

Voich, D. (1995): Comparative Empirical Analysis of Cultural Values and Perceptions of Political Economy Issues. 1. Aufl., Praeger, Westport, CT, USA 1995.

*Volberda, H.W.; Foss, N.J.; Lyles, M.A. (2010): Absorbing the Concept of Absorptive Capacity: How to Realize Its Potential in the Organization Field. In: Organization Science, Vol. 21 (2010) Nr. 4, S. 931-951.

Von Ahn, L.; Maurer, B.; McMillen, C.; Abraham, D.; Blum, M. (2008): reCAPTCHA: Human-Based Character Recognition via Web Security Measures. In: Science, Vol. 321 (2008) Nr. 5895, S. 1465-1468.

Von Hippel, E. (1978): Succesful industrial products from customer ideas: Presentation of a new customer-active paradigm with evidence and implication. In: Journal for Marketing, Vol. 42 (1978) Nr. 1, S. 39-49.

Von Hippel, E. (1994): "Sticky Information" and the locus of problem solving: Implications for innovation. In: Management Science, Vol. 40 (1994) Nr. 4, S. 429-439.

Von Hippel, E. (2001): User toolkits for innovation. In: Journal of Product Innovation Management, Vol. 18 (2001) Nr. 4, S. 247-257.

Von Hippel, E.; Katz, R. (2002): Shifting Innovation to Users via Toolkits. In: Management Science, Vol. 48 (2002) Nr. 7, S. 821-833.

Von Hippel, E.; Von Krogh, G. (2003): Open source software and the "private-collective" innovation model: Issues for organization science. In: Organization Science, Vol. 14 (2003) Nr. 2, S. 209-223.

Von Hippel, E. (2005): Democratizing innovation. 1. Aufl., MIT Press, Cambridge, MA, USA 2005.

Von Krogh, G.; Spaeth, G.; Lakhani, K.R. (2003): Community, joining, and specialization in open source software innovation: A case study. In: Research Policy, Vol. 32 (2003) Nr. 7, S. 121.

Vries, H.D.; Elliott, M.N.; Kanouse, D.E.; Teleki, S.S. (2008): Using Pooled Kappa to Summarize Interrater Agreement across Many Items. In: Field Methods, Vol. 20 (2008) Nr. 3, S. 272-282.

Wahren, H.-K. (2003): Erfolgsfaktor Innovation. Ideen systematisch generieren, bewerten und umsetzen. 1. Aufl., Springer, Berlin 2003.

Walcher, P.-D. (2007): Der Ideenwettbewerb als Methode der aktiven Kundenintegration. 1. Aufl., Gabler, Wiesbaden 2007.

Wang, S.; Beatty, S.E.; Mothersbaugh, D.L. (2009): Congruity's role in website attitude formation. In: Journal of Business Research, Vol. 62 (2009) Nr. 6, S. 609-615.

Wanous, J.P.; Reichers, A.E.; Hudy, M.J. (1997): Overall Job Satisfaction: How Good Are Single-Item Measures? In: Journal of Applied Psychology Vol. 82 (1997) Nr. 2, S. 247-252.

Webster, J.; Watson, R.T. (2002): Analyzing the Past to Prepare for the Future: Writing a Literature Review. In: MIS Quarterly, Vol. 26 (2002) Nr. 2, S. xiii-xxiii.

Wecht, C.H. (2005): Frühe aktive Kundenintegration in den Innovationsprozess. Diss., Institut für Technologiemanagement, Universität St. Gallen, Hochschule für Wirtschafts-, Rechts- und Sozialwissenschaften (HSG), St. Gallen, Schweiz 2005.

Weisberg, R.W. (1999): Creativity and Knowledge: A Challenge to Theories. In: Handbook of Creativity. Hrsg.: Sternberg, R.J., Cambridge University Press, Cambridge, UK 1999, S. 226-250.

Weissenberger-Eibl, M.A.; Speith, S. (2005): Der tatsächliche Wert von Ideen in kleinen und neu gegründeten Ideen. In: Integriertes Ideenmanagement. Betriebliche und überbetriebliche Aspekte unter besonderer Berücksichtigung kleiner und junger Unternehmen. Hrsg.: Schwarz, E.J.; Harms, R., Deutscher Universitäts-Verlag, Wiesbaden 2005, S. 151-174.

Welch, I. (1992): Sequential sales, learning and cascades. In: Journal of Finance, Vol. 47 (1992) Nr. 2, S. 695-732.

West, J.; Gallagher, S. (2006): Patterns of Open Innovation in Open Source Software. In: Open Innovation: Researching a new Paradigm. Hrsg.: Chesbrough, H.W.; Vanhaverbeke, W.; West, J. 1. Aufl., Oxford University Press, Oxford, UK 2006, S. 82-106.

West, J.; Lakhani, K.R. (2008): Getting Clear About Communities in Open Innovation. In: Industry and Innovation, Vol. 15 (2008) Nr. 2, S. 223-231.

West, J.; O'Mahony, S. (2008): The Role of Participation Architecture in Growing Sponsored Open Source Communities. In: Industry & Innovation, Vol. 15 (2008) Nr. 2, S. 145-168.

West, S.G.; Finch, J.F.; Curran, P.J. (1995): Structural equation models with nonnormal variables: Problems and remedies. In: Structural equation modeling: Concepts, issues, and applications. Sage Publications, Thousand Oaks, CA, USA 1995, S. 56-75.

West, S.G.; Aiken, L.S.; Krull, J.L. (1996): Experimental Personality Designs: Analyzing Categorical by Continous Variable Interactions. In: Journal of Personality, Vol. 64 (1996) Nr. 1, S. 1-48.

Westergren, U. (2011): Opening up innovation: The impact of contextual factors on the co-creation of IT-enabled value adding services within the manufacturing industry. In: Information Systems and E-Business Management, Vol. 9 (2011) Nr. 2, S. 223-245.

Wheeler, W.M. (1911): The ant colony as organism. In: Journal of Morphology, Vol. 22 (1911) Nr. 2, S. 307-325.

White, A.; Smith, B.L. (2001): Assessing advertising creativity using the creative product semantic scale. In: Journal of Advertising Research, Vol. 41 (2001) Nr. 6, S. 27-34.

Whittaker, S.; Terveen, L.; Hill, W.; Cherny, L. (1998): The Dynamics of Mass Interaction. In: Tagungsband ACM CSCW. Seattle, WA, USA 1998, S. 257-264.

Wiggins, A.; Crowston, K. (2012): Goals and Tasks: Two Typologies of Citizen Science Projects. In: Tagungsband 45th Hawaii International Conference on Systems Sciences (HICSS'12). Maui, HI, USA 2012.

Williams Wolley, A.; Chabris, C.F.; Pentland, A.; Hashmi, N.; Malone, T.W. (2010): Evidence for a Collective Intelligence Factor in the Performance of Human Groups. In: Science, Vol. 330 (2010) Nr. 6004, S. 686-688.

Winkelmann, A.; Herwig, S.; Pöppelbuß, J.; Tiebe, D.; Becker, J. (2009): Discussion of Functional Design Options for Online Rating Systems: A State-of-the-Art Analysis. In: Tagungsband 17th European Conference on Information Systems (ECIS'09). AIS, Verona, Italien 2009.

Wolfers, J.; Zitzewitz, E. (2004): Prediction Markets. In: Journal of Economic Perspective, Vol. 18 (2004) Nr. 2, S. 107-126.

Wooldridge, M.; Jennings, N.R. (1995): Intelligent Agents: Theory und Practice. In: The Knowledge Engineering Review, Vol. 10 (1995) Nr. 2, S. 115-152.

Wu, G. (2005): The Mediating Role of Perceived Interactivity in the Effect of Actual Interactivity of Attitude toward the Website. In: Journal of Interactive Advertising, Vol. 5 (2005) Nr. 2, S. 29-39.

Yang, Y.; Chen, P.-Y.; Pavlou, P. (2009): Open Innovation: An Empirical Study of Online Contests. In: Tagungsband International Conference on Information Systems (ICIS'09). AIS, Phoenix, AR, USA 2009, S. 1-15.

*Ye, H.; Kankanhalli, A. (2011): Leveraging Structural Holes for Innovation: The Moderating Effect of IT-Enabled Absorbed Capacity. In: Tagungsband 15th Pacific Asia Conference on Information Systems (PACIS'11). AIS, Brisbane, Australien 2011.

Ye, H.; Kankanhalli, A.; Sun, J.; Goh, K.Y. (2011): Investigating Value Co-Creation in Innovation of IT-enabled Services: An Empirical Study of Mobile Data Services. In: Tagungsband International Conference on Information Systems (ICIS'11). AIS, Shanghai, China 2011.

Ye, H.; Kankanhalli, A.; Bretschneider, U.; Huber, M.J.; Blohm, I.; Goswami, S.; Leimeister, J.M.; Krcmar, H. (2012): Collaboration and the Quality of User Generated Ideas in Online Innovation Communities. Academy of Management Annual Meeting (AOMM'12), Boston, MA, USA.

Yin, R.K. (2009): Case Study Research. Design and Methods. 5. Aufl., Sage Publications, Thousands Oaks, CA, USA 2009.

*****Zahra, S.A.; George, G. (2002a)**: The Net-Enabled Business Innovation Cycle and the Evolution of Dynamic Capabilities. In: Information Systems Research, Vol. 13 (2002a) Nr. 2, S. 147-150.

*****Zahra, S.A.; George, G. (2002b)**: Absorptive Capacity: A Review, Reconceptualization and Extension. In: Academy of Management Review, Vol. 27 (2002b) Nr. 2, S. 185-203.

Zajonc, R. (1980): Feeling and thinking: Preferences need no references. In: American Psychologist, Vol. 35 (1980) Nr. 2, S. 151-175.

Zarnoth, P.; Sniezek, J.A. (1997): The Social Influence of Confidence in Group Decision Making. In: Journal of Experimental Social Psychology, Vol. 33 (1997) Nr. 4, S. 345-366.

*****Zhao, Z.J.; Anand, J. (2009)**: A multilevel perspective on knowledge transfer: Evidence from the Chinese automotive industry. In: Strategic Management Journal, Vol. 30 (2009) Nr. 9, S. 959-983.

Zomaya, A.; Kennedy, J. (2006): Swarm Intelligence. In: Handbook of Nature-Inspired and Innovative Computing. Springer US 2006, S. 187-219.

Zwass, V. (2010): Co-Creation: Toward a Taxonomy and an Integrated Research Perspective. In: International Journal of Electronic Commerce, Vol. 15 (2010) Nr. 1, S. 11-48.

Anhang A: Qualitative Inhaltsanalyse

Haupt-kategorie	Unter-kategorie	Indikatoren		Ankerbeispiele
Auslöse-trigger	Bündeln von Kundenfeedback (OIC als Vehikel zur Bündelung der Kundeninteraktion und des bidirektionaler Austausches)	• OIC als neuer Interaktionskanal • OIC als Kanal zur Bündelung zahlreicher Informationsquellen über Kunden • Vereinfachung der Kundeninteraktion	OSS Brainstorm	„Aber dadurch, dass man eben ein System hat wo auch Nicht-Entwickler gut kommunizieren und diskutieren können, hat man eine sehr gute Methode, um Entwicklern auch zu zeigen, wo es wirklich drückt. Viele Probleme, die ein normaler Benutzer hat, stören einen Entwickler vielleicht nicht bzw. tauchen gar nicht auf, weil ein Entwickler sein System ganz anders benutzt, als es seine Mutter vielleicht tun würde (lacht). Insofern ist es sehr hilfreiches Feedback." (Technischer Leiter Desktopentwicklung)
			ERP IdeaZone	"A specific one is really bringing down the walls, and loosen the barriers of having internal teams, product managers, solution managers be able to connect with customers. [...] We have about 100 different ways how we gather ideas, and feedback from customers. [...] Relationships are created, and not always maintained. Some systems have been shut down due to the frustration from customers. So, what we really wanted to do is to see or to find a way to cut through, and provide a new channel, which we basically start to grow that can provide continuous successful way to gather customer centric feedback, and help improve the innovation process at [ERP Software AG] (Leiter OI-Community)
			Lifecycle World	"It was founded by a small group of users that realized that if you are a big company, a big customer of the software compan... The big customers get listened to, because they have a lot of money, and the smaller customers were not getting as much attention. So, the smaller customers kind of came together, and became one larger voice together, and that was the basis of our organization. Of course over the years it has grown, so now all customers are involved. But in the beginning it was a small group of people that were just simply trying to get together to share information, and to connect with the software company on a larger level." (Leiter OI-Community)

Haupt- kategorie	Unter- kategorie	Indikatoren		Ankerbeispiele
(Auslöse- trigger)	Lernen bzgl. Trends (OIC als flexibles Mittel, schnell mit aufkom- menden Themen Erfahrun- gen sammeln zu können)	• Identifikation neuer Trends durch OIC • Vereinfachen des Lernens bei gescheiterten Innovations- projekten • Lernen von anderen ermöglichen bzw. vereinfachen	OSS Brainstorm	„Auch um herauszufinden, was die Leute über [OSS Betriebssystem] denken und wie diese es verwenden, aber auch ein bisschen um herauszufinden, wohin sich das ganze entwickelt." (Community-Mitglied 2)
			ERP Steampunk	"Basically, what we are trying to… with what I am involved here is early recognition of topics, bringing them in, and evaluating them, and trying to form a community around that with this tool that we have, this affiliate network, and if it works out, we basically brought in technology into our private area, and help people understanding that better." (Leiter OI- Community)
	Präferenz- informatio- nen (OIC als Werkzeug zur Ermittlung der Popularität / Qualität von Ideen)	• Kollektive Ideenbewertung als neue Informations- quelle für die Innovations- entwicklung	ERP IdeaZone	"They don't have as much market analysis on a pure idea basis. So, if I have a good idea, strategically, where we want to go for a product or solution, and may have talked to some customers to figure out critical pain points for some large customers, that can be sponsors… but when it comes to the ideas to actually go, and say how many customers have a problem that this idea will solve that is not there, and so what we find is that these teams end up having thousands of ideas, and I am describing this day to day, they have thousands of ideas, but they have no… From the customers, they don't have a ranking, they don't have an understanding of all the ideas, what the priority is, which ones are more important, which ones are more painful, that tends to be missing. Some teams have better understanding than others […]. There is no consistent process within [ERP Software AG]." (Leiter OI-Community)

Haupt-kategorie	Unter-kategorie	Indikatoren		Ankerbeispiele
(Auslöse-trigger)	Umsetzung von Ideen (OIC als Mittel zur effizienten Umsetzung von Ideen)	• Start neuer Projekte um (radikale) Ideen / Technologien (Ohne Freigabe) • OIC als Infrastruktur zur Bündelung interner Innovationsaktivitäten • Möglichkeit für Individuen, etwas zur Innovationsentwicklung beitragen zu können	OSS Brainstorm	"So, really the idea for [OSS Brainstorm] is just to accommodate ideas, and hopefully is to bring in people, who might have the skills to implement the ideas but don't know how. You could have a guy out there saying 'You know what. I know Python and stuff I don't know what to work on.' They just could go on [OSS Brainstorm], look at the popular ideas, and then just roll with it." (Leiter OI-Community)
			ERP Steampunk	"Speaking to people about innovation, and all this kind of things, and how they die, these innovative topics, and they're not getting done. So, I thought there might be a need for such an approach." (Leiter OI-Community)
Inputs	Informationen der Community-Mitglieder (Art des Informationen, das in der OIC akkumuliert wird)	• Beschreibung der OIC-Mitglieder • Beschreibung der Ideen • Beschreibung der Informationen der Nutzer	OSS Brainstorm	"I really would like to say that most users could be considered newbies. But I can't really say that, because I don't have any statistics. But looking at the ideas and the comments. I think quite a lot of them are basic users. I am happy about that." (Community-Manager / Entwickler Community-Plattform)
			ERP Steampunk	"So, developers typically are the kind of people that I'm meeting normally with my communities. At the moment it is really more on the development side or people with strong technical background." (Leiter OI-Community)

Haupt-kategorie	Unter-kategorie	Indikatoren		Ankerbeispiele
(Inputs)	(Umsetzung von Ideen)		ERP IdeaZone	"If I define three buckets, incremental ideas which improves the existing product or add this feature [...]. We get a lot of those [...]. The other ideas are more strategic, for example we should consider taking the product into this direction to consume this market space. We don't get many of those. I'm not sure, if [IdeaZone] will ever get a lot of those. [...]. Then the third is, that there are ideas that shouldn't exist. You take two areas, and slum them together or there is an idea that pops out that you did not know about." (Leiter OI-Community)
			Lifecycle World	"They both can be in some ways they very innovative. In other way the input that we get is quite rudimentary. They want the ability, the color to change from red to green, you know, some things are very, very basic, but others very innovative." (Leiter OI-Community)
	Wissens-basis des Community-Betreibers (Existieren-des Wissen zur erfolg-reichen Arbeit mit der OIC)	•Existierendes Wissen zum Management der OIC •Hintergrund / Ausbildung der teilnehmenden Mitarbeiter	OSS Brainstorm	"I am the main developer of [OSS Brainstorm]. At the end of 2007 I was a student in Singapore [...]. I was just a fan, like a lot of people. But I didn't have any connect with the [OSS Software AG]." (Community-Manager / Entwickler Community-Plattform)
			ERP IdeaZone	"There are teams that totally get it. They get the social, they get the voting, and crowdsourcing, and they feel, they have enough autonomy to take actions [...]. I'd say that is about 5-10 % [...]. Then there is this group of people, who get social but they are not comfortable, they don't have the budget or the high management commitment, and [...] that's about 60 %, and then I'd say there are teams that don't get it, they don't really understand the process, they don't understand social. [...] that is 20-30 %." (Leiter OI-Community)
			ERP Steampunk	"Today, I'm in the position that I can spend a lot of time on this communities, and this is currently also the main thing that I am doing." (Leiter OI-Community)

Anhang A: Qualitative Inhaltsanalyse

Hauptkategorie	Unterkategorie	Indikatoren		Ankerbeispiele
(Inputs)	(Wissensbasis des Community-Betreibers)		Planet Lifecycle	"I also work for [Company]. So, the Technical Director is a volunteer thing, I do that just in my spare time. [...]. But, you know, we try to make…. to make advantage of that." (Technischer Leiter OI-Community)
Exploratives Lernen	Ideensammlung (Einreichung der Ideen durch OIC-Mitglieder und deren Sammlung)	• Einreichung der Ideen • Speicherung der Ideen (z.B. Ideenpool) • Kategorisierung und Organisation der Ideen	OSS Brainstorm	"No, actually when the user submits the idea he puts it into a category. If it is the wrong one, the moderator or might fix it. We also let people categorize according to project." (Leiter OI-Community)
			ERP IdeaZone	"What will happen is that, someone submits an idea into the system." (Leiter OI-Community)
			ERP Steampunk	"People are forming topics around, either groups or a certain topic area or just something nonsense, some not [ERP Software AG] related thing but just a community for themselves." (Leiter OI-Community)
			Planet Lifecycle	"There are a couple of different ways that we do it. With respect to the [Custerom Integration Process], it is all evolved online – with forms, and submissions, an R&D process [...]. So, that's more a formal process, where the user might submit" (Leiter OI-Community)
	Ideenweiterentwicklung (Verbesserung der eingereichten Ideen durch OIC-Mitglieder)	• Kollaboration (z.B. Hinzufügen neuer Informationen und Details) • Diskussion von Ideen	OSS Brainstorm	„Wenn es wirklich eine Idee ist, wo ich denke, dass ist eine gute Idee und da könnte man etwas umsetzen, dann gebe ich manchmal ein Kommentar ab oder man gibt tatsächlich noch eine weitere Solution ab, die das irgendwie verfeinert oder einen anderen Weg zeigt." (Community-Mitglied 2)
			ERP Steampunk	"If not, let's organize a punkstorm where we go in with the direction of we discussed the general topic but we're now looking for something concrete to do. Let's figure out what could be a use case in order to work on. And this is the idea for punkstorm." (Leiter OI-Community)

Haupt-kategorie	Unter-kategorie	Indikatoren		Ankerbeispiele
(Exploratives Lernen)	Popularitäts-/ Qualitätsabstimmung (Abgeben von Präferenzen bzgl. der eingereichten Ideen durch die OIC-Mitglieder)	• Abgabe von Präferenzinformationen mittels eines Mechansimus zur kollektiven Ideenbewertung	OSS Brainstorm	"Yes. Maybe at first I didn't contribute any ideas but I have been looking at them, and voted for the ones I liked." (Community-Mitglied 1)
			ERP IdeaZone	"It gets voted on along with other ideas, and then over time, one month or two, an idea will level up to the top." (Leiter OI-Community)
			ERP Steampunk	"This [Steampunk] thing is voting with defeat. That means joining a project by giving you my currency is I'm betting on that horse. I'm betting on that [...]. I'm giving you my time [...]. Time that I spend in addition to my daily work. This is a totally different motivation for these people." (Leiter OI-Community)
			Lifecycle World	"It is usually a ballot with 25 [ideas] for each product area, and we vote on in the February – March time frame. It actually goes beyond the [Planet Lifecycle] members. It goes to all [Lifecycle Software AG] customers." (Technischer Leiter OI-Community)
	Erkennen von Wissensarbitage (Verstehen der Ideen und Erkennen deren Potenzials)	• Vergleich der Ideen mit bestehenden Ideen (Wissen) • Nutzung der Popularitäts- / Qualitätsabstimmung • Reduktion der betrachteten Ideen	OSS Brainstorm	„Das Bewertungssystem finde ich relativ gut. Weil es dann eben doch zeigt, welche Probleme wir noch haben, die jetzt am meisten drücken und an denen wir arbeiten sollten." (Technischer Leiter Desktopentwicklung)
			ERP IdeaZone	"We [...] provide a structure that adds additional pieces into their [Produktmanager] prioritization processes, [...] which is to show the customer interest or the customer ranking on those set of ideas. [...] So, even without taking any new ideas from the customers, [IdeaZone] can already add value in the sense of evaluation, and prioritization." (Leiter OI-Community)

Hauptkategorie	Unterkategorie	Indikatoren		Ankerbeispiele
(Exploratives Lernen)	(Erkennen Wissensarbitage)	• Verstehen von Ideen ("Sensemaking")	Planet Lifecycle	"Customers typically give us too many requests that just not possible to do in a single release. So, we follow the process that helps us narrow down […] on a set of requests, which we would consider implementing in a particular release." (Produktmanager Lifecycle Software AG)
	Ideenauswahl (Akt der Auswahl der Ideen zur weiteren internen Weiterverfolgung durch den OIC-Betreiber)	• Ideenauswahl für interne Verfeinerung durch den OIC Betreiber (Entscheidungssituation) • Auswahlkriterien (inkl. Gewichtung / Abwägung)	OSS Brainstorm	„Auf jeden Fall natürlich eine ziemlich hohe, weil wir die Liste erst mal von oben abschöpfen. Also die Ideen, die die meisten positiven bzw. 'Ich auch'-Stimmen haben, gucken wir uns natürlich auch als erste an. Das ist der entscheidende Einfluss." (Technischer Leiter Desktopentwicklung)
			ERP IdeaZone	Within each team [...] I provide a lot of autonomy on this – they would take those ideas, they would consider them among the other ones, and they decide whether they go into the product or not." (Leiter OI-Community)
			ERP Steampunk	"At some point – as soon as there was sort of enough traffic […] [Leiter OI-Community] kicked in, and said 'Okay, that seems to be quite some traffic. Why don't you do a project pitch, meaning having one hour session where you explain for 15 minutes where you want to go to, and let the community ask questions, and try to understand them.'" (Community-Mitglied)
			Planet Lifecycle	"So, it is impossible to do all [ideas] that we get, and of course we use a number of methods to figure out, you know common threats, identify the most significant [ideas] that we would implement. That's obviously not everything that we do for a release. It is only a portion." (Produktmanager Lifecycle Softwaer AG)
			OSS Brainstorm	"So, part of the things I do now is at the [Developer Summits], usually for plenary, I give a presentation on what people are talking about in [OSS Brainstorm]." (Leiter OI-Community)
Transformatives Lernen	Ideenverteilung (Verteilung der Ideen beim OIC-Betreiber)	• Weiterleiten der Ideen an die F&E Abteilung / Produktmanager		

Hauptkategorie	Unterkategorie	Indikatoren		Ankerbeispiele
(Transformatives Lernen)	(Ideenverteilung)	• Aufbereitung / Präsentation der beliebtesten Ideen	ERP IdeaZone	"They [individuals responsible for monitoring ERP IdeaZone] take them over, and they sit down with their solution manager." (Leiter OI-Community)
			Planet Lifecycle	"As soon as the [idea] is submitted, there is a report generated, and a product manager is being contacted. So, there is an E-Mail sent to the appropriate manager based on the category that the user chose when they submitted the [idea]." (Produktmanager)
	Assimilation und Transformation (Kombination der Kundenideen mit bereits existierendem Wissen/ Ideen bzw. Neuaufnahme der Ideen in die Wissensbasis des OIC-Betreibers)	• Ideen in bestehende Projekte aufnehmen • Aufnahme der Ideen in Produkt- und Portfolioplanung • Interne Verfeinerung (z.B. Machbarkeitsanalyse) • Aufsetzen von Folgeprojekten • Vorbereitung der Implementierung • Anforderungserhebung (inkl. Spezifikationen)	OSS Brainstorm	"In the developing process of [OSS operating system] the blueprints are written by some more advanced pro users […], which have some technical knowledge. It will then be presented, and discussed at the [Developer Summit]. Or a problem or idea is discussed at the [Developer Summit], and then the blueprint is written. It depends." (Community-Manager / Entwickler Community-Plattform)
			ERP IdeaZone	"[Ideas] get mixed in with the existing set of ideas that they have, and the nice thing is, they get to see the importance, and prioritization among the existing set." (Leiter OI-Community)
			ERP Steampunk	"In the beginning, it was pretty intense, because I had to prepare everything to write down what people need to know, and where do you find this information or that information. So, probably the first thing was to create a sort of project wiki, where I started to collect all that, so that everybody was referred to at his stuff." (Community-Mitglied)
			Planet Lifecycle	"Product management is typically responsible to come up with a business plan. So, that business plan may be driven by a number of inputs. One of them would be some strategic initiatives. On the other hand there are a number of platform initiatives, like I said they can be generated from a number of different sources, and needs, whether it is customer needs, understanding the industry or understanding the technology." (Produktmanager)

Haupt-kategorie	Unter-kategorie	Indikatoren		Ankerbeispiele
(Transformatives Lernen)	Ressourcenallokation (finale Implementierungsentscheidung (Freigabe) bzgl. einer Idee sowie Zuweisen von Ressourcen für Implementierung)	• Freigabeentscheidung (inkl. Befürwortung durch Management) • Freigabe von Ressourcen für die Implementierung von Ideen (z.B. Zeit, Personal) • Releaseplanung	OSS Brainstorm	„Zusätzlich gab es auch die Blueprints [...]. Dies ist ein Launchpad-Feature mit dem man exakt so was ausdrücken kann. Also ich habe ein Projekt: Was ist das Design? Die Implementierung? Die Use Cases? Wer arbeitet daran? Wie koordiniert man das? Also das benutzen wir heutzutage immer noch sehr häufig für die Releaseplanung." (Technischer Leiter Desktopentwicklung)
			ERP IdeaZone	"If that fits, if that's something that we can do, and it makes sense, and it fits into the existing system the way we like, and the dev. [development] estimate is not too high then we put it onto the development queue." (Leiter OI-Community)
			ERP Steampunk	"No, not at all, because it's a [steampunk] project, and, because it's people doing that aside in their budget, in their free-time budget. There was no approval necessary that's why it was that fast, but there was no approval needed." (Community-Mitglied)
			Lifecycle Word	"We have to assign resources. You know, not every developer is qualified to work on every area of the product either. There is a certain level of expertise. The product is really complex. It's not that balancing what's going on once you understand, and have selected particular number of investments that you are going to make." (Produktmanager)
Exploitatives Lernen	Ideenimplementierung	• Programmierung der Ideen / Spezifikation • Beschreibung der Entwicklungsumgebung	OSS Brainstorm	"You only really need to talk when you conflicting or need something changed, and that sort of issue. That 'font idea' that I was mentioning before - that was easy for me to do, I didn't really need to talk with developer sabout how to do it. I just had to change my own package around." (ehrenamtlicher Softwareentwickler)
			ERP IdeaZone	"You have the development process, and this is the continuous process of descoping. So, there are a lot of hurdles to go through, and the teams will take it, and fit it in. If the time of the release is coming, and the products are late in development, features will be cut, and so it may be cut at that point in time." (Leiter OI-Community)

Haupt-kategorie	Unter-kategorie	Indikatoren		Ankerbeispiele
(Exploitatives Lernen)	(Ideen-implementierung)	• Integration der Ideen / Spezifikationen in die reguläre Entwicklung	ERP Steampunk	"So, when you have a project you need to define milestones, what you want to achieve, make a proof of concept. If this convinces, if it makes the case more convincing, you might even find more resources." (Leiter OI-Community)
			Planet Lifecycle	"Yes, we just row into the development cycles." (Technischer Leiter OI-Community)
	Ideen-kommerzialisierung (Distribution und Vertrieb der Produkte mit Ideen aus der OIC)	• Distribution und Vertrieb des Produktes (inkl. Partnerschaften) • Produktmarketing	ERP Steampunk	"So far, we have not done that so this is our first project, and the way I am trying or I'm seeing that is we create effects by having the thing, and showing it to customers, and basically creating pressure on the product teams, who are responsible for these customers or for these products that we are building around." (Leiter OI-Community)
			Planet Lifecycle	"I guess that the only down side of that is that it gets a lot of time to go through the complete, you know, stage, it might take a couple of years to actual product before you can benefit from it." (Technischer Leiter OI-Community)
Outputs	Produkt-verbesserung und Steigerung Innovationskraft (Auswirkungen der OIC auf die Produkte	• Verbesserung der Produkte durch inkrementelle Ideen • Entwicklung innovativer Produkte durch radikale Ideen	OSS Brainstorm	"I can tell about where it was really successful. There have been projects that have started, because of [brainstorm] ideas. If you were to pick one - there are two that I know of. But this one is really successful, so I think it's like - so this one here [URL]." (Leiter OI-Community)
			ERP IdeaZone	"Let's see, out of 1,500 ideas now approximately we have 28 coming soon, 38 are delivered, I assume that delivered means that they are shipped but not in the product yet that it is coming, and that it will be in this release, and 77 are under review." (Leiter OI-Community)

Anhang A: Qualitative Inhaltsanalyse

Hauptkategorie	Unterkategorie	Indikatoren		Ankerbeispiele
(Outputs)	des OIC-Betreibers)	• Ausmaß der Implementierung von Ideen	Planet Lifecycle	"Do we consider customer [ideas] in each release? Yes. How many, that varies from year to year. I would say at least 50 % of each release, sometimes more, so maybe depending on each release 50 to 60 %, sometimes maybe less, around 40 %. It depends on the release." (Produktmanager)
	Strategische Flexibilität (Verbesserung der strategischen Flexibilität durch effektivere Identifikation und Evaluation von Trends)	• Identifikation neuer Trends bzgl. Kunden • Schnelles Sammeln von Erfahrungen mit aufkommenden Trends	OSS Brainstorm ERP Brainstorm	"But I'll say something like: '38 separate ideas about hardware support'. So, at least they know that people are concerned about hardware support or something like that. So, instead of the idea I might say: 'You know, there are five separate ideas that we need graphical tools to configure this or that'." (Leiter OI-Community) "The other example is […] gamification that means how to use game mechanics to make people more engaged with software […]. Somebody has to start that, and evangelize around that […]. I have now a community with 155 people around that, whois organizing itself, and trying not to stop prototypes, and proof of concepts." (Leiter OI-Community)
	Kundenbindung (Vertiefung von Kundenbeziehungen aufgrund OIC)	• Lock-In-Effekte durch „Ernst nehmen" der Kunden • Lock-In-Effekte durch Teilnahmemöglichkeit	OSS Brainstorm Planet Lifecycle	„Die Leute haben das Bedürfnis sich… Wenn sie so ein System verwenden, mit dem sie wirklich die ganze Zeit irgendwie herumkämpfen Verbesserungsvorschläge zu bringen […]. Da denke ich, haben die Leute ein Interesse bei so was mitwirken zu können." (Community-Mitglied 2) "I think the value we get is, we get input of the users plus it's a good relationship building that we are listening to them." (Produkt-Portfolio-Manager)
	Mitarbeiterzufriedenheit	• Motivierte Mitarbeiter durch „etwas bewegen können"	ERP Steampunk	"So, you build an application, and as soon as you can build it in four weeks easily, and you own that piece, and you have an impact, and suddenly this gives people meaning, and I think that was one of the reason why the group became so successful." (Leiter OI-Community)

Haupt-kategorie	Unter-kategorie	Indikatoren		Ankerbeispiele
(Outputs)	Erschließen Mitarbeiter-ressourcen (Akquise von neuen Helfern / Mitarbei-tern)	• Rekrutierung neuer Mitarbei-ter aus OIC • Rekrutierung von Helfern für Ideenimple-mentierung	OSS Brainstorm	"Like in the rest of Open Source there is only a certain amount of developers, and growing that developer community is a fundamental thing we need to keep working on for things like this to work. So, at the end of the day this is all helping growing the developer community, and that is what we want." (Leiter OI-Community)
			ERP Steampunk	"We have within 48 hours, eight replies, and two of these are from individuals, and two individuals where development managers, who came with their own teams of five or ten people. So, basically we could staff the project with six people just within 48 hours." (Leiter OI-Community)
IT-basierte Systemati-sierungs-kompeten-zen	Toolkit-Design (Design des Toolkits in dem Sinne, dass die Qualität der erhobenen Bedürfnis- und Lösungsin-formationen maximiert wird)	• Sammeln von Bedürfnis- und Lösungs-informationen • Steigerung der Kreativität der Ideeneinreicher • Steigerung der Zusammenar-beit der OIC-Mitglieder • Verbesserung der Usability • Technische Mittel zur Motivations-steigerung • Stimulierung von Aktivität	OSS Brainstorm	"Just dividing the system that way has really helped users to think in terms of the system we want. We want users to identify problems but we want more importantly users to talk about good ideas for solutions, and perhaps creative ideas for the solutions [...]. You get much better data." (ehrenamtlicher Softwareentwickler)
			ERP Brainstorm	"The pitch project is something like… and by putting it prominently on the right side, and say 'program launched', 'on going punk project'. It is kind of you created peer pressure, because you officially launched it. By creating this project, you officially launched it, and there are members on that, and suddenly they are like, ok, now we have to deliver. It is a different thing if you tell it nobody or if you tell somebody, and then they say: 'Did you quit smoking or not?'." (Leiter OI-Community)

Anhang A: Qualitative Inhaltsanalyse

Haupt-kategorie	Unter-kategorie	Indikatoren		Ankerbeispiele
(IT-basierte Systematisierungskompetenzen)	Kollektive Ideenbewertung (Design eines Filtersystems, das Präferenzinformationen valide und reliabel erhebt und als Entscheidungsunterstützungssystem dient)	•Organisatorische Maßnahmen zur Verbesserung der „Filterqualität"	OSS Brainstorm	"Well, the system of approval in the sandbox, which requires two reviewers to approve an idea helps to prevent bad effects of a crazy reviewer. However, sometimes bad ideas or duplicates get the status of a popular idea. But that's not really much." (Community-Manager / Entwickler Community-Plattform)
		•Erkennung von Duplikaten (inkl. Reduktion / Zusammenführen von Duplikaten)	ERP IdeaZone	"I think the typical challenge we have is the voting. We are getting some voting, but not as much as we like, and part of that I felt the solution itself it is not easy to see a lot of ideas, and vote on them. So, we are improving this pretty quickly. But the whole notion of, if there is a product that interests you, what motivates you go into this area, and look through 100 ideas, and vote on them, and show which ones you like. It's taking time of your schedule, and I think that is the one, we are struggling. How to get customers more engaged, and become more active in that role." (Leiter OI-Community)
		•Aussortieren nicht innovationsrelevanter Beiträge (z.B. Kommentare)	Planet Lifecycle	"We have a list of product areas [...]. So, there is three or four different voting ballots like drafting, modeling, assemblies, maybe some [product] stuff [...]. So, there is different ballots for each of those areas." (Technischer Leiter OI-Community)
IT-basierte Koordinationskompetenzen	Prozessintegration (Integration der OIC in den Innovationsprozess und die organisationale Struktur)	•Nutzung / Integration von IT-Lösungen zum Management der Ideen •Integration der OIC in den Innovationsprozess •Etablierung der OIC als Prozess	OSS Brainstorm	"Ideally, there would be a process for that. [...] I think also to make a process to push ideas to their own bug tracker but I don't have enough manpower for that. I think in the future [Brainstorm] will be eventually integrated into Launchpad [...], because Launchpad has already lots of tools to interact with upstream." (Community-Manager / Entwickler Community-Plattform)
			ERP IdeaZone	"That is the product manager. They own a list of ideas, and requirements for the product, and they are the owner of that. So, by letting them sign up, and when they are willing to sacrifice their time to browse customer ideas, is a very strong commitment wanting to include them into their decision process, and into their list of existing ideas." (Leiter OI-Community)

Hauptkategorie	Unterkategorie	Indikatoren		Ankerbeispiele
(IT-basierte Koordinationskompetenzen)	(Prozessintegration)	• Motivation der Mitarbeiter • Erlangen von Managementunterstützung	ERP Steampunk	"We have [..] groups, whostarted having a 10 % time. For example [Location 1] introduced that, our location in [Location 2] did it. I think I heard about that in [Location 3], and the 'TGIF is something that in [Headquarter] people started it, on a kind of a global base " (Leiter OI-Community)
		• Mitarbeiterschulungen • Change Management bzgl. Offenheit	Planet Lifecycle	"Yes, because they have the [Moderator] counterpart, that's the [Lifecycle Software AG] contact. For each [Moderator] there is a Lifecycle Software AG counterpart." (Technischer Leiter OI-Community)
	Boundary-Spanning (Verstetigung von bidirektionalen Austauschbeziehungen zwischen OIC-Mitgliedern und Mitarbeitern des OIC-Betreibers)	• Interne Promotion des Inhalts der OIC • Schaffen zusätzlicher Austauschmöglichkeiten (z.B. Meetings) • Institutionalisierung von Feedback für die OIC-Mitglieder	OSS Brainstorm	"Because there are so many ideas in [Brainstorm] - there are like 15,000 right now - that it's impossible for developers to sit there, and go through all the ideas. So, that their moderators, and people like me come into play. I check [Brainstorm] multiple times a day. When I see really popular ideas that aren't getting any traction I usually try to get a developer to answer or myself or one of the moderators will answer on what's going on with that." (Leiter OI-Community)
		• Management der Nutzererwartungen in Bezug auf Ideenimplementierung	ERP IdeaZone	"I really wanted to ensure a high probability to execute. When teams are interested in getting customer ideas at [IdeaZone], I make sure that the product manager, who at the end of the day owns the idea, and the decision process, is really the one listening, and taking ideas. It is also powerful for them, because all of the sudden, instead of trying to find customers or have to talk to sales, and go through six different channels to set up a meeting with a customer, they now have an opportunity for an one-on-one relationship with those customers. They ask for this, they want it." (Leiter OI-Community)

Haupt-kategorie	Unter-kategorie	Indikatoren		Ankerbeispiele
(IT-basierte Koordi-nations-kompeten-zen)	(Boundary-Spanning)	• Schaffen von Transparenz • Signalisieren des Implemen-tierungsstatus • Installieren von „Boundary-Spanner" (z.B. Innova-tionsmentoren)	Planet Lifecycle	"Yes, in some areas we would do that. The product manger, you know… So yes, we do many [Joint Development Workshops] with the [Planet Lifecycle Community]. We tell them that it is an area that we are interested in. They agree. There are [Round Tables], and people sign up for these [Round Tables], and these things are more than subscribed. So, these people come, and they generally want to help give us input." (Produkt-Portfolio-Manager)
			ERP Steampunk	"Of course, what in the end we want to achieve is really… We had kind of [Steampunk Events], I mean not just online but also in reality, that's why I set up a group of innovation mentors. An innovation mentor is somebody at a location, whoorganizes. So, here comes the link that probably ties all the different initiatives together that we have […]. But what they all want to do is to make their location look gcod, create innovations, foster innovations, help people, feeling good about themselves, and if we can have [internal innovation activities], and events, and people can exchange information, and also resources." (Leiter OI-Community)
IT-basierte Soziali-sierungs-kompeten-zen	Community-Building (Akquise neuer OIC-Mitglieder und deren emotionale Integration in die OIC)	• Schaffen geteil-ter Normen und Rituale in OIC • Integration von OIC in bereits existierende Communities • Aufbauen eines Zusammenge-hörigkeitsge-fühls unter OIC-Mitgliedern	OSS Brainstorm	"That you know, whois behind, and that you know that you can contact him […]. Tt says by whom it was developed. It has their actual E-Mail address […]. You can see their faces, and what they are working on. You can actual get in contact with him. Some of them you meet. I went to the [Developer Summit] that was two years ago […]. You can actually shake hands with the people that have done the program you like, and you use everyday. You can say: 'Ey man, I love the work you have done! Keep it up! Let me pay for the next round (laughs)'." (Community-Mitglied 1)
			ERP IdeaZone	"The community of two million people, and [IdeaZone] is starting up as part of that, and it can leverage the two million." (Leiter OI-Community)

Haupt-kategorie	Unter-kategorie	Indikatoren		Ankerbeispiele
(IT-basierte Sozialisierungs-kompetenzen)	(Community-Building)	• Ermöglichen von Identifikation mit OIC • Anwerben und Integration von neuen OIC-Mitgliedern • Organisatorische Mittel zur Mitarbeitermotivation (z.B. Wettbewerbe)	ERP Steampunk	"And what else I created is this 'Welcome' which is a kind of a charter, which should set the mood, and also the expectations [...]. I'm expecting people doing it honestly, participating in interesting discussions. From a real, not negative criticism, but positively criticizing, and working on that, and pointing out to additional things. In a mood, in a constructive way that means we want to get it done, not we want to put you down, but we want to help you to underst, and this problem fully so that we come to a good solution." (Leiter OI-Community)
			Planet Lifecycle	"Get people involved, you know, share ideas, you know, post questions, if they don't know how to do something. And some might feel better going there than going to call [Lifecycle Software AG] support people. You know, they might be looking for something more profit related stuff than just, you know, here's the steps, you know, that [Lifecycle Software AG] is gonna give you." (Technischer Leiter OI-Community)
	Selbstverwaltung (Schaffen von Strukturen zur Selbstverwaltung der OIC durch die OIC-Mitglieder)	• Etablieren von unabhängigen Kundenstrukturen (z.B. Anwendergruppen) • Einbindung von OIC Mitgliedern in Community-Management	OSS Brainstorm	"When they are doing a good job, and they want to become a moderator, we give them the moderator role. With those rights they can almost do anything. They can move ideas. They can change the title, the content, the status. Above that we have the developer role. It has the same rights as the moderator but also the right to comment as 'developer'. The last role is the administrator. He can do everything like delete or ban users." (Community-Manager / Entwickler Community-Plattform)

Haupt-kategorie	Unter-kategorie	Indikatoren		Ankerbeispiele
(IT-basierte Sozialisierungskompetenzen)	(Selbstverwaltung)	• Selbstständige Finanzierung • Schaffen selbstüberwachender Strukturen (z.B. Konfliktlösung)	ERP Steampunk	"From the company yes. Also externally, but at the moment, I'm more focus on the internal things, and they are organizing themselves, they have normally a higher loyalty to peers than to an organization. So, they help each other out by sharing information. I'm trying to fight for that." (Leiter OI-Community)
		• Einführung von Nutzerrollen im Rahmen eines übergeordneten Rechte- und Rollenkonzepts	Planet Lifecycle	"We maintain our independence by or own revenue streams, and we are a non-profit company [...] our revenue comes from two places – from the registration fro the conference, and it comes from the revenue we generate from our partners that exhibit at the conference, and have other advertising benefits. For our expenses, we have the expenses for the annual conference, and then our operating budget for the rest of the year." (Leiter OI-Community)
Macht	Individuelles Promotorentum (Einfluss individuellen Handelns auf die Ideenabsorption)	• Ideenimplementierung durch einen Einzelnen	OSS Brainstorm	"Those are two ideas that came out of Brainstorm. Nobody asked permission. They just said "You know what. Let just do this", and they went, and did it." (Leiter OI-Community)
		• Ideen durch Prozess zur Implementierung führen	ERP Steampunk	"We just went ahead, and said 'Okay, we are all convinced it's the right thing to do, so let's do it!'." (Community-Mitglied)
	Autonomie (Einfluss Autonomie auf individuelles Promotorentum)	• Unabhängigkeit und Autonomie als Förderer der Ideenabsorption	ERP Ideazone	"But the risk is, if some senior manager comes in, and say 'Look, we go into a new direction, we're not trashing the products but we're going to stop doing this. We bought a mobile company, so 95 % of your requirements have to be spent on doing mobile.' If that happens, we ultimately could be canceling a lot of the ideas, and feedback we have from customers, and so that's the challenge we're facing right now." (Leiter OI-Community)

Haupt-kategorie	Unter-kategorie	Indikatoren		Ankerbeispiele
(Macht)	(Autonomie)		ERP Steampunk	"Or the people, who brought [...] worked on that suddenly get reassigned to some other units. There is no priority for that, because it has nothing to do with their thing, with their mission. But also, of course, management has a lot of things to do, and often they get pulled into operational things that do not leave them time to think more thoroughly about other things. Might not even understand it, because it requires more knowledge of it. Or they see other priorities, simply. Not only because they themselves see it, but because their manager tells them to so they often... It is never completely clear why, why this is. Especially for somebody, who brings up an idea, and wants to push it, wants to bring it through." (Leiter OI-Community)
			Planet Lifecycle	"I mean, they are involved, but they don't try to run things. So, pretty much is done by the users. They do step in, and help whatever they have to help with. But for the most part the users have the authority to control it." (Technischer Leiter OI-Community)
Selbstver-stärkung	Kritische Masse (Erreichen kritischer Masse an OIC-Mitgliedern für Selbster-haltung der OIC)	• Beschreibung des Wachstums der OIC in der Anfangsphase • Beschreibung des Wachstums der OIC nach der Anfangs-phase • Beschreibung selbsterhalten-der Commu-nitystrukturen	OSS Brainstorm	"The launch was crazy. In two days we got 15,000 subscriptions, and 300,000 votes. We had in those two days more ideas in [OSS Brainstorm] than the total number of ideas in the IdeaPool wiki page. It clearly showed that we are on the right track [...]. Now we get like 4,000 new votes per day, and between 20 to 40 new users per day. That means that we have now 25,000 users." (Community-Manager / Entwickler Community-Plattform)
			ERP IdeaZone	"[IdeaZone] has about 6,000 people on it right now, who contributed." (Leiter OI-Community)
			ERP Steampunk	"So, for example if I click on members, I see all the members in this group, so 219 members." (Leiter OI-Community)

Anhang A: Qualitative Inhaltsanalyse

Haupt-kategorie	Unter-kategorie	Indikatoren		Ankerbeispiele
(Selbstver-stärkung)	(kritische Masse)	• Größe der Community (Mitglieder / Ideen)	Planet Lifecycle	"It used to be extremely popular, and then with our website, and the problems we fixed with it, some of the popularity of the forum had dropped off, and now we use the [Planet Lifecycle] solution, and see a back up again. So, we realize that the tools that we are putting in place right now are making people better off, and we see people using these tools to go out, and reach each other." (Leiter OI-Community)
	Entwicklung Absorptionskompetenzen (zeitliche Entwicklung von Absorptionskompetenzen)	• Entwicklung von Absorptionskompetenzen	ERP IdeaZone	"That is some of the thinking, but we are definitely not there yet. But what you describe is probably one of the biggest challenges we will come across in the first year, where it could just be all these small customers, asking for a bunch of features that only contribute to 5 % of the revenue." (Leiter OI-Community)
		• Pfadabhängig-keiten bei der Entwicklng von Absorptions-kompetenzen	Planet Lifecycle	"You keep in mind that our tools are very new to us, since six months. We are still evaluating which peaces are most effective […]. So, we realized that we need to change the way we do things, and we are not going to continue to do things as we were." (Leiter OI-Community)
Aneignungs-fähigkeit	Öffnungs-grad der OIC (Ausmaß der Durchlässig-keit der OIC als Mittler zwischen Umwelt und OIC-Betreiber)	• Kontrolle der Anmeldung neuer Mitglieder (z.B. Kundennum-mern bei An-meldung)	ERP Steampunk	"That is only internal before I exposed some of these information external so one of the tasks is of course to roll out that information into an external channel." (Leiter OI-Community)
		• Interne Ausrichtng der Community	Planet Lifecycle	"In consideration of use of the Service, Client agrees to the best of their abilities to: (a) provide current and complete information about themselves, their organization and its users (such information being the 'Registration Data') and (b) maintain and update the Registration Data to keep it current and complete." (Planet Lifecycle Registration Information)

Hauptkategorie	Unterkategorie	Indikatoren		Ankerbeispiele
(Aneignungsfähigkeit)	Immaterialität sozialer Beziehungen (Wertaneignung durch Vielzahl von sozialen Interaktionen zwischen OIC-Mitgliedern und OIC-Betreiber)	• Informalität der Beziehung als Schutzmechanismus vor dem Kopieren externalisierter Artefakte	OSS Brainstorm	"There is no formal process existing. In fact, quite a lot around [OSS Operating System] is informal. Thus there is no new process made with [OSS Brainstorm] but we remind developers to visit [OSS Brainstorm] to get new ideas, and see what people want. However, inside the [OSS Brainstorm] community, and [OSS Software AG] is not really a process for innovation." (Community-Manager / Entwickler Community-Plattform)
		• Direkte Beziehung zwischen OIC Mitgliedern und Mitarbeitern des OIC Betreibers als nicht kopierbares Ergebnisse der Interaktion	ERP Steampunk	"I likely would never have considered to having such a discussion outside of [ERP Software AG] again for the same reason, intellectual property, and using tools like Google documents, as tool itself is again, a bad idea from an IT perspectives, because then I'm not only tossing ideas around with the community outside of [ERP Software AG], but I'm releasing intellectual property that where [ERP Software AG] might want to haven even filed a patent on which second is not a good idea." (Community-Mitglied 1)
	Spezifität der Kundeninformationen	• Informationen werden direkt für einen speziellen Zweck bzw. ein spezielles Produkt erhoben	ERP IdeaZone	"An [IdeaZone] corresponds to a specific space with a common interest and a specific focus. In general your account gives you access to one or several [IdeaZones]. For example there could be an [IdeaZone] for all [...products]" (Information on IdeaZone Community)

Anhang B: Beispielidee

Beschreibung der Idee: SAP hat den Mittelstand als neue lukrative Zielgruppe entdeckt. Beispielsweise wird mit SAP Business One versucht ein Standard ERP System in kleine mittelständische Unternehmen zu bringen und somit dort Fuß zu fassen. Hierbei handelt es sich um eine kompakte Lösung für kleine Unternehmen, die sämtliche Geschäftsabläufe in den Bereichen Einkauf, Verkauf, Artikelverwaltung, Bankenabwicklung, Controlling, Produktion, Buchhaltung und Berichtswesen unterstützt. Für kleine Unternehmen wäre auch der Einsatz eines Enterprise Portals durchaus denkbar. Hierdurch könnten alle Mitarbeiter, auch Außendienstmitarbeiter, gut eingebunden werden, da für die Bedienung des Portals nur ein Endgerät mit Web-Browser und Internetzugang notwendig sind. Der Zugriff auf viele verschiedene Applikationen über Single Sign-On sowie die Zusammenarbeit von Benutzern über die Groupware-Funktionalitäten des Portals sind weitere Vorteile für den Einsatze eines Enterprise Portals. Hier könnten auch für kleine Unternehmen Employee Self Services angeboten werden und somit die Abläufe der Personal-Administration vereinfacht, beschleunigt und vereinheitlicht werden. Der Installations- und Administrationsaufwand eines SAP NetWeaver Portal ist jedoch für ein kleines mittelständisches Unternehmen zu hoch. Zwar stellt der SAP Rapid Installer (laut einschlägiger Literatur) im Vergleich zu einer Installation mit SAPinst eine arbeitssparendere Lösung dar. Jedoch bedarf es hierfür immer noch eine gute Portion an IT-Affinität und Know-how für die Durchführung der vorbereitenden Arbeiten. Hier wäre eine kleine, einfach zu installierende und mit wenig Aufwand zu administrierende Portal-Lösung vorteilhaft. Dieses Produkt sollte soweit möglich "out of the box" einsatzfähig sein.

Wie könnte die Idee funktionieren: Ähnlich wie das SAP NetWeaver Portal sollte das Small Business Portal auf dem J2EE Stack laufen. Die verwendete Datenbank (bspw. MaxDB) sollte bereits vorkonfiguriert sein. Evtl. könnte das komplette Portalsystem mit Betriebssystem bereist als Virtual Machine Image für eine Virtualisierungslösung (z.B. von VMWare oder XenSource) vorliegen. Somit wäre das ganze System sofort einsetzbar. Es ist dabei darauf zu Achten, dass die benötigten Hardware-Ressourcen möglichts gering gehalten werden. Geringe Lizenzkosten würden die Hemmschwelle für den Einsatz dieses Portals noch weiter senken.

Was ist das Besondere: Durch den geringen Aufwand für Installation, Administration und Wartung wäre dieses Enterprise Portal auch für sehr kleine Unternehmen mit wenigen, aber eventuell verteilt arbeitenden Mitarbeitern interessant.

Wer könnte die Idee umsetzen: Für die Umsetzung kommen die Entwickler des SAP Enterprise Portals in Frage. Des Weiteren sind noch Personen mit Kenntnissen in dem Bereich der Virtualisierung von Systemen notwendig.

Für wen ergibt sich ein Nutzen: Ein Nutzen entsteht dabei vor allem für die kleinen mittelständischen Unternehmen. Durch das Portal können zum einen die im Unternehmen eingesetzten Anwendungen über ein zentrales, einheitliches Front-End bedient werden und zum anderen ist es auch möglich Kunden oder Zulieferer über das Portal mit einzubinden. Durch die rollenbasierte Rechteverwaltung ist es möglich externen Benutzern zugriff auf ganz spezielle Bereiche wie Bestellungen oder Support zu gewähren. Jedoch profitiert auch SAP davon, da hierdurch die Kundengruppe erweitert wird. Sind die neuen Kunden mit dem Small Business Portal zufrieden, werden sie auch für andere Produkte sowie Erweiterungsmodule zum Portal von SAP zu gewinnen sein.

Printed by Printforce, the Netherlands